Wirtschaftsinformatik

Armin Heinzl · Alexander Mädche · René Riedl

Wirtschaftsinformatik

Einführung und Grundlegung

5., vollständig überarbeitete Auflage

 Springer Gabler

Armin Heinzl
Universität Mannheim
Mannheim, Deutschland

Alexander Mädche
Karlsruher Institut für Technologie
Karlsruhe, Deutschland

René Riedl
FH OÖ & Johannes Kepler Universität Linz
Steyr/Linz, Österreich

ISBN 978-3-662-67391-1   ISBN 978-3-662-67392-8   (eBook)
https://doi.org/10.1007/978-3-662-67392-8

Die Deutsche Nationalbibliothek verzeichnet diese Publikation in der Deutschen Nationalbibliografie;
detaillierte bibliografische Daten sind im Internet über https://portal.dnb.de abrufbar.

Springer Gabler ist ein Imprint der eingetragenen Gesellschaft Springer-Verlag GmbH, DE und ist ein Teil
von Springer Nature.
Die Anschrift der Gesellschaft ist: Heidelberger Platz 3, 14197 Berlin, Germany

Vorwort

Die fünfte Auflage des Lehrbuchs „Wirtschaftsinformatik – Einführung und Grundlegung" erscheint 13 Jahre nach der vierten Auflage. Die Zeitspanne mag beachtlich anmuten, nachdem zwischen der ersten Auflage von Lutz J. HEINRICH bis zu jener vierten Auflage von HEINRICH, HEINZL und RIEDL 18 Jahre vergangen sind. Sie ist jedoch der zeitstabilen Konzeption und somit dem Umstand geschuldet, den Fokus auf weniger vergängliche Inhalte zu richten. Nach Ansicht der Autoren handelt es sich um ein Lehrbuch, das weniger in die phänomenologischen, sondern primär in wissenschaftliche Grundlagen der Wirtschaftsinformatik einführt und jene Phänomene der Wirklichkeit als Grundlegung erläutert, ohne deren praktische Bedeutung die Wirtschaftsinformatik als Wissenschaft nicht existieren würde.

Die fünfte Auflage ist das Ergebnis einer umfassenden und vollständigen Überarbeitung der vierten Auflage, ohne deren grundlegende Ausrichtung zu ändern. An dieser Überarbeitung konnte Lutz J. HEINRICH leider nicht mehr mitwirken. Er verstarb im Juni 2022. Neuer Mitautor der fünften Auflage ist Alexander MÄDCHE vom KIT. Trotz des Umstands, dass Lutz J. HEINRICH an der aktuellen Auflage nicht mehr mitwirken konnte, trägt das Werk nach wie vor seine „Handschrift". Eine wesentliche Eigenschaft der von Lutz J. HEINRICH geschaffenen Werke ist, dass in den Ausführungen weitgehend abstrahiert wird. Statt Details darzustellen, deren „Halbwertszeit" aufgrund technologischer Entwicklungen gering ist, fokussierte er immer konsequent auf die fundamentalen Konzepte, Aufgaben und Methoden sowie deren Zusammenhänge. So auch im gegenständlichen Werk. Diese fünfte Auflage widmen die Autoren Lutz J. HEINRICH.

Die inhaltlichen Unterschiede zur vierten Auflage lassen sich vor dem Hintergrund der Fokussierung auf Bachelorstudiengänge sowie der Weiterentwicklung und Straffung der Inhalte beschreiben. War bei der vierten Auflage noch die Antwort auf die Frage offen, in welchem Studienabschnitt das vorliegende Lehrbuch zum Einsatz kommen soll, so hat die Lehrerfahrung der vergangenen Jahre die offene Frage zugunsten von Lernenden (und Lehrenden) in Bachelorstudiengängen der Wirtschaftsinformatik beantwortet. Inhalte, die an Aktualität verloren haben (z. B. der Ländervergleich, die historische Entwicklung des Fachs oder der Exkurs in die Fachsprache) wurden reduziert, um die fünfte Auflage kompakt in zwölf Lerneinheiten zu strukturieren. Die ehemals drei Kapitel zur Informationsinfrastruktur wurden in einem Kapitel konsolidiert. Die Forschungsmethoden konnten in der Lerneinheit „Empirische Methoden" umfassender dargestellt und verfeinert werden. Die Entwicklungsmethoden werden nun im Rahmen der gestaltungsorientierten Forschung behandelt. Die benutzerzentrierten Informationssysteme sind der neuen, aber verwandten Lerneinheit „Mensch" gewichen. Erstmalig hinzugefügt wurde die Lerneinheit „Digitalisierung und digitale Transformation" als letzte Lerneinheit, um die aktuellen Entwicklungen hinreichend zu berücksichtigen.

Studierende und Studieninteressierte anderer Fachrichtungen können sich weiterhin über den Gegenstand der Wirtschaftsinformatik und ihre wissenschaftlichen Fundamente informieren, die für diese Disziplin charakteristischen Phänomene der Wirklichkeit kennenlernen und sich ein Urteil über die Gegenstände und Grundlagen unseres Fachs bilden. Auch Praktikerinnen und Praktiker können weiterhin

Nutzen aus diesem Lehrbuch ziehen, da kein anderes Einführungswerk die Gegenstände und Grundlagen des Fachs derart konsequent wie prägnant in Beziehung zueinander setzt.

Es gibt weiterhin Lehrbücher in der Wirtschaftsinformatik, die Bezeichnungen wie Einführung, Grundlagen, Grundlegung und/oder Grundzüge im Titel führen. Wie bereits im Vorwort zur vierten Auflage dargelegt, verspricht *Einführung*, auf etwas Neues aufmerksam zu machen, die Leserinnen und Leser anzuleiten und mit dem Neuen vertraut zu machen. Gegenstand einer Einführung sollte also sein, was Wirtschaftsinformatik als Wissenschaft kennzeichnet und was sie für die Praxis bedeutet. Mit *Grundlagen* wird das für die Wirtschaftsinformatik relevante Wissen bezeichnet, vor allem Wissen der Betriebswirtschaftslehre und der Praktischen Informatik, aber auch der Psychologie, der Soziologie und weiterer Wissenschaften. Grundlagen sind bekanntes und gesichertes Wissen, das die Wirtschaftsinformatik aus anderen Disziplinen bezieht. *Grundlegung* meint dagegen die fundamentalen Aussagen einer Wissenschaft, auf denen andere Aussagen aufbauen, also Aussagen, die das Fundament einer Wissenschaft bilden. Schließlich bezeichnet *Grundzüge* das, was auf die charakteristischen Merkmale einer Wissenschaft eingeht.

Dieses Lehrbuch verwendet den Zusatz *Einführung und Grundlegung* im Untertitel. Es macht mit der Wirtschaftsinformatik vertraut. Dazu muss deutlich gemacht werden, womit sich Wirtschaftsinformatik als Wissenschaft befasst und was Wirtschaftsinformatik in der Praxis bewirken kann. Deshalb werden die Identitätsmerkmale der Wirtschaftsinformatik herausgearbeitet, insbesondere ihr Gegenstandsbereich, ihr Charakter als Real- und Ingenieurwissenschaft, ihre Wissenschaftsziele und die von ihr verwendeten empirischen Forschungs- und Gestaltungsmethoden. Grundlagen im Sinne von Faktenwissen anderer Disziplinen will dieses Lehrbuch nicht vermitteln.

Um den konsequenten Fokus auf Studierende in Bachelorprogrammen des Fachs zu unterstreichen und um die konstituierenden Merkmale einer lehrzentrierten und agilen Entwicklung zu berücksichtigen, wurden Struktur und Inhalt dieses Lehrbuchs in seiner fünften Auflage einer konsequenten Beurteilung der Zielgruppe ausgesetzt. Sämtliche Lerneinheiten wurden je zwei Arbeitsgruppen von Studierenden mit der Aufgabe vorgelegt, nicht hinreichend verständliche Passagen kenntlich zu machen, Vorschläge zu deren Verbesserung zu unterbreiten und eingängigere Beispiele sowie Abbildungen zu entwickeln. Die Gruppenarbeit war Teil des Herbstprojekts des Erstsemesterjahrgangs 2021 im Bachelorstudiengang Wirtschaftsinformatik an der Universität Mannheim. Das Projekt wurde als Leistungsnachweis mit 20 % auf die Endnote angerechnet. Die Ergebnisse haben unsere Erwartungen signifikant übertroffen und unsere Festlegung hinsichtlich Buchkonzeption sowie Zielgruppe untermauert.

Unser großer Dank gilt neben den Mannheimer Studienanfängerinnen und -anfängern im Bachelor Wirtschaftsinformatik Herrn B.Sc. Alexander DIETRICH, der die Umsetzung der Formatvorlagen des Verlags, die Zusammenführung der Kapitel sowie die Erstellung der Verzeichnisse vorgenommen hat. Herrn B.A. Hajo EICKBUSCH gebührt großer Dank für die professionelle Erstellung der Abbildungen.

Weiter leistete BA MSc Fabian STANGL wertvolle Unterstützung bei der Formatierung des Manuskripts und bei der Überprüfung der angegebenen Internetadressen. Frau Angelika Schulz danken wir für das Korrekturlesen und das formale Verbessern des Manuskripts. Besonderer Dank gilt den Leserinnen und Lesern der vierten Auflage, die durch ihr Interesse und ihre Anregungen eine Neuauflage möglich gemacht haben sowie allen Kolleginnen und Kollegen, die dieses Buch im Lehrbetrieb und darüber hinaus verwenden.

In der fünften Auflage werden – wo möglich – Formulierungen verwendet, die einen Geschlechterbezug vermeiden und auf feststehende Fachtermini rekurrieren. In anderen Fällen haben wir versucht, erstmalig das Femininum zu verwenden und auf die im Sprachgebrauch verbreitete nachrangige Behandlung von Frauen zu verzichten. Alle in diesem Buch angegebenen URLs waren zum Stichtag 31. Dezember 2023 funktionsfähig. Sachkritische Anmerkungen, die zu einer Verbesserung des Lehrbuchs führen können, nehmen wir Autoren gerne entgegen.

Armin Heinzl
Mannheim, Deutschland

Alexander Mädche
Karlsruhe, Deutschland

René Riedl
Steyr/Linz, Österreich

Inhaltsverzeichnis

Gegenstandsbereich der Wirtschaftsinformatik

Inhaltsverzeichnis

© Springer-Verlag GmbH Deutschland, ein Teil von Springer Nature 2024
A. Heinzl et al., *Wirtschaftsinformatik*, https://doi.org/10.1007/978-3-662-67392-8_1

1

Zweck dieser Lerneinheit

Nach dem Durcharbeiten dieser Lerneinheit wissen Sie, womit sich Wirtschaftsinformatik als Wissenschaft beschäftigt, was ihr Gegenstandsbereich, Forschungsgegenstand, Objekt- oder Interessensbereich („area of concern") ist. Sie erkennen die Bedeutung des Gegenstandsbereichs als primäres *Identitätsmerkmal* einer Wissenschaft und lernen *Information, Kommunikation, Technik* bzw. *Technologie* und *System* als die den Gegenstandsbereich primär kennzeichnenden Begriffe, also Kernbegriffe der Wirtschaftsinformatik, kennen. Sie lernen, welche *Erkenntnisobjekte* der Gegenstandsbereich umfasst und wie er sich seit Entstehen der Wirtschaftsinformatik in den 1960er-Jahren entwickelt, insbesondere erweitert hat. Sie erkennen, dass die drei Erkenntnisobjekte Systeme sind und dass diese aus Subsystemen bestehen. Sie lernen daher auch, welche charakteristischen Merkmale Systeme auszeichnen. Sie können *Informationssystem, Informationsinfrastruktur* und die *Informationsfunktion* als Erkenntnisobjekte der Wirtschaftsinformatik mit eigenen Worten so beschreiben, wie dies zum Verständnis der folgenden Lerneinheiten erforderlich ist. Sie kennen den für die Wirtschaftsinformatik spezifischen Charakter dieser Objekte als *Mensch/Aufgabe/Technik*-Systeme (kurz MAT-System) und wissen, dass es sich um von Menschen geschaffene Objekte der Wirklichkeit handelt und Wirtschaftsinformatik daher eine Realwissenschaft ist.

Sie lernen, dass jeder Forschungsgegenstand unter den vier *Wissenschaftsaufgaben* Beschreibung, Erklärung, Prognose und Gestaltung untersucht werden kann. Die drei Erkenntnisobjekte der Wirtschaftsinformatik können mit diesen vier Wissenschaftsaufgaben verknüpft werden und ergeben dann in einer Matrix zwölf Teilgebiete der Wirtschaftsinformatik. Zusätzlich können Sie alternative Gliederungen der Wirtschaftsinformatik beschreiben. Dazu gehören insbesondere die Analyseebenen des Gegenstandsbereichs: Individuum, Gruppe, Organisationsteil bzw. Organisation als Ganzes sowie die Gesellschaft. Es existieren verschiedene „Schulen der Wirtschaftsinformatik", die sich unterschiedlichen Objekten des Gegenstandsbereichs oder Teilen davon widmen oder die bei gleichem Forschungsgegenstand eine unterschiedliche *Forschungskonzeption* verfolgen, insbesondere bezüglich der Forschungsziele und damit der Wissenschaftsaufgaben sowie der verwendeten Methoden. Dies alles wird in den folgenden Lerneinheiten vertieft werden.

1.1   Kernbegriffe der Wirtschaftsinformatik

Die Identität einer Wissenschaft wird in erster Linie durch ihren Gegenstandsbereich bestimmt, daher kann auch Wirtschaftsinformatik am besten erklärt werden, indem ihr Gegenstandsbereich beschrieben wird. Dieser ist nur eines, aber das wesentliche *Identitätsmerkmal* einer Wissenschaft (▶ Kap. 2 „Wirtschaftsinformatik als Wissenschaft"). Bei den meisten Wissenschaften umfasst der Gegenstandsbereich mehrere miteinander in Beziehung stehende *Erkenntnisobjekte*. Ohne einen von bestehenden

Wissenschaften abgrenzbaren Gegenstandsbereich kann es keine neue Wissenschaft geben. Von fundamentaler Bedeutung für die Charakterisierung des Gegenstandsbereichs der Wirtschaftsinformatik sind die vier Begriffe *Information, Kommunikation, Technik* bzw. *Technologie* und *System*:

- *Information* (von lat. informare = bilden, eine Form oder Gestalt geben) meint in der Umgangssprache Auskunft, Aufklärung oder Belehrung. In der Fachsprache der Wirtschaftsinformatik ist Information das zweckorientierte, handlungsbestimmende Wissen über vergangene, gegenwärtige und zukünftige Zustände und Vorgänge in der Wirklichkeit.
- *Kommunikation* (von lat. communicatio = Mitteilung) meint die Beziehung, die zwischen Menschen oder Maschinen durch Austausch von Nachrichten besteht. Der Austausch erfolgt mit der Absicht, Information zu erzeugen, die zu Entscheidungen führt und Aktionen veranlasst. Kommunikation ist daher Mittel zum Zweck der Information, kurz: Kommunikation ist Zweckmittel für Information.
- *Technik* (von griech. technikos = kunstvoll, sachverständig oder fachmännisch) meint nicht nur Sachtechnik (z. B. Computer), sondern auch das Regeln folgende und Ziele anstrebende Handeln und Denken. Technik im Sinne der ersten Bedeutung ist in der Wirtschaftsinformatik vor allem Informations- und Kommunikationstechnik (abgekürzt IuK-Technik oder IKT). Im Sinne der zweiten Bedeutung sind dies Arbeitstechniken, mit denen die Ausführung bestimmter Verrichtungen an bestimmten Objekten unterstützt oder erst ermöglicht wird (z. B. das Modellieren eines Geschäftsprozesses). Technik wird meist synonym mit Technologie verwendet. Dies ist dann passend, wenn Technik in der ersten und zweiten Bedeutungsebene zusammen gemeint ist (kurz: IuK-Technologie, synonym Digitaltechnologie).
- *System* (von griech. sístima = das Gebilde, Zusammengestellte, Verbundene) meint den ganzheitlichen Zusammenhang von Elementen, die voneinander abhängig sind, ineinandergreifen oder zusammenwirken. So entsteht ein Beziehungsgefüge, das sich von der Umwelt abhebt und durch eine gedankliche Umhüllung abgegrenzt ist. Verbindungen, die durch die Abgrenzung des Systems von seiner Umwelt entstehen, heißen Schnittstellen. Jedes System ist Teil eines übergeordneten Systems und jedes System kann in Teilsysteme und diese wiederum können in (kleinere) Teilsysteme usw. zerlegt werden. Die für die Wirtschaftsinformatik relevanten Systeme sind reale Systeme, da sie in der Wirklichkeit vorhanden sind (im Unterschied zu idealen Systemen, die es in der Wirklichkeit nicht gibt).

Wirtschaftsinformatik kann nach diesen Erläuterungen als Wissenschaft von Information und Kommunikation unter systematischer Verwendung von Informations- und Kommunikationstechnologien in Wirtschaft und Gesellschaft auf individueller Ebene, Gruppenebene, Organisationsebene oder gesellschaftlicher Ebene beschrieben werden. Wegen der Bedeutung dieser Kernbegriffe für ihren Gegenstandsbereich sind die *Sozial- und Wirtschaftswissenschaften* sowie die *Informatik* für die Wirtschaftsinformatik die relevantesten Nachbardisziplinen.

1

1.2 Entwicklung des Gegenstandsbereichs

Der Gegenstandsbereich einer Wissenschaft entsteht und verändert (erweitert und vertieft) sich in einem Entwicklungsprozess. Dieser Entwicklungsprozess der Wirtschaftsinformatik ab den 1950er-Jahren ist nachfolgend nur kurz beschrieben. Weitere Details zur Geschichte der Wirtschaftsinformatik sind umfassend in Heinrich (2012) dargestellt.

- In den 1950er-Jahren entstanden in Wirtschaft und Verwaltung durch den Einsatz von Informations- und Kommunikationstechniken (im Folgenden kurz IuK-Techniken genannt) erste Computersysteme (auch: elektronische Datenverarbeitungsanlagen), welche neue Möglichkeiten des wirtschaftlichen Handelns ermöglichten. In der Betriebswirtschaftslehre (BWL) wurden diese initial erkannt und man begann, sich in Forschung und Lehre erstmalig damit zu befassen; zu einer anerkannten Erweiterung des Gegenstandsbereichs der BWL führte dies jedoch nicht.
- Ab den 1960er-Jahren entstand aus diesen sogenannten „EDV-Anwendungen" ein vom Gegenstandsbereich der BWL abgrenzbares Erkenntnisobjekt, mit dem sich darauf spezialisierte Fachvertreterinnen befassten.
- Ab den 1980er-Jahren weitete sich der Gegenstandsbereich von einzelnen Informationssystemen auf organisatorische Gesamtheiten einer Menge dieser Systeme und auf Instrumente aus, die für ihre Planung, Überwachung und Steuerung erforderlich sind. Dafür wurde die Bezeichnung *Informations- und Kommunikationsinfrastruktur* eingeführt.
- Seit Ende der 1990er-Jahre erweitern einige Fachvertreterinnen den Gegenstandsbereich um die Informations- und Kommunikationsaufgaben, deren Vorhandensein und Veränderungsbedarf das Entstehen der Wirtschaftsinformatik ausgelöst hat und ihre Entwicklung antreibt, mit anderen Worten die *Informations- und Kommunikationsfunktion*. Weiterentwickelte und neue IuK-Techniken ermöglichen nicht nur die Unterstützung der Aufgabenerfüllung, sondern schaffen immer wieder Innovationspotenzial.
- Seit dem Jahr 2000 hat sich die *Digitalisierung und digitale Transformation von Wirtschaft und Gesellschaft* rasant weiterentwickelt. Die Digitalisierung von Organisationen und Geschäftsnetzwerken geht heute Hand in Hand mit der Digitalisierung der Kundeninteraktion sowie von Produkten, Dienstleistungen und Geschäftsmodellen. Des Weiteren spielt die Digitalisierung auf gesamtgesellschaftlicher Ebene in Bereichen wie Politik, Umwelt und Nachhaltigkeit eine immer größere Rolle. Die Wirtschaftsinformatik hat entsprechend auch ihren Gegenstandsbereich erweitert. Zusätzlich hat sich die Wissenschaftsdisziplin der Wirtschaftsinformatik internationalisiert; ihre Vertreterinnen sind heute auf internationalen Tagungen präsent und Veröffentlichungen erscheinen in weltweit bekannten und renommierten Fachzeitschriften.

In Wissenschaft und Praxis werden die Bezeichnungen Informations- und Kommunikationssystem und Informationssystem, Informations- und Kommunikationsinfrastruktur und Informationsinfrastruktur sowie Informations- und Kommunikationsfunktion und Informationsfunktion synonym verwendet; beide Bezeichnungen meinen also jeweils das Gleiche. Im Folgenden werden diese Kurzbezeichnungen verwendet. Einige Fachvertreterinnen verwenden statt Informationssystem die Bezeichnung Anwendungssystem, was zwar einem in der

Praxis weit verbreiteten Sprachgebrauch entspricht, inhaltlich aber unzutreffend ist. Anwendungssystem ist nicht identisch mit Informationssystem, sondern nur Teil davon. Der Begriff Anwendungssystem beschreibt die Realisierung mithilfe einer Software von einer abgegrenzten betrieblichen Aufgabe, der sogenannten Anwendungsaufgabe (z. B. die Fakturierung in einem Buchhaltungssystem) einschließlich der erforderlichen Datenbasis. Die Bereitstellung von Information für eine betriebliche Aufgabenträgerin wird dabei vernachlässigt oder fälschlicherweise als gegeben angenommen.

In den Rahmenempfehlungen 2017 für die Ausbildung in Wirtschaftsinformatik an Hochschulen heißt es in diesem Sinne und zutreffender Weise: Von Informationssystemen (IS) zu unterscheiden sind betriebliche Anwendungssysteme (AS). AS sind automatisierte Teilsysteme von IS. Im weiteren Sinne umfassen sie die zugehörige Hardware, Systemsoftware, Kommunikationseinrichtungen und Anwendungssoftware, im engeren Sinne wird damit nur die Anwendungssoftware bezeichnet (Jung 2017; Jung und Lehrer 2017).

Der Gegenstandsbereich der Wirtschaftsinformatik hat sich in den sechs Jahrzehnten seiner Entstehungsgeschichte deutlich erweitert, aber auch vertieft. Er umfasst heute – in der Reihenfolge ihrer Entstehung und Entwicklung genannt – die Erkenntnisobjekte Informationssystem, Informationsinfrastruktur und Informationsfunktion, die keine disjunkten Mengen sind. Die logische Reihenfolge betrachtet zudem noch die Tatsache, was Fundament oder Grundlage wofür ist. Deshalb hat diese die geänderte Reihenfolge, die mit der Informationsfunktion anfängt, dann Informationssystem und schließlich die Informationsinfrastruktur behandelt. Dies verdeutlicht die folgende Analogie.

> ▶ **Beispiel Metapher zu Informationsfunktion, Informationssystem, Informationsinfrastruktur**
>
> In Wirtschaft und Gesellschaft gibt es einen Transportbedarf für Personen und Güter, der mit alternativen oder ergänzenden Transportmitteln befriedigt werden kann (z. B. LKW, Güterzüge, Frachtschiffe, Passagierflugzeuge, Drohnen), die alternative oder sich ergänzende Verkehrswege benutzen (z. B. Straßen, Schienen, Kanäle, Luftraum, Pipelines). Der jeweils unterschiedliche Mobilitäts-/Transportbedarf entspricht der Informationsfunktion, das Transportmittel dem Informationssystem und die Verkehrswege der Informationsinfrastruktur. ◀

1.3 Systemeigenschaften

Den drei Erkenntnisobjekten gemeinsam ist ihr Charakter als System. Daher kann der Gegenstandsbereich der Wirtschaftsinformatik zunächst mit den für Systeme charakteristischen Eigenschaften beschrieben werden. Für den Systembetrachter sind diese entweder unmittelbar erkennbar oder nicht unmittelbar erkennbar. Emergent (von lat. emergere = auftauchen, hervorkommen, sich zeigen) genannte Eigenschaften werden nicht nur durch Eigenschaften der Systemelemente bestimmt, sondern zusätzlich durch Eigenschaften der Beziehungen zwischen den Systemelementen (Systemstruktur). Emergente Eigenschaften lassen sich daher nicht – jedenfalls nicht einfach erkennbar – auf Eigenschaften einzelner Elemente zurückführen. Nicht emergente Eigenschaften sind im Allgemeinen von geringerem wissenschaftlichen Interesse als emergente Eigenschaften.

1

Nicht emergente Eigenschaften von Informationssystemen sind die Speicherkapazität der Hardware, emergente Eigenschaften das Antwortzeitverhalten von Transaktionen und die Durchsatzzeit einer bestimmten Arbeitslast. Die Beantwortung der Frage nach der Kapazität der Speicher ist im Unterschied zu der Frage, wie Antwortzeitverhalten und Durchsatzzeit zu messen sind, offensichtlich das kleinere Problem. ◄

Systemeigenschaften ergeben sich aus Art und Anzahl der Systemelemente und ihrer Beziehungen. Eine Präzisierung des Systembegriffs und damit eine genauere Bezeichnung der betrachteten Systemelemente und der Systemstruktur erfolgt durch präzisierende Zusätze. In der Wirtschaftsinformatik ist eine große Anzahl derartiger Bezeichnungen üblich; neben dem bereits eingeführten Informationssystem und Anwendungssystem sind das beispielsweise Betriebssystem, Datenbanksystem, Hilfesystem sowie Softwaresystem. Darüber hinaus werden Bezeichnungen verwendet, die allgemeine Eigenschaften von Systemen nennen und daher auch für Systeme gelten, die für die Wirtschaftsinformatik relevant sind. Die Wichtigsten sind:

Offenheit versus Geschlossenheit: Offenheit ist die Eigenschaft eines Systems, über seine Elemente (eines oder mehrere) mit seiner Umwelt in Beziehung zu stehen. Ein System ist vollständig offen, wenn das Ausmaß an Beziehungen innerhalb des Systems etwa genauso groß ist wie das zwischen dem System und seiner Umwelt. Im Allgemeinen gilt, dass das Ausmaß der Beziehungen innerhalb des Systems deutlich größer ist als das zwischen dem System und seiner Umwelt. Ein geschlossenes System (auch als isoliertes System bezeichnet) ist ein System ohne Umwelt; Beziehungen bestehen nur innerhalb des Systems, und es interagiert nicht mit seiner Umwelt. ◘ Abb. 1.1 veranschaulicht die Systemeigenschaften offen und geschlossen.

Einfachheit versus Komplexität: Komplexität ist die Eigenschaft eines Systems, die durch die Anzahl seiner Elemente und durch die Anzahl der Beziehungen zwischen den Elementen (Beziehungsreichtum) gegeben ist (◘ Abb. 1.2). Auch wenn Komplexität quantitativ messbar ist, lässt sich nur in Abhängigkeit von der Art des betrachteten Systems und vom Zweck der Systembetrachtung etwas darüber sagen, bei wie vielen Elementen und Beziehungen ein System komplex oder sogar äußerst komplex oder einfach ist. Wird davon ausgegangen, dass zwischen zwei Elementen A und B eines Systems die beiden Beziehungen A→B und B→A bestehen, kann es bei n Elementen maximal $n(n-1)$ Beziehungen geben.

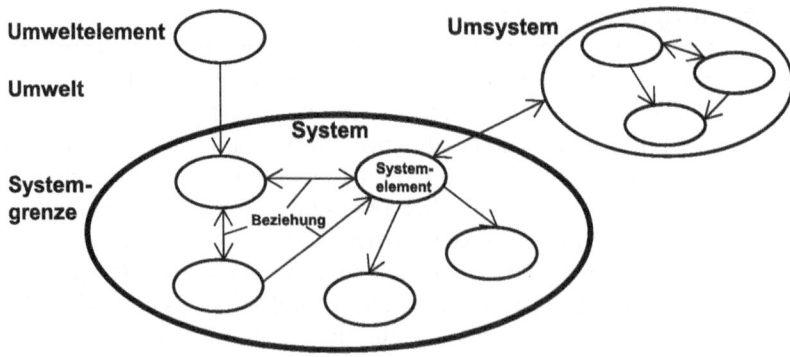

◘ **Abb. 1.1** Offenes vs. geschlossenes System

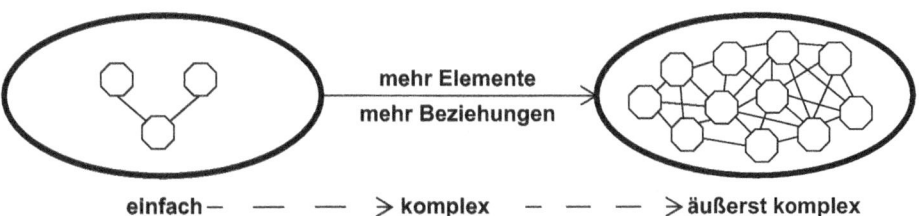

◘ Abb. 1.2 Einfaches vs. komplexes System

◘ Abb. 1.3 Einfaches vs. kompliziertes System

Einfachheit versus Kompliziertheit: Kompliziertheit ist die Eigenschaft eines Systems, die durch die Anzahl der Elemente und deren Verschiedenartigkeit gegeben ist (◘ Abb. 1.3). Der Unterschied zwischen Komplexität und Kompliziertheit besteht also nicht bezüglich der Anzahl der Elemente, sondern bezüglich ihres Beziehungsreichtums bzw. ihrer Unterschiedlichkeit. Ein System kann daher im Extremfall entweder einfach oder äußerst komplex und äußerst kompliziert sein.

Dynamik versus Statik: Ein System, in dem sich die Zustände der Elemente und/oder die der Beziehungen im Zeitablauf verändern, heißt dynamisches System. Der Zustand Z_t des Systems Z im Zeitpunkt t ist nicht identisch mit dem Zustand Z_{t+1} des Systems Z im Zeitpunkt $t+1$. Verändern sich Systemeigenschaften nicht bzw. ist der Systemzustand zu unterschiedlichen Zeitpunkten unverändert, handelt es sich um ein statisches System.

Zweckorientiert und zielorientiert: Künstlichen Systemen (also Artefakten von lat. arte = „mit Kunst" und factum = „das Gemachte") werden – im Unterschied zu natürlichenSystemen (z. B. einem Kristall) – Zwecke und Ziele von außen, also von den Menschen vorgegeben. Zwecke beschreiben, welche Aufgaben sie erfüllen sollen; sie werden auch als Sachziele bezeichnet. Ziele beschreiben die Qualität oder Güte, mit der die Sachziele erreicht werden sollen; sie werden zur Unterscheidung von Sachzielen als Formalziele bezeichnet. Jedes von Menschen geschaffene System ist zweckorientiert und zielorientiert. Sachziele und Formalziele sind Individual-, Organisations- oder Gesellschaftsziele. Individualziele sind Ziele von Personen oder Gruppen, die Mitglieder einer Organisation sind (z. B. ein Erhaltungsziel wie Arbeitsplatzsicherheit). Organisationsziele betreffen das Unternehmen als Ganzes oder Unternehmensteile (z. B. den IT-Bereich). Gesellschaftsziele betreffen die Gesellschaft als Gesamtes (z. B. Klimaziele). Die Ziele festzulegen (z. B. das Sachziel, ein System der Produktionsplanung zu schaffen und das Formalziel Informationssicherheit), ist Aufgabe des zuständigen Managements; es handelt sich um echte Führungsentscheidungen. Gesellschaftsziele werden auf staatlicher Ebene bzw. von supranationalen Institutionen definiert (z. B. EU-Kommission oder G7).

1

1.4   Erkenntnisobjekte

1.4.1   Informationssystem

Informationssysteme sind *Mensch/Aufgabe/Technik-Systeme*, kurz gesagt MAT-Systeme. ◨ Abb. 1.4 zeigt schematisch die drei Strukturelemente von MAT-Systemen auf einer ersten Zerlegungsebene; jedes Systemelement kann weiter zerlegt werden, wie die im Folgenden genannten Beispiele zeigen:

- *Menschen*, die Aufgaben erfüllen (Aufgabenträgerin) und dafür Informations- und Kommunikationstechniken bzw. integrierte Informationssysteme benutzen (Benutzerin oder Nutzerin). Die Rolle schließt die Mitwirkung bei der Planung, Entwicklung und Einführung sowie der Wartung ein (z. B. mit Softwareentwicklerinnen bei der Anforderungsanalyse zusammenzuarbeiten).
- *Aufgaben* sind entweder Einzelprobleme oder ganze Problembereiche in Wirtschaft und Gesellschaft. Betriebliche Aufgaben können beispielsweise Administrations-, Dispositions- und Planungsaufgaben in den Funktionsbereichen Beschaffung und Lagerhaltung sowie Produktion umfassen. Es existieren aber auch betriebliche Aufgaben bei der Systementwicklung und -einführung (z. B. Modellierung von Geschäftsprozessen und Benutzerschulung). Auch Aufgaben im Privatleben (z. B. Online-Shopping, Navigation beim Autofahren, Steuerung von Haushaltsgeräten) werden als Teil dieser Systemelemente angesehen.
- *Informations- und Kommunikationstechniken* als Einzeltechniken (Eingabe-, Ausgabe-, Speicher-, Transport-, Verarbeitungstechnik), als integrierte Techniksysteme (Hardware, Software und Entwicklungssysteme) sowie Technologien im Sinne von Verfahren zur Systementwicklung und -einführung (z. B. Vorgehensmodelle und Einführungsstrategien).

Die Systemelemente allein sind nicht Gegenstand der Wirtschaftsinformatik als Wissenschaft, Wirtschaftsinformatikerinnen müssen aber über Wissen darüber verfügen. Dieses wird als Grundlagenwissen aus Nachbardisziplinen der Wirtschaftsinformatik bezogen und ist daher Gegenstand der Lehre (z. B. Wissen aus der Psychologie und Soziologie zum Menschen, aus der Betriebswirtschaftslehre

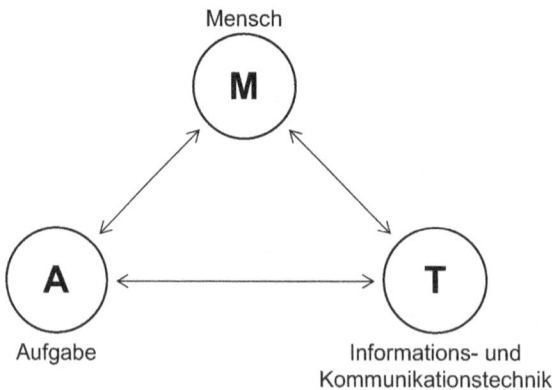

◨ **Abb. 1.4**   Struktur von Informationssystemen

zu den betrieblichen Aufgaben, aus der Informatik zu Informations- und Kommunikationstechniken). Die Wirtschaftsinformatik untersucht die *Beziehungen zwischen den Systemelementen, ihr Zusammenwirken und Interagieren sowie die davon ausgehenden Wirkungen.* Ihr Fokus ist also das, was im Zusammenwirken der Systemelemente geschieht, das soll beschrieben sowie erklärt und prognostiziert werden und dafür sollen Methoden, Techniken und Werkzeuge sowie andere Hilfsmittel (wie Ansätze, Grundsätze, Konzepte, Modelle, Prinzipien, Strategien) zur Gestaltung entwickelt werden.

> ▶ **Beispiel MAT-System**
>
> Eine Kassensystem im Supermarkt lässt sich als MAT-System wie folgt konzeptualisieren: Die Kassiererin ist menschliche Aufgabenträgerin. Ihre konkrete Aufgabe ist, die vorliegenden Artikel einzuscannen und den Zahlungsprozess abzuwickeln. Sie verwendet hierzu verschiedene Informations- und Kommunikationstechnologien wie beispielsweise den Scanner und die Kassensoftware. ◀

1.4.2 Informationsinfrastruktur

Informationsinfrastrukturen sind organisatorische Gesamtheiten von Informationssystemen in Wirtschaft und Verwaltung einschließlich aller Einrichtungen, Mittel und Maßnahmen, deren Verfügbarkeit und Anwendung Voraussetzung für Informationsproduktion und für Kommunikation im Unternehmen sind. Komponenten der Informationsinfrastruktur sind

- miteinander vernetzte Techniksysteme (Technikinfrastruktur, z. B. Computer und Netzwerke),
- die für den Betrieb erforderliche Umgebung (z. B. Räume, Klimatisierung und Energieversorgung),
- die handelnden Personen (z. B. IT-Personal wie Softwareentwicklerinnen oder Netzwerkadministratorinnen),
- Organisationseinheiten (z. B. IT-Abteilung, Rechenzentrum) und
- Aufgaben- und Managementsysteme (z. B. für das Controlling oder die Revision), die erforderlich, zumindest aber zweckmäßig sind, um alle Informationssysteme im Unternehmen planen, entwickeln, einführen und betreiben sowie deren Nutzung überwachen, steuern und verbessern zu können.

Erforderlich sind diese Aufgaben- und Managementsysteme auch, um Rechtsvorschriften, Regeln, Grundsätze, Normen und Standards sowie (unternehmensspezifische) Richtlinien – zusammen als Compliance-Regeln bezeichnet – einzuhalten (compliance = zu Deutsch etwa Einhaltung von Regularien). Zweckmäßig sind sie, um technische und ökonomische Ziele zu erreichen (z. B. Sicherheit und Wirtschaftlichkeit).

Informationsinfrastrukturen werden – idealtypisch gesehen – top-down entworfen, implementiert und eingeführt, das heißt von den Unternehmenszielen ausgehend geschaffen. Als Forschungsfrage steht dabei im Vordergrund, wie diese Strukturen so geplant, realisiert, überwacht und gesteuert werden können, dass sie bestmöglich zur Erreichung der Unternehmensziele beitragen. In der Fachliteratur wird dies mit „Business/IT Alignment" bezeichnet, dem wechselseitigen Ausrichten zwi-

1

schen Unternehmenszielen und IT-Zielen. In der Praxis entstehen Informationsinfrastrukturen meist von unten nach oben („bottom-up") und setzen sich aus nicht
immer zueinander passenden Teilen zusammen, die über einen längeren Zeitraum
hinweg, häufig über viele Jahre, geschaffen werden. In der jüngeren Vergangenheit
wurde zunehmend die Forderung erhoben, Unternehmens- und IT-Ziele integrativ
im Sinne einer digitalen Geschäftsstrategie („Digital Business Strategy") zu denken,
da Geschäftstätigkeit ohne signifikante Digitalkomponente ein immer selteneres
Phänomen werden wird.

Ausgehend von einer in den Wirtschafts- und Sozialwissenschaften verwendeten
Infrastruktursystematik werden Komponenten der Informationsinfrastruktur ab-
gegrenzt. Die personelle Infrastruktur ist das Humankapital. Die organisatorische
Infrastruktur schafft die Strukturen und Abläufe, um die Technikinfrastruktur ziel-
orientiert einzusetzen und nutzen zu können. Die Technikinfrastruktur ist die
Systemkomponente mit der stärksten Dynamik. Diese Erklärungen zeigen: Auch
Informationsinfrastrukturen sind – so wie Informationssysteme – MAT-Systeme.

1.4.3 Informationsfunktion

Die Informationsfunktion umfasst die betrieblichen Aufgaben, deren Zweck die Produktion von Information ist und deren Bereitstellung durch Kommunikation erfolgt,
mit anderen Worten die Informations- und Kommunikationsaufgaben oder kurz die
Informationsaufgaben. Jede dieser Aufgaben besteht aus einer Anzahl von Tätigkeiten und erfordert geeignete Hilfsmittel zur Aufgabenerfüllung. Die Informationsfunktion ist weder betriebliche Grundfunktion, noch ist sie eine reine Querschnittsfunktion. Vielmehr durchdringen Informationsaufgaben alle Grundfunktionen und
alle Querschnittsfunktionen, weil es in jeder dieser Funktionen Aufgaben gibt, deren
Zweck das Beschaffen und Verwenden von Information ist. Die Informationsfunktion kann daher auch als Universalfunktion begriffen werden. Dies wird in
◘ Abb. 1.5 durch die entsprechenden Flächen in den Grundfunktionen (z. B. Beschaffung und Produktion) und in den Querschnittsfunktionen (z. B. Finanz- und
Rechnungswesen sowie Personalwesen) verdeutlicht.

Die Informationsfunktion gehört deshalb zum Gegenstandsbereich der Wirtschaftsinformatik, weil ohne Erklärung der Informations- und Kommunikationsaufgaben die Entwicklung von Instrumenten zur Verbesserung der aufgabenbezogenen
Informationsversorgung von Individuen und Gruppen im Unternehmen sowie von
Personen im Privatbereich nicht möglich wäre. Sie muss diese Erklärung aber nicht
allein leisten, weil die Informationsfunktion auch Erkenntnisobjekt anderer Disziplinen ist (z. B. Betriebswirtschaftslehre, Informationswissenschaft und Kognitionspsychologie). Der Fokus der Wirtschaftsinformatik richtet sich auf die Informati-
ons- und Kommunikationsprozesse zwischen den Menschen als Aufgabenträgerinnen
in arbeitsteiligen Prozessen, die zur Aufgabenerfüllung (z. B. Vorbereiten und Fällen
von Entscheidungen) Information benötigen. Primär sind damit solche Prozesse gemeint, die wesentlich durch die Verwendung von IuK-Techniken gekennzeichnet
sind. Dies zeigt, dass auch die Erfüllung von IuK-Aufgaben bestimmte Informati-
ons- oder Kommunikationssysteme erfordert (z. B. E-Mail, Social Computing), die
in Informationsinfrastrukturen eingebettet sind.

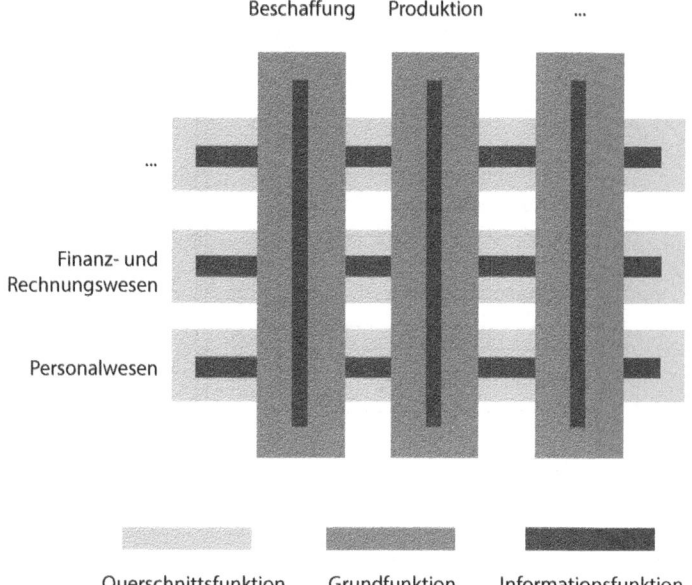

Beschaffung   Produktion   ...

...

Finanz- und
Rechnungswesen

Personalwesen

Querschnittsfunktion   Grundfunktion   Informationsfunktion

☑ **Abb. 1.5** Informationsfunktion

1.5 Teilgebiete des Gegenstandsbereichs

Wenn der Gegenstandsbereich einer Wissenschaft einen gewissen Umfang erreicht, beziehungsweise die wissenschaftliche Gemeinschaft eine gewisse Größe erreicht hat, erfolgt meist eine Gliederung des Gegenstandsbereichs in Teilgebiete. Diese bilden sich langsam heraus, werden in Publikationen dokumentiert, finden sich in einem ersten Schritt in den Bezeichnungen von Lehrstühlen und Instituten, Arbeitsgruppen und Forschungsprojekten wieder. In einem zweiten Schritt werden sie ausdrücklich benannt und eines Tages zu einem Paradigma, einer herrschenden Meinung. Bei einer recht jungen Disziplin wie der Wirtschaftsinformatik ist dieser Prozess noch nicht abgeschlossen, es gibt noch kein eindeutiges Paradigma. Jede Real- und Strukturwissenschaft untersucht ihren Gegenstandsbereich durch Verfolgung verschiedener Wissenschaftsziele. Die dafür erforderlichen, von der Wirtschaftsinformatikforschung zu bewältigenden Wissenschaftsaufgaben sind Beschreibung, Erklärung, Prognose und Gestaltung. Beides wird an anderer Stelle erläutert (▶ Kap. 2 „Wirtschaftsinformatik als Wissenschaft").

Im Folgenden werden drei exemplarische Ansätze zur Gliederung der Wirtschaftsinformatik in Teilgebiete vorgestellt. Ein erster Ansatz kombiniert die Erkenntnisobjekte Informationssystem, Informationsinfrastruktur und Informationsfunktion mit den Wissenschaftsaufgaben Beschreibung, Erklärung, Prognose und Gestaltung. Drei Erkenntnisobjekte und vier Wissenschaftsaufgaben – jeweils als Zeilen oder Spalten einer Matrix – ergeben, wie in ☑ Abb. 1.6 dargestellt, idealtypisch zwölf Teilgebiete der Wirtschaftsinformatik.

Entlang dieser Matrix lassen sich nun spezifische Fragestellungen artikulieren und bearbeiten. Beispielsweise kann man auf Ebene des Erkenntnisobjektes „Informationssystem" darauf abzielen, Faktoren für eine erfolgreiche Einführung

1

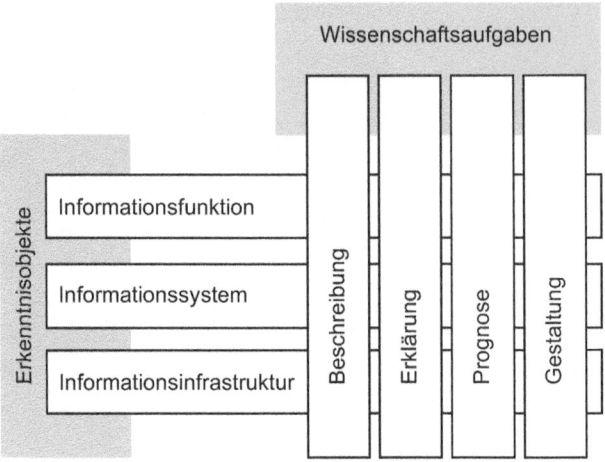

☑ **Abb. 1.6**   Matrix Erkenntnisobjekte und Wissenschaftsaufgaben

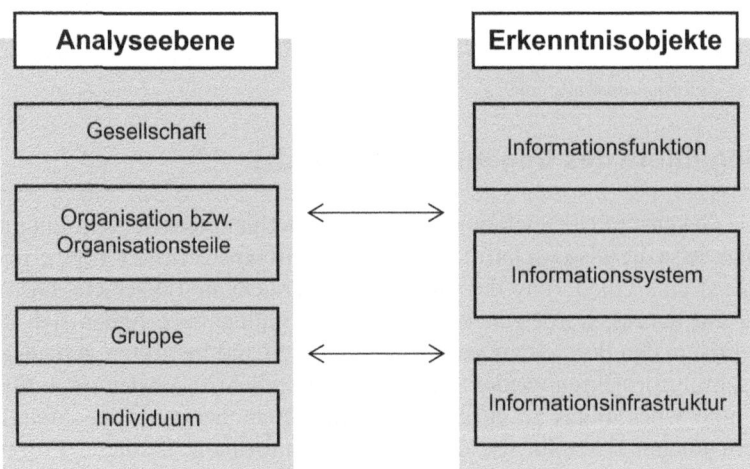

☑ **Abb. 1.7**   Analyseebenen und Erkenntnisobjekte

und Nutzung desselben empirisch zu erklären. Komplementär hierzu können ganze Informationssysteme beziehungsweise Bestandteile davon unter Verfolgung eines gestaltungsorientierten Ansatzes auch neu konzipiert werden.

Ein zweiter Ansatz verwendet die Analyseebenen des Gegenstandsbereichs als Gliederungsmerkmale, das sind Individuen (z. B. Benutzerinnen), Gruppen (z. B. Projektteams), Organisationen als Ganzes (z. B. Unternehmen) bzw. Organisationsteile (z. B. nach Funktionen oder Prozessen gegliederte Unternehmensteile) sowie die Gesellschaft. Die Analyseebenen sind unterschiedliche Aggregationen des Elements Mensch im bereits eingeführten MAT-System. ☑ Abb. 1.7 stellt das Zusammenspiel zwischen Analyseebenen und Erkenntnisobjekten dar.

Mit dieser Gliederung wird ein Bezug zwischen Analyseebene und den Erkenntnisobjekten der Wirtschaftsinformatik hergestellt. Grundsätzlich können alle drei Erkenntnisobjekte auf allen genannten Analyseebenen untersucht werden. Beispiels-

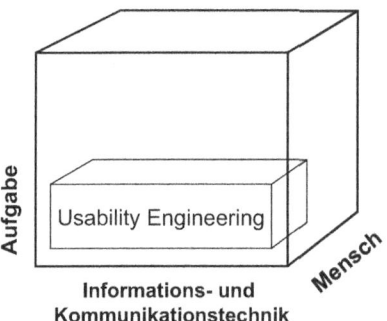

Aufgabe

Usability Engineering

Mensch

Informations- und Kommunikationstechnik

◘ **Abb. 1.8**   MAT-Würfel und ein exemplarisches Beispiel

weise können Informationssysteme hinsichtlich Akzeptanz und Nutzung auf der Analyseebene des Individuums untersucht werden. Auf der Ebene von Organisationen können spezifische Ausprägungen in den Informationsinfrastrukturen (wie beispielsweise die konkrete Umsetzung des Business/IT Alignment) und deren Auswirkungen betrachtet werden. Auf gesellschaftlicher Ebene können die vom IT-Einsatz ausgehenden Wirkungen auf aggregierter gesamtwirtschaftlicher Ebene untersucht werden.

Ein dritter Ansatz orientiert sich direkt am bereits eingeführten MAT-System. Anhand der drei Elemente M, A und T als Dimensionen können konkrete Teilgebiete der Wirtschaftsinformatik beschrieben werden. ◘ Abb. 1.8 zeigt exemplarisch das konkrete Beispiel des „Usability Engineering" als Teilgebiet der Wirtschaftsinformatik. Dies befasst sich mit dem Menschen als Benutzerin, einer beliebigen Aufgabe und einem breiten Spektrum an Informations- und Kommunikationstechnik (insbesondere die Nutzerschnittstelle mit Eingabe- und Ausgabetechniken). Entlang dieser Logik lassen sich auch alternative Teilgebiete der Wirtschaftsinformatik im MAT-Würfel entlang der Elemente ausprägen. Beispielsweise befasst sich das Anforderungsmanagement („Requirements Engineering") als Teilgebiet der Wirtschaftsinformatik mit dem Menschen als Benutzerin und als Entwicklerin sowie der konkreten Aufgabe des Erfassens und Verwaltens von Benutzeranforderungen unter Verwendung spezifischer Werkzeuge (IuK-Techniken). Im Gegensatz zum „Usability Engineering" hat das „Requirements Engineering" damit einen engeren Fokus.

Literatur

Heinrich, L. J. (2012). *Geschichte der Wirtschaftsinformatik – Entstehung und Entwicklung einer Wissenschaftsdisziplin*, 2. Aufl. Berlin Heidelberg: Springer.

Jung, R. (Hrsg.) (2017). Rahmenempfehlung für die Ausbildung in Wirtschaftsinformatik an Hochschulen. Bonn. Gesellschaft für Informatik e.V. https://gi.de/fileadmin/GI/Hauptseite/Aktuelles/Meldungen/2017/Empfehlung-Wirtschaftsinformatik2017.pdf.

Jung, R. & Lehrer, C. (2017). Guidelines for education in business and information systems engineering at tertiary institutions. *Business & Information Systems Engineering 59* (3), 189–203. https://doi.org/10.1007/s12599-017-0473-5.

Wirtschaftsinformatik als Wissenschaft

Inhaltsverzeichnis

© Springer-Verlag GmbH Deutschland, ein Teil von Springer Nature 2024
A. Heinzl et al., *Wirtschaftsinformatik*, https://doi.org/10.1007/978-3-662-67392-8_2

Zweck dieser Lerneinheit

Nach dem Durcharbeiten dieser Lerneinheit wissen Sie, was die Wirtschaftsinformatik als Wissenschaft auszeichnet und welche Wissenschaftsziele sie verfolgt. Sie erkennen, dass die Wirtschaftsinformatik sowohl eine empirische Wissenschaft als auch eine Ingenieurwissenschaft ist. Sie verstehen auch, dass die Einordnung als empirische Wissenschaft formalwissenschaftliche Einflüsse nicht ausschließt. Sie wissen, welche Kriterien eine Wissenschaft kennzeichnen und dass diese als Wissenschaftskriterien bezeichnet werden. In Bezug auf die Arbeitsweise von Wissenschaftlerinnen und deren Forschungsergebnisse lernen Sie, dass diese als wissenschaftlich, nicht-wissenschaftlich und unwissenschaftlich unterteilt werden können. Sie erhalten Antworten auf die Frage, was Wahrheit im wissenschaftlichen Kontext bedeutet. Konkret lernen Sie die Korrespondenztheorie, Kohärenztheorie, Konsenstheorie sowie die Pragmatische Wahrheitstheorie kennen.

Sie erkennen, dass bei einer stringenten Auslegung im Sinne der Naturwissenschaften (z. B. Physik, Chemie) argumentiert werden könnte, dass Wirtschaftsinformatik gar keine Wissenschaft ist, sondern bloß eine Kunstlehre oder Praxeologie, deren primärer Zweck das Gestalten von Technologien für die Praxis ist. Eine Theorie im Sinne von Erklärungsmodellen ist dafür nicht zwingend erforderlich. Sie erfahren, dass bei dieser Argumentation unbeachtet bleibt, dass sich die Wirtschaftsinformatik zwar nicht zu einer mit den Naturwissenschaften vergleichbaren Wissenschaft entwickeln kann, ihr Wissenschaftscharakter aber durch eine Theorieorientierung weiter gefestigt werden muss. Eine solche Orientierung umfasst sowohl die Entwicklung von Theorien als auch deren Überprüfung und Verfeinerung.

Sie kennen die Wissenschaftsziele der Wirtschaftsinformatik, nämlich Erkenntnisgewinnung und Erkenntnisverwertung. Sie wissen, dass die Erkenntnisgewinnung einerseits in die Wissenschaftsaufgaben Beschreibung sowie Erklärung und die Erkenntnisverwertung andererseits in die Wissenschaftsaufgaben Prognose sowie Gestaltung gegliedert werden. Sie erkennen, dass auch das Verstehen eine bedeutsame Wissenschaftsaufgabe ist und zwar dann, wenn unbekannte sozialwissenschaftliche Sachverhalte im Forschungsfokus stehen. In diesem Fall tritt die Beschreibung und Analyse einzigartiger Gegenstände (idiografischer Erkenntnisanspruch) an die Stelle der Entwicklung allgemeingültiger Gesetze (nomothetischer Erkenntnisanspruch). Weiter lernen Sie das normative Wissenschaftsziel kennen und verstehen, dass evidenzbasierte Empfehlungen der Wissenschaft Praktikern (z. B. Managerinnen, Politikerinnen) helfen, Entscheidungen fundiert(er) zu treffen. Schließlich wird auf das Verhältnis von Erklärung und Gestaltung eingegangen.

2.1 Empirische Wissenschaft, Formalwissenschaft und Ingenieurwissenschaft

Wissenschaft kann so aufgefasst werden, dass sie im Ergebnis die Gesamtheit der im Forschungsprozess erzeugten *Aussagen* ist. Aussagen werden am Kriterium *Wahrheit* im Sinne von *Aussagenwahrheit* gemessen. Eine Aussage – genauer gesagt, eine wissenschaftliche Aussage – ist ein Satz, der eine erklärende Behauptung enthält und

2

den Anspruch erhebt, wahr zu sein; eine Aussage im umgangssprachlichen Sinne muss diese Forderung nicht erfüllen.

Zu den Aufgaben der Wirtschaftsinformatik als Wissenschaft gehört es, *MAT-Systeme* (▶ Kap. 1 „Gegenstandsbereich der Wirtschaftsinformatik") zu beschreiben und zu erklären. Daher beschäftigt sich die Forschung in der Wirtschaftsinformatik damit, Erkenntnisse über diese Objekte zu gewinnen. Diese münden in allgemeinen Aussagen über diese Objekte, die in einer Realwissenschaft vorwiegend aus empirischen Untersuchungen gewonnen werden. Sie sind Grundlage für die Wahrnehmung weiterer Aufgaben, nämlich das Verhalten dieser Objekte zu prognostizieren und Hilfsmittel dafür zu entwickeln, sie zielorientiert zu gestalten. Damit ist es der Zweck der Wirtschaftsinformatik, den Menschen in Wirtschaft und Gesellschaft dabei zu helfen, die mit der Entwicklung, Einführung und Nutzung sowie dem Management von MAT-Systemen verbundenen Probleme (besser) zu lösen. Das kann auch anders ausgedrückt werden: Zweck der Wirtschaftsinformatik als Wissenschaft ist es, durch Erkenntnisgewinn über ihre Erkenntnisobjekte (Beschreibung und Erklärung) *und* durch Erkenntnisverwertung (Prognose und Gestaltung) der Wirtschafts- und Lebenspraxis zu dienen.

Es gibt verschiedene Gesichtspunkte, nach denen eine Systematik der Wissenschaften aufgebaut werden kann. Ein interessierender Gesichtspunkt ist der, ob der Gegenstandsbereich der Wissenschaft die *Wirklichkeit* ist oder ob er ein Gebilde der Gedankenwelt des Menschen, also nichts Reales ist. Eine Wissenschaft, die der ersten Merkmalsausprägung entspricht, wird als *empirische Wissenschaft* oder *Realwissenschaft* bezeichnet. Die Aussagen, die eine Realwissenschaft als Erkenntnisgewinn erarbeitet, haben einen Bezug zur Wirklichkeit und können daher auch an der Wirklichkeit überprüft werden. Der vom österreichisch-britischen Philosophen Karl R. Popper (1902–1994) begründete *Kritische Rationalismus* fordert dies, weil alle Erkenntnis nur vorläufigen Charakter habe und sich in empirischen Überprüfungen bewähren müsse. Alle rein theoretischen Begründungsversuche müssen nach dieser Auffassung scheitern, sodass zumindest eine partielle Begründbarkeit der Erkenntnis durch das Prinzip der kritischen Prüfung zu ersetzen ist. Da die Überprüfung an der Wirklichkeit mittels Erfahrung erfolgt, also tatsächlich von der beobachtenden Person oder von den von dieser Person Befragten *erfahren* wird (▶ Kap. 4 „Empirische Methoden der Wirtschaftsinformatik"), werden solche Wissenschaften auch als *Erfahrungswissenschaften* bezeichnet. Eine Erfahrungswissenschaft ist daher ein System von Aussagen, deren einzelne Teile an der Wirklichkeit bestätigt (verifiziert) oder widerlegt (falsifiziert) werden können. Somit kann jede Aussage als *wahr* oder *falsch* gekennzeichnet werden.

Eine Wissenschaft, deren Gegenstandsbereich ein Gebilde der Gedankenwelt des Menschen ist, wird als *Formalwissenschaft* bezeichnet. Da ein Realitätsbezug nicht vorliegt, müssen ihre Aussagen ohne Bezug zur Wirklichkeit als *wahr* oder *falsch* entscheidbar sein, also allein aufgrund ihrer logischen Form und gewisser Definitionen. Der vom deutschen Philosophen Rudolf Carnap (1891–1970) eingeführten Bezeichnung einer Formalwissenschaft liegt der Gedanke zugrunde, dass Logik und Mathematik von den Formen und Strukturen beliebiger Objekte handeln. Da Formalwissenschaften den Realwissenschaften gegenübergestellt und von ihnen abgegrenzt werden, sind sie mit der Wissenschaftsgruppe identisch, die von anderen Philosophen als *Ideal- oder Strukturwissenschaften* bezeichnet werden.

Nach dem, was über die Wirtschaftsinformatik als Wissenschaft bisher ausgeführt wurde (▶ Kap. 1 „Gegenstandsbereich der Wirtschaftsinformatik"), handelt es sich bei ihr ohne Zweifel um eine *empirische Wissenschaft* (synonym: Realwissenschaft oder Erfahrungswissenschaft). Dies schließt formalwissenschaftliche Einflüsse aber nicht aus (z. B. formale Darstellung von Prozessabläufen in Unternehmen oder Entwicklung mathematischer Modelle zur Optimierung von Planungsaufgaben). „Einflüsse" bedeutet dabei, dass auf die gesamte Wirtschaftsinformatik bezogen die formalwissenschaftliche gegenüber der realwissenschaftlichen Orientierung von nachrangiger Bedeutung ist. Bei den Überlegungen zur Frage, welche Kriterien den Charakter einer Wissenschaft bestimmen, soll daher von der Feststellung ausgegangen werden, dass die Wirtschaftsinformatik eine Realwissenschaft ist.

Die Wirtschaftsinformatik ist zudem auch eine Ingenieurwissenschaft, da sie sich mit der Konstruktion und Rekonstruktion von Artefakten, insbesondere mit der von MAT-Systemen, sowie mit einer zur Systementwicklung erforderlichen Methodik inklusive des zugehörigen Instrumentariums befasst. Die realwissenschaftliche Forschung und Entwicklung von Artefakten stehen in Wechselbeziehung und ergänzen sich zu einer für die Wirtschaftsinformatik charakteristischen Forschungskonzeption. Dies wird im Zusammenhang mit der Erläuterung der Wissenschaftsziele vertieft. Wirtschaftsinformatik ist also auch eine *angewandte Wissenschaft*, da Forschung und Entwicklung meist im Hinblick auf praktisch Verwertbares betrieben werden.

2.2 Wissenschaftskriterien

Was wissenschaftlich und was nicht-wissenschaftlich ist, kann prinzipiell beliebig sinnvoll festgelegt werden. Zweckmäßig ist dies aber nicht, weil eine bestimmte Verwendungsform des Prädikats *wissenschaftlich* üblich ist. Davon abzuweichen, würde nur Verwirrung stiften und zu Missverständnissen führen. Als wissenschaftlich werden nur solche Aussagen bezeichnet, deren *Wahrheitswert* festgestellt werden kann. Wissenschaftlich können „Aussagen" nicht sein, die Aufforderungen oder Anweisungen zu einem bestimmten Verhalten darstellen, da Verhaltensanweisungen kein Wahrheitswert zukommen kann. Für Verhaltensanweisungen eignen sich andere Prädikate; sie können gut oder schlecht, wirtschaftlich oder unwirtschaftlich, realisierbar oder utopisch sein. Mit solchen Prädikaten wird jedoch kein Erkenntnisanspruch erhoben.

> ▶ **Beispiel normative Aussage**
>
> Die in der Praxis oft vertretene Auffassung, dass jedes Unternehmen eine Digitalisierungsstrategie entwickeln soll, ist keine wissenschaftliche Aussage, sondern eine an das Management gerichtete Verhaltensanweisung. Sofern empirische Belege für die Vorteilhaftigkeit von Digitalisierungsstrategien vorliegen (z. B. Unternehmen mit Digitalisierungsstrategie sind erfolgreicher als Unternehmen ohne Strategie), ist die normative Aussage „Unternehmen sollen eine Digitalisierungsstrategie entwickeln" aus wissenschaftlicher Sicht zweckmäßig, weil die Verhaltensanweisung auf empirischer Evidenz basiert. Dies ändert jedoch nichts daran, dass die Aussage selbst keine wissenschaftliche Aussage ist. ◄

2

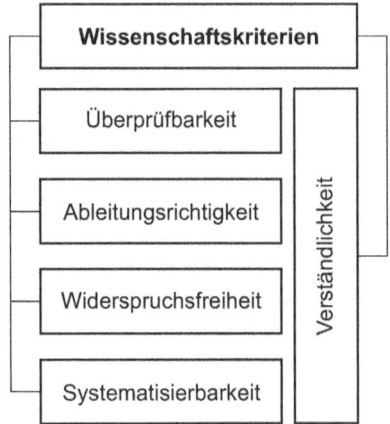

◘ **Abb. 2.1**   Wissenschaftskriterien

Kriterien, denen eine Aussage standhalten muss, wenn sie als wissenschaftlich bezeichnet werden soll, sind Überprüfbarkeit, Ableitungsrichtigkeit, Widerspruchsfreiheit, Systematisierbarkeit und Verständlichkeit (◘ Abb. 2.1).

2.2.1 Überprüfbarkeit

Wissenschaftliche Aussagen sollen sich durch Erfahrung an der Wirklichkeit überprüfen lassen, also als *wahr* oder *falsch* entscheidbar sein. Kann eine Aussage durch Überprüfung einer Hypothese nicht widerlegt werden, dann gilt sie so lange als *wahr*, bis sie durch eine neuerliche Überprüfung falsifiziert wird. Daraus folgt, dass jeder Erkenntnisstand immer nur ein vorläufiger ist. Die Überprüfung einer Aussage muss durch Dritte möglich sein (intersubjektive Überprüfbarkeit, intersubjektive Gültigkeit). „Dritte" kann dabei nicht irgendeine, sondern muss eine Person sein, die bestimmte Bedingungen erfüllt (z. B. muss sie hinlänglich vorgebildet und ausgerüstet sein).

> ▶ Beispiel Überprüfbarkeit
>
> In einer Hypothese wird formuliert, dass Unternehmen mit Digitalisierungsstrategie erfolgreicher sind als Unternehmen ohne eine solche Strategie. Da diese Hypothese durch den Einsatz anerkannter empirischer Methoden (z. B. Befragung in Kombination mit Bilanzkennzahlen) untersucht werden kann und auch durch Dritte in Replikationsstudien prüfbar ist, liegt Überprüfbarkeit vor. ◀

2.2.2 Ableitungsrichtigkeit

Ableitung ist eine Folge von Aussagen oder Sätzen, die mit Prämissen oder Axiomen beginnt und dann schrittweise Aussagen anfügt, die aus vorangegangenen Aussagen logisch abgeleitet werden können, die also in diesen bereits enthalten sind. Eine *Prämisse* ist eine Aussage, die aus vorangehenden Sätzen abgeleitet werden kann, ein

Axiom ist eine Aussage, die „gesetzt" wird, also als gültige Wahrheit angenommen wird und somit keinen Beweis erfordert. In empirischen Wissenschaften sind Axiome oft Aussagen, die vielfach empirisch bestätigt worden sind. Beispiel: Ein Ziel des Einsatzes von Informationssystemen in Organisationen ist die Produktivitätssteigerung. Eine Richtigkeit der Ableitung liegt dann vor, wenn in den Aussagen an keiner Stelle etwas vorausgesetzt wird, was nicht in vorhergehenden Aussagen bereits enthalten ist oder ausdrücklich vorausgesetzt wurde. Bei der Ableitung müssen die Regeln der *Logik* – im Sinne der Lehre vom deduktiven Schließen, also der Folgerung wahrer Schlussfolgerungen oder Konklusionen aus bestehenden Aussagen – erfüllt sein.

▶ **Beispiel Ableitungsrichtigkeit**

Erste Prämisse: Das Arbeiten mit unzuverlässigen Anwendungssystemen (z. B. Computerabstürze, lange Antwortzeiten) geht beim Benutzenden mit erhöhten Werten bei Stresshormonen einher.

Zweite Prämisse: Ein bestimmtes Anwendungssystem XY ist unzuverlässig.

Schlussfolgerung (Konklusion): Benutzende des Anwendungssystems XY weisen erhöhte Stresshormonwerte auf. ◀

Im gegenständlichen Beispiel liegt ein aus Prämissen gezogener logischer Schluss vom Allgemeinen auf das Besondere (*Syllogismus*) vor. Dessen Muster sieht wie folgt aus: Zwei Prämissen (Voraussetzungen), Obersatz (erste Prämisse) und Untersatz (zweite Prämisse), führen zu einer Schlussfolgerung (Konklusion).

2.2.3 Widerspruchsfreiheit

Eine Gesamtheit von Aussagen darf nicht zwei (oder mehr) Aussagen enthalten, die im Widerspruch zueinander stehen; sie darf auch keine sich selbst widersprechende Aussage enthalten. Diese Forderung folgt aus dem Ziel der Erkenntnisgewinnung. Dieses theoretische Wissenschaftsziel ist unmöglich zu erreichen, wenn sich zwei Aussagen widersprechen, weil dem Widerspruchsprinzip zufolge zumindest eine dieser beiden Aussagen falsch ist. Die Forderung nach Widerspruchsfreiheit ist nicht so zu verstehen, dass die Gesamtheit der Aussagen auf jeden Fall ihren Wissenschaftscharakter verliert, wenn sich zwei Aussagen in einer Gesamtheit von Aussagen widersprechen. Die Forderung nach Widerspruchsfreiheit bezieht sich nur auf jene Aussagen, die miteinander in einem logischen Zusammenhang stehen.

▶ **Beispiel Widerspruchsfreiheit**

Aussage 1: Unternehmen, die für Marketingzwecke soziale Medien einsetzen, sind erfolgreicher als Unternehmen, die dies nicht tun.

Aussage 2: Es besteht zwischen Unternehmen, die für Marketingzwecke Facebook einsetzen bzw. nicht einsetzen, kein Erfolgsunterschied.

Aussage 1 und 2 sind nicht widerspruchsfrei, da Facebook ein Element der Menge „sozialer Medien" ist. Eine sich selbst widersprechende Aussage wäre: Unternehmen setzen für Marketingzwecke Facebook ein, soziale Medien jedoch nicht. ◀

2

Zu beachten ist, dass gelegentlich widersprüchliche Aussagen oder Begriffe als Stilmittel bzw. rhetorische Figuren eingesetzt werden; dies wird als *Oxymoron* bezeichnet und betrachtet die Zusammenstellung zweier sich widersprechender Begriffe.

> ❯ „Weniger ist mehr" oder „bittersüß". Dieses Stilmittel sollte in wissenschaftlichen Texten äußerst sparsam eingesetzt werden.

2.2.4 Systematisierbarkeit

Eine Menge von Aussagen ist noch keine *Theorie*; die Aussagen erfordern einen Klassifikations- oder Begründungszusammenhang. Daher dürfen die Aussagen nicht nur singuläre Aussagen sein, sondern es muss sich um eine Menge oder ein System von Aussagen handeln. Es gehört zum Wesen der Wissenschaft, dass sich Aussagen in einem Aussagensystem auch auf unterschiedliche Abstraktionsebenen beziehen.

▶ Beispiel Systematisierbarkeit

Nutzungsverhalten als zu erklärende Variable im Technologie-Akzeptanz-Modell (TAM) enthält zahlreiche singuläre Aussagen der Art, „das Benutzergeschlecht verändert den Einfluss der wahrgenommenen Nützlichkeit eines Anwendungssystems auf die beabsichtigte Systemnutzung" sowie „das Alter eines Benutzers verändert den Einfluss der wahrgenommenen Nützlichkeit eines Systems auf die beabsichtigte Systemnutzung". Eine davon abgeleitete Aussage auf einer höheren Abstraktionsstufe könnte das Benutzergeschlecht und Alter in die Kategorie „demografische Faktoren" zusammenfassen. Die daraus resultierende Aussage ist: „Demografische Faktoren verändern den Einfluss der wahrgenommenen Nützlichkeit eines Systems auf die beabsichtigte Systemnutzung." Das TAM ist in Abb. 3.1 im Detail dargestellt. ◀

2.2.5 Verständlichkeit

Damit die vorgenannten Kriterien erfüllt werden können, ist es bedeutsam, dass wissenschaftliche Aussagen verständlich sind. Je verständlicher die Aussagen sind, umso größer ist die Wahrscheinlichkeit, dass der erhobene Erkenntnisanspruch als berechtigt oder nicht berechtigt festgestellt werden kann. Größtmögliche Präzision der sprachlichen Ausdrücke liegt im Interesse einer unkomplizierten und schnellen Feststellung des Wahrheitswerts. Dies zeigt die Bedeutung der Fachsprache, denn nur sie kann größtmögliche Präzision der sprachlichen Ausdrücke sichern.

Im Gegensatz zur Fachsprache ist die Umgangssprache durch geringe Präzision und hohen Gehalt an Werturteilen gekennzeichnet, was aus wissenschaftlicher Sicht Nachteile sind. Wissenschaftliches Arbeiten erfordert das Gegenteil, erfordert Wissenschaftssprache, also Fachsprache. Dass Fachsprache für Laien oft schwer verständlich ist, ist eine notwendige Folge. In der Kommunikation zwischen Wissenschaft und Praxis muss Fachsprache daher in Umgangssprache transferiert werden. Außer ihrem Kernbereich, dem Begriffssystem im Sinne einer geordneten Menge von Begriffen, umfasst Fachsprache noch weitere Elemente wie Abkürzungen (z. B. Inf. für Information), Akronyme (z. B. IT für Informationstechnologie), Bildzeichen

(z. B. 🗑 als Symbol für „Papierkorb") oder Phraseologismen (das sind zu fester Form gewordene Wortverbindungen, wobei die Phrase Bedeutungsträger ist, nicht die einzelnen Wörter; ERP-System: Enterprise, Resource, Planning). Über die genannten Kriterien hinaus wird häufig auch die methodische Vorgehensweise, mit der Aussagen gewonnen werden, als Wissenschaftskriterium angesehen. Die Forderung nach wissenschaftlichen Arbeitsmethoden ist zwar sehr nützlich, da ein methodisches Vorgehen im Allgemeinen eher zu brauchbaren Arbeitsergebnissen führt, als wenn darauf verzichtet wird (▶ Kap. 4 „Empirische Methoden der Wirtschaftsinformatik" und ▶ Kap. 5 „Gestaltungsorientierte Forschung in der Wirtschaftsinformatik"). Diese Forderung ist aber für den Wissenschaftscharakter lediglich eine notwendige, aber keine hinreichende Bedingung. Die Verwendung eines ausgeklügelten methodischen Instrumentariums garantiert keinen wissenschaftlichen Erkenntnisfortschritt.

2.3 Objekte der Wissenschaftlichkeit

Bisher wurde Wissenschaftlichkeit im Zusammenhang mit dem Ergebnis wissenschaftlicher Arbeit erläutert, also die Frage beantwortet, unter welchen Voraussetzungen eine Aussage das Prädikat wissenschaftlich verdient. Neben dem *Arbeitsergebnis* können auch der *Arbeitsprozess* und die *Arbeitshaltung* Objekte der Wissenschaftlichkeit sein.

Damit der von Forschenden verfolgte Arbeitsprozess das Prädikat „wissenschaftlich" verdient, wird eine wissenschaftliche Haltung oder Einstellung vorausgesetzt. Zudem sind Arbeitshaltung *und* Arbeitsprozess Voraussetzungen dafür, dass wissenschaftliche Arbeitsergebnisse entstehen und verwertet werden können. Die unkritische, ohne jede Prüfung erfolgende Ablehnung oder Annahme einer wissenschaftlichen Aussage ist ein charakteristisches Beispiel für eine Arbeitshaltung, die nicht das Prädikat *wissenschaftlich* verdient. Ausdruck einer wissenschaftlichen Arbeitshaltung ist, schlicht und einfach gesagt, das Befolgen der Devise: „Prüfe alles, und verwende was gut ist."

Die Fälschung von Forschungsergebnissen verdient nicht einmal das Prädikat unwissenschaftlich, sondern ist Betrug. Ergebnis- oder Datenfälschungen schädigen das Ansehen der Wissenschaft in der Gesellschaft. Gefährlich für die Wissenschaft ist auch Schlamperei der Forschenden, die zu falschen Ergebnissen führt. Mit Schlamperei wird unordentliches, nachlässiges sowie unpräzises Arbeiten bezeichnet. Es ist davon auszugehen, dass falsche Ergebnisse gefährlicher als gefälschte Ergebnisse sind. Diese zunächst erstaunlich klingende Feststellung wird damit begründet, dass unordentliches, nachlässiges sowie unpräzises Arbeiten wesentlich häufiger vorkommt als Betrug. Schlamperei ist in der Wissenschaft weiter verbreitet als allgemein angenommen. Problematisch ist auch das *Missachtungssyndrom*, womit das bewusste Ignorieren oder unbeabsichtigte Nichtberücksichtigen vorhandener wissenschaftlicher Fachliteratur gemeint ist. Dies kann die Untersuchung von bereits Erforschtem verursachen und bewirkt die Verschwendung von Ressourcen. Die enormen Möglichkeiten von Internet- und Datenbankrecherchen sind eine Ursache für die Ausbreitung des *Plagiarismus*. Oft bleibt dadurch das quellenkritische Rezipieren, Verstehen, Interpretieren und Einordnen des Wissens als Voraussetzung für einen Erkenntnisfortschritt auf der Strecke.

2

2.4   Forderungen an wissenschaftliches Arbeiten

Folgende Forderungen an wissenschaftliches Arbeiten werden im Allgemeinen als verbindlich angesehen: Vorurteilsfreiheit, Öffentlichkeit, provisorische Gültigkeit und Konditionalität.

- *Vorurteilsfreiheit* besagt, dass alles zum Gegenstand wissenschaftlicher Untersuchung werden kann und muss, was zum Gegenstandsbereich der betreffenden Wissenschaft gehört; es darf grundsätzlich nichts ausgeschlossen werden.
- *Öffentlichkeit* besagt, dass es in der Wissenschaft jeder ausreichend qualifizierten Person möglich sein muss, einen erhobenen Erkenntnisanspruch zu überprüfen, der damit der Kritik zugänglich ist.
- *Provisorische Gültigkeit* besagt, dass keine wissenschaftliche Aussage endgültig ist; sie gilt immer nur bis auf Widerruf. Erfahrungswissenschaft hat hypothetischen Charakter; ihre Aussagen sind daher von vorläufiger Gültigkeit.
- *Konditionalität* besagt, dass eine wissenschaftliche Aussage unter bestimmten Voraussetzungen und Bedingungen gültig ist, die explizit angegeben werden müssen. Alles, was behauptet wird, gilt nur innerhalb des Bezugsrahmens, der die Voraussetzungen und Bedingungen angibt. Auch fehlende, unvollständige oder nicht näher spezifizierte Konditionalität ist ein häufig zu beobachtender Mangel von Beiträgen in Fachzeitschriften, Tagungsbänden und Monografien.

> ▶ **Beispiele Forderungen an wissenschaftliches Arbeiten**

Vorurteilsfreiheit: Professorin Z der Universität XY untersucht, welches Paradigma der Softwareentwicklung (klassisch wie Wasserfallmodell vs. agil wie Scrum) mit welchen Vorteilen und Nachteilen einhergeht. Professorin Z ist der Meinung, dass agile Softwareentwicklung unbrauchbar sei, weshalb agile Softwareentwicklung kein vertiefender Bestandteil ihrer Forschung ist. Dies wäre ein Verstoß gegen die Forderung „Vorurteilsfreiheit".

Öffentlichkeit: Ein an vielen Hochschulen häufig vorkommender Verstoß gegen die Forderung „Öffentlichkeit" besteht darin, Bachelor-, Master- sowie Doktorarbeiten als „gesperrt" zu deklarieren, sodass Dritte keinen Zugriff darauf haben. Als Begründung für diesen legalisierten Verstoß wird zugesicherte „Vertraulichkeit" angegeben (z. B. gegenüber einem am Arbeitsprozess beteiligten Unternehmen).

Provisorische Gültigkeit: Professorin Z der Universität XY erforscht die Wirksamkeit und Wirtschaftlichkeit von Softwareentwicklungsmethoden. Nach einem mehrjährigen intensiven Forschungsprozess, in dem sie alle bekannten Softwareentwicklungsmethoden miteinbezogen hat, kommt sie zu dem Schluss, dass Scrum die höchste Wirksamkeit und Wirtschaftlichkeit aufweist. Daraufhin erklärt sie öffentlich, dass Scrum die beste Vorgehensweise in der Softwareentwicklung sei, die es jemals gegeben habe und in Zukunft geben werde. Sie betrachtet ihren Befund als endgültig und verschließt sich so gegenüber zukünftigem Fortschritt. Somit verstößt sie gegen die Forderung der „provisorischen Gültigkeit".

Konditionalität: Eine weltweit agierende Online-Shopping-Plattform XY beauftragt Professorin Z, eine Untersuchung durchzuführen. Es soll herausgefunden werden, wie sich das Einkaufsverhalten der Bevölkerung in den kommenden zehn Jahren entwickeln wird. Professorin Z führt dazu eine groß angelegte Befragungsstudie in allen EU-Staaten durch. Die Ergebnisse ihrer Studie übergibt sie dem Auftraggeber, erwähnt jedoch nicht, dass die

Untersuchungen ausschließlich in Europa durchgeführt wurden. Aus dem Verstoß gegen die Forderung der „Konditionalität" könnte resultieren, dass der Auftraggeber seine künftigen Marketingmaßnahmen in Nordamerika und Asien ohne Erfolg durchführt, und zwar deshalb, weil das Einkaufsverhalten von Europäerinnen nicht notwendigerweise jenem von Nordamerikanerinnen und Asiatinnen entspricht. ◄

Die Deutsche Forschungsgemeinschaft (DFG) hat 1998 eine Denkschrift zur „Sicherung guter wissenschaftlicher Praxis" veröffentlicht, um „die Redlichkeit in der Wissenschaft weiter zu befördern und als festen Bestandteil in Forschung und Lehre zu etablieren"; 2018 wurde die Schrift überarbeitet und als „Leitlinien zur Sicherung guter wissenschaftlicher Praxis" publiziert. Im Grunde genommen beschreiben die Empfehlungen das für Wissenschaftler selbstverständliche Arbeitsverhalten.

Warum Wissenschaftler fälschen und betrügen, gegen die Regeln wissenschaftlichen Anstands und sogar gegen Recht und Gesetz verstoßen, kann in erster Linie auf das Wissenschaftssystem zurückgeführt werden (sogenannte Milieutheorie). Primäre Ursache für Betrug und Fälschung ist nicht die kriminelle Energie von Akteuren, sondern sozialer Druck im Wissenschaftsbetrieb (z. B. Wettbewerb um Forschungsgelder, Publikationszwang, Karrierechancen für junge Forschende). Trotzdem gilt, dass es Betrug und Fälschung ohne individuelle Schuld nicht geben kann, dass es kein Kavaliersdelikt ist, sondern vehement geahndet wird und die Reputation von Forschenden massiv beschädigt.

2.5 Wissenschaftlich, nicht-wissenschaftlich und unwissenschaftlich

Die Vorstellung, dass alles, was als Wissenschaft bezeichnet wird (z. B. an einer Universität), im erläuterten Sinne wissenschaftlich ist, trifft nicht zu, ist aber unter Studierenden weit verbreitet. In jeder Wissenschaft gibt es mehr oder weniger große nicht-wissenschaftliche Anteile (nicht-wissenschaftliche Arbeitshaltung, Arbeitsmethoden sowie Arbeitsergebnisse). Als unwissenschaftlich können diese aber nur dann bezeichnet werden, wenn Forschende einen Wissenschaftsanspruch erheben, ihn aber nicht erfüllen (können).

> ▶ **Beispiel unwissenschaftliche Arbeitshaltungen und Arbeitsergebnisse**
> Beispiele für unwissenschaftliche Arbeitshaltungen sind das Aufstellen unbegründeter Behauptungen, das Verschweigen diskutabler Gegenargumente, das Ersetzen von Sachargumenten durch persönliche Meinungen sowie das Manipulieren des Datenmaterials, aus dem Behauptungen abgeleitet werden. Musterbeispiel für unwissenschaftliche Arbeitsergebnisse sind Ideologien und Dogmen, die beispielsweise dadurch entstehen, dass eine ursprünglich als wahr angenommene Theorie falsifiziert wurde, deren Aussagen aber dennoch aufrechterhalten werden. ◄

Etwas als unwissenschaftlich zu bezeichnen, ist ein *Werturteil*, also das negative Ergebnis der Beurteilung des Anspruchs auf Wissenschaftlichkeit. Etwas als nicht-wissenschaftlich zu bezeichnen, ist kein Werturteil. Es ist also keine Abwertung, wenn Arbeitshaltung, Arbeitsmethode sowie Arbeitsergebnis als nicht-

2

wissenschaftlich bezeichnet werden. Nicht-Wissenschaftlichkeit gibt es in der Wirtschaftsinformatik – wie in anderen Wissenschaften auch – in erheblichem Umfang, sowohl bei der Arbeitshaltung, als auch bei den Arbeitsmethoden und folglich auch bei den Arbeitsergebnissen.

> ▶ **Beispiel nicht-wissenschaftliche Aussage**
>
> Nicht-wissenschaftlich sind die „Aussagen" einer Wirtschaftsinformatikerin die sich auf Daten zufälliger Beobachtungen bei Beratungsprojekten in der Praxis stützen. ◀

Trotzdem kann es sehr wertvoll sein (und das nicht nur für die betreffenden wissenschaftlich Forschenden, sondern auch für die Studierenden), wenn in der Praxis an Entwicklungs- und Beratungsprojekten gearbeitet und im Lehrbetrieb darüber berichtet wird. Die Veröffentlichung solcher Erfahrungen in wissenschaftlichen Journalen sollte allerdings gekennzeichnet werden. Dies erfolgt oft dadurch, dass solche Beiträge als Erfahrungs- oder Meinungsbeitrag (engl. opinion paper) und nicht als wissenschaftlicher Aufsatz (engl. research article) bezeichnet werden.

2.6   Seins-Wissenschaft versus Sollens-Wissenschaft

Ohne dies ausdrücklich zu erwähnen, war bisher von Aussagen die Rede, die sich auf das beziehen, was *ist*. Eine Realwissenschaft, die nur Aussagen dieser Art zulässt, heißt auch *Seins-Wissenschaft*. Viele Aussagen der Wirtschaftsinformatik betreffen jedoch Sachverhalte, die gegenwärtig noch nicht sind, sondern in Zukunft *sein sollen*. Eine Realwissenschaft, die (auch) solche Sätze (also Nicht-Aussagen) akzeptiert, ist eine *Sollens-Wissenschaft* (häufig auch als Normwissenschaft oder normative Wissenschaft bezeichnet). Mit „Normen" sind Regeln, Vorschriften, Verhaltensanweisungen und Ähnliches gemeint, die von Wissenschaftlerinnen formuliert und der Praxis zur Befolgung empfohlen werden. Solche Normen können streng genommen nicht als wissenschaftlich bezeichnet werden, da ihr Wahrheitswert (noch) nicht feststellbar ist. Wir können *über* solche Normen etwas wissen, sie stellen aber selbst kein gesichertes Wissen dar. Also sind sie nicht-wissenschaftlich oder – falls ihr Wissenschaftscharakter behauptet wird – sogar unwissenschaftlich. Normen spielen aber im Zusammenhang mit Wissenschaft in ihrer Funktion als *technologische Aussagen* (Zweck-Mittel-Beziehungen) eine wichtige Rolle, wenn sie als Aussagen beschrieben werden.

> ▶ **Beispiel Norm**
>
> Die Aussage, „die Unterstützung des Top-Managements sollte bei Softwareprojekten sichergestellt werden, damit für die Projektabwicklung ausreichend Personalressourcen und Finanzmittel freigegeben werden", ist eine Norm, die vernünftig, sinnvoll, berechtigt usw. ist. Diese Norm ist aber keine wissenschaftliche Aussage. ◀

2.7 Wahrheitstheorien

Als wissenschaftlich werden nur solche Aussagen bezeichnet, deren Wahrheit festgestellt werden kann. Auf die Frage, was in diesem Zusammenhang Wahrheit ist, geben mehrere Theorien unterschiedliche Antworten (■ Abb. 2.2).

2.7.1 Korrespondenztheorie

Bereits bei ARISTOTELES (384-322 v. Chr.) findet sich der Gebrauch der Worte „wahr" und „falsch", wobei mit „wahr" die Übereinstimmung mit der Wirklichkeit gemeint ist. Eine Aussage stimmt mit der Wirklichkeit überein, wenn diese durch empirische Methoden als wahr bestätigt wird (vgl. die gleichnamige Lerneinheit in ▶ Kap. 4). Zu beachten ist, dass sich – streng genommen – die objektive Wirklichkeit als Bezugspunkt für Wahrheit nicht mit Sicherheit erkennen lässt (siehe dazu das Höhlengleichnis von PLATON, 428/427-348/347 v. Chr.) bzw. dass von manchen Denkschulen überhaupt in Frage gestellt wird, ob eine objektive Welt existiert. Die Welt kann dieser Auffassung nach nicht unvermittelt wahrgenommen werden, vielmehr sind unsere Sinnesorgane Filter und unser Verstand agiert als strukturgebendes Element. Neben ARISTOTELES gab es in der Philosophiegeschichte viele weitere Vertreter der Korrespondenztheorie, u. a den italienischen Gelehrten Thomas VON AQUIN (1225–1274) sowie den deutschen Philosophen Immanuel KANT (1724–1804).

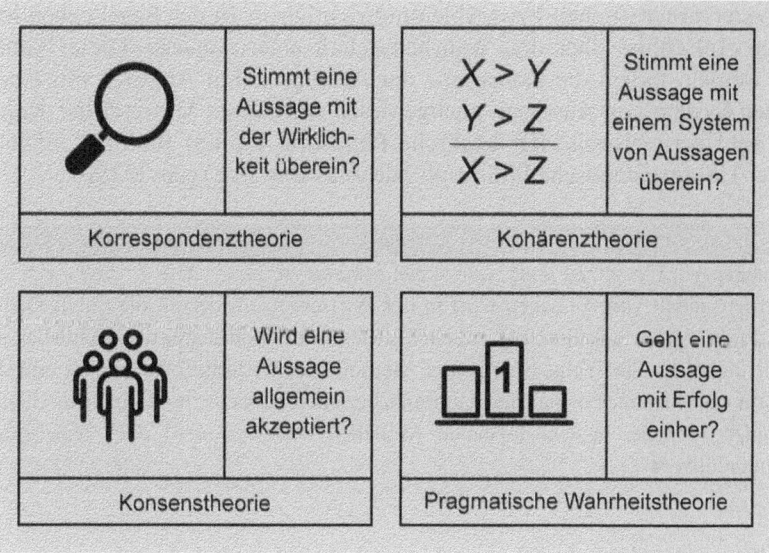

■ **Abb. 2.2** Wahrheitstheorien

2

Eine als Hypothese formulierte Aussage ist dann wahr (im Sinne des Kritischen Rationalismus vorläufig gültig), wenn sie durch einen Signifikanztest der schließenden Statistik im Rahmen der Anwendung einer empirischen Methode (z. B. Laborexperiment) nicht falsifiziert werden konnte. Der Wahrheitsgehalt von Aussagen wird in der Wirtschaftsinformatik oft durch die Korrespondenztheorie nachgewiesen.

Hypothese: Der Absturz eines Anwendungssystems während der Ausführung einer Aufgabe unter Zeitdruck führt bei den Benutzenden zur Aktivierung des Sympathikus. (Der Sympathikus ist ein Teil des autonomen Nervensystems, der sich in Stresssituationen aktiviert.) Durch die Messung physiologischer Parameter wie Herzschlagrate, Blutdruck sowie Hautleitfähigkeit kann im Rahmen eines Laborexperiments die Hypothese untersucht werden. ◀

2.7.2 Kohärenztheorie

Obwohl die Kohärenztheorie bereits im 17. Jahrhundert im Rationalismus aufkam und später teilweise auch von Vertretern des Idealismus und logischen Empirismus zumindest zeitweise vertreten wurde, geht die klassische Formulierung der Kohärenztheorie auf Harold H. JOACHIM (1868–1938) zurück. Im Jahr 1906 legte er das viel beachtete Werk „The Nature of Truth" vor, das als Grundlage der Kohärenztheorie gilt. Eine Aussage (A) ist wahr, wenn sie mit einem bestimmten System von Aussagen (S) übereinstimmt. Als Kriterium für Kohärenz wird gefordert, dass A mit S konsistent ist oder dass A aus S logisch ableitbar sein muss. Kohärenz bezeichnet somit Widerspruchsfreiheit bzw. Ableitungsrichtigkeit. In der Regel geben logische Analysen Aufschluss über den Wahrheitsgehalt einer Aussage. Dieser kann festgestellt werden, indem die Konsistenz der Aussage durch Abgleich mit einem bestehenden System von Aussagen nachgewiesen wird. Zwei Vertreter der Kohärenztheorie sind beispielsweise der englische Philosoph Francis BRADLEY (1846–1924) sowie der US-amerikanische Philosoph Nicholas RESCHER (geb. 1928).

Die Aussage „X > Z" ist dann wahr, wenn bekannt ist, dass „X > Y" und „Y > Z". Der Wahrheitsgehalt von Aussagen wird in der Wirtschaftsinformatik oft durch Deduktion, also durch logisches Schlussfolgern, nachgewiesen. Logisch-deduktives Schließen ist nach Wilde und Hess (2007) eine bedeutame Methode der Wirtschaftsinformatik und sie kann sich auf verschiedene Formalisierungsstufen beziehen: entweder im Rahmen mathematisch-formaler Modelle, in semi-formalen Modellen (konzeptionell) oder rein sprachlich-argumentativ. ◀

2.7.3 Konsenstheorie

Die Konsenstheorie der Wahrheit entstand als Reaktion auf den Positivismus, der von einem naturwissenschaftlichen Wissenschaftsverständnis auf der Basis von Beobachtung und Logik ausgeht. Positivisten argumentieren, dass nur wenige Arten von Aussagen Wahrheitsanspruch erheben können, insbesondere sind dies empirische Aussagen (z. B. „Intensive Nutzung von sozialen Medien geht mit geringerem Wohlbefinden einher.") und analytische Aussagen, also Sätze, die per Definition wahr sind (z. B. „Ein Informationssystem besteht aus den Elementen Mensch, Aufgabe, Technik."). Weiter akzeptieren Positivisten logische Schlussfolgerungen auf der Basis existierender empirischer Erkenntnisse. Dieses enge Wissenschaftsverständnis ist jedoch insofern problematisch, als dass es die Wahrheitsfähigkeit praktischer Fragen und damit in Zusammenhang stehender Aussagen ablehnt. Eine Aussage gilt gemäß Konsenstheorie als wahr, wenn sie allgemein akzeptiert wird. KAMLAH und LORENZEN postulieren, dass eine Aussage dann wahr ist, wenn ihr jede Person zustimmen kann, die

I.   gutwillig ist (keine Täuschungsabsicht hat),
II.   vernünftig ist (nicht von Emotionen geleitet ist),
III. sprachkundig ist (die betreffende Aussage also richtig versteht),
IV.   über normale, intakte Sinne verfügt und
V.   sachkundig ist (zitiert nach Gadenne 2008).

Ein wichtiger Vertreter der Konsenstheorie ist der deutsche Philosoph und Soziologe Jürgen HABERMAS (geb. 1929).

> ▶ **Beispiel Konsenstheorie**
>
> Die Aussage, „Unternehmen, die in ihrem Geschäftsmodell die Potenziale digitaler Technologien berücksichtigen, sind erfolgreicher als Unternehmen, die dies nicht tun", ist dann wahr, wenn ihr ein überwiegender Anteil an Personen zustimmt, auf die die fünf genannten Merkmale (I) bis (V) zutreffen. ◀

Die Konsenstheorie sollte bei der Lösung von Forschungsproblemen insbesondere dann zum Einsatz kommen, wenn die Korrespondenz- sowie Kohärenztheorie nicht einsetzbar sind (was im Beispiel nicht der Fall ist, weil hier der Wahrheitsgehalt durch den Einsatz empirischer Methoden festgestellt werden könnte). Ein „Standardinstrument" zur Erkenntnisprüfung sollte die Konsenstheorie aufgrund ihrer inhärenten Subjektivität in keiner Wissenschaft sein – und somit auch nicht in der Wirtschaftsinformatik.

2.7.4 Pragmatische Wahrheitstheorie

Diese besagt, dass sich wahre Aussagen bzw. Theorien durch ihren Erfolg auszeichnen. Wahr ist somit, was erfolgreich ist, sich verbreitet hat. Daraus folgt, dass Wahrheit historisch veränderlich und kontextabhängig ist. Wichtige Vertreter der pragmatischen Wahrheitstheorie sind der US-amerikanische Philosoph und Psychologe William JAMES (1842–1910) sowie der ebenfalls aus den USA kommende Philosoph und Pädagoge John DEWEY (1859–1952). Die Gleichsetzung von Wahrheit mit Erfolg ist in der Wirtschaftsinformatik eine zu beobachtende Vorgehensweise, die große Gefahren in sich birgt, weil auch eine nicht-wissenschaftliche oder falsche Aussage nützlich und damit erfolgreich sein kann. Das Motto scheint zu sein: Keine Aussage ist abzulehnen, aus der sich nützliche Folgen für das Leben ergeben, auch wenn die Aussage nicht mit der Korrespondenz-, Kohärenz- und/oder Konsenstheorie vereinbar ist.

2

▶ Beispiel pragmatische Wahrheitstheorie

Eine Digitaltechnologie XY weist hohe Absatzzahlen auf und ist somit am Markt erfolgreich. Daraus wird geschlossen, dass die folgende Aussage wahr ist: Die Digitaltechnologie XY bietet exzellente Funktionalität und Gebrauchstauglichkeit (Usability).

Anmerkung: Da es viele andere Gründe gibt, warum die Absatzzahlen hoch sein können (z. B. gutes Marketing oder Lock-in-Effekte), kann von solchen Zahlen nicht zwingend auf positive Eigenschaften des Produkts als Erfolgsursache geschlossen werden. ◀

2.8 Wissenschaftsziele

Im Folgenden geht es um Wissenschaftsziele, also um Ziele, welche die Wirtschaftsinformatik als Wissenschaft verfolgt oder verfolgen sollte. Eine Wissenschaftsdisziplin ist ein mehr oder weniger in sich geschlossenes Fachgebiet, das ein durch Forschung, Lehre und Schrifttum geordnetes, begründetes und als sicher erachtetes Wissen umfasst. Es ist unbestritten, dass die Wirtschaftsinformatik eine eigenständige Wissenschaftsdisziplin ist. Zudem hat sich in der jüngeren Vergangenheit die Meinung darüber gefestigt, welche Wissenschaftsziele die Wirtschaftsinformatik verfolgen sollte. Eine vereinfachte Darstellung der Ziele sieht wie folgt aus: Auf der einen Seite gibt es Wirtschaftsinformatikerinnen, die das primäre Wissenschaftsziel in der Erkenntnisgewinnung sehen; der Fokus wissenschaftlichen Arbeitens liegt auf der Beschreibung und Erklärung von MAT-Systemen (z. B. die Erklärung des Verhaltens von Teammitgliedern bei Softwareentwicklungsprojekten). Andere Wissenschaftlerinnen vertreten die Auffassung, die Wirtschaftsinformatik solle in erster Linie Erkenntnisverwertung anstreben, insbesondere durch die Entwicklung von Artefakten (z. B. von Referenzmodellen zur Gestaltung von Informationssystemen), die in der Praxis einen unmittelbaren Nutzen stiften.

Ziel der Wirtschaftsinformatik als Wissenschaft ist es, ein System von Aussagen, Artefakten sowie Methoden für die zielgerichtete Gestaltung der Erkenntnisobjekte ihres Gegenstandsbereichs zu entwickeln. Sie verfolgt dabei zwei Wissenschaftsziele, die in Wissenschaftsaufgaben zerlegt werden können (◘ Abb. 2.3):

- *Erkenntnisgewinnung* in die Wissenschaftsaufgaben *Beschreibung* und *Erklärung* und
- *Erkenntnisverwertung* in die Wissenschaftsaufgaben *Gestaltung* und *Prognose*.

2.8.1 Erkenntnisgewinnung

Bei der *Beschreibung* wird der Untersuchungsgegenstand erfasst und möglichst präzise dokumentiert. Dies geschieht über die Nutzung einer Terminologie, durch Tatsachenbehauptungen, Systematisierungen und Typenbildungen. Im Vordergrund stehen die *Begriffsbildung* und *Beschreibung (Deskription)* des Untersuchungsgegenstands. Dabei werden Begriffe geklärt, Phänomene erfasst und erste Überlegungen zur Theoriebildung und -prüfung gewonnen. Terminologische und deskriptive Aussagen sind das Fundament für den weitergehenden Forschungsprozess. Beschreibung ist Voraussetzung für Erklärung.

□ **Abb. 2.3** Wissenschaftsziele

▶ **Beispiel Deskription**

Mittels Online-Fragebogen werden die Verbreitung und Einsatzbereiche von Process-Mining-Werkzeugen (z. B. Celonis, Signavio) in Unternehmen des deutschen Sprachraums erhoben. Auf der Basis einer im Idealfall für die Grundgesamtheit repräsentativen Stichprobe werden die Fragebogendaten mittels deskriptiver Verfahren der Statistik (z. B. Häufigkeitsverteilungen, Lage- und Streuungsparameter, Korrelationen) ausgewertet.

Typisch für die Wirtschaftsinformatik ist auch, dass immer wieder neue Technologien (z. B. Blockchain oder Machine Learning) entwickelt werden, zur Anwendung kommen und somit die Realität (z. B. Kryptowährungen wie Bitcoin) verändert wird. Diese sich laufend verändernde Realität wird auf Basis von Beobachtung und/oder Befragung deskriptiv erfasst. ◀

Bei der *Erklärung* der Wirklichkeit wird angestrebt, Erkenntnisse über kausale Zusammenhänge hinsichtlich der Erkenntnisobjekte zu gewinnen, die als allgemeine Muster oder als vorläufige Gesetze in Form von Ursache-Wirkungs-Beziehungen formuliert und dokumentiert werden. Sie können von der Wirklichkeit durch Wahrnehmung (im Sinne des Einsatzes anerkannter Methoden) nicht widerlegt werden. Durch eine Verallgemeinerung von Sachverhalten wird auf diese Weise eine Erklärung des Verhaltens der Erkenntnisobjekte angestrebt. Der Mensch ist eines der Strukturelemente des Gegenstandsbereichs der Wirtschaftsinformatik. Typisch für menschliches Verhalten ist, dass es keinen Gesetzmäßigkeiten unterliegt, die mit denen in den Naturwissenschaften zu vergleichen sind, also solche, die unabhängig von Zeit, Raum und Kontext gelten. Eine in der Fachliteratur vertretene Meinung ist daher, dass das gesetzmäßige Erklären in den Human-, Wirtschafts- und Sozialwissenschaften – und somit auch in der Wirtschaftsinformatik – unangemessen ist. An die Stelle des Erklärens rückt das *Verstehen*.

Wilhelm Dilthey (1833–1911), ein deutscher Philosoph, Psychologe und Pädagoge, hat eine *Lehre vom Verstehen* begründet. Danach bezeichnet Verstehen eine Wissenschaftsaufgabe, bei der durch das Hineinversetzen in andere Personen Situationen nacherlebt werden, um menschliches Verhalten aufgrund innerer Erfahrung zu rekonstruieren. Primäres Ziel des Verstehens ist es, die Beweggründe für ein bestimmtes Verhalten zu erkennen. Verstehen ist erlebende Einfühlung, es hat die Form eines Analogieschlusses, der jedoch – wie ein Induktionsschluss – logisch nicht gültig ist. Ob eine Wissenschaftlerin die Auffassung vertritt, dass ein human- bzw. sozialwissenschaft-

2

licher Sachverhalt (z. B. das Verhalten von Menschen bei der Entwicklung, Einführung oder Nutzung von Informationssystemen) entweder durch Gesetze erklärt oder durch nachfühlendes Hineinversetzen verstanden werden kann, hängt von ihrer wissenschaftstheoretischen Position ab. Vertreterinnen des *Positivismus* glauben an eine objektiv wahrnehmbare Wirklichkeit. Sie sind der Meinung, dass auch menschliches Verhalten durch gesetzesförmige Muster im naturwissenschaftlichen Sinne erklärt und prognostiziert werden kann. Vertreterinnen des *Interpretivismus* glauben an eine sozial konstruierte Wirklichkeit und verneinen eine objektive Wirklichkeit. Sie sind der Meinung, dass an die Stelle des Erklärens das Verstehen treten sollte. Bedeutsam ist in diesem Zusammenhang, dass Forschungssituationen denkbar sind, in denen Verstehen ganz ausgeschlossen ist. Gadenne (2008) nennt dazu ein Beispiel aus der Neuropsychologie.

▶ **Beispiel Ursache-Wirkungs-Beziehung**

Angenommen, eine ältere Person kann eines Tages kein verständliches Wort mehr hervorbringen. Eine ärztliche Untersuchung auf Basis der funktionellen Magnetresonanztomografie – einem Verfahren, das Bilder von Teilen des menschlichen Körpers erzeugt – zeigt, dass eine Krankheit das Sprachzentrum zerstört hat. In einem solchen Fall würde es keinen Sinn ergeben, nacherleben zu wollen, warum die ältere Person nichts mehr sagt. Einzig eine Erklärung im Sinne eines allgemeingültigen Musters (Ursache: Zerstörung des Sprachzentrums im Gehirn, Wirkung: Verlust des Sprachvermögens) ermöglicht hier eine erfolgversprechende wissenschaftliche Untersuchung. ◀

Im Folgenden soll von einer positivistischen Position ausgegangen und somit das Verstehen nicht weiter betrachtet werden.

2.8.2 Erkenntnisverwertung

Bei der *Gestaltung* von Wirklichkeitsausschnitten werden *Zweck-Mittel-Beziehungen* aus Ursache-Wirkungs-Beziehungen abgeleitet, auf deren Basis Gestaltungsempfehlungen formuliert werden. Auf diese Weise kann Erkenntnis das Handeln positiv beeinflussen. Handeln bedeutet in der Wirtschaftsinformatik vor allem die Entwicklung von technologiebezogenen Artefakten (z. B. den Bau von Prototypen oder das Konstruieren von Vorgehensmodellen). Neben technischen Merkmalen wie Präzision, Robustheit, Sicherheit, Verlässlichkeit oder Schnelligkeit können die Artefakte anhand ihres Beitrags zur Erreichung ökonomischer Ziele wie Kosten, Nutzen oder Produktivität beurteilt werden.

Prognose bezeichnet die Vorhersage zukünftiger Abläufe und Zustände der Wirklichkeit. Die Wirtschaftsinformatik verfolgt auch das Ziel, das Verhalten ihrer Erkenntnisobjekte vorherzusagen. Erklärung ist für Prognose nützlich, aber nicht zwingend notwendig, weil es möglich ist, nur aufgrund von Erfahrung, also ohne Kenntnis von Ursache-Wirkungs-Beziehungen, Vorhersagen über ein interessierendes Erkenntnisobjekt zu machen (z. B. Wettervorhersagen aufgrund von Bauernregeln ohne meteorologische Erklärung). Dennoch gilt, dass wissenschaftlich fundierte Prognosen mit höherer Sicherheit auf theoretischem Wissen (Erklärung) aufbauen.

2.8.3 Phasen im Forschungsprozess

◨ Abb. 2.4 stellt die Wissenschaftsziele und -aufgaben der Wirtschaftsinformatik grafisch dar. Zu Beginn des Forschungsprozesses wird ein bestimmter Zustand der Wirklichkeit im Zeitpunkt t_0 beschrieben. Es werden wahrnehmbare Sachverhalte über die Erkenntnisobjekte der Wirtschaftsinformatik in ihrer Fachsprache dokumentiert (deskriptives Wissenschaftsziel). Davon ausgehend wird versucht, das Beschriebene zu erklären. Es wird gefragt, warum ein bestimmter Sachverhalt so ist, wie er wahrgenommen wurde. Im Mittelpunkt der Erklärung steht das Erkennen von Ursache-Wirkungs-Beziehungen (= theoretisches Wissenschaftsziel).

Erklärung ist für Prognose und Gestaltung zwar nicht zwingend notwendig, aber nützlich, weil auf der Grundlage von Erklärungen zuverlässiger prognostiziert und gestaltet werden kann. Es können Zweck-Mittel-Beziehungen formuliert werden, die theoretisch fundiert und empirisch abgesichert sind (pragmatisches Wissenschaftsziel, ▶ Abschn. 2.8.4 „Gestaltung ohne Erklärung"). Gestaltung führt im Zeitpunkt t_1 zu einer veränderten Wirklichkeit, die selbst wieder Objekt

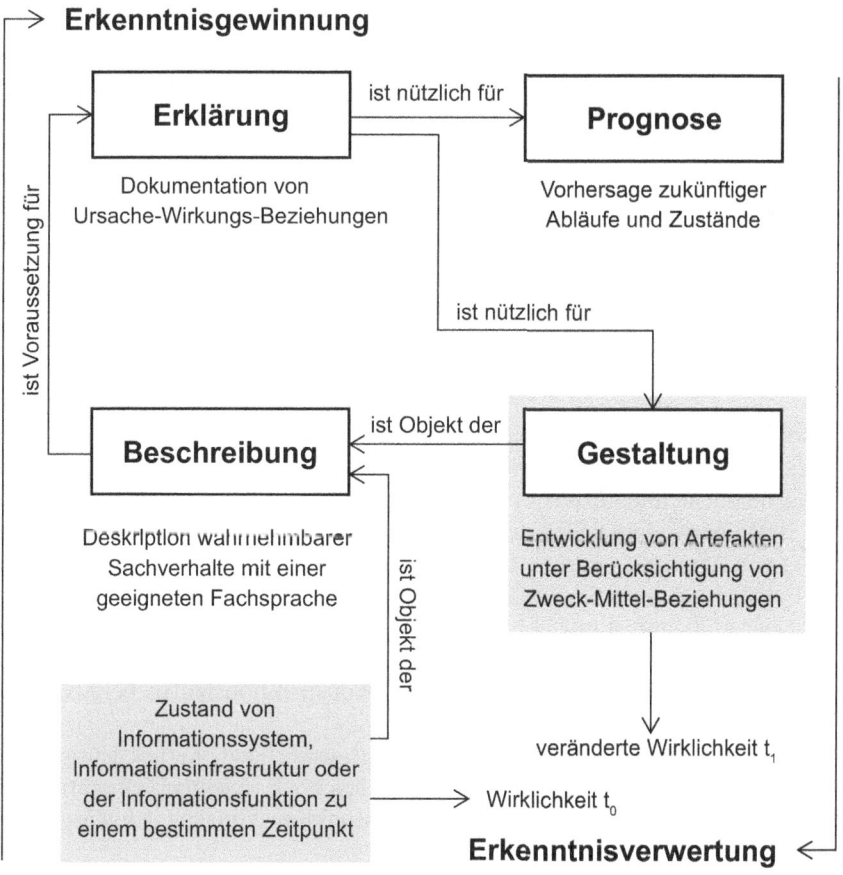

◨ **Abb. 2.4** Wissenschaftsziele und Wissenschaftsaufgaben

2

von Beschreibung und Grundlage eines weiteren Forschungszyklus ist. Erkenntnisgewinnung und Erkenntnisverwertung sind somit zwei sich ergänzende Wissenschaftsziele.

Die Ziele Erkenntnisgewinnung und -verwertung können um das *normative
Wissenschaftsziel* ergänzt werden, das die Ableitung, Formulierung und Empfehlung
von generellen Werturteilen fordert (siehe z. B. Chmielewicz 1994). Obwohl sich
Werturteile nicht auf ihren Wahrheitsgehalt prüfen lassen, ist ihnen eine hohe Bedeutung beizumessen und zwar insbesondere dann, wenn sie evidenzbasiert sind.
Evidenzbasierte normative Aussagen im Sinne von „Empfehlungen der Wissenschaft
für die Praxis" stimulieren den Diskurs zur Verbesserung des gesellschaftlichen Le-
bens. Sie helfen Praktikerinnen (z. B. Managerinnen, Politikerinnen) Entscheidungen
fundiert(er) zu treffen, was im Regelfall die Wirksamkeit und/oder Wirtschaftlichkeit
der Konsequenzen ihres Handels signifikant erhöht.

2.8.4 Gestaltung ohne Erklärung

Die Einbeziehung von systematischer Spekulation, Intuition und Kreativität bei der
Gestaltung von MAT-Systemen ist ein Indiz dafür, dass bei der Entwicklung von
Artefakten oft nicht alle relevanten Ursache-Wirkungs-Beziehungen bekannt sind;
folglich wird vielfach ohne Erkenntnis gestaltet. Dies ist nicht nur für die Wirtschaftsinformatik charakteristisch, sondern für viele Ingenieurwissenschaften typisch. Szyperski und Müller-Böling (1981, 162) formulieren dazu ein treffendes Beispiel.

> **▶ Beispiel Gestaltung ohne Erklärung**
>
> Wesentliche menschliche Entdeckungen im ingenieurwissenschaftlichen Bereich wurden
> gemacht und genutzt, ohne detaillierte Kenntnisse über die zugrunde liegenden physikali-
> schen Gesetze zu haben. So war sich beispielsweise der erste Mensch, der die Steinschleuder
> erfand und nutzte, sicherlich nicht über die seiner Erfindung zugrunde liegenden Hebel-
> gesetze im Klaren. ◀

Auch Softwareentwickler kennen manchmal die Grundlagen der *menschlichen Kognition* nicht (z. B. hinsichtlich Wahrnehmung und Gedächtnis), dennoch sind sie in
der Lage, nützliche und nutzerfreundliche Softwareartefakte zu entwickeln. Gründe,
warum Ingenieurwissenschaftlerinnen theoretische Erklärungsmodelle bei der Entwicklung von Artefakten berücksichtigen, sind:

- Fehlschläge führen beim Einsatz der Artefakte zu enormen Kosten (z. B. ein
  Passagierschiff mit Entwicklungskosten von mehreren Millionen Euro sinkt
  wegen nicht berücksichtigter physikalischer Gesetze beim Stapellauf; vgl. dazu
  die *Vasa*, ein 1628 aufgrund schwerer Konstruktionsfehler bereits bei der
  Jungfernfahrt gesunkenes Kriegsschiff).
- Die Funktionsfähigkeit des Artefakts ist ohne ausreichende Berücksichtigung existi-
  erender theoretischer Konzepte nicht gegeben (z. B. Nichtberücksichtigung der
  Schwerkraft führt im Flugzeugbau zur Nichtfunktionsfähigkeit der Maschinen).

Es kommt häufig vor, dass ein verhaltenswissenschaftlich orientierter Wirtschaftsinformatiker den Übergang von der Erklärung zur Gestaltung nicht vollzieht, da ihm
ingenieurwissenschaftliches Wissen fehlt. Umgekehrt gestalten ingenieurwissen-

schaftlich geprägte Wirtschaftsinformatikerinnen MAT-Systeme ohne erkenntnistheoretische Basis; sie agieren spekulativ, intuitiv oder kreativ. Zum Verhältnis von Erklärung und Gestaltung gilt Folgendes:

- Technologisch erfolgreiche Prozesse oder deren Ergebnisse können erkenntnistheoretisch bereits überholt sein. Beispielsweise werden in der Softwareentwicklung noch immer Vorgehensmodelle ohne Prototyping verwendet, obwohl die Vorteilhaftigkeit prototyping-orientierter Vorgehensmodelle empirisch nachgewiesen ist.
- Erkenntnistheoretische Aussagen können für die Praxis unbrauchbar sein, insbesondere deshalb, weil sie zu abstrakt sind oder sich nicht mit vertretbarem Aufwand verwirklichen lassen.

Theoretische Erkenntnisse sind nicht zwingend für praktischesHandeln erforderlich. Sie erleichtern es jedoch, da nichts praktischer ist als eine gute Theorie. „There is nothing as practical as a good theory" ist eine mehreren bedeutenden Personen (z. B. Immanuel KANT, Kurt T. LEWIN, Ludwig E. BOLTZMANN) zugeschriebene Aussage (Bedeian 2016). Praktisches Handeln liefert auf diese Weise keine wissenschaftlichen Aussagen. Die strikte Einhaltung der Forderung nach *Wissenschaftlichkeit* führt zu zwei Konsequenzen:

- Erstens wird praktisches Handeln immer mehr „verwissenschaftlicht", was Spontanität und Kreativität der gestaltenden bzw. innovativ tätigen Person behindern kann.
- Zweitens wird der Forschungsprozess unter dem Deckmantel der Grundlagenforschung nach der Erarbeitung von Erklärungsmodellen abgebrochen, um sich der harten Anforderung der Gestaltung zu entziehen.

2.8.5 Dualität der Wissenschaftsziele

Die unterschiedlichen Wurzeln der Wirtschaftsinformatik haben zu einer „Doppelgesichtigkeit" geführt. Die wirtschafts- und sozialwissenschaftlich geprägten *Erkenntnistheoretikerinnen* entwickeln Aussagensysteme, ohne praktisch zu gestalten, ingenieurwissenschaftlich geprägte *Pragmatikerinnen* gestalten ohne ausreichende theoretische Erkenntnisgrundlage. Es könnte argumentiert werden, dass sich im Sinne einer Arbeitsteilung beide Orientierungen gut ergänzen, jedoch stellen oft die *Praxisferne* der Erkenntnistheoretikerinnen und die *Theorieferne* der Pragmatikerinnen unüberwindbare Hürden dar. Die Integration beider Wissenschaftsziele ist ein möglicher Ausweg aus diesem Dilemma. Die „Doppelgesichtigkeit" soll auf diese Weise überwunden und die erkenntnisbasierte und theoriegeleitete Gestaltung von MAT-Systemen zum primären Wissenschaftsziel der Wirtschaftsinformatik erhoben werden.

Was auf den ersten Blick folgerichtig und trivial erscheint, entpuppt sich bei näherer Betrachtung als schwieriges Unterfangen und stellt hohe Anforderungen an die forschende Person. Gestaltung vollzieht sich auf der Basis von Artefakten (z. B. Modellen) und Methoden (z. B. Prototyping). In der Praxis eingesetzte Prototypen sind beispielsweise *Instanziierungen* von Artefakten, die bestimmte Modelle repräsentieren und systematisch mithilfe robuster Methoden entwickelt

2

werden. Sie sind dinglich, das heißt konkret. Theoretische Erkenntnisse beziehen sich auf Elemente der Diskurswelt (Konstrukte bzw. Variablen) und ihre Beziehungen untereinander, die meist abstrakt sind. Sie erfordern ein anderes methodisches Instrumentarium.

Der Erfolg der Wirtschaftsinformatik als Wissenschaft hängt entscheidend davon ab, ob sich der Wissenschaftlertyp eines erkenntnisbasierten *und* theoriegeleiteten Gestaltenden ausbreiten wird bzw. – wenn dies nicht der Fall ist – ob und wie intensiv die Vertreterinnen der beiden Wissenschaftsziele zusammenarbeiten werden. Die Ausbreitung des integrativen Wissenschaftlertyps impliziert, dass dieser die inhaltlichen und methodischen Grundlagen beider Paradigmen beherrscht (▶ Kap. 4 „Empirische Methoden" und ▶ Kap. 5 „Gestaltungsorientierte Forschung in der Wirtschaftsinformatik").

Literatur

Bedeian, A. G. (2016). A note on the aphorism "there is nothing as practical as a good theory". *Journal of Management History 22*(2), 236–242.
Chmielewicz, K. (1994). *Forschungskonzeptionen der Wirtschaftswissenschaft* (3. Aufl.). Stuttgart: Schäffer-Poeschel.
Deutsche Forschungsgemeinschaft (2018). Leitlinien zur Sicherung guter wissenschaftlicher Praxis. https://wissenschaftliche-integritaet.de/kodex/.
Gadenne, V. (2008). *Wissenschaftsphilosophie der Sozialwissenschaften* (Vorlesungsunterlagen des Instituts für Philosophie und Wissenschaftstheorie). Linz: JKU.
Szyperski, N. & Müller-Böling, D. (1981). Zur technologischen Orientierung der empirischen Forschung. In: E. Witte (Hrsg.), *Der praktische Nutzen empirischer Forschung* (S. 159–188). Tübingen: Mohr Siebeck.
Wilde, T. & Hess, T. (2007). Forschungsmethoden der Wirtschaftsinformatik. *Wirtschaftsinformatik 49*(4), 280–287.

Theorie und Technologie der Wirtschaftsinformatik

Inhaltsverzeichnis

© Springer-Verlag GmbH Deutschland, ein Teil von Springer Nature 2024
A. Heinzl et al., *Wirtschaftsinformatik*, https://doi.org/10.1007/978-3-662-67392-8_3

3

Zweck dieser Lerneinheit

In der vorangegangenen Lerneinheit ► Kap. 2 „Wirtschaftsinformatik als Wissenschaft" haben Sie erfahren, dass die Wirtschaftsinformatik zwei sich ergänzende Wissenschaftsziele verfolgt. Das eine beschäftigt sich mit der Gewinnung von Erkenntnissen über Informationssysteme, Informationsinfrastrukturen und Informationsfunktionen, das andere insbesondere mit deren Gestaltung. Nach dem Durcharbeiten dieser Lerneinheit wissen Sie, was sich hinter den Begriffen *Theorie* und *Technologie* verbirgt und welche Eigenschaften Theorien und Technologien aufweisen. Sie erfahren, dass Theorien und Technologien der Kern unterschiedlicher Forschungskonzeptionen sind. Wenn die Wirtschaftsinformatik einen wissenschaftlichen Beitrag leisten will, muss sich dieser entweder in der Verfeinerung bestehender bzw. in der Formulierung neuer Theorien niederschlagen und/oder in der Erzielung eines technologischen Fortschritts manifestieren.

Zweck dieser Lerneinheit ist es auch, Ihnen zu erklären, dass Theorie und Technologie nicht losgelöst nebeneinander, sondern in enger Wechselwirkung zueinanderstehen. Die Theorie ist der Unterbau und die Voraussetzung der Technologie, die Technologie ist eine anwendungsbezogene Umformung der Theorie. Es muss daher das Anliegen der Wirtschaftsinformatik sein, die beiden Forschungskonzeptionen miteinander zu verbinden. Allerdings können Theorien und Technologien unabhängig voneinander und zu unterschiedlichen Zeitpunkten entstehen. Die daraus resultierenden Implikationen sollen Sie ebenfalls verstehen. Sie erfahren, dass das Theorieverständnis in der Wirtschaftsinformatik zwar Fortschritte macht, sich aber noch in der Entwicklung befindet, und dass die Gestaltung von Technologien häufig nicht unter Bezugnahme auf verfügbare Theorien vorgenommen wird. Zur Verdeutlichung der Forschungskonzeptionen werden drei Beispiele aufgegriffen – der Informationssystemansatz, der theoriekonsultierende Ansatz sowie das Memorandum der gestaltungsorientierten Wirtschaftsinformatik – und Überlegungen zum aktuellen Stand zur Theoriebildung in der Wirtschaftsinformatik dargelegt. Diese Ansätze zeigen, dass eine Debatte über die Forschungskonzeption und über wissenschaftstheoretische Grundpositionen in der Wirtschaftsinformatik stattfindet. Ein Denken in und Forschen auf Grundlage von Theorien anderer Disziplinen zwecks Gestaltung von Technologien wurde bisher als eine Möglichkeit dargestellt, wie die Wirtschaftsinformatik zu eigenen Theorien gelangen kann. Es wird erörtert, dass dies nicht notwendigerweise zu einem eigenständigen Theoriegebäude führt, sondern andere Denkansätze erforderlich sind, um eigene Theorien zu ermöglichen.

3.1 Theorie

Das Wort *Theorie* geht auf zwei Begriffe der griechischen Antike zurück. „Theorein" bedeutet Anschauung, Überlegung oder Einsicht und „theos" die Betrachtung der Wahrheit durch reines Denken, unabhängig von der Realisierung von Überlegungen. Aufgrund ihrer Unabhängigkeit von möglichen Realisierungen wird eine Theorie häufig (unbegründet) als Gegenteil von „Praxis" verstanden (► Kap. 6 „Praxisorientierung der Wirtschaftsinformatik").

Eine Theorie beschreibt ein *System von gesetzesartigen Aussagen* zur Erklärung eines Ausschnitts der Wirklichkeit. Sie entwirft ein Bild von der Wirklichkeit und macht Aussagen über ihre Weiterentwicklung. Insofern ist eine Theorie immer eine Behauptung oder eine Menge von Behauptungen in der Form einer oder mehrerer Hypothesen, die durch ein reales oder ein gedankliches Experiment überprüft werden können. Das Ergebnis der Überprüfung falsifiziert eine Theorie oder nimmt sie vorläufig an. Erfolgt die Entwicklung einer Theorie über Sinneswahrnehmungen und Erfahrungen, wird dies als *empirische Induktion* bezeichnet; erfolgt sie jedoch gedanklich auf Basis mentaler oder kreativer Akte (z. B. mit Hilfe logisch-mathematischer Regeln), handelt es sich um *Deduktion* (▶ Abschn. 4.4 „Denkmethoden als Forschungsmethoden").

Eine Theorie besteht aus drei „Bausteinen", dem „Was?", dem „Wie?" und dem „Warum?". Das „Was?" beschreibt die Gegenstände oder Objekte einer Theorie und grenzt diese von ihrer Umwelt ab. Sind die Theorieobjekte identifiziert, beschreibt das „Wie?" die Beziehungen zwischen den Objekten. Das „Warum?" beantwortet die Frage, was diesen Zusammenhang hervorruft und wie die Beziehungen zwischen den Objekten erklärt werden können.

> ▶ **Beispiel theoretischer Zusammenhänge**
>
> Das Technologie-Akzeptanz-Modell (TAM, ◘ Abb. 3.1) nach Davis beschreibt als „Was?", welche Faktoren die Akzeptanz von IuK-Technologien bei Benutzerinnen bestimmen. Neben der Technologieakzeptanz stellen die wahrgenommene Einfachheit der Nutzung einer Technologie sowie deren wahrgenommene Nützlichkeit die zentralen Objekte dieses Modells dar. Bezüglich des „Wie?" wird ein positiver Zusammenhang zwischen der Einfachheit und Nützlichkeit einerseits und der Akzeptanz andererseits angenommen. Je höher die Einfachheit bzw. Nützlichkeit einer Technologie, desto höher ist die Technologieakzeptanz. Das „Warum?" kann darin gesehen werden, dass Einfachheit bzw. Nützlichkeit notwendige Bedingungen für eine Technologieakzeptanz sind. Erst die gleichzeitige Wahrnehmung einer einfachen Benutzung, verbunden mit der Aussicht auf angemessene Aufgabenunterstützung, führt jedoch zu einer höheren Technologieakzeptanz. ◀

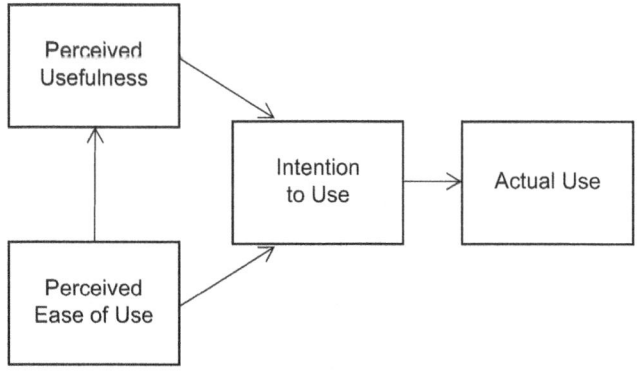

◘ **Abb. 3.1**   Technologie-Akzeptanz-Modell (in Anlehnung an Davis 1989, 1993)

Um Theorien einer Prüfung unterziehen zu können, müssen ihre Aussagen widerlegbar, d. h. falsifizierbar sein (Bacharach 1989). Nicht falsifizierbare Aussagen können keine Theorien sein. Zu den nicht falsifizierbaren Aussagen zählen *Tautologien*, das sind Aussagen, die immer wahr sind, und *Definitionen*, das sind sprachliche Darstellungen wahrnehmbarer Sachverhalte (Weick 1995). Ebenfalls keine Theorien sind:

- Zitate und Verweise auf andere Theorien,
- Auflistungen von Konstrukten oder Variablen als Objektrepräsentanten,
- Abbildungen und Grafiken über Zusammenhänge zwischen Konstrukten oder Variablen,
- behauptende Aussagen (Propositionen bzw. Hypothesen) oder Prognosen über behauptete Zusammenhänge zwischen Konstrukten oder Variablen sowie
- umfangreiche Datenbestände oder komplexe Formelsysteme zur Überprüfung der Zusammenhänge.

Jedes dieser Elemente hat große Bedeutung zur Entwicklung und Überprüfung einer Theorie, konstituiert aber keine Theorie. Die Charakterisierung einer „guten" Theorie ist nicht trivial. Sie sollte bestimmte Eigenschaften haben, und zwar:

- Sie sollte wahr sein. Die *Wahrheit* einer Theorie kann durch Vergleich der Theorie mit der Wirklichkeit ermittelt werden.
- Sie sollte sinnstiftend sein. *Sinnhaftigkeit* drückt aus, dass die Aussagen, die eine Theorie von der Wirklichkeit entwirft, den Vorschriften der Logik und einer Grammatik entsprechen.
- Sie sollte widerspruchsfrei sein. *Widerspruchsfreiheit* bringt zum Ausdruck, dass eine Theorie in sich keine logischen Unvereinbarkeiten aufweist.
- Sie sollte *erschöpfend* sein, das heißt, dass alle zur Entwicklung und Erklärung des Bildes der Wirklichkeit erforderlichen Objekte und Beziehungen in ihr erhalten sein sollten.
- Sie sollte aber auch *sparsam* sein, das heißt, dass nur solche Elemente enthalten sein sollten, die ihren Wahrheits- oder Erklärungsgehalt deutlich steigern.

▶ **Beispiel Theorie**

Coase (1937) und Williamson (1973) haben die Grundlagen zur Transaktionskostentheorie gelegt. Diese erklärt, unter welchen Bedingungen es zweckmäßig erscheint, wirtschaftliche Transaktionen innerhalb von und nicht zwischen Unternehmen durchzuführen. Die Autoren zeigen, dass die Eigenerstellung bzw. der Fremdbezug von Leistungen von den Gesamtkosten der Leistungserstellung abhängt. Diese umfassen nicht nur die Produktionskosten, sondern auch die Transaktionskosten, die mit der Suche und Koordination der Transaktionspartner verbunden sind. Die Höhe der Transaktionskosten wird von der Häufigkeit, Spezifität (Besonderheit) und Unsicherheit beeinflusst. Während der Fremdbezug von Leistungen Produktionskostenvorteile mit sich bringt, führt er insbesondere bei spezifischen und nicht-wiederkehrenden Leistungen zu Transaktionskostennachteilen.

Anfangs wurde kritisiert, die Transaktionskosten seien nicht messbar bzw. eine Tautologie. Heute ist die Transaktionskostentheorie eine der am meisten verwendeten Theorien für die Untersuchung von Phänomenen der Auslagerung von IuK-Aufgaben und anderen ökonomischen Fragestellungen. Wahrheit und Sinnhaftigkeit dieser Theorie konnten durch viele Studien bestätigt werden. Für das Lebenswerk der beiden Wissenschaftler wurde 1991 und 2009 der Nobelpreis für Wirtschaftswissenschaften verliehen. ◀

Theoretische Aussagen behandeln Ursachen und Wirkungen realer oder künstlicher Phänomene, die wahr oder falsch sein können. Die Trennung von Ursachen und Wirkungen ermöglicht es, Phänomene zu erklären. Dies geschieht durch die Verwendung gesetzesförmiger, nomologischerAussagen (von griech. nomos = Gesetz, Ordnung), in denen Ursachen im Bedingungsteil sowie Wirkungen in der Konsequenz formuliert werden. Ist die Bedingung gegeben und tritt die Konsequenz ein, ist die Aussage wahr.

> ▶ **Beispiel Ursache-Wirkungs-Beziehung**
>
> Je einfacher die Nutzbarkeit einer Technologie ist, desto höher ist ihre Akzeptanz. Die Einfachheit der Nutzung wird über diese gesetzesförmige Aussage als Ursache für die höhere Akzeptanz dargestellt, welche die Wirkung repräsentiert. ◄

Bei einer *Falsifikation* von Aussagen werden Teile der Theorie widerlegt bzw. durch neue Aussagen ersetzt. Die Aussagen einer Theorie werden auf zwei Ebenen untersucht. In einem theoretischen Bezugsrahmen werden Konstrukte identifiziert und ihre Zusammenhänge durch *Propositionen* behauptet. *Konstrukte* sind gedankliche Konzepte, die der empirischen Welt angenähert werden (Bacharach 1989, 498). Ist der theoretische Bezugsrahmen spezifiziert, erfolgt seine Operationalisierung mit einem (Mess-)Modell, wobei die Konstrukte in beobachtbare bzw. messbare Variablen und die Propositionen in *Hypothesen* überführt werden. Eine Hypothese (von altgriech. hypóthesis = Unterstellung, Behauptung, Voraussetzung, Grundlage) ist eine Aussage, deren Gültigkeit theoretisch begründet werden kann, die widerspruchsfrei ist und in Übereinstimmung mit dem existierenden Wissen steht. Aussagen, die nicht diese Eigenschaften haben, sind spekulativ; sie deuten eine nicht-wissenschaftliche Vorgehensweise an (▶ Abschn. 2.5 „Wissenschaftlich, nicht-wissenschaftlich und unwissenschaftlich").

Hypothesen werden in der Regel auf der Basis *nomologischer Aussagen* formuliert, bei denen die Konsequenz mit einer Kondition im Bedingungsteil verknüpft wird. Im Allgemeinen werden Phrasen wie, „wenn X, dann Y" oder „je höher X, desto höher bzw. geringer Y", verwendet. In der Bedingung muss mindestens eine unabhängige Variable, in der Konsequenz muss mindestens eine abhängige Variable vorkommen. Nomologische Aussagen können, wenn sie wahr sind, für die Wissenschaftsaufgaben Prognose und Gestaltung verwendet werden (▶ Kap. 2 „Wirtschaftsinformatik als Wissenschaft"). Tritt die Bedingung in einem festgelegten Kontext ein, lässt sich die Konsequenz voraussagen.

> ▶ **Beispiel Hypothese**
>
> Bezogen auf das Technologie-Akzeptanz-Modell lässt sich die Hypothese formulieren: Je höher die wahrgenommene Einfachheit der Nutzung einer Technologie ist, desto höher ist die Absicht, sie zu nutzen.
>
> Eine Hypothese der Transaktionskostentheorie lautet: Je häufiger eine ökonomische Transaktion wiederholt werden kann, desto niedriger sind die mit der Transaktion verbundenen Kosten. ◄

Das erste Beispiel verdeutlicht, dass die wahrgenommene Einfachheit der Nutzung (eine) Ursache für die höhere Nutzungsabsicht der betreffenden Technologie ist. Die erhöhte Akzeptanz als Konsequenz der erfüllten Bedingung kann prognostiziert

3

bzw. für Gestaltungszwecke berücksichtigt werden. Das zweite Beispiel zeigt, dass die Häufigkeit der Transaktion eine Ursache degressiv verlaufender Transaktionskosten ist.

Die Verbreitung einer Theorie wird als bedeutsamer, aber streitbarer Indikator für ihren Erfolg angesehen, da unterschiedliche Werturteile zugrunde liegen können. Die Güte einer Theorie wird in erster Linie an ihrem Wahrheitsgehalt gemessen. Eine Untersuchung des Wahrheitsgehalts einer Theorie findet im wissenschaftlichen Diskurs statt und führt oft zu gegenteiligen Aussagen. Daher wird zunehmend auf die Zitierhäufigkeit einer Theorie zurückgegriffen, die als Indikator für ihre Bedeutung angesehen wird. Die Zitierhäufigkeit spiegelt einerseits die Universalität einer Theorie und andererseits die normativen Werturteile der zitierenden Forscherinnen wider. Daher muss die Güte einer Theorie als subjektives Werturteil eingestuft werden.

3.2 Technologie

Der Begriff *Technologie* wird im Allgemeinen mit den Ingenieurwissenschaften assoziiert, die sich vor allem mit der Gesamtheit der anwendbaren und tatsächlich angewendeten Arbeits-, Entwicklungs-, Produktions- und Implementierungsverfahren der Technik beschäftigen (▶ Abschn. 5.3 „Ausgewählte Methoden der gestaltungsorientierten Forschung"). Chmielewicz (1994, 168) weist unter Bezugnahme auf Karl R. Popper (1902–1994) darauf hin, dass Technologie auch als Lehre vom Ziele erreichenden oder zielgerichteten Gestalten verstanden werden kann. Im Unterschied zu theoretischen Aussagen, in denen die Wahrheit von Ursache-Wirkungs-Beziehungen in den Mittelpunkt gestellt wird, ermöglichen technologische Aussagen die Darstellung von Zweck-Mittel-Beziehungen, die Aussagen darüber machen, welche Mittel zu wählen sind, um einen bestimmten Zweck zu erreichen.

> **▶ Beispiel Technologie**
>
> Bei den Speichertechnologien treten magnetische Festplattenspeicher (HDD = Hard Disc Drives) zunehmend an die Seite von elektronischen Halbleiterlaufwerken (SSD = Solid State Drives). SSD benötigen keine mechanischen Teile, was sie robuster als HDD macht. Stürze verkraften sie besser, während bei HDD mit Defekten und Datenverlusten zu rechnen ist. Durch fehlende mechanische Teile sind SSD geräuscharm. Sie arbeiten schneller als magnetische Festplatten. Rechner mit SSD starten bis zu zweimal schneller als mit magnetischen Festplatten. Dateien und Programme werden bis zu viermal schneller geöffnet. SSD sind leichter als HDD. Sie sind effizienter, verbrauchen weniger Strom und helfen die Akkulaufzeit zu verlängern. Mit anderen Worten: SSD sind kleiner, schneller, robuster, effizienter, aber etwas teurer. Diese Leistungsvorteile (Ziele) wurden durch den Übergang von magnetischen auf elektronische Speichermedien (Mittel) erzielt. Eine SDD besteht aus einer großen Anzahl von Flash-Speichern, wie sie in USB-Sticks verbaut werden. ◀

Technologische Aussagen sind ohne *Ziele* bzw. *Zielsysteme* nicht möglich (▶ Kap. 7 „Zweck und Ziele der Wirtschaftsinformatik"). Neben technischen Zielen wie Präzision, Robustheit, Sicherheit, Verlässlichkeit oder Schnelligkeit sind ökonomische Ziele wie Kosten und Nutzen relevant. Im Unterschied zu theoretischen Aussagen können technologische Aussagen nicht auf ihren Wahrheitsgehalt überprüft werden.

Im Hinblick auf die verfolgten Ziele können Technologien jedoch als zweckmäßig oder unzweckmäßig beurteilt werden.

> ▶ **Beispiel Zweckmäßigkeit**
>
> Aufgrund ihrer verbesserten technologischen Eigenschaften haben sich Solid State Drives (SSD) besonders bei mobilen Rechnern als zweckmäßiger erwiesen. ◀

Eine technologische Forschungskonzeption verfolgt kein theoretisches, sondern ein *pragmatisches Wissenschaftsziel*. Die dabei verwendeten Methoden unterscheiden sich von denen beim Verfolgen des theoretischen Wissenschaftsziels (▶ Abschn. 5.3 „Ausgewählte Methoden der gestaltungsorientierten Forschung") und orientieren sich an den Ingenieurwissenschaften. Die technologische Forschungskonzeption steht in engem Zusammenhang mit der *Philosophie*, denn diese formuliert Werturteile über die verfolgten Ziele. Da Werturteile nicht wahrheitsfähig sind, lassen sich Aussagen über die Zweckmäßigkeit einer Technologie nur vor dem Hintergrund normativer Vorstellungen über wünschenswerte Ziele machen.

> ▶ **Beispiel wünschenswerte Ziele**
>
> Die Debatte um agile Entwicklungsmethoden hat die Entwicklergemeinschaft in einen Grundsatzstreit geführt. Der Zweckmäßigkeit im Hinblick auf eine flexible und schlanke Entwicklung von Softwaresystemen wird von den Befürworterinnen als wünschenswertes Ziel artikuliert, während die Gegnerinnen die Güte des Architekturentwurfs als zentrale normative Vorstellung anführen. ◀

Zielkonflikte können nicht nur auf der betrieblichen, sondern auch auf der gesellschaftlichen Ebene liegen. Auf der einen Seite ermöglichen IuK-Technologien eine beachtliche Produktivitätssteigerung, die zur Personalfreisetzung in Unternehmen führen kann. Auf der anderen Seite erhöht die Durchdringung mit IuK-Technologien die Innovationsfähigkeit einer Volkswirtschaft, was neue Arbeitsplätze im IuK-Sektor sowie den Anwenderunternehmen fördert. Die Güte einer Technologie ist – analog zur Theorie – ebenfalls schwer zu messen, da die Bewertung der Zweckmäßigkeit einheitlich gewichtete Ziele voraussetzt. Diese sind häufig schwer messbar und beruhen auf subjektiven Urteilen. Auch die Verbreitung einer Technologie wird als Indikator für deren generelle Zweckmäßigkeit angesehen. Sie bringt jedoch eher deren wahrgenommene Nützlichkeit, nicht aber ihre Überlegenheit zum Ausdruck.

3.3 Theorie oder Technologie?

Ob Forschende in der Wirtschaftsinformatik einen theoretischen oder technologischen Ansatz wählen, ist eine grundlegende Entscheidung. Sie wird selten bewusst gefällt. Oft gibt die Sozialisierung den Ausschlag. Dem pragmatischen Wissenschaftsziel und der ingenieurwissenschaftlichen Prägung der ersten Generation von Fachvertreterinnen folgend und durch diese bedingt, war zu Beginn der Entwicklung der Wirtschaftsinformatik die technologische Forschungskonzeption das herrschende Paradigma (Heinzl 2001). Gegen Ende der 1990er-Jahre etablierte sich –

nicht zuletzt wegen des zunehmenden Einflusses der angloamerikanischen Information Systems Discipline – eine theoretisch-empirisch orientierte Forschungskonzeption, die im Jahr 2010 eine Gegenreaktion mit dem Memorandum zur gestaltungsorientierten Wirtschaftsinformatik auslöste (Österle et al. 2010), auf das nachfolgend noch eingegangen wird. In ◘ Tab. 3.1 werden Argumente für und gegen eine technologische Forschungskonzeption genannt. Diese werden in ◘ Abb. 3.2 visualisiert. Sie können auch als Argumente gegen und für eine theoretische Forschungskonzeption der Wirtschaftsinformatik aufgefasst werden.

◘ **Tab. 3.1** Argumente für und gegen eine technologische Forschungskonzeption

Pro technologische Forschungskonzeption	**Contra technologische Forschungskonzeption**
Eine zielfreie Theorie gibt es nicht; es gibt stets offene oder versteckte Ziele.	Zweckmäßigkeit und praktische Ausbeute gehen vor Überprüfung der Wahrheit; Falschheiten werden nicht eliminiert.
Oft vernachlässigen Theorien den Wahrheitswert oder Realitätsbezug.	Theorie stellt den Unterbau von Technologie dar; ohne Theorie steht Technologie auf keinem Fundament.
Die mehr praxis- oder anwendungsbezogene Technologie trifft die Bedürfnisse der Wirtschaft und Verwaltung besser.	Technologie ist meist auf vorhandene, bekannte Anwendungsbereiche beschränkt, während Theorie neue Bereiche erschließen kann (Grundlagenforschung).
Die Zeitdifferenz zwischen theoretischer Erkenntnis und praktischer Anwendung ist relativ groß.	Gefahr der Beschränkung auf kurzfristig drängende Tagesprobleme bis hin zur Auftragsforschung für Geldgebende.
Häufige Verwendung von praxisnäherer Beobachtungs- oder Umgangssprache statt einer Fachsprache.	Klare Begriffs- und Sprachdefinitionen der Theorie ermöglichen Nachvollziehbarkeit und exakte Aussagen.

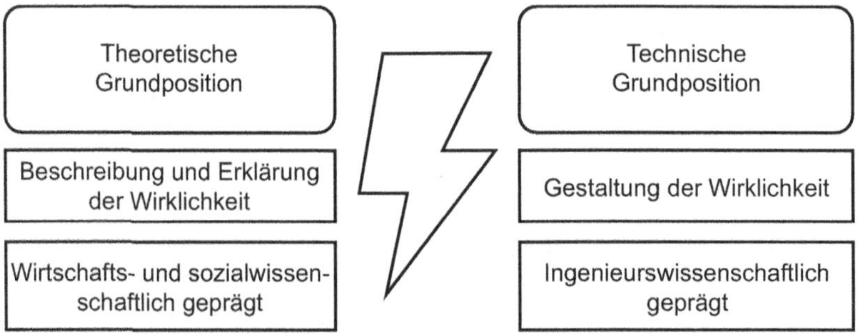

◘ **Abb. 3.2** Argumente für und gegen eine theoretische Forschungskonzeption

3.4   Zusammenhang zwischen Theorie und Technologie

Eine oder mehrere Theorien sollten das Fundament von Technologien bilden. Bei der anwendungsbezogenen Umformung einer Theorie stellt der Faktor Zeit eine wesentliche Einflussgröße dar. Eine Theorie kann aber nur dann Fundament sein, wenn sie zeitlich vor der Technologie entwickelt wurde. Entwickelt sich eine Theorie zeitlich nach der Technologie, können Technologien ohne theoretischen Unterbau entstehen, die auch als Praxeologien oder Erfahrungsregeln bezeichnet werden. Es handelt sich um eine Synthese aus empirischem Wissen, analytischem Denken und systematischer Spekulation. In der Wirtschaftsinformatik sind Praxeologien häufig anzutreffen. Der französische Soziologe Pierre F. BOURDIEU (1930–2002) bezeichnete Praxeologie treffend als Theorie der Praxis.

Eine Integration von theoretischem und pragmatischem Wissenschaftsziel (▶ Kap. 2 „Wirtschaftsinformatik als Wissenschaft") erfordert, dass die Erkenntnistheorie abgesicherte Aussagen über jene Modelle liefert, die in den Systemelementen (Artefakten) von Prototypen oder Methoden weiterverwendet werden. Die Modellsprache der Theoretikerinnen muss in die der Pragmatikerinnen überführt werden und umgekehrt. Die Modelle müssen sich zudem auf die gleiche Analyseebene beziehen. Bei praktischen Dingen, wie der Gestaltung von Informationssystemen, wird häufig die Individualebene betont. Erkenntnistheoretikerinnen untersuchen jedoch häufig die Makroebene, indem sie Aussagen über Gruppen von Menschen oder über Unternehmen als Ganzes machen. Weiter ist erforderlich, dass die neuen Artefakte (z. B. Modelle, Methoden und Softwareinstantiierungen) einer Bewertung unterzogen werden, um ihre Wirkung festzustellen und die gewonnenen Erkenntnisse in die Theorieentwicklung und Systemkonstruktion zurückfließen zu lassen.

Der Erfolg der Wirtschaftsinformatik als Wissenschaft hängt davon ab, ob sich der Wissenschaftlerinnentyp einer „theoretisch informierten Technologin" ausbreiten wird bzw. – wenn dies nicht der Fall ist – ob und wie intensiv die Vertreterinnen der beiden Wissenschaftsziele zusammenarbeiten werden. Die Ausbreitung des integrativen Wissenschaftlerinnentyps impliziert, dass dieser die Methoden beider Wissenschaftsaufgaben, Erklärung und Gestaltung, beherrscht.

3.5   Die Dichotomie von Theorie und Technologie in der Wirtschaftsinformatik

Zu Beginn ihrer Entwicklung, bis zum Ende des 20. Jahrhunderts, bediente sich die Wirtschaftsinformatik aufgrund der fachlichen Herkunft ihrer Vertreterinnen der ersten Generation überwiegend solcher Konzeptionen, welche die Gestaltung von MAT-Systemen im Sinne des pragmatischen Wissenschaftsziels unterstützten (▶ Kap. 5 „Gestaltungsorientierte Forschung der Wirtschaftsinformatik"). Darunter waren viele Arbeiten zu finden, die ein deskriptives bzw. konstruktiv-phänomenologisches Vorgehen widerspiegelten und keine theoretische Basis vorweisen konnten bzw. dieses auch nicht als erstrebenswert ansahen (siehe dazu die Befunde bei Heinrich 2005). Im Unterschied zur angloamerikanischen Information Systems Discipline fand in der Wirtschaftsinformatik in diesem Zeitraum die Verfolgung einer technologischen Forschungskonzeption statt, die deskriptiv-

3

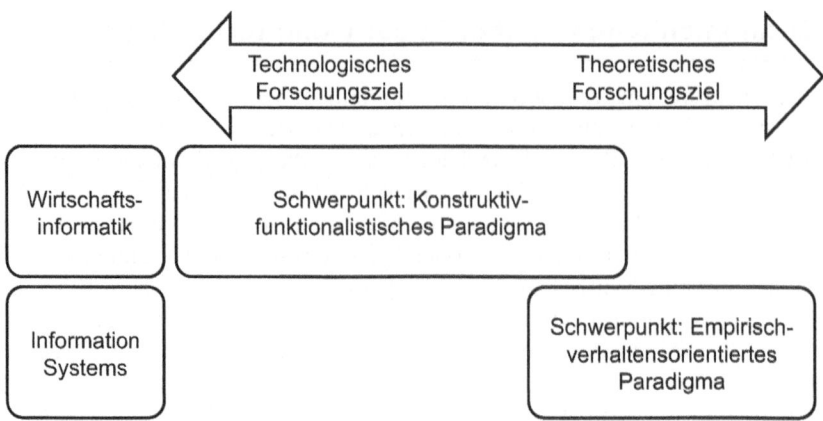

❏ **Abb. 3.3**   Forschungsparadigma

phänomenologisch geprägt war. Theoretische Forschungskonzeptionen wurde im deutschen Sprachraum selten verfolgt; im angloamerikanischen Sprachraum fanden sie eine umfassende Berücksichtigung bei empirischen Arbeiten mit der Entwicklung theoretischer Bezugsrahmen aus den Nachbardisziplinen der Wirtschafts- und Sozialwissenschaften sowie der Psychologie (❏ Abb. 3.3). In den letzten Jahren hat sich die Ausbreitung der unterschiedlichen Forschungskonzeptionen weiter angeglichen (Schreiner et al. 2015).

3.6   Der Informationssystemansatz

Die Strukturierung von Informationssystemen – und davon ausgehend aller Erkenntnisobjekte der Wirtschaftsinformatik – in die Elemente Mensch, Aufgabe(n) und Technik (MAT-System, ▶ Kap. 1 „Gegenstandsbereich der Wirtschaftsinformatik") nach Heinrich (1993/2001) ist eines der ersten deskriptiven Modelle,
- das den inhaltlichen Kern der Wirtschaftsinformatik erfasst,
- die Wirtschaftsinformatik gegenüber anderen Wissenschaften, insbesondere der Betriebswirtschaftslehre und der Praktischen Informatik, abgrenzt und
- die Anwendung einer sowohl theoretischen als auch technologischen Forschungskonzeption ermöglicht.

Das Modell beschreibt die Beziehungen zwischen den drei Elementen als konstituierendes Merkmal der Wirtschaftsinformatik. Ein MAT-System als physische Realisierung dieses Modells ist ein soziotechnisches Artefakt, das menschliche Aufgabenträger bei der Erfüllung von Aufgaben mit Hilfe von IuK-Technik unterstützt. Der Informationssystemansatz ermöglicht es, sowohl eine theoretische als auch eine technologische Sichtweise einzunehmen. Einerseits können menschliches oder organisatorisches Verhalten bei der Gestaltung, Einführung und Nutzung von Informationssystemen aus erkenntnistheoretischer Sicht erklärt werden, andererseits ist auch die Gestaltung von Informationssystemen[1] unter expliziter Berücksichtigung von Menschen, Aufgaben und Technik möglich. Der Ansatz erlaubt es zudem, *Referenztheorien* und Gestaltungskonzepte aus anderen Disziplinen – insbesondere den Ingenieurwissenschaften, der Praktischen Informatik sowie den Wirtschafts- und Sozialwissenschaften – zu integrieren, um der Wirtschaftsinformatik eine fundierte Ausgangsbasis zu sichern. Insofern wird das gegenwärtige Theorie- und Technologieverständnis der Wirtschaftsinformatik durch die situativ gewählten Referenzdisziplinen geprägt.

3.7 Der theoriekonsultierende Ansatz

Nach Überlegungen von GADENNE sucht die Wirtschaftsinformatik als angewandte Wissenschaft keine Gesetzmäßigkeiten, sondern bezieht sich auf die Eigenschaften und Verhaltensweisen von Informationssystemen, die sich jedoch nicht aus den Eigenschaften der technischen Teilsysteme herleiten lassen. Neben Formalwissen und physikalisch-technischem Wissen sind theoretische Aussagen aus anderen Wissenschaften heranzuziehen, um das Verhalten der Akteure, der Systeme und die Verhaltenswirkungen zu beschreiben und zu erklären.

Nach dieser Auffassung geht es in der Wirtschaftsinformatik nicht primär darum, eigene Theorien zu entwickeln, sondern das theoretische Wissen anderer Disziplinen heranzuziehen. Zu prüfen sind die aus Theorien abgeleiteten praktischen, also technologischen Konsequenzen. Die Lösung praktischer Probleme erfordert meist eine Anwendung mehrerer Theorien, die aus verschiedenen Nachbardisziplinen stammen können. Werden mehrere Theorien herangezogen, ergibt sich das Problem, wie die von den einzelnen Theorien behaupteten Wirkungen bei Berücksichtigung ihrer Randbedingungen in einen gemeinsamen Bezugsrahmen integriert werden können. Die Schwierigkeit einer Synthese unterschiedlicher Theorien führt zur partikularen Betonung unterschiedlicher Blickwinkel, deren Randbedingungen nicht vergleichbar oder vereinbar sind. Jede (einzelne) Theorie, die einbezogen wird, lässt gewisse Randbedingungen außer Acht, die auf das Verhalten von Individuen in MAT-Systemen eine Wirkung haben. Nach dieser Argumentation verfolgt die Wirtschaftsinformatik ein konsultativ-pragmatisches und kein theoretisches Wissenschaftsziel, also nicht die Entwicklung eigener Theorien, sondern die (integrierte) Anwendung von Theorien aus Nachbardisziplinen, zur fundierten Abschätzung der technologischen Konsequenzen des Einsatzes von Informationssystemen.

Patig (2001) bezeichnet den von Gadenne (1997) dargelegten Zustand als Identitätskrise der Wirtschaftsinformatik. Dem Ringen nach Wissenschaftlichkeit geschuldet, vernachlässigt die Wirtschaftsinformatik die Prüfung, ob die Anpassung theoretischer Erklärungen benachbarter Disziplinen so möglich ist, dass sie als theoretische Grundlagen der Wirtschaftsinformatik dienen können. Damit fordert sie – im Gegensatz zu GADENNE – Theorieentwicklung als *Wissenschaftsziel* der Wirtschaftsinformatik. Eine fehlende fachliche Identität kann dazu führen, dass sich die

---

[1] Es soll nicht unerwähnt bleiben, dass sich der Informationssystemansatz auch auf Informationsinfrastrukturen und Objekte der Informationsfunktion (z. B. Informationsverhalten und Wissensprozesse) anwenden lässt.

3

wissenschaftliche Gemeinschaft der Wirtschaftsinformatik, insbesondere ihr Nachwuchs, anderen Paradigmen zuwendet und der eigenen Disziplin den Rücken kehrt (Kuhn 2012).

PATIG zeigt auf, dass Informationssysteme als Basiselement eines selbstreferenziellen Theorienetzes aufgefasst werden können. Die selbstreferenzielle Eigenschaft drückt aus, dass es anhand des Theoriekerns möglich ist, die Menge intendierter Anwendungen ohne Veränderung des Kerns zu erweitern oder das dem theoretischen Kern zugrunde liegende Fundamentalgesetz oder seine Nebenbedingungen zu verfeinern, ohne dass die Menge intendierter Anwendungen verändert werden muss. Der Fall der Erweiterung von Anwendungen wird als empirischer Fortschritt, der Fall der Verfeinerung des Fundamentalgesetzes als theoretischer Fortschritt bezeichnet. Eine Aussage darüber, worin die konkreten Inhalte bzw. Gesetze einer zukünftigen Theorie der Wirtschaftsinformatik liegen und wie diese in der Gestaltung von Technologien münden, wurde von PATIG nicht gemacht; es erfolgte eine Rekonstruktion bestehender Gegenstände und Beispiele vor dem Hintergrund der von König et al. (1995) mit einer Delphi-Studie explorierten Forschungsgegenstände der Wirtschaftsinformatik. Spezialisierungen oder Verallgemeinerungen des Theoriekerns werden deduktiv vorgenommen, intendierte Anwendungen werden postuliert und empirisch überprüft.

3.8 Das Memorandum zur gestaltungsorientierten Wirtschaftsinformatik

Im Jahr 2010 wurde ein Plädoyer für eine technologische Forschungskonzeption von Vertreterinnen und Vertretern der deutschsprachigen Wirtschaftsinformatik veröffentlicht (Österle et al. 2010). Ausgangspunkt war die Kritik, dass die internationale Forschung weniger die innovative Gestaltung von Informationssystemen, sondern die Untersuchung von deren Eigenschaften und die Analyse des Verhaltens der beteiligten Menschen verfolge. Zwar könnten daraus wertvolle Erkenntnisse über Präferenzen von Menschen oder über die Nutzung von Informationssystemen entstehen, jedoch würde die Verhaltensorientierung eine geringere Relevanz für die Praxis aufweisen. Als Erkenntnisziele einer gestaltungsorientierten Wirtschaftsinformatik wurden normative und praktisch verwertbare Ziel-Mittel-Aussagen zur Konstruktion und zum Betrieb von Informationssystemen proklamiert.

Die internationale Dominanz theoretischer Forschungskonzeption müsse aber auch von den Vertreterinnen der gestaltungsorientierten Wirtschaftsinformatik selbst verantwortet werden. Sie hätten zu wenig Wert auf internationale Publikationen und Sichtbarkeit gelegt. Die Gestaltungsorientierung habe – so die Verfasser – zur Publikation von Ergebnissen geführt, die eine wissenschaftliche Begründung unzureichend erkennen ließen. Dennoch vertreten die Autoren den Standpunkt, dass die praktische Umsetzbarkeit im Vergleich zu einer systematisch dokumentierten Herleitung eine größere Nützlichkeit der Ergebnisse zum Ausdruck bringt.

Herausgeberinnen internationaler Fachzeitschriften haben das Memorandum als einseitig und pauschal zurückgewiesen (Baskerville et al. 2011). Ihrer Auffassung nach fokussiere die internationale Forschung neben der verhaltensorientierten Forschung die Gestaltung von technologischen Artefakten („Design Science Research"), die ökonomische Wirkung von Informationssystemen sowie die Forschung zum Management von IuK-Technologien. Zudem wird die Behauptung einer methodisch einseitigen Ausrichtung an empirischen Arbeiten mit dem Hinweis auf andere Forschungsmethoden relativiert.

Auf die Komplementarität von theoretischer und technologischer Forschungskonzeption gehen weder die Verfasser des Memorandums noch die Autoren der Entgegnung ein. Gerade in diesem Punkt besitzt die Wirtschaftsinformatik ein großes Abgrenzungs- und Zukunftspotenzial gegenüber ihren Nachbardisziplinen. Schreiner et al. (2015) legten eine Untersuchung zur neueren Entwicklung des Fachs vor, die teilweise Rückschlüsse auf die Ausbreitung der Forschungskonzeptionen zulässt und verdeutlicht, dass die unterschiedlichen Forschungskonzeptionen nebeneinanderstehen. Ihre Analyse zeigt, dass der Anteil theoretisch-empirischer Arbeiten seit 2010 zunimmt, während der Anteil gestaltungsorientierter Arbeiten etwas abnimmt. Gestaltungsorientierte Arbeiten sind mit einem Anteil von 40 % häufiger anzutreffen als empirische Arbeiten. Diese kommen 2012 auf einen Anteil von knapp 35 %. Formal-analytische Arbeiten haben über den Analysezeitraum ihren Anteil steigern können und pendelten sich 2012 bei knapp 20 % ein. Berücksichtigt man, dass sowohl empirische als auch formal-analytische Aufsätze einem theoretischen Imperativ folgen, lässt sich aufzeigen, dass theoretische Forschungskonzeptionen am Ende des Analysezeitraums die Oberhand gewinnen.

3.9 Zum Stand von Theorie und Technologie der Wirtschaftsinformatik

Die beschriebenen Ansätze zeigen, dass eine Debatte über die Forschungskonzeption und Grundpositionen in der Wirtschaftsinformatik stattfindet. Jede Diskussion, die das Theorie- und Technologieverständnis der Wirtschaftsinformatik vertieft, sollte sich auf die Weiterentwicklung des Fachs positiv auswirken. Eine Fokussierung auf die *Methodologie* und wissenschaftstheoretischen Grundannahmen allein reicht nicht aus. Will die Wirtschaftsinformatik ihre wissenschaftliche Eigenständigkeit festigen, erscheint die Entwicklung eines eigenen *Theoriekerns* zweckmäßig, der einen Beitrag zur Gestaltung und Nutzung von Technologien leistet.

Auch wenn Hassan und Willcocks (2021) eine Monografie mit dem Titel „Advancing Information Systems Theories Rationale and Processes" vorgelegt haben, fehlen bisweilen Hinweise auf die Ausformung eines eigenständigen Theoriekerns. Dieser besteht aus beschreibenden und erklärenden Aussagen, die sich generell anwenden und bei Bedarf situativ anpassen lassen. Wie dieser aussehen könnte, ist weiterhin nicht erkennbar. Mit dem *Informationssystemansatz* wird strukturell beschrieben, welche Elemente und Beziehungen bedeutsam sind, die eine solche Theorie umfassen sollte, bzw. welche Ziele wir mit Informationssystemen bzw. -infrastrukturen verfolgen: die Verbesserung der Informationsfunktion, um zu tieferen Einsichten zu gelangen bzw. um bessere oder schneller Entscheidungen zu treffen.

Die Bezugnahme auf Theorien ist in der Wirtschaftsinformatik weiter fortgeschritten und gehört mittlerweile zum Repertoire einschlägiger Arbeiten. Der Fokus wird häufig auf die Anwendung in spezifischen Kontexten, d. h. den empirischen Fortschritt, gelegt. Ein theoretischer Fortschritt muss – falls er angestrebt wird – zugunsten der gewählten Theorien entstehen. Stammen diese aus anderen Disziplinen, wird ihnen der theoretische Fortschritt zuteil und der gordische Knoten bleibt bestehen.

Eine Möglichkeit, diesen Knoten zu zerschlagen, besteht darin, eine Theorie als ein Kommunikationsinstrument zu betrachten, das auf ihre Entdeckungen hinweist (Abend 2008). Im Kontext theoretischer Forschungskonzeptionen hat sich die Ansicht etabliert, dass Forschung entweder explorativ-beschreibend – was häufig abwertend gemeint ist – oder konfirmatorisch-erklärend sein kann, was die „echte" Forschung beschreibt. Infolgedessen werden bestimmte Arten der qualitativen Forschung, wie z. B. die Anwendung von Interviews, Beobachtungen oder Ethnografien, so lange als explorativ eingestuft, bis eine theoretische Überprüfung durchgeführt werden kann, um die Ergebnisse der explorativen Forschung zu validieren.

Die Betrachtung der Theorie von einem kommunikativen Standpunkt ist nicht neu. So beschreibt Bacharach (1989, 496) eine Theorie als „ein sprachliches Mittel, das zur Organisation einer komplexen empirischen Welt verwendet wird. Der Zweck theoretischer Aussagen ist daher ein doppelter: (sparsam) zu organisieren und (deutlich) zu kommunizieren". Ramsey (1965, 212) beschreibt die Theorie „als eine Sprache für die Diskussion der Fakten, die die Theorie erklären soll". Diese Sichtweise der Theorie wird von Abend (2008) vorgeschlagen, damit die Theorie selbst von allen Arten von Ballast befreit wird, die ihr im vergangenen Jahrhundert angehängt wurden, und damit Wissenschaftlerinnen die Freiheit haben, jede Form von Theorie anzunehmen und mit ihr zu arbeiten, um fachspezifische Fortschritte zu erzielen.

Wenn wir Theorien auf diese Weise betrachten, müssen wir nach Ansicht von Hassan und Willcocks (2021) nicht darüber streiten, ob das Feld einen theoretischen Kern hat oder nicht, was einen theoretischen Beitrag ausmacht oder ob wir theoriearme Arbeiten brauchen. Wir müssen verstehen, wie die Theorie ihren Inhalt vermittelt. Dies bedeutet nicht, dass wir uns nicht für die Bestandteile der Theorie interessieren oder nicht darauf hinarbeiten, eine „gute" Theorie zu entwickeln. Wir tun dies, damit wir als Disziplin gemeinsam anfangen können, über Informationssysteme zu theoretisieren, ohne darüber zu streiten, ob unsere Diskussionen eine Theorie haben oder nicht, und damit wir Fortschritte machen können, die schließlich zu „guten" Theorien führen werden.

Nur eine auf die Gestaltung und Nutzung von Technologie ausgerichtete Theorie der Wirtschaftsinformatik vermag das Fach weiterzuentwickeln. Es reicht nicht aus, die Intention darüber in Memoranden niederzuschreiben, sondern die Weiterentwicklung muss sich durch fortwährende, reproduzierbare Forschungsergebnisse manifestieren. Ohne eigenes Theoriegebäude wird weiterhin eine fachfremde oder spekulativ-pragmatische Vorgehensweise dominieren. Fachfremde Theorien stärken die Position von GADENNE und betrachten Informationssysteme als Anwendungsgebiete benachbarter Gebiete wie Ökonomie, Informatik, Psychologie oder Soziologie. Praxeologien sind nicht-wissenschaftlich bzw. unwissenschaftlich und würden die Wirtschaftsinformatik als wissenschaftliches Fach weiter schwächen. Daher erscheint eine auf die Gestaltung und Nutzung von Technologie ausgerichtete Theorie der Wirtschaftsinformatik bedeutsam, um das Fach weiterzuentwickeln und im Wissenschaftssystem besser zu verankern.

Literatur

Abend, G. (2008). The meaning of "theory". *Sociology Theory 26*(2), 173–199.

Bacharach, S. B. (1989). Organizational theories: Some criteria for evaluation. *Academy of Management Review 14*(4), 496–515.

Baskerville, R., Lyytinen, K., Sambamurthy, V. & Straub, D. (2011). A response to the design-oriented information systems research memorandum. *European Journal of Information Systems 20*, 11–15.

Chmielewicz, K. (1994). *Forschungskonzeptionen der Wirtschaftswissenschaft.* 3. Aufl. Stuttgart: Schäffer-Poeschel.

Coase, R. H. (1937). The nature of the firm. *Economica*, 386–405.

Davis, F. D. (1989). Perceived usefulness, perceived ease of use, and user acceptance of information technology. *MIS Quarterly 13*(3), 319–340.

Davis, F. D. (1993). User acceptance of information technology: system characteristics, user perceptions and behavioral impacts. *International Journal of Man-Machine Studies 38*(3), 475–487.

Gadenne, V. (1997). Wissenschaftstheoretische Grundlagen der Wirtschaftsinformatik. In: O. Grün & L. J. Heinrich (Hrsg.), *Wirtschaftsinformatik – Ergebnisse empirischer Forschung* (S. 7–20). Wien/New York: Springer.

Hassan, R.P. & Willcocks, L.P. (Hrsg.) (2021). *Advancing Information Systems Theories – Rationale and Processes.* Cham: Palgrave Macmillan.

Heinrich, L. J. (1993/2001). *Wirtschaftsinformatik – Einführung und Grundlegung.* 1. Aufl. 1993 (S. 11–20), 2. Aufl. 2001 (S. 13–26). München/Wien:Oldenbourg.

Heinrich, L. J. (2005). Forschungsmethodik einer Integrationsdisziplin: Ein Beitrag zur Geschichte der Wirtschaftsinformatik. *N.T.M. Internationale Zeitschrift für Geschichte und Ethik der Naturwissenschaften, Technik und Medizin 13*, 104–117.

Heinzl, A. (2001). Zum Aktivitätsniveau empirischer Forschung in der Wirtschaftsinformatik – Erklärungsansatz und Handlungsoptionen. In: H. Böhler & J. Sigloch (Hrsg.), *Unternehmensführung und empirische Forschung, Festschrift zum 65. Geburtstag von Peter Rütger Wossidlo* (S. 127–160). Bayreuth.

König, W., Heinzl, A. & von Poblotzki, A. (1995). Die zentralen Forschungsgegenstände der Wirtschaftsinformatik in den nächsten zehn Jahren. *Wirtschaftsinformatik*, 558–569.

Kuhn, T.S. (2012). *The Structure of Scientific Revolutions: 50th Anniversary Edition.* Chicago: University of Chicago Press.

Österle, H., Becker, J., Frank, U., Hess, T., Karagiannis, D., Krcmar, H., Loos, P, Mertens, P., Oberweis, A. & Sinz, E.J. (2010). Memorandum zur gestaltungsorientierten Wirtschaftsinformatik. *Zeitschrift für betriebswirtschaftliche Forschung 62*, 664–672. https://link.springer.com/article/10.1007/BF03372838#citeas.

Patig, S. (2001). Überlegungen zur theoretischen Fundierung der Disziplin Wirtschaftsinformatik, ausgehend von der allgemeinen Systemtheorie 32, *Journal for General Philosophy of Science*, 39–64.

Popper, K. R. (1969). *Das Elend des Historizismus.* 2. Aufl. Tübingen: Mohr Siebeck.

Ramsey, F. P. (1965). Theories. In: R. B. Braithwaite (Hrsg.), *The foundations of mathematics and other logical essays* (S. 212–236). London:Routledge & Kegan Paul.

Schreiner, M., Hess, T. & Benlian, A. (2015). *Gestaltungsorientierter Kern oder Tendenz zur Empirie? Zur neueren methodischen Entwicklung der Wirtschaftsinformatik*, Arbeitsbericht 1/2015, Ludwig-Maximilians-Universität München, Fakultät für Betriebswirtschaft, Institut für Wirtschaftsinformatik und Neue Medien, München.

Weick, K. E. (1995). What theory is not – theorizing is. *Administrative Science Quarterly*, 385–390.

Williamson, O. E. (1973). Markets and hierarchies: some elementary considerations. *The American Economic Review 63*(2), 316–325.

Empirische Methoden der Wirtschaftsinformatik

Inhaltsverzeichnis

© Springer-Verlag GmbH Deutschland, ein Teil von Springer Nature 2024
A. Heinzl et al., *Wirtschaftsinformatik*, https://doi.org/10.1007/978-3-662-67392-8_4

4

Zweck dieser Lerneinheit

Sie werden mit der Möglichkeit und Notwendigkeit methodischen Vorgehens in der *empirischen Forschung* vertraut gemacht. Sie lernen die wichtigsten, als Forschungs-methoden bezeichneten Vorgehensweisen zur Gewinnung und Überprüfung von Er-kenntnis kennen. Die in der Wirtschaftsinformatik angewendeten empirischen Metho-den stammen vor allem aus den Human-, Sozial- und Wirtschaftswissenschaften, insbesondere aus der Psychologie, Soziologie und Ökonomie.

Die Darstellung folgt der weit verbreiteten Systematik einer Einteilung in quantita-tive und qualitativeMethoden (siehe z. B. Recker 2013). Diese Attribute beziehen sich auf das Datenmaterial, das zur Erkenntnisgewinnung erhoben und ausgewertet wird. Im Gegensatz zur Forschung in der Psychologie war es bis in die 1920er-Jahre vor allem in den Wirtschaftswissenschaften üblich, Forschung lediglich strukturierend, theoretisierend, „gedankenexperimentell" durchzuführen und nur beispielhaft auf die Wirklichkeit zu verweisen, um etwas plausibel zu machen. Ab diesem Zeitraum, also seit rund einem Jahrhundert, wurden wissenschaftliche Untersuchungen auch in der Wirklichkeit durchgeführt, mit starken Einflüssen aus den Human- und Sozialwissen-schaften. Seither haben sich empirische Methoden und somit auch empirische Studien mehr und mehr durchgesetzt. Von einem vorherrschenden *Paradigma*, im Sinne einer Meinung oder gemeinsamen Auffassung der wissenschaftlichen Gemeinschaft der Wirtschaftsinformatik, kann bezüglich der Forschungsmethoden jedoch nicht ge-sprochen werden.

Jedem *Forschungsproblem* liegt eine *Forschungsfrage* bzw. ein *Forschungsziel* zu-grunde bzw. jedes Forschungsproblem kann systematisch in eine Anzahl von Forschungsfragen bzw. Forschungsziele top-down zerlegt werden. Sie erkennen, dass für die Beantwortung einer Forschungsfrage bzw. für die Erreichung eines Forschungs-ziels eine geeignete empirische Methode ausgewählt und angewendet wird oder dass mehrere, sich ergänzende Methoden eingesetzt werden. Sie wissen, dass es für diese Auswahl erforderlich ist, die wesentlichen Eigenschaften der Forschungsmethoden zu kennen. Sie erkennen, dass die nachfolgende Darstellung dazu nicht ausreicht, sodass vor der Methodenauswahl und -anwendung das Studium von Fachliteratur notwendig ist. Insbesondere greifen empirisch arbeitende Wirtschaftsinformatikerinnen beim Methodenstudium auch auf Fachliteratur der Psychologie und Soziologie zurück.

4.1 Erkenntnisgewinnung und -überprüfung

Das griechische Wort methodos, zu Deutsch *Methode*, bedeutet „der Weg zu etwas hin". Nach modernem Verständnis ist eine Methode ein mehr oder weniger konkret beschriebener Weg zur Lösung eines Problems. Präziser ausgedrückt ist eine Me-thode ein systematisches, auf einem System von Regeln aufbauendes Verfahren zur Problemlösung, kurz gesagt ein *Problemlösungsverfahren*. In dieser Lerneinheit geht es nicht um Methoden als Problemlösungsverfahren im allgemeinen Sinne, sondern um Methoden zur Lösung von Forschungsproblemen, also um *Forschungsmethoden* (synonym: *empirische Methoden*). Dabei ist grundsätzlich methodisch alles erlaubt, was zur Gewinnung und Überprüfung von Erkenntnis beitragen kann. Dies bedeutet jedoch nicht, dass jede beliebige methodische Vorgehensweise zur Lösung eines Forschungsproblems in der wissenschaftlichen Gemeinschaft anerkannt ist. Vielmehr gilt es, bei der empirischen Forschung auf methodische Standards zu achten und diese einzuhalten.

Das Niveau einer Wissenschaft hängt wesentlich von der Art und dem Umfang des Instrumentariums zur Erkenntnisgewinnung und -überprüfung ab, also von den zur Verfügung stehenden und tatsächlich angewendeten Forschungsmethoden. Da jede Wissenschaft per Definition einen spezifischen Gegenstandsbereich hat (▶ Kap. 1 „Gegenstandsbereich der Wirtschaftsinformatik"), können sich Wissenschaften auch durch ihre empirischen Methoden unterscheiden, was ihre Identität festigt, für ihre Identität aber nicht zwingend erforderlich ist. Der Fragebogen als Erhebungsmethode hat beispielsweise in Sozial- und Wirtschaftswissenschaften einen höheren Stellenwert als in den kognitiven Neurowissenschaften.

Forschungsmethoden sind unabdingbar, um wissenschaftliche Erkenntnisse zu gewinnen, und sie sind Voraussetzung dafür, die Ergebnisse wissenschaftlichen Arbeitens zu überprüfen. Wissenschaftliche Ergebnisse können nur überprüft werden, wenn die Art und Weise, wie sie gewonnen wurden, nachvollziehbar ist, und dies ist ohne Kenntnis und Verständnis der verwendeten Forschungsmethode(n) nicht möglich. Viele Vertreterinnen der Wirtschaftsinformatik sind fälschlicherweise der Meinung, dass Methodenkenntnisse nicht erforderlich seien und dass eine Methodenausbildung daher überflüssig sei. Dass dies auch heute noch die Auffassung von manchen Lehrenden ist, zeigt das nicht selten zu beobachtende Fehlen der Methodenausbildung in den Lehrplänen, die stiefmütterliche Behandlung der Forschungsmethoden in einschlägigen Lehrbüchern und die oft spärlichen Informationen über die verwendeten Forschungsmethoden in Veröffentlichungen in Fachzeitschriften, die den Anspruch erheben, wissenschaftlich zu sein.

4.2 Zur Unterscheidung quantitativer und qualitativer Methoden

In ▶ Kap. 2 „Wirtschaftsinformatik als Wissenschaft" wurde ausgeführt, dass Beschreibung, Erklärung und Verstehen Aufgaben einer Wissenschaft sind, die dem Ziel der Erkenntnisgewinnung dienen. In der Wirtschaftsinformatik geht es um die Gewinnung von Erkenntnis über MAT-Systeme, die dann wiederum für die Prognose ihres Verhaltens und für ihre Gestaltung nützlich sind.

In Methodenlehrbüchern der Human-, Sozial- und Wirtschaftswissenschaften werden empirische Methoden typischerweise in *quantitativ* und *qualitativ* eingeteilt. Damit wird darauf Bezug genommen, ob bei der Lösung von Forschungsproblemen primär mit quantitativen oder qualitativen Daten gearbeitet wird. Quantitativ bedeutet, dass Ziffern und Zahlen verwendet werden, um die Ausprägungen der untersuchten Phänomene (konkret der zugrunde liegenden Konstrukte bzw. Variablen) zu erfassen und somit zu repräsentieren. Qualitativ bedeutet, dass die numerische Repräsentation nicht im Mittelpunkt steht, sondern dass die Untersuchung eines Phänomens auf der Basis von Texten (z. B. transkribierten Interviews), gelegentlich auch Bildern, Sprach- oder Videoaufnahmen erfolgt. Die Kombination von quantitativen und qualitativen Verfahren geht im Regelfall mit dem höchsten Erkenntniswert ein-

4

her, da hierbei ein Phänomen aus mehreren Perspektiven untersucht wird (siehe z. B. Venkatesh et al. 2013)

▶ Beispiel quantitative und qualitative Forschungsausrichtung

Um den Einfluss der wahrgenommenen Nützlichkeit sowie der wahrgenommenen Gebrauchstauglichkeit eines Anwendungssystems auf die beabsichtigte Systemnutzung zu untersuchen, kann eine Wissenschaftlerin bei quantitativer Forschungsausrichtung einen Fragebogen mit gradueller Antwortskala nach Rensis LIKERT (z. B. 1 = „trifft gar nicht zu" bis 6 = „trifft vollkommen zu") verwenden, um die Variablen Nützlichkeit, Gebrauchstauglichkeit sowie beabsichtigte Systemnutzung zu erfassen; bei qualitativer Forschungsausrichtung könnten Interviews geführt und transkribiert werden, um die so gewonnenen Texte mittels Inhaltsanalyse auszuwerten. ◀

◘ Abb. 4.1 zeigt auszugsweise Beispielfragen zur Messung von wahrgenommener Nützlichkeit, wahrgenommener Gebrauchstauglichkeit und beabsichtigter Systemnutzung. Diese und ähnliche Fragen werden bei Untersuchungen auf der Basis des Technologie-Akzeptanz-Modell (Technology Acceptance Model, TAM) verwendet. Das TAM ist das weltweit am häufigsten zitierte theoretische Modell zur Erklärung der Einstellung und des Verhaltens von IT-Nutzerinnen, es wurde in den 1980er-Jahren am MIT – Massachusetts Institute of Technology von Fred D. DAVIS entwickelt (Abb. 3.1, in Anlehnung an Davis 1989, 1993). Das TAM kann zur Untersuchung jedes beliebigen Systemtyps (z. B. ERP-System, E-Mail,

Bei den folgenden Fragen geht es darum, in wieweit die Nutzung eines Enterprise Resource Planning (ERP)-Systems Sie im Allgemeinen bei der Erfüllung von beruflichen Aufgaben unterstützt. Bitte geben Sie an, in wieweit die folgenden Aussagen für Sie zutreffen.

Die Nutzung eines ERP-Systems steigert die Arbeitsproduktivität.

trifft gar   trifft voll-
nicht zu   kommen zu

O   O   O   O   O   O

Ein ERP-System ist in der Handhabung einfach.

trifft gar   trifft voll-
nicht zu   kommen zu

O   O   O   O   O   O

Wenn ich eine Technologie zur Erfüllung meiner beruflichen Aufgaben auswählen müsste, dann wäre es wahrscheinlich ein ERP-System.

trifft gar   trifft voll-
nicht zu   kommen zu

O   O   O   O   O   O

◘ **Abb. 4.1**   Beispiel für eine Likert-Antwortskala bei quantitativer Messung

Customer-Relationship-Management, Kollaborationssoftware wie Microsoft Teams) und jeder beliebigen Digitaltechnologie (z. B. Smartphone, Smart Home, Sprachassistent) eingesetzt werden. Zudem können allgemeine Fragen, die sich auf eine Klasse von Systemen bzw. Technologien beziehen (wie in ◘ Abb. 4.1 ERP-Systeme), in einem bestimmten Anwendungskontext konkretisiert werden (z. B. „Die Nutzung von SAP steigert die Arbeitsproduktivität.").

In der Forschung unterscheidet man verschiedene Arten von Variablen:

- *Unabhängige Variable*: Ihr Einfluss auf die abhängige Variable soll untersucht werden.
- *Abhängige Variable*: Ihre Abhängigkeit von der unabhängigen Variablen ist Gegenstand der Untersuchung.
- *Mediatorvariable*: Sie vermittelt den Einfluss der unabhängigen auf die abhängige Variable. Daraus folgt, dass die unabhängige auf die abhängige Variable nicht direkt wirkt, sondern über die Mediatorvariable; sie spezifiziert somit den Mechanismus, der dem Zusammenhang zwischen unabhängiger und abhängiger Variable zugrunde liegt.
- *Moderatorvariable*: Sie verändert den Einfluss der unabhängigen auf die abhängige Variable.
- *Kontrollvariable*: jeder Faktor, der nicht im Fokus einer Untersuchung steht, jedoch einen Einfluss auf die abhängige Variable hat. Solche Faktoren müssen kontrolliert werden, da sie sonst die Eindeutigkeit der kausalen Interpretation, also die *interne Validität* der Untersuchung, gefährden. „Kontrollieren" kann auf zwei Arten erfolgen: Entweder wird der Faktor konstant gehalten oder der Faktor wird gemessen und sein möglicher Einfluss auf die abhängige Variable wird bei der statistischen Analyse bestimmt.

Ob eine forschende Person quantitativ oder qualitativ forscht, hängt u. a. von ihrer philosophischen Grundposition ab. In der Wissenschaftstheorie, einem Teilgebiet der Philosophie, wird zwischen unterschiedlichen ontologischen und epistemologischen Positionen unterschieden. Ontologie bezieht sich auf die Frage, was die Wirklichkeit ist; daher wird sie auch als *Lehre des Seins* bezeichnet. Epistemologie bezieht sich auf die Frage, wie man diese Wirklichkeit erkennen kann; daher wird sie auch als *Erkenntnistheorie* bezeichnet. Bei einfacher Betrachtung kann man zwei Grundpositionen unterscheiden, die sich aus ontologischen und epistemologischen Überlegungen ergeben.

Vertreter des *Positivismus* glauben an eine objektiv wahrnehmbare Wirklichkeit. Sie sind der Meinung, dass auch menschliches Verhalten, und somit auch das Verhalten von MAT-Systemen, durch Gesetze im Sinne theoretischer Modelle erklärt und prognostiziert werden kann. Eine positivistische Position geht im Regelfall damit einher, quantitativ zu forschen (eine Ausnahme sind positivistische Fallstudien, vgl. Benbasat et al. 1987; Riedl 2006; Yin 2014).

Vertreterinnen des *Interpretivismus* glauben an eine sozial konstruierte Wirklichkeit und verneinen daher eine objektive Wirklichkeit. Sie sind der Meinung, dass gesetzesmäßige Erklärungen und Prognosen nicht möglich sind. Vielmehr sollte es nach Ansicht dieser Position das Ziel sein, das Handeln von Individuen und Kollektiven (z. B. Unternehmen oder der Gesellschaft im Allgemeinen) zu verstehen, um

4

◻ Tab. 4.1   Quantitative und qualitative empirische Methoden der Wirtschaftsinformatik

Quantitative Methoden	Qualitative Methoden
Befragung (Survey)	Fallstudie
Laborexperiment	Aktionsforschung
Feldexperiment	Inhaltsanalyse
Simulation	Hermeneutik
Metaanalyse	Ethnografie
	Synopse (Review)

dem Handeln zugrunde liegende Beweggründe zu identifizieren. Eine interpretativistische Position geht damit einher, qualitativ zu forschen. Zu beachten ist hierbei jedoch, dass fast jede Art von qualitativer Forschung auch quantitative Elemente enthält (z. B. wenn bei der Inhaltsanalyse von Interviewdaten Aussagen in Kategorien zugeordnet werden und die Anzahl der jeweiligen Zuordnungen gezählt wird, um Häufigkeiten zu bestimmen). Die Charakterisierung einer Methode als quantitativ oder als qualitativ ist daher so zu verstehen, dass nach dem Schwerpunkt einer Methode zugeordnet wird und nicht weil eine Methode ausschließlich quantitativ oder qualitativ ist. ◻ Tab. 4.1 fasst quantitative und qualitative Methoden zusammen, deren Einsatz in der Wirtschaftsinformatik zweckmäßig ist und die in der Forschung auch bereits eingesetzt wurden, wenn auch in sehr unterschiedlicher Häufigkeit.

4.2.1   Quantitative Methoden

4.2.1.1   Befragung (Survey)

Mit Hilfe eines *Fragebogens* werden durch (schriftlich) formulierte Stimuli (Fragen) Reaktionen (Antworten) hervorgerufen und dokumentiert. Fragen und Antworten können sich dabei auf zwei Dinge beziehen:
- auf objektive Sachverhalte oder
- subjektive Einstellungs- und Verhaltenskonstrukte.

Befragungen zur Erforschung objektiver Sachverhalte haben zum Ziel, in der Wirklichkeit existierende Tatsachen rein beschreibend zu erfassen. Im Mittelpunkt solcher Befragungen steht somit der Beitrag zur Beschreibung als Wissenschaftsaufgabe.

▶ **Beispiel Befragung mit Fokus Beschreibung**

Process Mining ist eine Technik, die es ermöglicht, Geschäftsprozesse auf Basis von Daten zu rekonstruieren und auszuwerten, die durch die Nutzung von Anwendungssystemen entstehen (solche Daten werden oft auch „digitale Spuren" genannt). Mittels Befragung soll erhoben werden, welche Bekanntheit, Relevanz und Verbreitung das Process Mining im deutschsprachigen Raum hat. An eine möglichst große Stichprobe wird dazu eine Einladung zu einer Online-Befragung gesendet. Eingeladen wird aus 5000 Unternehmen diverser Branchen die jeweils höchstrangige, für Prozessmanagement zuständige Person. Es werden Fragen der folgenden Art gestellt (mit vorgegebenen Antwortkategorien): Kennen Sie Process Mining als Ansatz im Prozessmanagement? Warum verwendet Ihr Unternehmen Process Mining? Welches Softwarewerkzeug verwenden Sie zur Unterstützung von Process Mining? Antworten auf diese Fragen werden typischerweise als Häufigkeiten ausgewertet und dargestellt. Zudem werden oft Lage- und Streuungsparameter (z. B. Mittelwert, Standardabweichung) sowie Zusammenhänge zwischen Variablen (z. B. Korrelation von Branche und Verwendung von Process Mining) berechnet. ◄

Befragungen zu subjektiven Einstellungs- und Verhaltenskonstrukten beziehen sich auf die Quantifizierung von sogenannten *latenten Konstrukten*. Dies bedeutet, dass eine direkte Beobachtung bzw. Messung der Variable nicht möglich ist und dass daher die Variable durch Operationalisierung entlang von Fragen – die als Items bezeichnet werden – messbar gemacht werden muss. Im Regelfall werden latente Variablen in den Human-, Sozial- und Wirtschaftswissenschaften und somit auch in der Wirtschaftsinformatik mit mehreren Fragen operationalisiert. Wenn es sich um sehr facettenreiche Phänomene (z. B. digitaler Stress) handelt, wird ein Konstrukt zuerst in Dimensionen gegliedert, die dann wiederum jeweils mit mehreren Items abgebildet werden. Befragungen zur Erforschung von Einstellungs- und Verhaltenskonstrukten zielen gewöhnlich darauf ab, eine zuverlässige und valide Messung von Variablen in *Kausalmodellen* zu ermöglichen. Im Mittelpunkt solcher Befragungen steht somit der Beitrag zur Erklärung als Wissenschaftsaufgabe.

▶ Beispiel Befragung mit Fokus Erklärung

Mittels einer Online-Befragung soll ein Erklärungsmodell (synonym: Kausalmodell) zu den Konsequenzen (abhängige Variablen) von digitalem Stress im Arbeitskontext (Ursache, unabhängige Variable) getestet werden. Sowohl die unabhängige Variable (digitaler Stress) als auch die abhängigen Variablen (Konsequenzen wie Benutzerzufriedenheit, Arbeitszufriedenheit sowie mentale Gesundheit) sind latente Konstrukte, die mit einer fragebogenbasierten Messung erhoben werden. Mittels statistischer Verfahren werden die Hypothesen getestet, dass der digitale Stress mit reduzierter Benutzerzufriedenheit, reduzierter Arbeitszufriedenheit sowie rückläufiger mentaler Gesundheit einhergeht. Bevor der Hypothesentest durchgeführt wird, ist durch Anwendung bestimmter statistischer Verfahren der Nachweis zu erbringen, dass die jeweiligen Fragebögen zur Messung der Konstrukte reliabel und valide sind. Solche Verfahren werden beispielsweise im Bereich der klassischen Testtheorie beschrieben. Riedl et al. (2022) haben einen deutschsprachigen Fragebogen entwickelt, der digitalen Stress im Arbeitskontext mit zehn Dimensionen zu je fünf Items misst. ◄

4.2.1.2 Laborexperiment

Mit dieser Forschungsmethode ist eine Kontrolle der Forschungssituation weitgehend möglich. Ziel eines Laborexperiments ist es, den in einer Hypothese behaupteten *Kausalzusammenhang* zwischen einer oder mehreren unabhängigen Variablen und einer oder mehreren abhängigen Variablen zu überprüfen; es werden also bereits existierende theoretische Aussagen nach festgelegten Bedingungen überprüft.

Das Untersuchungsdesign einer Laborstudie ist primär durch die Art des verwendeten Versuchsplans gekennzeichnet. Der einfachste Fall ist, den Einfluss *einer* unabhängigen auf *eine* abhängige Variable zu untersuchen, wobei die abhängige Variable nur einmal gemessen wird.

> ▶ **Beispiel Laborexperiment**
>
> Es soll untersucht werden, welche Auswirkungen das Erleben eines Computerabsturzes während des Arbeitens am PC hat. Hypothese ist, dass ein Computerabsturz Benutzerinnen stresst. Hierbei hat die unabhängige Variable zwei Ausprägungen: „mit Absturz" und „ohne Absturz". Untersucht wird, ob sich der wahrgenommene Stress durch einen Absturz erhöht. Der Stress ist in diesem Beispiel ein latentes Konstrukt, das durch einen Fragebogen mit mehreren Items gemessen wird. ◀

Angenommen, es stehen 100 Personen als Probandinnen für ein Laborexperiment zur Verfügung. Wie in ☐ Abb. 4.2 visualisiert, gibt es dann für die Gestaltung des Versuchsplans zwei Möglichkeiten:

- Bei Anwendung eines *Between-Subjects-Designs* werden je 50 Probandinnen nach dem Zufallsprinzip den zwei Bedingungen „mit Absturz" und „ohne Absturz" zugeordnet. Durch das Zufallsprinzip werden mögliche Störvariablen (z. B. Erfahrung mit Computerabstürzen) kontrolliert.
- Bei Anwendung eines *Within-Subjects-Designs* nimmt jede Probandin an beiden Bedingungen teil. Die zeitliche Anordnung der beiden Bedingungen kann Einfluss auf das Ergebnis haben. Daher sind eine Variation der Anordnung und eine anschließende Prüfung ihres Einflusses auf die abhängige Variable notwendig. Konkret bedeutet dies, dass die eine Hälfte der Probandinnen zuerst an der Bedingung „mit Absturz" und dann an der Bedingung „ohne Absturz" teilnimmt; bei der anderen Hälfte der Probandinnen ist die Reihenfolge umgekehrt. Es ist das Ziel, sogenannte *Carry-Over-Effekte* zu vermeiden. Nur wenn die Zeitspanne zwischen den experimentellen Bedingungen ausreichend lange bemessen wird, kann ein möglicher Einfluss einer Bedingung auf nachfolgende Messungen verhindert werden.

Vorteile und Nachteile der beiden Versuchspläne sind gegenteilig gelagert: Während man sich beim Between-Subjects-Design keine Gedanken über Carry-Over-Effekte machen muss, ist das Erreichen einer bestimmten Stichprobengröße schwieriger; beim Within-Subjects-Design ist es genau umgekehrt.

Es gibt verschiedene Gründe, warum sich die Komplexität von Versuchsplänen erhöhen kann:

1. die Anzahl und die Art der untersuchten Variablen steigen (Wie viele unabhängige und abhängige Variablen werden untersucht und werden auch Mediator- und Moderatorvariablen sowie Kontrollvariablen berücksichtigt?),
2. die möglichen Ausprägungen der unabhängigen Variable steigen (Im Beispiel wurde „Absturz" binär konzeptualisiert, man könnte aber auch mehr Ausprägungen wie „kein Absturz", „wenige Abstürze" und „viele Abstürze" untersuchen.),
3. die gemessenen Variablen (typischerweise die Mediatorvariable und abhängige Variable sowie Kontrollvariablen) werden mehr als einmal erhoben und

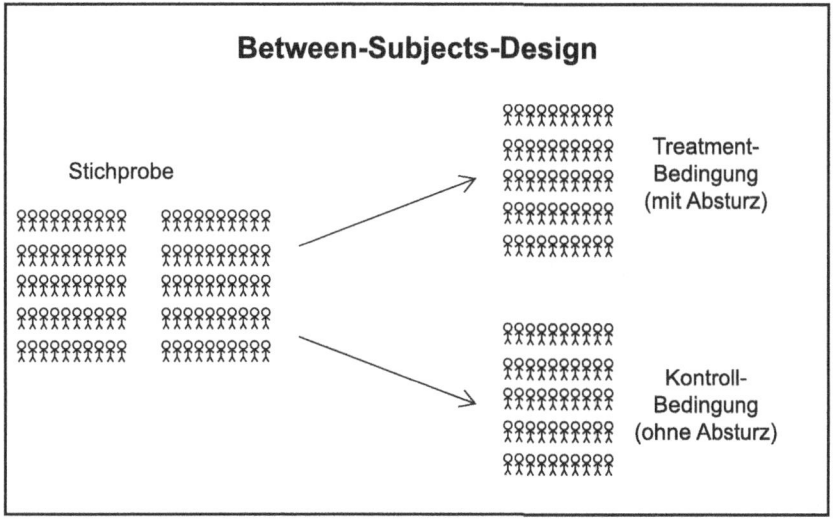

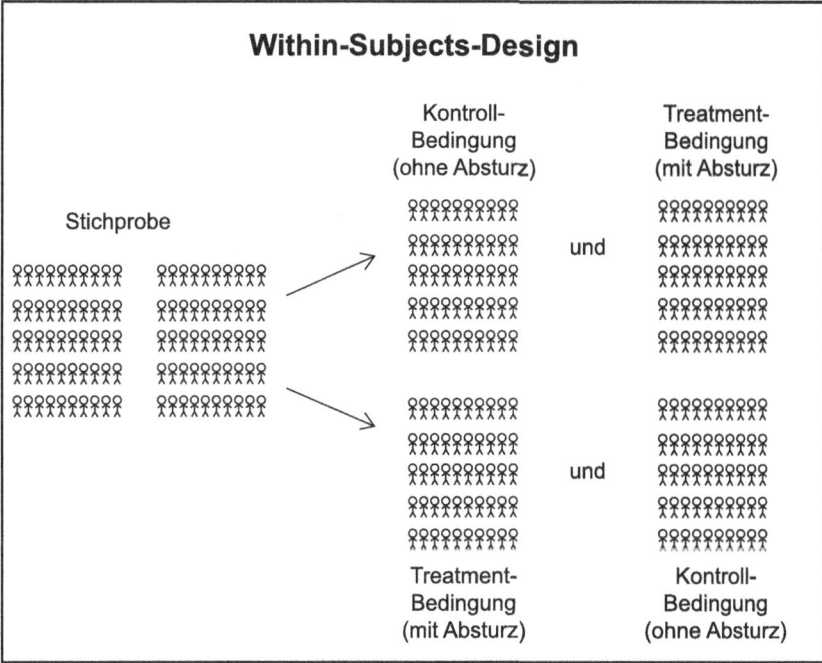

□ **Abb. 4.2**　Between-Subjects-Design versus Within-Subjects-Design

4. bestimmte Variablen werden mit unterschiedlichen Verfahren erhoben (z. B. kann Stress per Fragebogen, aber auch anhand physiologischer Parameter wie Hormone, Blutdruck, Herzschlagrate, Herzratenvariabilität, Hautleitwert oder Hirnaktivierung gemessen werden; Riedl 2013).

4

4.2.1.3 **Feldexperiment**

Mit dieser Forschungsmethode sollen – wie auch beim Laborexperiment – Erkenntnisse über den in einer Hypothese behaupteten Kausalzusammenhang zwischen Variablen gewonnen werden. Im Unterschied zum Laborexperiment werden jedoch die Untersuchungsobjekte in ihrem natürlichen Umfeld erforscht. Die „Manipulation" der unabhängigen Variablen kann auf zwei Arten erfolgen, entweder wie beim Laborexperiment bewusst durch die Forschenden (vgl. Beispiel 1), oder es werden zwei oder mehr Gruppen von Untersuchungsobjekten festgelegt, die eine natürliche Variation aufweisen, man nennt dies Quasi-Experiment (vgl. Beispiel 2).

► **Beispiel 1 Feldexperiment (Onlineshop)**

Es soll folgende Hypothese überprüft werden: Die Gestaltung des Bezahl-Buttons (z. B. Größe, Farbe) in einem Onlineshop hat einen Einfluss auf die Anzahl der Verkaufsabschlüsse. Eine Forscherin geht zur Untersuchung dieser Hypothese mit einer Onlineshopbetreiberin eine Studienkooperation ein. Die Forscherin entwickelt mehrere Versionen des Buttons und die Onlineshopbetreiberin bindet diese in die in der Praxis tatsächlich in Verwendung befindliche Benutzungsoberfläche ein. Unterschiedliche Benutzerinnen des Onlineshops werden nach dem Zufallsprinzip auf eine der Versionen geleitet (die Verwendung der Versionen durch eine ähnliche Anzahl an Benutzerinnen ist anzustreben); die Anzahl der Verkaufsabschlüsse wird durch das System automatisch aufgezeichnet. In diesem Beispiel ist „Gestaltung des Bezahl-Buttons" die unabhängige und „Anzahl der Verkaufsabschlüsse" die abhängige Variable. ◄

► **Beispiel 2 Feldexperiment (IT-Projekte)**

Es soll folgende Hypothese überprüft werden: Bei IT-Projekten mit mehrjähriger Laufzeit und hoher Komplexität führt die Reine Projektorganisation (RPO = Gruppe 1) mit höherer Wahrscheinlichkeit zum Projekterfolg als die Einfluss-Projektorganisation (EPO = Gruppe 2). Bei der RPO bilden die Projektmitarbeiterinnen eine Organisationseinheit unter der fachlichen und disziplinarischen Führung der Projektleitung. Bei der EPO bleibt hingegen die funktionale Hierarchie im Unternehmen unverändert und die Projektgruppe besteht aus Mitarbeiterinnen der bestehenden und vom Projekt betroffenen Organisationseinheiten. Da in der Praxis die bewusste Manipulation der unabhängigen Variablen „Form der Projektorganisation" in einem IT-Projekt de facto nicht möglich ist, müssen mehrere, im Idealfall viele IT-Projekte mit mehrjähriger Dauer und hoher Komplexität untersucht werden, die sich in der Form der Projektorganisation (RPO versus EPO) unterscheiden (wobei idealtypisch die Anzahl der untersuchten Projekte in beiden Gruppen in etwa gleich sein sollte). Die abhängige Variable „Projekterfolg" wird mit einem Fragebogen gemessen. ◄

Die Kontrolle von Störvariablen ist beim Feldexperiment im Vergleich zum Laborexperiment weniger gut möglich. Daraus folgt, dass dem Feldexperiment im Vergleich zum Laborexperiment eine geringere interne Validität zugeschrieben wird. Die interne Validität ist maximal, wenn eine Veränderung der abhängigen Variablen eindeutig auf die Veränderung der unabhängigen Variablen zurückgeführt werden kann. Somit gibt die interne Validität die Eindeutigkeit einer kausalen Interpretation an. Im günstigsten Fall gibt es keine Alternativerklärung. Ein Vorteil von Feldexperimenten ist jedoch, dass das Bewusstsein der Probandinnen, an einem Experiment teilzunehmen, mit Sicherheit ausgeschlossen werden kann. Ihr Verhalten ist daher „natürlich", was in einem Laborexperiment oft nicht der Fall ist. Daraus folgt, dass dem Feldexperiment im Vergleich zum Laborexperiment eine höhere externe Validität zugeschrieben wird. Die externe Validität gibt an, inwieweit Forschungsergebnisse verallgemeinerbar sind, also von der Untersuchungssituation auf die Realsituationen geschlossen werden kann.

4.2.1.4 Simulation

Der VEREIN DEUTSCHER INGENIEURE E. V. (VDI) definiert in seiner unter ▶ www. vdi.de verfügbaren Terminologiedatenbank Simulation als „modellhaftes Nachbilden der Eigenschaften und des Verhaltens eines Objekts in einem Rechnersystem". Dangelmaier und Laroque (2020) geben an, dass die Simulation immer dann zum Einsatz kommen sollte, wenn Experimente oder Messungen in der Wirklichkeit „zu langsam (Bevölkerungsentwicklungen), zu schnell (Explosionsverhalten), zu gefährlich (Crashtests), unmöglich (Urknall) oder schlicht teuer (Fabrikplanung) wären". Riedl (2019, 592) benennt fünf Bedingungen, bei deren Vorliegen eine Simulationsstudie zweckmäßig ist:

- Die Wirklichkeit ist zu komplex bzw. kompliziert, um sie als ein geschlossen lösbares Formalproblem abbilden zu können.
- Modellieren und Experimentieren, das heißt das Beobachten des Systemverhaltens am Modell, führen zu einem besseren Problemverständnis.
- Durch analytische und numerische Methoden ermittelte Problemlösungen können durch Simulation überprüft werden.
- Durch Simulation kann das Systemverhalten im Zeitablauf beobachtet werden.
- Durch Simulation können die Auswirkungen gezielter Veränderungen von Parametern auf bestimmte Eigenschaften des Systems untersucht werden (Sensitivitätsanalyse).

Die Simulation als Forschungsmethode hat auch deshalb großes Potenzial, weil das Verhalten von Systemen, so auch jenes von MAT-Systemen, abgebildet, analysiert und interpretiert werden kann, ohne dabei signifikante Risiken einzugehen. Zu beachten ist jedoch, dass die Güte von Simulationsergebnissen maßgeblich von der Strukturähnlichkeit (Homomorphie) zwischen Modell und Wirklichkeit abhängt. Strukturgleichheit (Isomorphie) ist im Regelfall für zu simulierende und somit für vorab zu modellierende Realitätsausschnitte der Wirtschaftsinformatik nicht möglich, da die Wirklichkeit zu komplex und kompliziert ist. Neben hoher Strukturähnlichkeit beeinflusst auch die Qualität der in die Berechnungen eingehenden Daten die Güte von Simulationsergebnissen.

Die Implementierung eines Simulationsmodells als Computerprogramm ist Voraussetzung für eine Simulationsstudie. Jede höhere Programmiersprache, die eine Modellbildung ermöglicht (z. B. C, C++, C#, JAVA), ist eine Simulationssprache. Dangelmaier und Laroque (2020) geben an, dass für die meisten Programmiersprachen leistungsstarke Funktions- bzw. Klassenbibliotheken vorliegen. Es gibt zudem eigens für die Durchführung von Simulationen konzipierte Programmiersprachen (z. B. Dynamo, GPSS, Simscript, Simula). Das folgende Beispiel beschreibt die Anwendung der Simulation als Methode zur Untersuchung der Informationssystemarchitektur. Darunter wird nach Heinrich et al. (2014) ein Modell der

„informationstechnischen Infrastruktur, der Daten und Anwendungsprogramme, der von dem Informationssystem unterstützten Aufgaben sowie der dazu benötigten Aufbau- und Ablauforganisation des entsprechenden Unternehmensteils" verstanden.

4

> ▶ **Beispiel Simulation (Rechenzentrum)**
>
> Eine Architektin soll einen Bauplan für ein Rechenzentrum erstellen. Hierbei soll besonderer Wert darauf gelegt werden, falls in einem Bereich des Rechenzentrums ein Feuer ausbricht, dass dieses nicht auf andere Bereiche übergreift. Auf der Basis alternativer Baupläne für das Rechenzentrum werden durch Verwendung eines Simulationsprogramms verschiedene Möglichkeiten der Brandentwicklung simuliert. ◄

> ▶ **Beispiel Simulation (Informationssystemarchitektur)**
>
> Hinsichtlich der Evolution der Informationssystemarchitektur in Organisationen ist zu beobachten, dass die Bemühungen des Managements oft darauf abzielen, lokale und kurzfristige Investitionen in Informationssysteme im Einklang mit unternehmensweiten, langfristigen Zielen zu halten. Solche Bemühungen sind jedoch nicht immer erfolgreich, da eine Organisation aus einer Vielzahl heterogener lokaler Akteurinnen besteht, die ihre eigenen und manchmal auch widersprüchlichen Ziele, Normen und Werte verfolgen. Haki et al. (2020) haben in einer Simulationsstudie untersucht, wie sich die Informationssystemarchitektur unter verschiedenen Bedingungen entwickelt und welche Konsequenzen damit einhergehen. ◄

4.2.1.5 Metaanalyse

Mit dieser Forschungsmethode wird der Stand der Forschung auf einem bestimmten Gebiet untersucht, indem die Ergebnisse inhaltlich themenverwandter *Primärstudien* statistisch aggregiert werden. Primärstudien sind existierende empirische Studien, welche die Basis für die Metaanalyse bilden. Die Metaanalyse gibt idealtypisch Aufschluss darüber, ob ein behaupteter Kausalzusammenhang vorliegt, und wenn ja, wie groß er ist. „Idealtypisch" deshalb, weil in den Human-, Sozial- und Wirtschaftswissenschaften immer wieder zu beobachten ist, dass in Metaanalysen auch solche Primärstudien eingehen (meist Daten aus Befragungsstudien), die streng genommen keinen Nachweis über Kausalzusammenhänge erbringen, sondern Korrelationen berichten. Es sollten zudem nur solche Primärstudien verwendet werden, die methodischen Mindeststandards entsprechen. Man spricht in diesem Zusammenhang vom „Garbage-in-Garbage-out-Problem".

Das sogenannte „Äpfel-Birnen-Problem" verweist auf den Umstand, dass die Primärstudien eine ausreichend hohe Homogenität hinsichtlich der unabhängigen und abhängigen Variablen haben sollten (dies gilt auch für weitere Variablentypen wie Mediator- und Moderatorvariablen). Forschende müssen sich also fragen, ob die in den Primärstudien verwendeten Variablen den gleichen, zumindest aber einen ähnlichen Abstraktionsgrad aufweisen. Weiter ist darauf zu achten, dass bei Metaanalysen zu facettenreichen Phänomenen nicht Ergebnisse von Studien zu unterschiedlichen Facetten vermengt werden. Zwei unterschiedliche Facetten von digitalem Stress sind beispielsweise der Stress durch Unzuverlässigkeit von Digitaltechnologien (z. B. Systemabstürze) sowie E-Mail-Stress. Es ist unzweckmäßig, Ergebnisse beider

Literaturströmungen in einer Metaanalyse zu aggregieren, weil sich die Stressfacetten inhaltlich (zu) stark unterscheiden.

Weiter ist bei der Interpretation von Ergebnissen von Metaanalysen zu beachten, dass viel häufiger statistisch signifikante als nicht-signifikante Ergebnisse publiziert werden. Mit anderen Worten: Es werden in erster Linie jene Studien veröffentlicht, in denen die von Forschenden formulierten Hypothesen bestätigt werden. Da die Studien, in denen sich Hypothesen nicht bestätigen lassen, oft in der sprichwörtlichen Schublade „verschwinden", ist dieses Phänomen unter der Bezeichnung „Schubladenproblem" bekannt.

In einer Studie zur Verbreitung von Metaanalysen in der IS-Fachliteratur wird angegeben, dass im Zeitraum 1989–2020 exakt 100 Metaanalysen auf der Basis von fast 6300 Primärstudien veröffentlicht wurden (Blut 2020). Themen, zu denen Metaanalysen durchgeführt wurden, sind: Konsequenzen von Virtualität auf das Arbeiten in Teams, Determinanten digitaler Piraterie, Persönlichkeit und Verwendung sozialer Medien, Determinanten von Technologieakzeptanz, IT-Einsatz und Unternehmenserfolg, Einfluss von Facebook-Nutzung auf Einsamkeit sowie Effektivität didaktischer Ansätze für das Lehren und Erlernen von Programmierkenntnissen (die Quellen sind in Blut (ebd.) angeführt). Das folgende Beispiel benennt noch eine viel zitierte Untersuchung.

▶ Beispiel Metaanalyse

He und King (2008) haben eine Metaanalyse durchgeführt, um die Auswirkungen von Benutzermitwirkung zu erforschen; es wurden die Ergebnisse von 82 empirischen Studien statistisch aggregiert. Ein bedeutender Befund ist, dass Benutzermitwirkung einen moderaten Einfluss auf einstellungs- und verhaltensorientierte Variablen (z. B. Systemnutzungsabsicht und tatsächliche Systemnutzung) hat (▶ Abschn. 9.8 „Nutzermitwirkung"). ◀

4.2.2 Qualitative Methoden

4.2.2.1 Fallstudie

Je nach Disziplin variiert die Definition der Fallstudie. Der Unterschied liegt insbesondere im Untersuchungsobjekt. In der Psychologie und Medizin ist es die Person, in der Soziologie die Gruppe, Kultur oder Gesellschaft, in der Volkswirtschaftslehre primär der Staat. In der Wirtschaftsinformatik sowie in der Betriebswirtschaftslehre ist meist das Unternehmen oder die Organisation das Untersuchungsobjekt.

Mit einer Fallstudie wird ein sozio-technisches Phänomen einschließlich seines Kontextes in der Wirklichkeit untersucht. Meist werden mehrere Datenerhebungstechniken eingesetzt, um die Ausprägungen der interessierenden Variablen zu erfassen (z. B. Interview, Beobachtung, Dokumentenauswertung oder Fragebogen). Varianten der Fallstudie sind:

- Mit *deskriptiven Fallstudien* werden Zustände und Vorgänge erfasst (z. B. die Beschreibung der Vorgehensweise bei der Einführung eines ERP-Systems).
- Bei *erklärenden Fallstudien* wird zwischen explorativen und explanativen Fallstudien unterschieden. Mit explorativen Fallstudien werden Hypothesen generiert, bei explanativen Fallstudien liegt der Fokus auf der Testung von Theorien.

4

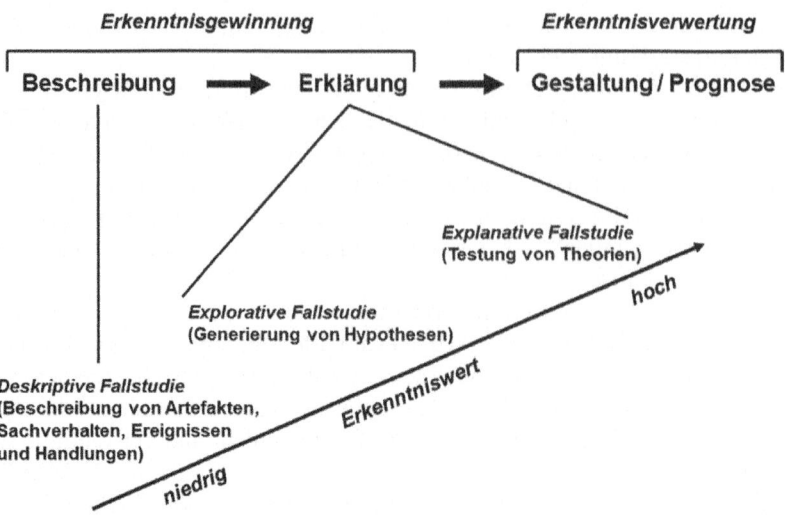

● **Abb. 4.3**   Die Fallstudie als Methode der Erkenntnisgewinnung (Riedl 2006, 123)

● Abb. 4.3 zeigt, dass der wissenschaftliche Erkenntniswert einer Fallstudie von deskriptiv, über explorativ bis zu explanativ ansteigt. Ein Beispiel für explanative Fallstudienforschung ist ein Beitrag von Dibbern et al. (2008). In dieser Studie zum Offshore-Outsourcing von IT-Dienstleistungen nach Indien wird *vor* der empirischen Erhebung ein theoretisches Modell entwickelt, das dann auf der Basis eines „multiple case study design" überprüft wird. Diese Form von theoriegeleiteter Fallstudienforschung unterscheidet sich im wissenschaftlichen Anspruch signifikant von rein beschreibenden Fallstudien. Konkret wurden hier mehrere explanative Fallstudien durchgeführt, deren einzelne Befunde in einer Gesamtschau zum Erkenntnisfortschritt beitragen.

Es ist nicht immer einfach, zwischen deskriptiven und explorativen Fallstudien zu unterscheiden, da oft auf der Basis von Beschreibungen beobachteter Sachverhalte durch Induktion abstrahierte Erkenntnis geschaffen werden soll. Das folgende Beispiel verdeutlicht diesen Umstand.

▶ Beispiel Fallstudie

Disruptive digitale Innovationen erfordern zunehmend, dass Unternehmen agiler werden, um wettbewerbsfähig zu bleiben. Disruptiv ist eine Innovation dann, wenn sie ein Marktgleichgewicht in relativ kurzer Zeit zerstören kann (z. B. Uber in der Taxibranche). Die Forderung nach mehr Agilität gilt sowohl für Großunternehmen als auch für kleine und mittlere Unternehmen (KMU). Chan et al. (2019) haben folgende Forschungsfrage untersucht: Wie etablieren KMU die erforderliche Agilität, um auf disruptive digitale Innovationen zu reagieren? Zur Beantwortung der Frage wurde eine Fallstudie im Unternehmen Elixir Technology (Singapur) durchgeführt. Primärdaten wurden in Form von Interviews erhoben (es wurden 22 Personen aus verschiedenen Abteilungen befragt), ergänzt durch

Sekundärdaten aus Projektberichten, Präsentationen und Medienberichten. Im Ergebnisteil wird ein Modell präsentiert, das die Etablierung von Agilität auf zwei zentrale Faktoren zurückführt: Reduktion organisationaler Rigidität (also die eingeschränkte Fähigkeit, sich wechselnden Bedingungen rasch anzupassen), die durch Offenheit für externe Entwicklungen begünstigt wird, und die Entwicklung innovativer Fähigkeiten, die durch organisationale Adaptionsfähigkeit begünstigt wird. ◄

Bei der Fallstudie mit *A-B-A-Untersuchungsdesign* wird zunächst die Untersuchungseinheit zu einem bestimmten Zeitpunkt oder in einem bestimmten Zeitraum (A) beobachtet, dann wird die Untersuchungseinheit entsprechend dem Untersuchungsziel verändert und wieder beobachtet (B); schließlich wird die Untersuchungseinheit in ihren Ausgangszustand zurückversetzt, und es wird ein drittes Mal beobachtet (A). Dabei wird von der Annahme ausgegangen, dass die Veränderung vollständig umkehrbar ist (B also wieder ganz A wird), was in der Wirklichkeit sehr selten der Fall ist.

> ► **Beispiel Fallstudie mit A-B-A-Untersuchungsdesign**
>
> Im Zustand A werden IT-Projekte ohne Verwendung eines Vorgehensmodells abgewickelt, im Zustand B wird ein bestimmtes Vorgehensmodell verwendet. Da die Mitarbeiterinnen das Vorgehensmodell irgendwie „verinnerlicht" haben, kann trotz seiner offiziellen Außerkraftsetzung nicht damit gerechnet werden, dass Zustand A völlig wiederhergestellt wird; zumindest einige Mitarbeiterinnen werden sich so verhalten, als gäbe es weiterhin dieses Vorgehensmodell. ◄

Eine andere Form der Fallstudie sind *individuelle Verlaufsstudien*, die dann zweckmäßig sind, wenn die Untersuchung mehrerer Fälle unmöglich ist. Wenn im obigen Beispiel die Untersuchung über einen längeren Zeitraum fortgesetzt wird, um das Verhalten der Mitarbeiterinnen zu erklären, handelt es sich um eine individuelle Verlaufsstudie. Fallstudien werden auch dann durchgeführt, wenn die Möglichkeit besteht, einen außergewöhnlichen Fall zu untersuchen.

> ► **Beispiel individuelle Verlaufsstudie**
>
> In der Fachliteratur wird empfohlen, wie ein Katastrophenplan gegliedert sein sollte und welche inhaltlichen Aussagen er machen müsste, um im Katastrophenfall in einer bestimmten Zeit und mit einem bestimmten Aufwand die informationstechnische Infrastruktur wieder verfügbar zu machen. Die Wirkung eines Katastrophenplans in der Wirklichkeit zu beobachten, um festzustellen, ob die angenommenen Bedingungen und geplanten Maßnahmen den gewollten Zweck erfüllen, ist den meisten Forscherinnen (glücklicherweise) nicht vergönnt. Sollte einer von ihnen aber ein derartiger Fall zugänglich sein (eine Google-Recherche im Erstellungsprozess des vorliegenden Buches lieferte rund 2000 Ergebnisse für die Suchanfrage „Brand im Rechenzentrum"), würde wohl nichts dagegen einzuwenden sein, wenn dieser über einen längeren Zeitraum hinweg untersucht würde. ◄

In den Naturwissenschaften, in denen die Phänomene des jeweiligen Gegenstandsbereichs allgemeingültigen Gesetzmäßigkeiten unterliegen, ist die Widerlegung einer Theorie durch einen einzigen Fall möglich. Würde beispielsweise beim Versuch, einen Apfel zu Boden fallen zu lassen, dieser nicht nach unten, sondern nach oben „fallen", wäre das Newtonsche Gravitationsgesetz falsifiziert. Die Theorie wäre widerlegt und somit falsch. Da im Gegenstandsbereich der Wirtschaftsinformatik keine allgemeingültigen Gesetzmäßigkeiten existieren (▶ Kap. 2 „Wirtschaftsinformatik als Wissenschaft"), ist es unzulässig zu schließen, dass eine Theorie falsch ist, wenn sie anhand eines einzelnen Falles widerlegt worden ist. Mit Fallstudien gewonnene Erkenntnisse führen somit in der Wirtschaftsinformatik häufig zu der Frage, ob sie sich an einem anderen Einzelfall wiederholen lassen. Mit *replizierten Fallstudien* wird der Versuch kumulativer Erkenntnisgewinnung unternommen. Je häufiger eine Theorie anhand einzelner Fallstudien bestätigt werden kann, desto höher ist die Wahrscheinlichkeit, dass sie wahr ist.

4.2.2.2 Aktionsforschung

Nach Kurt T. Lewin (1890–1947), einem Pionier der Psychologie und insbesondere der Sozialpsychologie, ist diese Forschungsmethode durch drei Merkmale gekennzeichnet:

- Die Forschenden und die Untersuchungsteilnehmenden sind im Forschungsprozess gleichberechtigt. Daraus folgt, dass die Untersuchungsteilnehmenden (in der Wirtschaftsinformatik Menschen als Strukturelement von MAT-Systemen, z. B. IT-Projektmitarbeiterinnen) bei der Entscheidung mitwirken, welche Forschungsziele verfolgt werden und welche Instrumente (z. B. Datenerhebungstechniken) verwendet werden. Die Untersuchungsteilnehmenden sind auch an der Auswertung und Interpretation der Ergebnisse beteiligt (Aufhebung der Subjekt-Objekt-Spaltung).
- Die Forschungsfragen sind praxisbezogen und emanzipatorisch. Daraus ergibt sich, dass sie eine unmittelbare praktische Relevanz haben. Ein hoher Abstraktionsgrad – der oft ein Merkmal empirischer Forschung ist – ist kein Merkmal der Aktionsforschung.
- Der Forschungsprozess ist ein Lern- und Veränderungsprozess. Erkenntnisgewinnung und -verwertung erfolgen integrativ. Die neu gewonnenen Erkenntnisse werden unmittelbar an die Untersuchungsteilnehmenden vermittelt und von diesen verwertet. Dadurch erweitert sich der eigentliche Forschungsprozess zu einem Lern- und Veränderungsprozess.

Die drei Merkmale wirken sich auf die Wahl der bei der Aktionsforschung eingesetzten Datenerhebungstechniken aus. Standardisierte Fragebögen, die von den Forschenden entwickelt werden und von den Untersuchungsteilnehmenden nur Antworten in Form von ‚Re-Aktionen' verlangen, entsprechen nicht diesen Merkmalen und sind daher nicht das primäre Verfahren der Datenerhebung. Häufiger zum Einsatz kommen: Interviews, offene teilnehmende Beobachtungen, offene Befragungen in Form von Gruppendiskussionen (Fokusgruppen) und Dokumenten-auswertung. Zwei Beispiele für Aktionsforschung aus den Bereichen Risiko-management in Softwareprojekten sowie Einhaltung von organisationalen IT-Sicherheitsvorschriften sind im Folgenden beschrieben.

► **Beispiel Aktionsforschung (Softwareentwicklungsprozesse)**

Iversen et al. (2004) untersuchten die Risiken, die bei der Verbesserung von Softwareent-wicklungsprozessen auftreten können. Die Untersuchung basierte auf Reifegradmodellen wie dem Capability Maturity Model (CMM), Bootstrap und Software Process Improve-ment and Capability Determination (SPICE). Das Untersuchungsergebnis unterstützt die Projektleitung beim Erkennen und Managen von Risiken. ◄

► **Beispiel Aktionsforschung (IT-Sicherheitsvorschriften)**

Die Nichteinhaltung von IT-Sicherheitsvorschriften durch Mitarbeiterinnen ist ein funda-mentales Problem in vielen Unternehmen, weil dadurch Sicherheitslösungen ihre Wirk-samkeit verlieren – mit beträchtlichem Schadenspotenzial für die Organisation. Auf der Basis verschiedener theoretischer Ansätze haben Puhakainen und Siponen (2010) unter-sucht, wie und warum Schulungen mit bestimmten Lernprinzipien die Einhaltung von Vorschriften befördert. ◄

4.2.2.3 Inhaltsanalyse

Hierbei handelt es sich um eine nicht-reaktive Forschungsmethode, mit der sich Kommunikationsinhalte wie die von Texten, Bildern, Aufnahmen und Filmen unter-suchen lassen. Der Schwerpunkt der wirtschafts- und sozialwissenschaftlichen For-schung mit dieser Methode liegt auf der Analyse von Texten. ◘ Abb. 4.4 zeigt die Struktur eines Kommunikationsprozesses sowie drei mit der Durchführung einer Inhaltsanalyse verfolgte Ziele. Jeder Kommunikationsprozess ist dadurch gekenn-zeichnet, dass ein Sender einem Empfänger eine Mitteilung macht. Wird die Mit-teilung untersucht, können die drei *Inferenztypen* diagnostisch, formal-deskriptiv und prognostisch unterschieden werden.

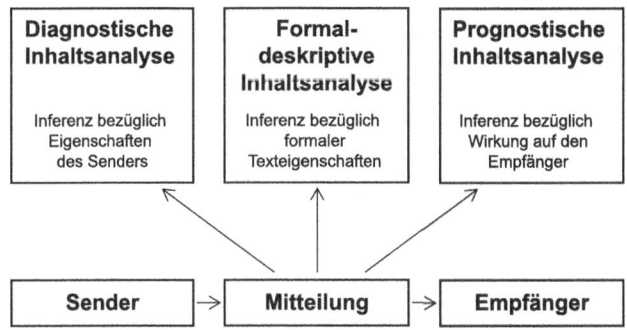

◘ **Abb. 4.4**   Struktur eines Kommunikationsprozesses und Ziele der Inhaltsanalyse

4

> ▶ **Beispiel Inhaltsanalyse**
>
> Verkäuferinnen haben auf eBay die Möglichkeit, Produkte durch Verkaufstexte zu be-
> schreiben. Bei Zugrundelegung der in ◘ Abb. 4.4 dargestellten Struktur gilt: Verkäufer =
> Sender, Verkaufstext = Mitteilung, potenzieller Käufer = Empfänger. Drei Ziele können
> mit einer Inhaltsanalyse verfolgt werden:
>
> 1. Erfassung formal-deskriptiver Texteigenschaften wie Anzahl von Adjektiv-Nomen-
>   Kombinationen in Feedbackprofilen von Auktionsplattformen (z. B. wundervolles
>   Produkt) und Untersuchung ihrer Wirkungen auf ökonomische Kennzahlen (z. B. An-
>   zahl von Verkäufen);
> 2. Inferenz von der Mitteilung auf die Eigenschaften des Senders (z. B. Verfügt die Ver-
>   käuferin über gute Produktkenntnisse?);
> 3. Inferenz von der Mitteilung auf ihre Wirkung beim Empfänger (z. B. Wird ein be-
>   stimmter Verkaufstext als vertrauenswürdig eingestuft?). ◀

Jede Inhaltsanalyse verwendet ein *Kategoriensystem*, das festlegt, welche Texteigen-
schaften durch Auszählen gemessen werden sollen. Bei der Entwicklung des Kate-
goriensystems kann entweder deduktiv oder induktiv vorgegangen werden. Im ersten
Fall wird es auf Basis bestehender Fachliteratur bzw. existierender Theorien entwickelt, danach wird das Kategoriensystem auf das Datenmaterial angewendet. Im
zweiten Fall wird das Datenmaterial zuerst gesichtet und dann das Kategoriensystem
durch Abstraktion entwickelt. Nachdem Textstellen Kategorien zugeordnet worden
sind, erfolgt die Auswertung des Textmaterials.

Die Inhaltsanalyse wird in der Wirtschaftsinformatikforschung vor allem zum
Analysieren transkribierter Interviewdaten verwendet. Dennoch ist festzustellen,
dass es viele weitere Anwendungsmöglichkeiten gibt, die meist auf der Analyse von
Sekundärdaten basieren. Beispiele sind die Analyse von Jobinseraten, um Aufgaben-
bereiche und Anforderungen von Positionen wie jene des Chief Digital Officer festzustellen (Walchshofer und Riedl 2017), oder die Analyse von Seiten in sozialen Medien von Privatpersonen durch Mitarbeiterinnen von Personalabteilungen, um
rekrutierungsrelevante Informationen zu recherchieren (Zhang et al. 2020)

Zunehmend gewinnen auch maschinelle Inhaltsanalysen an Bedeutung, insbesondere weil die Kodierung großer Datenmengen durch Menschen (zu) viel Zeit in
Anspruch nimmt und/oder die Einhaltung eines Klassifikationsalgorithmus mit ab-
soluter Sicherheit gewährleistet ist, was bei menschlichen Kodiererinnen nicht der
Fall ist. Text Mining (Methoden zur Identifikation von Bedeutungsstrukturen aus
unstrukturierten oder schwach strukturierten Textdaten) sowie Sentimentanalyse
(Methoden zur Feststellung der Stimmung wie positiv oder negativ in Textdaten)
sind hier oftmals zur Anwendung kommende Verfahren. Liang et al. (2015) haben
beispielsweise auf der Basis einer Sentimentanalyse untersucht, welche Merkmale
von Kundenbewertungen den Verkauf von Mobile Apps beeinflussen.

4.2.2.4 Hermeneutik

Im engeren Sinne ist damit die Lehre von der Deutung und Interpretation von Texten
gemeint (Auslegekunst), im weiteren Sinne umfasst Hermeneutik die Deutung und
Interpretation anderer Objekte (z. B. das Verhalten von Mitarbeiterinnen in
Digitalisierungsprojekten). Dieser Forschungsmethode liegt der Gedanke zugrunde,
dass es Phänomene gibt, die sich einer formalisierten Erklärung entziehen. An die
Stelle des Erklärens tritt das *Verstehen*. Der Vorgang des Verstehens wird als empa-

thisches Nachvollziehen verstanden, also als die Fähigkeit, sich in andere hineinzu-versetzen (sogenannte Empathie, von griech. empátheia = Einfühlung). Neuere hermeneutische Ansätze sehen im ausschließlich subjektiven *Nachfühlen* keine hinreichende Bedingung, um als Forschungsmethode anerkannt zu werden. Vielmehr fassen sie Hermeneutik als Rekonstruktion von Bedeutungsstrukturen durch Textanalyse, gelegentlich auch ergänzt durch Konversationsanalysen, teilnehmende Beobachtung und Rollenspiele auf.

Besonders schwierig ist die Darstellung von Forschungsergebnissen. Zwei Ansätze, die zur intersubjektiven Nachvollziehbarkeit einen Beitrag leisten können, sind die Transkription von Gesprächen, die einen authentischen Eindruck der untersuchten Situation vermittelt, und die Verwendung von Analogien und Metaphern, welche die Nachvollziehbarkeit der Gedanken des Forschenden unterstützen.

> ▶ **Beispiel Hermeneutik**
>
> Lee (1994) hat die Verwendung von E-Mail durch Managerinnen untersucht. Er argumentiert, dass die Gründe für die Verwendung von E-Mail gut verstanden werden, wenn der Kontext der Verwendung bekannt ist. Dieser Kontext kann insbesondere durch empathisches Nachvollziehen und „Sichhineinversetzen" in die Arbeitssituation der Managerinnen geschehen. Hermeneutikerinnen gehen von der Annahme aus, dass dies möglich ist. Andere Beispielthemen, wo Hermeneutik erfolgreich als Forschungsmethode eingesetzt wurde, sind der Zusammenhang zwischen dem Einsatz von Prozessmodellierungswerkzeugen und Reorganisationseffektivität (Sarker und Lee 2006) sowie die Identifikation von kritischen Erfolgsfaktoren bei der Einführung von unternehmensweiten Informationssystemen in KMU (Kurnia et al. 2019). ◀

4.2.2.5 Ethnografie

Im engeren Sinne wird darunter der Teilbereich der Völkerkunde verstanden, der die Merkmale verschiedener Völker und Kulturen systematisch beschreibt. Diese Forschungsmethode ist daher in der Anthropologie weit verbreitet. In den Wirtschafts- und Sozialwissenschaften wird Ethnografie erst seit einigen Jahrzehnten insbesondere dafür verwendet, das durch kulturelle Faktoren beeinflusste Handeln von Personen in Gruppen zu untersuchen. Typisches Merkmal für Ethnografie ist, dass Forschende für längere Zeit (z. B. etwa ein Jahr) Teil des untersuchten sozialen Systems sind (z. B. Mitarbeiterin in einer IT-Abteilung), was die Methodenanwendung entscheidend einschränkt.

Geeignete Datenerhebungstechniken sind die teilnehmende Beobachtung, unstrukturierte Interviews sowie Inhaltsanalysen. Bedeutende ethnologisch Forschende wie Clifford Geertz (1926–2006) vertreten daher die Auffassung, dass Ethnografinnen bei der Abbildung einer fremden Kultur zugleich auch eine Fiktion schaffen (Geertz 2009). Daraus folgt, dass es keine objektive Ethnografie gibt. Schließlich ist es für die Ethnografie charakteristisch, dass die Forschenden zu Beginn ihrer Untersuchungen keine explizit gemachten theoretischen Konzepte zugrunde legen. Erst im Verlauf der Untersuchung werden erkannte Verhaltensmuster mehr und mehr bei der Interpretation neuer Daten berücksichtigt.

In diesem Zusammenhang spielt die *Grounded Theory* eine wichtige Rolle. Es handelt sich hier um einen Forschungsansatz zur systematischen Erhebung und Auswertung von Daten, im Regelfall qualitative Daten wie jene aus Interviewtranskripten oder Beobachtungsdokumentationen. Ziel der Forschungsbemühungen ist es, Theo-

4

rien zu generieren. Die Grounded Theory ist nicht nur im Kontext der Ethnografie relevant, sondern auch bei anderen qualitativen Methoden wie der Hermeneutik oder der Fallstudie.

> ► Beispiel Ethnografie

Schultze (2000) hat über einen Zeitraum von acht Monaten das Informationsverhalten von Mitarbeiterinnen beobachtet. Ziel der Studie war es, den Arbeitsalltag bei wissensintensiven Tätigkeiten sowie die Wirkungen verschiedener Verhaltensformen zu verstehen. Identifizierte Verhaltensformen waren „Ex-pressing" (die Dokumentation von kodifizierbarem Wissen), „Monitoring" (die Sammlung von Informationen durch Beobachtung der Umwelt, ohne andere Personen nach Informationen zu fragen) und „Translating" (die Aufbereitung von Informationen, sodass ihr Gehalt von verschiedenen Personengruppen verstanden werden kann). Weitere Beispielthemen für Ethnografie sind die Entwicklung von E-Commerce-Strategien (Corbitt 2000) und Informationssystemen (Mattarelli et al. 2013) sowie die Untersuchung der Rolle menschlicher Werte bei der Verwendung digitaler Technologien (Chughtai 2020). ◄

4.2.2.6 Synopse (Review)

Mit einer Synopse (engl. review) wird der Stand der Forschung auf einem bestimmten Gebiet untersucht, indem die einschlägige Fachliteratur strukturiert beschrieben und gegebenenfalls um kritische Kommentare ergänzt wird. Die Beschreibung der Fachliteratur erfolgt in narrativer Form (von lat. narrare = erzählen), was die Verwendung deskriptiver Statistiken (z. B. Häufigkeitsauszählungen) nicht ausschließt. Im Unterschied zur Metaanalyse werden bei Synopsen keine statistischen Kennzahlen wie der durchschnittliche statistische Zusammenhang zwischen den interessierenden Variablen berechnet. Merkmale für die Auswahl der für eine Synopse verwendeten Fachliteratur sind u. a.

- *Theoretische Konstrukte:* Welche unabhängigen und abhängigen Variablen sowie Mediator- und Moderatorvariablen wurden untersucht?
- *Referenztheorien:* Welche Theorien wurden verwendet, um die Thematik zu beschreiben und zu erklären?
- *Analyseebenen:* Welche der Ebenen Individuum, Gruppe, Organisation oder Gesellschaft wurde erforscht?
- *Forschungsmethoden:* Welche Forschungsmethoden und welche Techniken der Datenerhebung und -analyse wurden verwendet?

In Ergänzung dazu können weitere, vom Forschungsproblem abhängige Merkmale definiert werden, um die verwendete Fachliteratur systematisch zu beschreiben.

> ► Beispiel Synopse (IT-Outsourcing)

Dibbern et al. (2004) haben eine Synopse zum IT-Outsourcing angefertigt. Die Strukturierung der Fachliteratur erfolgte dabei anhand eines Phasenmodells, das fünf Phasen im Outsourcing-Prozess unterscheidet (vom Entscheidungsprozess bis zu Implementierung). ◄

> ▶ **Beispiel Synopse (Neuro-Softwareengineering)**

Weber et al. (2021) haben eine Synopse zum Einsatz neurophysiologischer Messverfahren in der Softwareengineering-Forschung durchgeführt und festgestellt, dass die meisten Studien auf die Untersuchung des Verständnisses von Programmcode fokussiert sind und somit weniger auf andere Aktivitäten des Softwareengineering-Prozesses wie Programmierung oder Fehlerbehebung. Zudem zeigt der Review, dass Verfahren zur Analyse von Hirnaktivierung wie fMRT und EEG signifikant häufiger benutzt wurden als Verfahren zur Bestimmung von Aktivität des autonomen Nervensystems (z. B. Pupillendilatation, Hautleitfähigkeit, Herzfrequenz). ◀

4.3 Neurophysiologische Messverfahren in der Informationssystemforschung

Die Wirtschaftsinformatik ist eine Disziplin, die aus anderen wissenschaftlichen Disziplinen Theorien und Methoden, insbesondere Forschungsmethoden, importiert. Dieser Import findet seit der Entstehung der Wirtschaftsinformatik statt, vor allem aus den Wirtschafts- und Sozialwissenschaften. Wegen der zunehmenden Fokussierung auf das Strukturelement „Mensch" bei der Untersuchung und Entwicklung von MAT-Systemen gewinnt die Psychologie als Referenzdisziplin immer mehr an Bedeutung. Da Fühlen, Denken und Verhalten mit neurobiologischen Faktoren in Zusammenhang stehen, ist eine neue Teildisziplin der Wirtschaftsinformatik mit der Bezeichnung *Neuro-Informationssysteme* (kurz: NeuroIS) entstanden.

Hierbei werden neurowissenschaftliche Methoden und Theorien verwendet, um mit Hilfe von Erkenntnissen über Zustände und Prozesse im menschlichen Nervensystem Phänomene des Gegenstandsbereichs (besser) beschreiben, erklären, prognostizieren und gestalten zu können. Da die menschliche Wahrnehmung und Informationsverarbeitung und daraus resultierendes Verhalten (z. B. von Benutzerinnen, Softwareentwicklerinnen und IT-Managerinnen) auf biochemischen Prozessen im Nervensystem im Allgemeinen und im Speziellen im Gehirn basieren, können die Neurowissenschaften für die Wirtschaftsinformatik wertvolle Erkenntnisse liefern (Riedl und Léger 2016).

In der Fachliteratur werden unterschiedlichste neurowissenschaftliche und immer mehr auch molekulargenetische Methoden beschrieben, von denen mehrere auch für NeuroIS als relevant erachtet werden (siehe ◘ Abb. 4.5, wo ausgewählte Verfahren illustriert sind). Eine genauere Beschreibung der Verfahren findet sich bei Riedl und Léger (2016). Wichtige Verfahren, die in der NeuroIS-Forschung bereits zum Einsatz kamen, sind (Riedl et al. 2020):

— *Hirnaktivität*: funktionelle Magnetresonanztomografie (fMRT), Elektroenzephalographie (EEG), fNIRS (funktionelle Nahinfrarotspektroskopie) und transkranielle Gleichstromstimulation (tDCS);

4

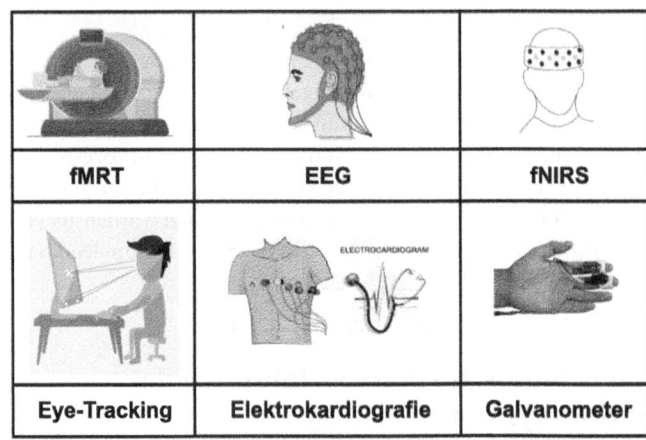

fMRT	**EEG**	**fNIRS**
Eye-Tracking	**Elektrokardiografie**	**Galvanometer**

◘ **Abb. 4.5**   Ausgewählte neurowissenschaftliche Verfahren mit hoher NeuroIS-Relevanz

- *Aktivität des autonomen Nervensystems*: Eye-Tracking (z. B. Pupillendilatation), Elektrokardiografie (Herzrate, Herzratenvariabilität), Galvanometer (Hautleitfähigkeit) und Elektromyografie sowie Gesichtsanalysesoftware (z. B. um Benutzeremotionen auf der Basis von Veränderungen der Gesichtsmuskulatur zu messen);
- *Bestimmung von Hormonen und weiterer Körpersubstanzen*: Stresshormone wie Adrenalin, Noradrenalin, Kortisol sowie Alpha-Amylase, Immunglobulin-A (IgA) und Thrombozyten (um Reaktionen bei Technostress zu bestimmen und um die Benutzergesundheit objektiv zu messen);
- *Molekulargenetische Verfahren*, um festzustellen, ob bestimmte Genvarianten statistisch mit der Einstellung und dem Verhalten von Benutzerinnen zusammenhängen (z. B. Browne und Walden 2020).

Die NeuroIS-Forschung hat seit ihrem Entstehen im Jahr 2007 international, aber auch in der deutschsprachigen Wirtschaftsinformatik stark an Bedeutung und Akzeptanz gewonnen, dafür sind mehrere Gründe ausschlaggebend.
- Erstens wurde die Forschung in diesem Bereich institutionalisiert (insbesondere durch den *NeuroIS Retreat*, einer seit 2009 jährlich stattfindenden Fachtagung, sowie durch die Gründung der *NeuroIS Society*, ▶ www.NeuroIS.org).
- Zweitens sind in den höchst gerankten Fachzeitschriften der IS-Disziplin (z. B. *MIS Quarterly, Information Systems Research, Journal of the AIS, Journal of MIS*) etliche NeuroIS-Beiträge erschienen.
- Drittens hat die bedeutsamste Fachzeitschrift, die vom deutschen Sprachraum ausgehend veröffentlicht wird, *Business & Information Systems Engineering*, mit dem Start des Departments „Human Computer Interaction and Social Computing" explizit Forschung auf der Basis neurowissenschaftlicher Ansätze als willkommen definiert.
- Viertens wird prognostiziert, dass durch die zunehmende Etablierung „intelligenter Geräte" als Forschungsinstrumente (z. B. intelligente Armbanduhr wie Smartwatch) weiteres Forschungspotenzial erschlossen wird, da dadurch physiologische Daten kostengünstig, einfach und auch im Rahmen von Feldforschung (und somit nicht nur im Labor) erhoben werden können.

Der Einsatz neurophysiologischer Messverfahren soll die klassischen Methoden der Datenerhebung wie Fragebogen, Interview und Verhaltensbeobachtung *nicht* ersetzen, sondern komplementär dazu eingesetzt werden – dies erweitert das Erkenntnispotenzial.

4.4 Denkmethoden als Forschungsmethoden

Trotz der zunehmenden Verbreitung der empirischen Forschungsmethoden haben allgemeine Denkmethoden ihre Gültigkeit behalten. Beispiele sind Induktion und Deduktion, die auch in Verbindung mit jeder der bisher beschriebenen Forschungsmethoden verwendet werden können (◘ Abb. 4.6).

Induktion (von lat. inductio = das Hineinführen, inducere = hineinführen) ist ein heuristisches Schlussverfahren, bei dem aufgrund von speziellen Aussagen auf eine allgemeine Aussage geschlossen wird, welche in ihrem Gehalt den Umfang der Annahmen (Prämissen und Axiome) übersteigt, die zu den speziellen Aussagen getroffen wurden. Da durch das Schlussfolgern verallgemeinert wird, wird auch von *induktiver Verallgemeinerung* gesprochen. Die durch Induktion gewonnenen Aussagen sind – im Vergleich zu den durch Deduktion gewonnenen – durch einen höheren sachlichen Neuigkeitsgehalt, aber auch durch einen höheren Grad an Unsicherheit über ihren Wahrheitsgehalt gekennzeichnet.

▶ Beispiel Induktion

Durch Fallstudien mit mehreren IT-Projekten wurde festgestellt, dass intensive Benutzermitwirkung durch Prototyping zu einer Verlängerung der Projektdauer geführt hat (= Empirie). Induktion liegt vor, wenn aus diesen Einzelbeobachtungen die Schlussfolgerung gezogen wird, dass die Behauptung wahr ist, dass intensive Benutzermitwirkung im Allgemeinen zu einer Verlängerung der Projektdauer führt (= Theorie). ◀

Deduktion (von lat. deductio = Hinführung, Weiterführung, deducere = fortführen, ableiten) ist ein formal-logisches Schlussverfahren, das den Wahrheitsgehalt von allgemeinen Aussagen mittels bestimmter Regeln auf andere, spezielle Aussagen überträgt. Aus allgemeinen Aussagen werden also spezifische Aussagen abgeleitet. Die durch Deduktion gewonnenen Aussagen sind – im Vergleich zu den durch Induktion gewonnenen – durch einen geringeren Neuigkeitsgehalt, aber auch durch einen geringeren Grad an Unsicherheit über ihren Wahrheitsgehalt gekennzeichnet.

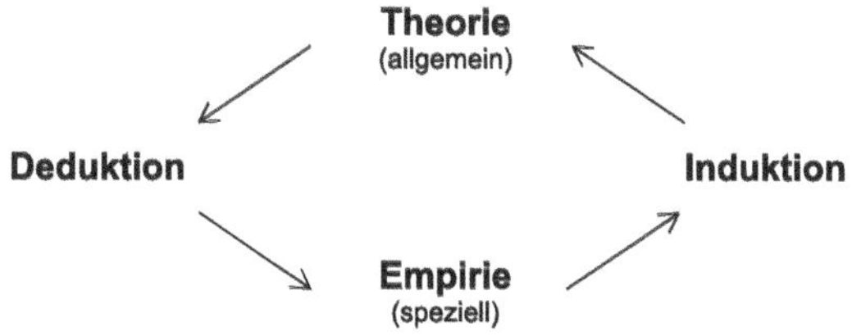

◘ **Abb. 4.6** Zusammenhang von Induktion und Deduktion mit Theorie und Empirie

4

Es gibt die Aussage, dass intensive Benutzermitwirkung durch Prototyping die Projekt-dauer verlängert (= Theorie). Wurde in einem Unternehmen Prototyping bislang nicht verwendet, kann geschlossen werden, dass die Erfahrungswerte für die Planung der Projektdauer erhöht werden müssen, wenn in diesem Unternehmen in Zukunft Proto-typing eingesetzt werden soll (= spezielle Vorhersage, deren Gültigkeit durch den Einsatz empirischer Methoden festgestellt werden kann). ◀

4.5 Methodenauswahl und Untersuchungsdesign

Für jedes Forschungsvorhaben muss entschieden werden, welche Forschungs-methode(n) am besten geeignet ist bzw. sind, um das Forschungsziel zu erreichen. Häufig ist es zweckmäßig, komplementär mehrere Forschungsmethoden zu ver-wenden. Für alle Überlegungen über die Hilfsmittel, Arbeitsschritte und Forschungs-methoden zur Planung und Durchführung einer wissenschaftlichen Untersuchung wird meist die Bezeichnung *Untersuchungsdesign* oder *Forschungsdesign* verwendet. Je nach Art der verwendeten Forschungsmethode(n) wird das Untersuchungsdesign näher bezeichnet. Wenn beispielsweise experimentelle Forschungsmethoden vor-herrschend sind, wird von einem *experimentellen Untersuchungsdesign* gesprochen.

Die Wahl der Forschungsmethode(n) hängt aber nicht nur vom Forschungsziel ab, sondern auch vom Forschungsgegenstand und den gewählten Referenztheorien. Über die Wahl der Forschungsmethode(n) hinaus sind eine Reihe weiterer Fragen zum Untersuchungsdesign zu klären, die im Anschluss an die Präzisierung des Unter-suchungsziels zu beantworten sind, u. a.:

- In welchem Zeitraum ist die Untersuchung durchzuführen?
- Welche Personen sind an der Untersuchung beteiligt?
- Wie erfolgt die Auswertung und Verwertung der Untersuchungsergebnisse?
- Wie wird das Zusammenwirken der Beteiligten koordiniert?
- Welche Infrastruktur ist erforderlich?
- Welche finanziellen Voraussetzungen müssen geschaffen werden?

An diesen Fragen und den dazu notwendigen Antworten ist zu erkennen, dass sich die Forschenden auch mit Problemen befassen müssen, die nur wenig oder nichts mit dem verfolgten Forschungsziel und dem Forschungsgegenstand zu tun haben. For-schung ist also zu einem guten Teil auch „Organisation und Verwaltung".

Literatur

Benbasat, I., Goldstein, D. K. & Mead, M. (1987). The case research strategy in studies of information systems. *MIS Quarterly 11*(3), 369–386.

Blut, M. (2020). Meta-analysis in information systems research: method choices and recommendations for future research. *Industrial Management & Data Systems 121*(1), 12–29.

Browne, G. J. & Walden, E. A. (2020). Is there a genetic basis for information search propensity? A ge-notyping experiment. *MIS Quarterly 44*(2), 747–770.

Chan, C. M. L., Teoh, S. Y., Yeow, A. & Pan, G. (2019). Agility in responding to disruptive digital inno-vation: case study of an SME. *Information Systems Journal 29*(2), 436–455.

Chughtai, H. (2020). Human values and digital work: an ethnographic study of device paradigm. *Journal of Contemporary Ethnography 49*(1), 27–57.

Corbitt, B. J. (2000). Developing intraorganizational electronic commerce strategy: an ethnographic study. *Journal of Information Technology 15*(2), 119–130.

Dangelmaier, W. & Laroque, C. (2020). *Simulation*. https://wi-lex.de/index.php/lexikon/technologische-und-methodische-grundlagen/simulation/.

Davis, F. D. (1989). Perceived usefulness, perceived ease of use, and user acceptance of information technology. *MIS Quarterly 13*(3), 319–340.

Davis, F. D. (1993). User acceptance of information technology: system characteristics, user perceptions and behavioral impacts. *International Journal of Man-Machine Studies 38*(3), 475–487.

Dibbern, J., Goles, T., Hirschheim, R., & Jayatilaka, B. (2004). Information systems outsourcing. ACM SIGMIS Database: *The DATABASE for Advances in Information Systems 35*(4), 6–102.

Dibbern, J., Winkler, J. & Heinzl, A. (2008). Explaining variations in client extra costs between software projects offshored to India. *MIS Quarterly 32*(2), 333–366.

Geertz, C. (2009). *Dichte Beschreibung: Beiträge zum Verstehen kultureller Systeme*. Frankfurt: Suhrkamp.

Haki, K., Beese, J., Aier, S. & Winter, R. (2020). The evolution of information systems architecture: an agent-based simulation model. *MIS Quarterly 44*(1), 155–184.

He, J. & King, W. R. (2008). The role of user participation in information systems development: implications from a meta-analysis. *Journal of Management Information Systems 25*(1), 301–331.

Heinrich, L. J., Riedl, R. & Stelzer, D. (2014). *Informationsmanagement – Grundlagen, Aufgaben, Methoden* (11. Aufl.). München: De Gruyter Oldenbourg.

Iversen, J., Mathiassen, L. & Nielsen, P.A. (2004). Managing risk in software process improvement: an action research approach. *MIS Quarterly 28*(3), 395–433.

Kurnia, S., Linden, T. & Huang, G. (Sam). (2019). A hermeneutic analysis of critical success factors for enterprise systems implementation by SMEs. *Enterprise Information Systems 13*(9), 1195–1216.

Lee, A. S. (1994). Electronic mail as a medium for rich communication: an empirical investigation using hermeneutic interpretation. *MIS Quarterly 18*(2), 143–157.

Liang, T.-P., Li, X., Yang, C.-T. & Wang, M. (2015). What in consumer reviews affects the sales of mobile apps: a multifacet sentiment analysis approach. *International Journal of Electronic Commerce 20*(2), 236–260.

Mattarelli, E., Bertolotti, F., and Macrì, D. M. (2013). The use of ethnography and grounded theory in the development of a management information system. *European Journal of Information Systems 22*(1), 26–44.

Puhakainen, P. & Siponen, M. (2010). Improving employees' compliance through information systems security training: an action research study. *MIS Quarterly 34*(4), 757–778.

Recker, J. (2013). *Scientific Research in Information Systems: A Beginner's Guide*. Berlin, Heidelberg: Springer.

Riedl, R. (2006). Erkenntnisfortschritt durch Forschungsfallstudien: Überlegungen am Beispiel der Wirtschaftsinformatik. In: S. Zelewski and N. Akca (Hrsg.), *Fortschritt in den Wirtschaftswissenschaften: Wissenschaftstheoretische Grundlagen und exemplarische Anwendungen* (S. 113–145). Wiesbaden: Deutscher Universitäts-Verlag.

Riedl, R. (2013). On the biology of technostress: literature review and research agenda. ACM SIGMIS Database: *The DATABASE for Advances in Information Systems 44*(1), 18–55.

Riedl, R. (2019). *Management von Informatik-Projekten: Digitale Transformation erfolgreich gestalten* (2. Aufl.). München: De Gruyter Oldenbourg.

Riedl, R., Fischer, T., Léger, P.-M. & Davis, F. D. (2020). A decade of NeuroIS Research: progress, challenges, and future directions. *ACM SIGMIS Database: The DATABASE for Advances in Information Systems 51*(3), 13–54.

Riedl, R., Fischer, T., & Reuter, M. (2022). Fragebogen zur Messung von digitalem Stress im Arbeitskontext. *Wirtschaftsinformatik & Management 14*(4), 262–272.

Riedl, R. & Léger, P.-M. (2016). *Fundamentals of NeuroIS: Information Systems and the Brain*. Berlin, Heidelberg: Springer.

Sarker, S. & Lee, A. S. (2006). Does the use of computer-based BPC tools contribute to redesign effectiveness? Insights from a hermeneutic study. *IEEE Transactions on Engineering Management 53*(1), 130–145.

Schultze, U. (2000). A confessional account of an ethnography about knowledge work. *MIS Quarterly 24*(1), 3–41.

Venkatesh, V., Brown, S. A. & Bala, H. (2013). Bridging the qualitative-quantitative divide: guidelines for conducting mixed methods research in information systems. *MIS Quarterly 37*(1), 21–54.

Walchshofer, M. & Riedl, R. (2017). Der Chief Digital Officer (CDO): Eine empirische Untersuchung. *HMD Praxis Der Wirtschaftsinformatik 54*(3), 324–337.

Weber, B., Fischer, T. & Riedl, R. (2021). Brain and autonomic nervous system activity measurement in software engineering: A systematic literature review. *Journal of Systems and Software 178*, 110946.

Yin, R. K. (2014). *Case Study Research Design and Methods* (5. Aufl.). Thousand Oaks, CA: Sage.

Zhang, L., Van Iddekinge, C. H., Arnold, J. D., Roth, P. L., Lievens, F., Lanivich, S. E. & Jordan, S. L. (2020). What's on job seekers' social media sites? A content analysis and effects of structure on recruiter judgments and predictive validity. *Journal of Applied Psychology 105*(12), 1530–1546.

4

Gestaltungsorientierte Forschung in der Wirtschaftsinformatik

Inhaltsverzeichnis

© Springer-Verlag GmbH Deutschland, ein Teil von Springer Nature 2024
A. Heinzl et al., *Wirtschaftsinformatik*, https://doi.org/10.1007/978-3-662-67392-8_5

5

Zweck dieser Lerneinheit

In dieser Lerneinheit wird zunächst erklärt, auf welchen grundlegenden Konzepten die gestaltungsorientierte Forschung basiert und wie diese in der Wirtschaftsinformatik umgesetzt werden. Hierzu wird, aufbauend auf der Lerneinheit ▶ Kap. 3 „Theorie und Technologie der Wirtschaftsinformatik", die gestaltungsorientierte Forschung als Problem-/Lösungsparadigma eingeführt. Im Detail wird das Zusammenspiel von Problem- und Lösungsraum erläutert und erklärt, welche konkreten Elemente darin enthalten sind. Die gestaltungsorientierte Wirtschaftsinformatik zielt insbesondere darauf ab, für reale Probleme der Wirtschaft und Gesellschaft innovative Lösungen in Form von Artefakten bereitzustellen. Wir verstehen unter Artefakten vom Menschen konstruierte Dinge, die zur Erreichung von Zielen dienen. Es werden dabei die Artefakttypen Konstrukte, Modelle, Methoden und (Software-)Instanziierungen unterschieden. Die Artefakttypen werden in dieser Lerneinheit eingeführt und an konkreten Beispielen verdeutlicht. Neben der Realisierung von Artefakten zielt die gestaltungsorientierte Forschung zusätzlich darauf ab, generalisierbares Gestaltungswissen bereitzustellen. Dieses präskriptive Wissen kann unterschiedlich formuliert werden. In dieser Lerneinheit werden Gestaltungsprinzipien und -theorien exemplarisch eingeführt und an konkreten Beispielen illustriert.

Auch in gestaltungsorientierten Forschungsprojekten ist es entscheidend, den Forschungsprozess zu planen und strukturiert durchzuführen. Hierfür wurden zahlreiche Prozessmodelle entwickelt. In dieser Lerneinheit wird daher exemplarisch Einblick in ein konkretes Prozessmodell gegeben. Abschließend werden ausgewählte Methoden der gestaltungsorientierten Forschung entlang der drei Kategorien Problemraum, Lösungsraum und Evaluation eingeführt. Es wird dabei erläutert, dass die gestaltungsorientierte Forschung aus methodischer Sicht sowohl auf empirische Forschungsmethoden als auch auf Methoden der Ingenieurwissenschaften zurückgreift.

5.1 Grundkonzepte der gestaltungsorientierten Forschung

In vorangegangenen Lerneinheiten wurde bereits erläutert, dass sich die Wirtschaftsinformatik im Sinne einer Ingenieurswissenschaft insbesondere auch mit der Konstruktion von Artefakten beschäftigt. Man spricht in diesem Zusammenhang von gestaltungsorientierter Forschung. Diese zielt darauf ab, Artefakte zu konstruieren und Wissen zur Konstruktion von Artefakten bereitzustellen, um bestimmte Ziele zu erreichen. Verhaltensorientierte und gestaltungsorientierte Forschung stehen in einer engen Beziehung zueinander und ergänzen sich zu einer für die Wirtschaftsinformatik charakteristischen Forschungskonzeption. Die „Doppelgesichtigkeit" stellt eine besondere Stärke der Wirtschaftsinformatik dar, da dadurch eine erkenntnisbasierte bzw. theoriegeleitete Gestaltung von Artefakten möglich wird, welche in den letzten Jahren immer stärker fokussiert wurde.

Abb. 5.1 Der Problem- und Lösungsraum

5.1.1 Der Problem- und Lösungsraum

Die gestaltungsorientierte Forschung verfolgt ein Problem-/Lösungsparadigma (vom Brocke et al. 2020). Einfach gesagt geht es darum, für reale Probleme in Wirtschaft und Gesellschaft innovative Lösungen in Form konkreter Artefakte bereitzustellen. Wie in ◘ Abb. 5.1 dargestellt stehen Problem- und Lösungsraum in einem engen Zusammenhang. Die gestaltungsorientierte Forschung zielt darauf ab, in einem ersten Schritt den Problemraum zu verstehen und zu beschreiben sowie Kriterien für die Evaluation von potenziellen Lösungen zu definieren.

Der Problemraum umfasst die Menge aller spezifischen Probleme in einem bestimmten Gegenstandsbereich. Der Lösungsraum enthält alle möglichen Lösungsansätze. Die Projektion von Problem- auf Lösungsraum muss grundsätzlich immer evaluiert werden. Neben technischen Merkmalen wie Präzision, Robustheit, Sicherheit, Verlässlichkeit oder Schnelligkeit können die Artefakte anhand ihres Beitrags zur Erreichung ökonomischer Ziele wie Kosten, Nutzen oder Produktivität beurteilt werden.

5.1.2 Artefakte

Artefakte sind konstruierte Dinge, welche von Menschen geschaffen wurden, um bestimmte Ziele zu erreichen. Folgt man der Argumentation von Simon (1996), dann verfolgen Menschen bei der Schaffung von Artefakten das Ziel, für ihr Leben im Vergleich zur gegebenen Natur eine Verbesserung zu schaffen. Nach Hevner et al. (2004) lassen sich Konstrukte, Modelle, Methoden und (Software-)Instanziierungen unterscheiden:

- *Konstrukte* stellen das grundlegende Vokabular und die Symbole zur Definition von Problemen und Lösungen zur Verfügung.
- *Modelle* beschreiben auf Basis von Konstrukten relevante Zusammenhänge.
- *Methoden* beschreiben systematische, auf Regeln aufbauende Vorgehensweisen.
- *(Software-)Instanziierungen* stellen konkrete Repräsentationen dar.

Das folgende Beispiel illustriert den Zusammenhang der unterschiedlichen Artefakttypen im Kontext der Geschäftsprozessmodellierung. ◘ Abb. 5.2 zeigt ein exemplarisches Prozessmodell unter Verwendung der Business Process Model and Notation (BPMN) nach Spezifikation der Object Management Group (OMG).

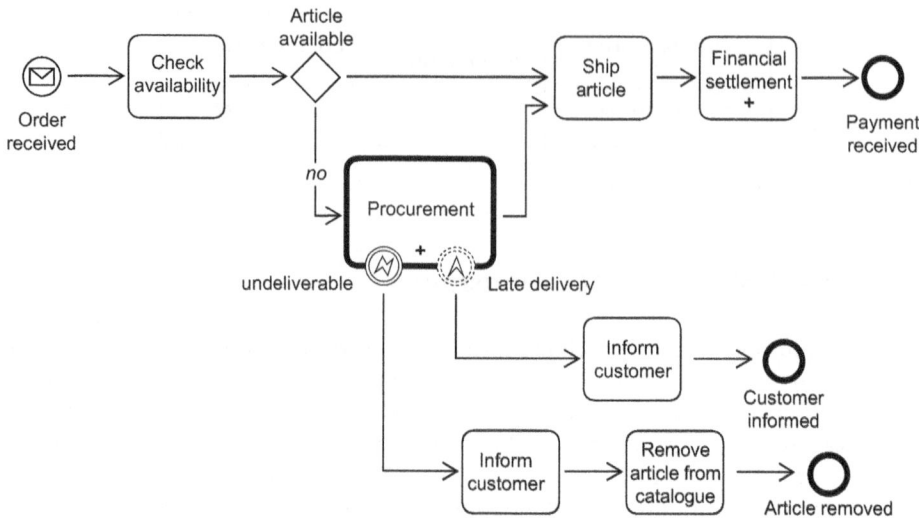

◻ Abb. 5.2 BPMN-Prozessmodell (Quelle: https://www.businessprocessincubator.com/content/order-fulfillment-and-procurement/)

▶ **Beispiel Prozessmodellierung**

Im Bereich der Prozessmodellierung stellt die Business Process Model and Notation (BPMN) eine in der Praxis weit verbreitete grafische Modellierungssprache dar. Betrachtet man BPMN etwas genauer, so lassen sich unterschiedliche Artefakte identifizieren:

1. In BPMN werden unterschiedliche grafische Elemente (z. B. Aktivitäten, Beziehungen, Bereiche) als *Konstrukte* definiert.
2. Die Konstrukte können in spezifischen Kombinationen verbunden werden und auf dieser Basis können konkrete *Modelle* erstellt werden.
3. Die Geschäftsprozessmanagement-Community hat zahlreiche *Methoden* zur Erstellung von Prozessmodellen entwickelt.
4. Es gibt heute eine Vielzahl von softwarebasierten Modellierungswerkzeugen. Diese stellen *Software-Instanziierungen* dar, welche Modelliererinnen im Modellierungsprozess unterstützen. Exemplarische Beispiele stellen der SAP Process Manager by Signavio und Camunda BPM dar. ◀

5.1.3 Gestaltungswissen

Das in der gestaltungsorientierten Forschung erzeugte Gestaltungswissen kann vielfältig sein. Im Sinne des oben eingeführten Problem-/Lösungsparadigmas umfasst Gestaltungswissen die Beschreibung des Problems, die entworfene Lösung und den Evaluationsnachweis. Die Wirtschaftsinformatik verwendet und entwickelt zwei grundlegende Arten von Wissen (Gregor und Hevner 2013): deskriptives und präskriptives Wissen.

Traditionell zielt die verhaltensorientierte Forschung in der Wirtschaftsinformatik darauf ab, deskriptives Wissen bereitzustellen (zu beachten ist, dass „deskriptiv" hier nicht ausschließlich Beschreibung im Sinne der Wissenschaftsaufgaben meint, sondern die Beschreibung von Kausalzusammenhängen gemeint ist; ► Kap. 2 „Wirtschaftsinformatik als Wissenschaft"). Dieses Wissen wird im Kontext der gestaltungsorientierten Forschung auch als Ω-Wissen bezeichnet (ebd.).

Darauf aufbauend fokussiert sich die gestaltungsorientierte Forschung in der Wirtschaftsinformatik darauf, präskriptives Wissen zu schaffen. Dieses Wissen wird auch als λ-Wissen bezeichnet (ebd.). Im Gegensatz zum deskriptiven Wissen gibt präskriptives Wissen eine konkrete Handlungsorientierung vor. Präskriptives Wissen wird dabei in zwei Teile zerlegt, zum einen in konkrete Artefakte, zum anderen in abstrahierte Beschreibungen in Form von Gestaltungsprinzipien/-theorien.

◨ Abb. 5.3 stellt dar, wie in der gestaltungsorientierten Forschung im Problem- und Lösungsraum auf existierendes Wissen zurückgegriffen bzw. wie neues Wissen erzeugt wird. Im Problemraum dient existierendes deskriptives Ω-Wissen dazu, das Verständnis über das Problem und seinen Kontext zu erhöhen (Pfeil 1). Deskriptives Ω-Wissen kann auch die Herleitung von Evaluationskriterien unterstützen. Wird der Problemraum auch empirisch untersucht, kann im Rahmen gestaltungsorientierter Forschung auch neues deskriptives Ω-Wissen im Sinne eines verhaltensorientierten Paradigmas geschaffen werden (Pfeil 2). Im Lösungsraum wird in einem ersten Schritt auch auf existierendes präskriptives λ-Wissen zurückgegriffen (Pfeil 3). Dabei handelt es sich um existierende Artefakte bzw. abstrahiertes Gestaltungswissen (z. B. in Form generalisierter Gestaltungsprinzipien). Letztendlich zielt die gestaltungsorientierte Forschung darauf ab, neues präskriptives λ-Wissen bereitzustellen (Pfeil 4). Die gestaltungsorientierte Forschung zeichnet sich durch eine hohe Wechselwirkung zwischen den vorhandenen Wissensbasen und dem Problem-/Lösungsraum inklusive Evaluation in Form eines „konsumierenden" und „produzierenden" Modus aus.

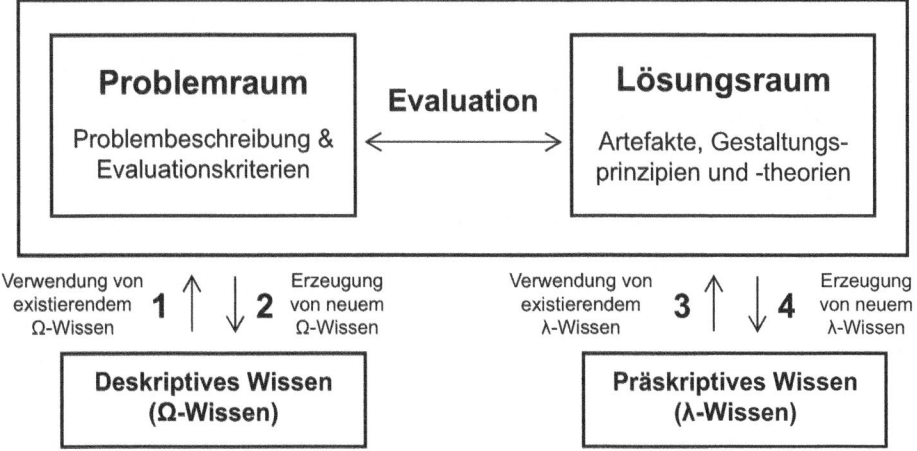

◨ **Abb. 5.3** Wechselwirkungen zwischen Wissen und dem Problem-/Lösungsraum

5

5.2 Prozessmodelle der gestaltungsorientierten Forschung

Die Strukturierung und Planung des Forschungsprozesses ist in gestaltungsorientierten Forschungsprojekten aufgrund ihrer Komplexität besonders erfolgs-
kritisch. Wie bereits eingeführt kann gestaltungsorientierte Forschung als Suche nach
relevanten Problemen und möglichst guten Lösungen hierzu verstanden werden. Aus
einer prozessorientierten Sicht geht es in einem ersten Schritt darum, den Problemraum zu explorieren. In einem zweiten Schritt sollen Lösungen realisiert werden, um
dann in einem dritten Schritt eine Evaluierung der jeweiligen Lösung hinsichtlich
ihres Potenzials zur Problemlösung durchzuführen. Im Kontext der gestaltungsorientierten Forschung wurden verschiedene Prozessmodelle vorgeschlagen, u. a. von
Nunamaker et al. (1991), Walls et al. (1992) sowie Kuechler und Vaishnavi (2012).

Ein weit verbreitetes und viel zitiertes Prozessmodell wurde von Peffers et al.
(2007) vorgeschlagen. ◘ Abb. 5.4 stellt das Prozessmodell der sogenannten „Design
Science Research Methodik (DSRM)" dar. Der Prozess setzt sich aus insgesamt
sechs Aktivitäten zusammen, diese werden üblicherweise iterativ durchlaufen.

Im Folgenden werden die im Prozessmodell enthaltenen und zusammenhängenden Aktivitäten kurz beschrieben:

1. *Identifikation des Problems und Motivation:* Diese Aktivität definiert das spezifische Forschungsproblem und artikuliert den Nutzen der zu realisierenden Lösung. In diesem Zusammenhang muss das zu bearbeitende Thema auch gut mo-
   tiviert werden. Ein fundiertes Verständnis des Problems und die Darstellung der
   Potenziale einer Lösung sind bei dieser Aktivität für ihre erfolgreiche Durchführung entscheidend.
2. *Definition der Ziele der Lösung:* Aus der Problemstellung und dem Wissen um das
   Machbare lassen sich die Ziele einer Lösung ableiten. Die Ziele können quantitativ (z. B. kürzere Rechenzeit bei einem Softwareartefakt) oder qualitativ (z. B.
   eine Beschreibung, wie ein neues Artefakt Lösungen für bisher nicht behandelte
   Probleme unterstützen soll) sein. Die Ziele sollten rational aus der Problem-
   beschreibung abgeleitet werden. Mit der Definition der Ziele einher geht auch die
   Artikulation von Evaluationskriterien.
3. *Design und Entwicklung:* In dieser Aktivität wird ein Artefakt erstellt. Diese
   Aktivität umfasst das Bestimmen der gewünschten Funktionalität des Artefakts
   und seiner Architektur und das anschließende Erstellen des Artefakts.
4. *Demonstration:* Diese Aktivität demonstriert die Verwendung des Artefakts, um
   eine oder mehrere Instanzen des Problems zu lösen. Dies könnte seine Verwendung in Simulationen, Fallstudien, operativen betrieblichen Anwendungen
   oder bei anderen Aktivitäten beinhalten.

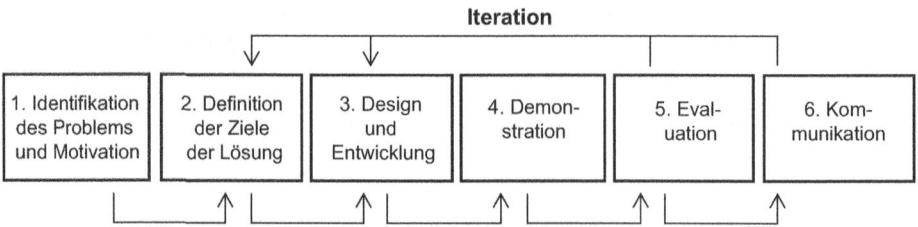

◘ **Abb. 5.4** Prozessmodell

5. *Evaluation:* Anhand einer zielbezogenen Beurteilung des entwickelten Artefakts auf Grundlage eines Systems von Evaluierungskriterien wird festgestellt, wie gut das Artefakt eine Lösung des Problems unterstützt. Diese Aktivität beinhaltet den Vergleich der Ziele einer Lösung (Sollwerte) mit den tatsächlich beobachteten Ergebnissen aus der Verwendung des Artefakts im Kontext (Istwerte). Abhängig von dem Ort des Problems und der Art des Artefakts kann die Evaluation auf unterschiedliche Art und Weise durchgeführt werden. Am Ende dieser Aktivität muss entschieden werden, ob zu Schritt 2 bzw. 3 zurückgekehrt werden soll, um eine Verbesserung herbeizuführen. Ist dies nicht der Fall, folgt die letzte Aktivität.

6. *Kommunikation:* Hier werden alle Aspekte des Problems und des entwickelten Artefakts an alle relevanten Stakeholder kommuniziert. Stakeholder stellen dabei Anspruchsgruppen dar, welche Interesse an der Lösung des Problems haben. Je nach Forschungsziel und Zielgruppe müssen unterschiedliche Kommunikationsformen (z. B. Präsentation, Publikation) eingesetzt werden. Falls keine für alle beteiligten Stakeholder zufriedenstellende Lösung gefunden wurde, ist eine Rückkehr zu vorherigen Handlungsschritten nötig.

5.3 Ausgewählte Methoden der gestaltungsorientierten Forschung

Die gestaltungsorientierte Forschung in der Wirtschaftsinformatik greift auf verschiedenste Forschungsmethoden zurück. Zum einen kommen die bereits eingeführten empirischen Methoden (► Kap. 4 „Empirische Methoden der Wirtschaftsinformatik") zum Einsatz. Des Weiteren finden insbesondere im Lösungsraum auch Methoden der Ingenieurwissenschaften ihre Anwendung. Im Folgenden sollen exemplarische Methoden der gestaltungsorientierten Forschung kurz aufgezeigt werden.

5.3.1 Methoden im Problemraum

Die gestaltungsorientierten Forschungsaktivitäten im Problemraum fokussieren darauf, das zu lösende Problem zu verstehen und zu beschreiben. Je nach Art des Problemraums kommen sowohl qualitative als auch quantitative empirische Methoden zum Einsatz. Existieren bereits viele Forschungsarbeiten für den definierten Themenbereich im Problemraum, bietet sich eine Synopse (Review) der existierenden Fachliteratur an. Dadurch kann der Stand der Forschung für den jeweiligen Themenbereich systematisch aufbereitet werden.

> ► **Beispiel „Guidance" in der Wirtschaftsinformatik**
>
> Im Rahmen eines gestaltungsorientierten Forschungsprojektes „Process Guidance" zur Unterstützung von Nutzerinnen bei der Ausführung von Geschäftsprozessen wurde in einem ersten Schritt eine Synopse zu den existierenden Arbeiten im Bereich „Guidance" in der Wirtschaftsinformatik durchgeführt. Unter „Guidance" verstehen wir dabei Hilfen oder Ratschläge, welche Nutzerinnen sagen, was zu tun ist.

Hierzu wurden in diesem Themenbereich relevante Publikationen der letzten 25 Jahre identifiziert und systematisch analysiert. Auf dieser Basis wurde dann ein Klassifikationssystem in Form einer Taxonomie mit insgesamt zehn Gestaltungsdimensionen für die Bereitstellung von „Guidance" in MAT-Systemen entwickelt. Auf dieser Basis wurden empirisch untersuchte Effekte von „Guidance" in MAT-Systemen (z. B. Effizienz, Vertrauen oder Lernen) beschrieben und existierende Forschungslücken abgeleitet. Die Studie wurde in der Fachzeitschrift *Decision Support Systems* veröffentlicht (Morana et al. 2017) und stellte das Fundament für alle weiteren Aktivitäten im Forschungsprojekt dar. ◄

Eine weitere etablierte Methode, um ein besseres Verständnis über die konkreten Bedürfnisse und Anforderungen der beteiligten Stakeholder zu erhalten, ist die Durchführung von Interviews. Komplementär oder alternativ hierzu finden in der gestaltungsorientierten Forschung aber auch Fragebögen ihre Anwendung. Die Auswahl der jeweiligen Methode ist von den spezifischen Eigenschaften des Problemraums abhängig. Solche Eigenschaften wären beispielsweise die zeitliche Verfügbarkeit von Interviewpartnerinnen in Unternehmen oder die verfügbaren Budgetmittel.

5.3.2 Methoden im Lösungsraum

Im Lösungsraum geht es darum, für das identifizierte und beschriebene Problem passende Lösungen zu entwickeln. Aus methodischer Sicht stehen primär Methoden der Ingenieurwissenschaften im Vordergrund. Beispielsweise gibt es im Bereich der Softwaretechnik in der Informatik zahlreiche Methoden zur Entwicklung von Softwareartefakten, u. a. die Objektorientierung und unterschiedlichste Testverfahren.

Im Folgenden soll exemplarisch die Methode des Prototyping kurz erläutert werden. Diese Methode ist insbesondere für die einfache Erzeugung alternativer Lösungen im Lösungsraum geeignet. Ein Prototyp ist ein mit geringem Aufwand hergestelltes und einfach zu änderndes, ausführbares Modell der intendierten Lösung, das erprobt und beurteilt werden kann. Folgende Merkmale sind für einen Prototypen charakteristisch, unabhängig von seiner spezifischen Art als vollständiger oder unvollständiger Prototyp, als Wegwerf- oder wiederverwendbarer Prototyp bzw. als Demonstrationsprototyp:

- Er kann schnell und mit geringen Kosten realisiert werden.
- Er ist ein funktionales und ausführbares Modell wesentlicher Teile der zu schaffenden Lösung vor ihrer vollständigen Implementierung.
- Er ist flexibel, das heißt, er lässt sich einfach modifizieren und erweitern.
- Er bildet die Lösung nicht notwendigerweise vollständig ab.
- Er dient als Kommunikationsmittel zwischen den Gestalterinnen auf der einen und den potenziellen Nutzerinnen auf der anderen Seite.
- Er lässt sich von allen am gestaltungsorientierten Forschungsprozess Beteiligten beurteilen.

Üblicherweise unterscheidet man weiter zwischen „Low-Fidelity"- und „High-Fidelity"-Prototyping. Das „Low-Fidelity"-Prototyping dient der Generierung von

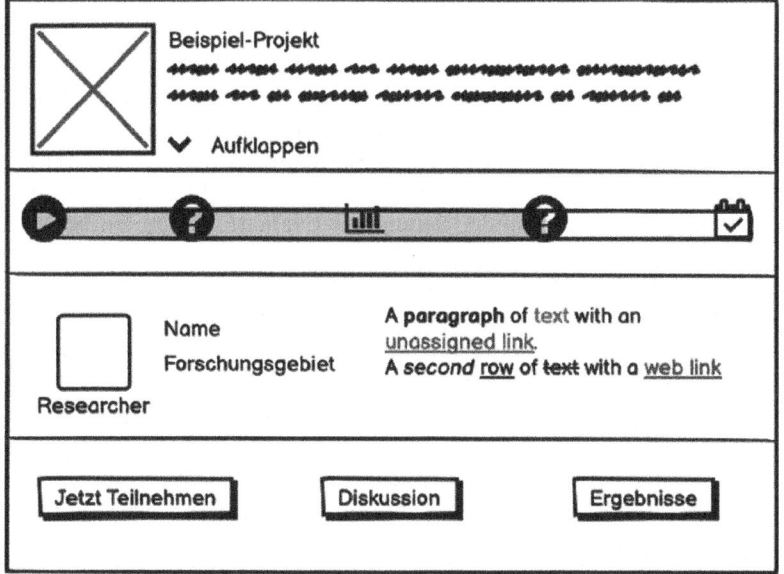

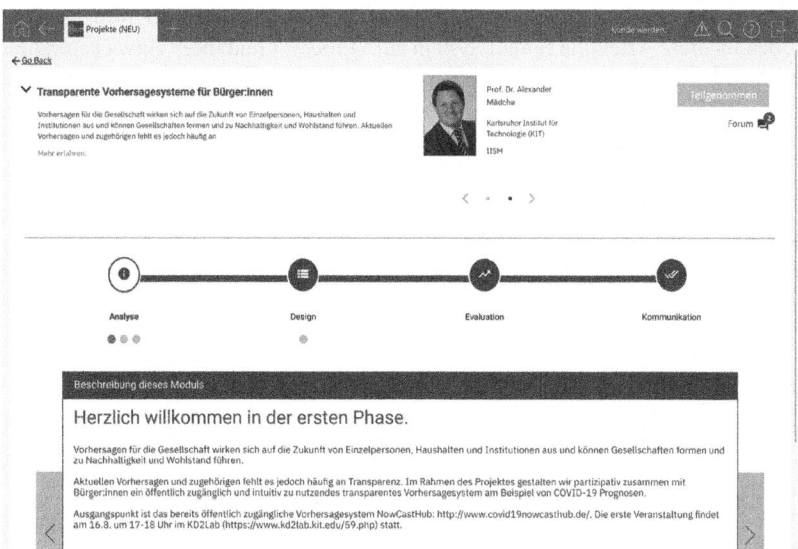

Abb. 5.5 Beispiel eines „Low-Fidelity"- und eines „High-Fidelity"-Prototypen

Ideen für potenzielle Lösungsansätze. „Low-Fidelity"-Prototyping kann im einfachsten Fall in Form von Papierprototypen realisiert werden. Im „High-Fidelity"-Prototyping stehen die Interaktivität, der Inhalt und auch visuelle Elemente stärker im Fokus. „High-Fidelity"-Prototypen sind daher viel realistischer, aber auch aufwändiger in der Erstellung. ◘ Abb. 5.5 stellt ein Beispiel eines „Low-Fidelity"- und eines „High-Fidelity"-Prototypen dar.

5.3.3   Methoden zur Evaluation

Die Bezeichnung Evaluation (bzw. Evaluierung oder Evaluieren; von lat. valuere = bewerten) weist darauf hin, dass es Ziel jeder Evaluationsstudie ist, den Wert (value) eines Artefaktes zu ermitteln. Was „Wert" dabei bedeutet, muss durch das Evaluationsziel präzisiert werden. In der gestaltungsorientierten Forschung werden üblicherweise Evaluationskriterien im Problemraum definiert. Eine spezifische Evaluationsstudie muss entlang der definierten Evaluationskriterien bewerten, wie gut die vorgestellte Lösung das Problem löst.

Aus methodischer Sicht kommen in der Evaluation ebenfalls qualitative und quantitative empirische Methoden zum Einsatz. Neben der Befragung und Interviews haben sich Labor- und Feldexperimente in den letzten Jahren in der gestaltungsorientierten Wirtschaftsinformatik etabliert. Auch werden neurophysiologische Messverfahren zunehmend eingesetzt (vom Brocke et al. 2013), ► Abschn. 4.3 „Neurophysiologische Messverfahren in der Informationssystemforschung". In gestaltungsorientierten Forschungsprojekten werden unterschiedliche Artefakte oftmals in mehreren Iterationen und unter Verwendung unterschiedlicher Evaluationsmethoden evaluiert.

> ► **Beispiel Evaluierung der Artefakte eines Systems zur „Process Guidance"**
>
> In dem bereits erwähnten gestaltungsorientierten Forschungsprojekt „Process Guidance" wurden mehrere Artefakte für ein System zur „Process Guidance" entwickelt. Diese Artefakte wurden u. a. in einem Laborexperiment mit Studierenden und in einem Feldexperiment in Zusammenarbeit mit einem Unternehmen evaluiert. Es wurde gezeigt, dass die Artefakte positive Auswirkungen auf das Prozesswissen der Nutzerinnen und ihre Performance bei der Durchführung von Prozessen haben (Morana et al. 2019). ◄

Literatur

Gregor, S. & Hevner, A. R. (2013). Positioning and presenting design science research for maximum impact. *MIS Quarterly 37*(2), 337–355.

Hevner, A. R., March, S. T., Park, J., & Ram, S. (2004). Design science in information systems research. *MIS Quarterly 28*(1), 75–105.

Kuechler, W., & Vaishnavi, V. (2012). A framework for theory development in design science research: multiple perspectives. *Journal of the Association for Information Systems 13*(6), 395-423.

Morana, S., Schacht, S., Scherp, A., & Maedche, A. (2017). A review of the nature and effects of guidance design features. *Decision Support Systems 97*, 31-42.

Morana, S., Kroenung, J., Maedche, A., & Schacht, S. (2019). Designing process guidance systems. *Journal of the Association for Information Systems 20*(5), 499-535.

Nunamaker, J. F., Chen, M., & Purdin, T. D. (1991). Systems development in information systems research. *Journal of Management Information Systems 7*(3), 89–106.

Peffers, K., Tuunanen, T., Rothenberger, M. A., & Chatterjee, S. (2007). A design science research methodology for information systems research. *Journal of Management Information Systems 24*(3), 45–77.

Simon, H.A. (1996). *The Sciences of the Artificial*, 3. Aufl. Cambridge: MIT Press.

vom Brocke, J., Riedl, R., & Léger, P.-M. (2013). Application strategies for neuroscience in information systems design science research. *Journal of Computer Information Systems 53*(3), 1–13.

vom Brocke, J., Winter, R., Hevner, A., & Maedche, A. (2020). Accumulation and evolution of design knowledge in design science research—a journey through time and space. *Journal of the Association for Information Systems 21*(3), 520–554.

Walls, J. G., Widmeyer, G. R., & El Sawy, O. A. (1992). Building an information system design theory for vigilant EIS. *Information Systems Research 3*(1), 36–59.

Praxisorientierung der Wirtschaftsinformatik

Inhaltsverzeichnis

© Springer-Verlag GmbH Deutschland, ein Teil von Springer Nature 2024
A. Heinzl et al., *Wirtschaftsinformatik*, https://doi.org/10.1007/978-3-662-67392-8_6

Zweck dieser Lerneinheit

Nach Durcharbeiten dieser Lerneinheit kennen Sie das hohe Ausmaß an Praxis-orientierung der Wirtschaftsinformatik. Sie erfahren, dass sich dieses Fach an der Praxis orientieren muss, wenn es seiner Rolle als Realwissenschaft gerecht werden will. Sie erfahren auch, dass die Wirtschaftsinformatik dies konsequent tut und mit Erfolg in der Vergangenheit getan hat. Sie lernen, was mit dem Begriff „Praxis" gemeint ist und welche Unterschiede bzw. Anknüpfungspunkte zum Theoriebegriff existieren. Dabei erfahren Sie, dass Praxisorientierung ein Wissenschaftsziel ist, das Forschende verfolgen können, aber nicht verfolgen müssen. Theoretisch und praktisch Forschende sprechen eine unterschiedliche Sprache, die nur dann übersetzt werden kann, wenn sie sich regelmäßig in das Feld der Praxis begeben.

Sie erfahren, dass die Qualität wissenschaftlicher Forschung aus Sicht der Theorie auf Basis der theoretischen und methodischen Stringenz beurteilt wird, während die Praxis die Qualität der Forschung im Hinblick auf ihre Relevanz und den Wertbeitrag zur Lösung von Praxisproblemen beurteilt. Wenn die Wirtschaftsinformatik eine wirklichkeitsbezogene Forschungskonzeption verfolgen will, ist sie gezwungen, beide Kriterien zu erfüllen. Die Bedeutung der Praxisorientierung der Wirtschaftsinformatik wird mit dem Bedarf an Absolventinnen durch Wirtschaft und Gesellschaft begründet. Nach dem Durcharbeiten erkennen Sie, für welche Produkte und Dienstleistungen des Markts für IuK-Technik die Wirtschaftsinformatik einen Beitrag leisten kann. Dabei wird deutlich, dass stets die Verknüpfung von Mensch, Aufgabe und Technik (MAT-Modell, ▶ Kap. 1 „Gegenstandsbereich der Wirtschaftsinformatik") betrachtet wird, wenn es um die Erklärung und Gestaltung der Forschungsgegenstände geht.

Ihnen wird gezeigt, in welchen Bildungseinrichtungen eine praxisorientierte Qualifizierung in Wirtschaftsinformatik erfolgt. Neben den Universitäten sind dies die Hochschulen für angewandte Wissenschaften und die dualen Hochschulen. In den Gymnasien und Berufsschulen hat die Wirtschaftsinformatik als Unterrichtsfach Fortschritte gemacht. Sie lernen typische Merkmale dieser Einrichtungen kennen und wissen, dass Universitäten Besonderheiten gegenüber anderen Hochschultypen aufweisen, letztere aber die bestehenden Unterschiede zunehmend auszugleichen versuchen. Schließlich werden Praxisbeiträge der Wirtschaftsinformatik gezeigt. Es werden persönliche Karrieren skizziert, die das erfolgreiche praktische Wirken von Wirtschaftsinformatikerinnen demonstrieren. Sie erkennen an diesen Beispielen, dass die Praxisorientierung des Fachs attraktive Betätigungs- und Karrieremöglichkeiten eröffnet.

6.1   Praxis versus Theorie

Der Begriff *Praxis* (von griech. prattein = handeln) bezeichnet die Durchführung einer Tätigkeit. Die Aussage, „Nach der Promotion ist Frau Meyer in die Praxis gegangen", drückt das aus und behauptet, dass Praxis das Gegenteil von Theorie sei, also ein gedankliches Gebilde unabhängig von seiner Realisierung darstellt (vgl.

Lerneinheit ► Kap. 3 „Theorie und Technologie der Wirtschaftsinformatik"). Darüber hinaus werden unter dem Begriff der Praxis auch Erfahrungen zusammengefasst, die eine Person in einem Tätigkeitsfeld erworben hat. Die Aussagen, „Herr Müller hat viel Berufspraxis durch Teilnahme an unserem MBA-Programm erworben" oder „der Pilot der Unglücksmaschine hatte zu wenig Flugpraxis vorzuweisen", drücken diese erfahrungsbasierte Sichtweise aus. Das Wort *Theorie* (von griech. theorein = beobachten, betrachten, (an)schauen; theoría = das Anschauen, die Überlegung, die Erkenntnis, die wissenschaftliche Betrachtung) bezeichnete ursprünglich die Betrachtung der Wahrheit von *Aussagen* durch reines Denken, unabhängig von ihrer empirischen Bestätigung. Vermutlich wird Theorie auch deshalb häufig unzutreffend als Gegensatz von Praxis aufgefasst (► Kap. 3 „Theorie und Technologie der Wirtschaftsinformatik").

Theorien können *Handlungsempfehlungen* oder *Prognosen* für die Praxis geben, müssen sich aber nicht unmittelbar auf die Praxis übertragen und dort verwenden lassen. Dies hat mehrere Ursachen. Zum einen sind Forschende oft nicht daran interessiert, Handlungsempfehlungen zu entwickeln. Sie verbleiben lieber im Rahmen der Grundlagenforschung in ihrer gedanklichen Welt und überlassen es anderen, die aus Theorien ableitbaren Handlungsempfehlungen mit Hilfe angewandter Forschung für die Praxis nutzbar zu machen. Zum anderen werden in Theorien häufig abstrakte Phänomene betrachtet, die sich in der Praxis nicht ohne Weiteres beobachten und messen lassen; ihre Behauptung und Behandlung lassen sich auf abstrakter Ebene einfacher vollziehen. Auch sind Theorien oft so komplex, dass Praktikerinnen nur schwerlich einen Zugang finden. Dies kann auch an der Sprache liegen, da die theoretische Fachsprache eine andere ist als die praktische. Daher ist es für praxisorientierte Forschende unerlässlich, die theoretische Sprache in die praktische Sprache zu übersetzen und umgekehrt. Dies setzt voraus, dass sich Forschende auch im Feld der Praxis bewegen, um neben ihrer spezifischen Sprache die dort bestehenden Probleme und Lösungsbedarfe erkennen sowie die theoretischen Beiträge zur Problemlösung überprüfen zu können.

Dass Theorien *Handlungsempfehlungen* oder auch *Prognosen* für die Praxis geben können, deutet auf ihren komplementären Charakter hin. Der bereits in ► Abschn. 2.8.4 im Original erwähnte Satz, „Nichts ist so praktisch wie eine gute Theorie", bringt dies zum Ausdruck (Bedeian 2016). Theorien können deshalb wichtige Hilfsmittel zur Beschreibung, Erklärung, Prognose und Gestaltung realer Sachverhalte sein. Ein wissenschaftliches Studium an einer Universität zielt gerade darauf ab, neuartige und komplexe Probleme auf der Basis von Theorien erkennen und besser lösen zu können.

> ► **Beispiel praktische Bedeutung von Theorien**

Das Newtonsche Gravitationsgesetz zur gegenseitigen Anziehung von Massen wurde nicht nur vor dem Hintergrund der Newtonschen Theoreme gedanklich bewiesen, sondern ist auch in der Wirklichkeit beobachtbar. Wenn wir einen in der Hand befindlichen Gegenstand loslassen, fällt dieser zu Boden; die Behauptung der Theorie lässt sich in der Praxis beobachten. Damit gelang NEWTON die erste Erklärung für die Schwerkraft auf der Erde, für den Mondumlauf um die Erde und für die Planetenbewegung um die Sonne, die für die Raumfahrt von großer Bedeutung waren. Die Newtonsche Gravitationstheorie erklärt weitere Phänomene, wie z. B. die Gezeiten auf der Erde, was für die Schifffahrt und den Küstenschutz bedeutsam ist. Verbleibende Unstimmigkeiten wurden Anfang des 20. Jahrhunderts durch die von Albert Einstein entwickelte allgemeine Relativitätstheorie geklärt. ◄

Als Technologie hatten wir die Gesamtheit der anwendbaren und tatsächlich angewendeten Arbeits-, Entwicklungs-, Produktions- und Implementierungsverfahren der Technik definiert (► Kap. 3 „Theorie und Technologie der Wirtschaftsinformatik"). Es wurde dargelegt, dass eine oder mehrere Theorien das Fundament von Technologien bilden, um diese zielgerichteter gestalten zu können. Das bedeutet, dass Technologien eine anwendungsbezogene Umformung von Theorien darstellen und damit per se realitätsbezogen und praxisorientiert sind. Auch aus diesem Grund scheint es zweckmäßig zu sein, Theorie und Technologie enger als bisher zu verknüpfen. Theoretikerinnen können durch eine tiefer gehende Beschäftigung mit Technologien bzw. durch eine enge Zusammenarbeit mit Praktikerinnen ihre Arbeit näher an den Gegebenheiten der Realität ausrichten. Technologiezentrierte Forschende können durch diese Zusammenarbeit die Mittel zur Erreichung der angestrebten Forschungsziele systematischer wählen.

6.2   Relevanz versus Stringenz

Der Unterschied zwischen Praxis und Theorie wird u. a. durch die Kriterien *Relevanz* und *Stringenz* zum Ausdruck gebracht (relevance versus rigor). Praxis fordert Relevanz, das heißt die praktische Bedeutung im Sinne von Tragweite, Wert oder Wichtigkeit des Ergebnisses wissenschaftlichen Arbeitens. Währenddessen orientieren sich Wissenschaftlerinnen an der Stringenz oder Schlüssigkeit der wissenschaftlichen Untersuchung, dem Ideal der formalen und methodischen Präzision wissenschaftlichen Arbeitens (stringent von lat. stringens = streng, bündig, schlüssig, zwingend). Welche Position eine Wissenschaftlerin zwischen Relevanz und Stringenz wählt, hängt neben ihren persönlichen Neigungen und ihrer Qualifikation vom Abstraktionsniveau des gewählten Forschungsgegenstands sowie von der in ihrem Fachgebiet herrschenden Lehrmeinung ab. Oftmals werden Stereotypen beschrieben, die entweder eine hohe Relevanz bei geringer Stringenz oder eine geringe Relevanz bei großer Stringenz verfolgen. Nachfolgend wird aufgezeigt, dass Relevanz und Stringenz nicht auf einer bipolaren Skala, sondern auf zwei Skalen abgebildet werden können. Jede Forscherin bestimmt das Ausmaß ihrer Relevanz und Stringenz unabhängig.

Im Wesentlichen wird diese Wahl von der herrschenden Lehrmeinung, der gewählten *Forschungskonzeption* und dem akzeptierten *methodischen Paradigma* beeinflusst (► Kap. 3 „Theorie und Technologie der Wirtschaftsinformatik"). Forscherinnen, die in einer Realwissenschaft wie der Wirtschaftsinformatik arbeiten, die mit gleich großer Bedeutung auch Ingenieur- und Strukturwissenschaft ist, betonen Relevanz tendenziell stärker als Forschende einer Formalwissenschaft (z. B. der Mathematik). Jede Forscherin der Wirtschaftsinformatik steht damit vor einem zweidimensionalen Entscheidungsproblem. Versucht sie, der Praxis als der maßgeblichen Konstituente gerecht zu werden, ist die Betonung des Relevanzkriteriums unerlässlich. Misst sie sich mit Forschenden anderer Disziplinen, muss sie deren theoretischen und methodischen Standards genügen, um den Status der Wissenschaftlichkeit der eigenen Arbeiten und damit der gesamten Disziplin nicht zu gefährden (▸ Abschn. 2.2 „Wissenschaftskriterien"). Das hat zur Folge, dass Wirtschaftsinformatikerinnen Probleme aufgreifen müssen, die praxisrelevant sind *und* rigoros bearbeitet werden können. Eine technologische Forschungskonzeption ist dabei stärker auf praktische Erfordernisse ausgerichtet als eine theoretische, da sie eine Umformung und Anwendung der Theorie für die Praxis darstellt.

6.3 Bedeutung der Praxisorientierung und Umfang des Praxisbedarfs

Für die Wirtschaftsinformatik ist eine ausgeprägte Praxisorientierung deshalb von großer Bedeutung, da sie die Basis ihrer Legitimation ist. Es war der Bedarf an Arbeitskräften mit einer akademischen Ausbildung, insbesondere der von Universitäten, der die Entstehung und Entwicklung der Wirtschaftsinformatik als wissenschaftliches Studium geprägt und beeinflusst hat. Seit der Entwicklung „elektronischer Rechenanlagen" und ihrer Anwendung und Verbreitung in Wirtschaft und Verwaltung ab den 1950er-Jahren besteht der Bedarf der Praxis an Absolventinnen der Wirtschaftsinformatik. Ihre Ausbildung entwickelte sich zum Hauptanliegen der Wirtschaftsinformatik als wissenschaftliches Studium.

Im Jahr 2020 absolvierten lt. D-Statis (2021, 402–404) in Deutschland 6574 Studierende einen Bachelorabschluss im Fach Wirtschaftsinformatik und 7195 Studierende im Fach Informatik. Gemäß dieser amtlichen Statistik des Statistischen Bundesamts betrug das Verhältnis von Bachelorabschlüssen der Informatik zu denen der Wirtschaftsinformatik 1980 in Deutschland noch rd. 3,5:1 und hat sich bis 2020 auf 1,09:1 verringert. Andere Anwendungsgebiete der Informatik, wie Bioinformatik (154 Bachelorabsolventinnen 2020), Ingenieurinformatik (962), Medieninformatik (1660) und medizinische Informatik (245) kommen 2020 mit insgesamt 3021 Abschlüssen auf weniger als die Hälfte der Graduierten im Fach Wirtschaftsinformatik.

Laut Bitkom e.V. (2022) hat die Corona-Pandemie den Mangel an IT-Spezialistinnen nur vorübergehend abgeschwächt. Ende 2021 waren 96.000 Stellen für hoch qualifizierte Fachkräfte unbesetzt – 12 % mehr als im Vorjahr. Spezialistinnen für Software werden mit Abstand am meisten gesucht. Vier von zehn Unternehmen (41 %) mit vakanten IT-Stellen suchen Softwareentwicklerinnen oder Softwarearchitekten. Dahinter folgen IT-Projektmanagerinnen und IT-Projektkoordinatoren, in 18 % der Firmen. 13 % suchen Anwendungsbetreuerinnen beziehungsweise IT-Administratoren, 7 % (Big) Data Scientists. In jeweils 4 % dieser Unternehmen sind Stellen für den Datenschutz mit IT-Qualifikation sowie IT-Sicherheitsexpertinnen vakant. Bitkom-Präsident Berg folgert daraus, dass sich der verschärfende Mangel an IT-Spezialistinnen zu einer Bedrohung für Deutschlands große Aufgaben in der digitalen Transformation auswächst. Er fordert die Bundesregierung in Berlin auf, das Thema digitale Bildung ganz oben auf ihre Prioritätenliste zu setzen (Bitkom 2022).

Der Fachbereich Wirtschaftsinformatik der Gesellschaft für Informatik (GI FB WI) ist mit rund 1000 Mitgliedern der zahlenmäßig stärkste Fachverband der Wirtschaftsinformatik im Jahr 2021 und wirkt über die vielfältigen Aktivitäten seiner

6

Mitglieder aus Wissenschaft und Praxis in Gesellschaft, Wirtschaft und Hochschulen. Die Wissenschaftliche Kommission Wirtschaftsinformatik (WKWI) im Verband der Hochschullehrer für Betriebswirtschaft e. V (VHB) fokussiert dagegen primär (angehende) Professorinnen und zählt im Sommer 2021 364 Mitglieder; bei ihrer Gründung 1975 (mit der Bezeichnung Wissenschaftliche Kommission Betriebsinformatik) waren es rund 20. Sie pflegt auch die wissenschaftlichen Kontakte zur Wirtschafts- und Verwaltungspraxis. Im Juni 2018 wurde zudem das German Chapter der Association for Information Systems (AIS) ins Leben gerufen, das über 420 Mitglieder vorweisen kann. Die AIS entstand 1994 in den USA, umfasst 4693 Mitglieder und ist in 104 Ländern aktiv (Stand September 2021). Sie bemüht sich um eine Übertragung wissenschaftlicher Ergebnisse in die Praxis. Die Wirtschaftsinformatik e.V (wirtschaftsinformatik.de) wurde im Juni 2021 als weiterer Verein gegründet, der sich als Bindeglied versteht, um einheitlich in der Wissenschaft, Wirtschaft und Gesellschaft aufzutreten. Im Gegensatz zu den anderen Berufs- und Fachorganisationen versucht er, neben Unternehmen auch Studierende zu erreichen, um die Digitalisierung von Wirtschaft und Gesellschaft voranzutreiben.

Treffen einschlägige Prognosen zu, kann davon ausgegangen werden, dass der Bedarf der Praxis an qualifizierten Talenten der Wirtschaftsinformatik infolge der Digitalisierung von Wirtschaft und Verwaltung weiterwächst. Zwei Drittel der Unternehmen erwarten, dass sich der IT-Fachkräftemangel in Zukunft weiter verschärfen wird. „Digitalisierung ist die Antwort auf Pandemie, Standortwettbewerb und Klimakrise, aber es fehlt an Expertinnen und Experten, um die Digitalisierung zu gestalten und zu treiben" (Bitkom 2022). Der Praxisbedarf an professionellem Nachwuchs der Wirtschaftsinformatik hält damit unvermindert an. Die Bedarfsentwicklung wurde in der Vergangenheit auch dadurch begünstigt, dass die Informatik weniger die Praxis, sondern die Wissenschaft als primäre Konstituente betrachtet hat. Peter MERTENS hat in einem Vortrag an der WHU Koblenz am Anfang der 1990er-Jahre die Meinung vertreten, dass die Wirtschaftsinformatik vermutlich nicht entstanden wäre, wenn sich die Informatik konsequenter an den Problemen der Praxis orientiert hätte. August-Wilhelm Scheer (1999) führt die hohe Bedeutung der Wirtschaftsinformatik für die Praxis darauf zurück, dass IuK-Technologien, insbesondere Unternehmenssoftware, einen beachtlichen Multiplikator zur Ausbreitung neuer betriebswirtschaftlicher und technologischer Konzepte darstellen. Dies wird im nachfolgenden Beispiel anhand der Techniken zur Teilkostenrechnung aufgezeigt. Jörg Menno HARMS, ehemals Gründer des Branchenverbands BITKOM, Sprecher der Geschäftsführung sowie Vorsitzender des Aufsichtsrats der Hewlett Packard Deutschland GmbH, ging noch weiter, indem er bei einem Vortrag zu Beginn des 21. Jahrhunderts in Stuttgart ausführte, dass IuK-Technologien das Rückgrat der digitalen Wirtschaft sind.

> ▶ **Beispiel Unternehmenssoftware als Multiplikator betriebswirtschaftlicher Konzepte**
>
> Die von Paul RIEBEL entwickelte Einzelkosten- und Deckungsbeitragsrechnung und die Grenzplankostenrechnung von Wolfgang KILGER verbreiteten sich über die Unternehmenssoftware der Walldorfer Firma SAP in einer fünfstelligen Zahl in der Praxis. Vor ihrer Implementierung in SAP/R3 bzw. S/4HANA galten beide Techniken der Teilkostenrechnung wegen der hohen Anforderungen an die Datenbasis nur bedingt als praxistauglich. ◀

Forschende in der Wirtschaftsinformatik bearbeiten in der Praxis beobachtete oder von der Praxis formulierte Probleme, deren Lösung die aktive Mitarbeit von Praktikerinnen erfordert (z. B. bei der Aktionsforschung, ► Abschn. 4.2.2 „Qualitative Methoden"). Neben der von Wirtschaft und Verwaltung (z. B. Bund und Ländern) finanzierten *Grundlagenforschung* werden auf nationaler und europäischer Ebene angewandte Verbundforschungsprojekte gefördert, die von Unternehmen in der Praxis und öffentlichen Einrichtungen gemeinsam finanziert werden.

> ► **Beispiele Verbundforschung**
>
> Projektträger in Deutschland sind das Bundesministerium für Bildung und Forschung (BMBF), das Bundesministerium für Wirtschaft und Energie (BMWi) oder das Bundesministerium für Verkehr und digitale Infrastruktur (BMVI). Ein Projektbeispiel ist die Mannheim Molecular Intervention Environment (► www.m2olie.de) zur Erkennung, Analyse und Behandlung von oligometastatisierten Patientinnen. Dabei kommen innovative Verfahren der Bilderkennung, des Maschinenlernens, der Datenhaltung und der Datenanalyse zum Einsatz. Ein anderes Beispiel beschäftigt sich mit der Entwicklung und Implementierung von telematischen und bildgebenden Verfahren in Krankentransportfahrzeugen zur Rettung von Schlaganfallpatientinnen mithilfe von 5G-Technologien (► https://rettungsnetz5g.de). Der Fonds zur Förderung der wissenschaftlichen Forschung (FWF) sowie die Österreichische Forschungsförderungsgesellschaft (FFG) in Österreich, der Schweizer Nationalfonds (SNF) und die European Science Foundation (ESF) fördern ebenfalls Projekt zur Verbundforschung von Wissenschaft und Praxis. ◄

Ziel ist der Transfer von Ergebnissen der Grundlagenforschung in die Praxis. Je nach Förderrahmen müssen die beteiligten Unternehmen bis zu 80 % der Projektmittel aufbringen. Dies impliziert, dass sie nur dann in Verbundforschungsprojekte investieren, wenn praxisrelevante und wertschaffende Ergebnisse zu erwarten sind. Die umfassende Beteiligung von Forschenden der Wirtschaftsinformatik an der nationalen bzw. europäischen Verbundforschung ist ein weiteres Indiz für das hohe Ausmaß ihrer Praxisorientierung.

6.4 Wirtschaftsinformatiknahe Produkte und Dienstleistungen

Die Praxisnähe und Praxisrelevanz der Wirtschaftsinformatik drücken sich zudem durch fachnahe Produkte und Dienstleistungen aus, von denen viele weltweit vermarktet werden. Neben anderen sind Unternehmenssoftware, Software für das Geschäftsprozessmanagement und schlüsselfertige Systemlösungen beispielhafte Produkte und Dienstleistungen.

Unternehmenssoftware (engl. enterprise software oder enterprise application) umfasst integrierte Standardsoftware für Unternehmen in Wirtschaft und Verwaltung, die betriebliche oder verwaltungsspezifische Aufgaben funktionsbezogen, funktionsübergreifend und organisationsübergreifend unterstützt. Beispiele sind Produktionsplanungs- und -steuerungssysteme (PPS), Systeme zur integrierten Planung und Disposition aller im Unternehmen benötigten Ressourcen (ERP-Systeme, ERP = Enterprise Resource Planning), Systeme zum Lieferkettenmanagement

(SCM = Supply Chain Management) und Systeme zum Kundenbeziehungsmanagement (CRM = Customer Relationship Management), Finanzmanagement
(Financial Management), Personalmanagement (HR = Human Resource Management), Produktlebenszyklusmanagement (PLM = Product Lifecycle Management)
und zur Produktentwicklung (CAx = Computer Aided Design, Engineering, Planning, and Quality Assurance).

In dem Markt von Unternehmenssoftware (engl. enterprise software and cloud
vendors") handelt es sich lt. Pang et al. (2021) um eine polypolistische Anbieter-
struktur mit einem Volumen von 274,9 Mrd. US$ (Stand 2020), die sich in die Seg-
mente „cloud applications", „infrastructure as a service" und "enterprise applications" unterteilt. Etwa 61 % des Marktvolumens im Segment „enterprise applications"
geht auf kleine und mittlere Softwarefirmen zurück. Globale Marktführer in dieser
Produktkategorie sind die Firmen Microsoft mit einem Marktanteil von 13 %, Salesforce und SAP mit je 6 % sowie Oracle und Adobe mit je 4 %. ◘ Abb. 6.1 visualisiert
die genannten Marktvolumina. Während die SAP in den Teilsegmenten ERP, Beschaffung und Lieferkettenmanagement Marktführer ist, konnte Salesforce die Dominanz im CRM-Segment erarbeiten (Pang et al. 2022a, b, c, d). Microsoft erlangte
seine mittlerweile führende Marktstellung über Office 365, der kombinierten ERP-
und CRM-Suite für mittelgroße Unternehmen Microsoft-Dynamics sowie mithilfe
der cloudbasierten Infrastrukturdienste auf der Basis von Azure.

Laut North Rizza et al. (2021) kommen ERP-Systeme im Markt für Unternehmenssoftware auf einen Anteil von 33,4 %, CRM-Systeme auf 27,7 %, PPS-
Systeme auf 24,6 %, CAx-Systeme auf 9,7 % und SCM-Systeme auf 4,6 %.

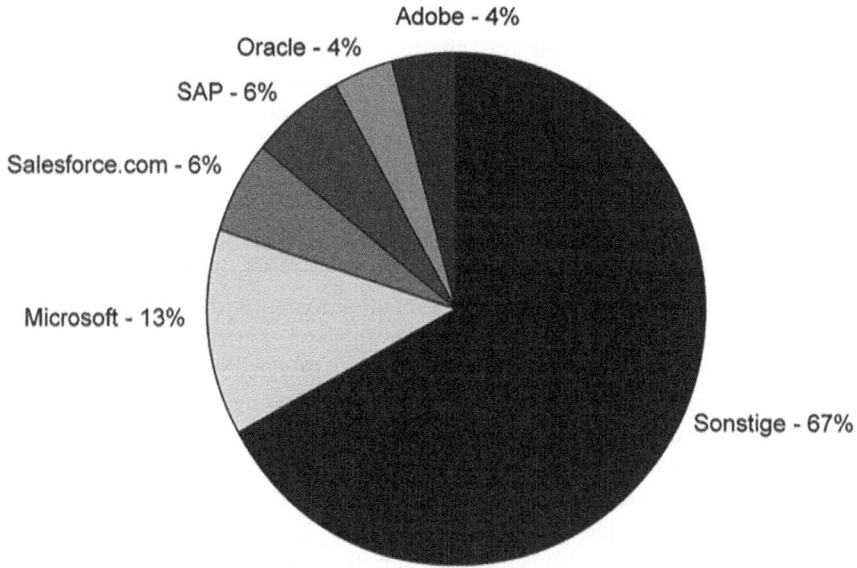

Quelle: PANG et al. (2021)

◘ **Abb. 6.1**   Weltweite Marktanteile der zehn größten Anbieter von Unternehmenssoftware (Pang
et al. 2021)

Im deutschen Markt für ERP-Systeme folgen der SAP SE (Marktanteil von 20,3 %) laut Gronau (2021) die Unternehmen ABAS (8,2 %) und Microsoft (5,6 %). Das restliche Marktvolumen teilen sich mittlere und kleinere ERP-Anbieter auf, was die polypolistische Struktur im internationalen Bereich widerspiegelt. Sie verfolgen eine Nischenstrategie, indem sie sich auf bestimmte Branchen, betriebliche Funktionsbereiche oder einzelne Aufgaben für kleine oder mittlere Anwenderunternehmen konzentrieren. Laut Gronau (2021) und ABAS SOFTWARE sind in Deutschland über 500 ERP-Anbieter auf dem Markt aktiv und gilt nach dem Silicon Valley als zweitwichtigste Herstellerregion für Unternehmenssoftware weltweit. Grund für diese Entwicklung ist das verfügbare Wissen über und die geografische Nähe zu hoch entwickelten Unternehmen im produzierenden Gewerbe. Die Unternehmen kooperieren zudem häufig mit Professuren, Lehrstühlen und Instituten im deutschsprachigen und internationalen Raum, insbesondere mit vielen in der Wirtschaftsinformatik.

Eine andere aus der Wirtschaftsinformatik entstandene Produktkategorie ist Software für das *Geschäftsprozessmanagement* mit Werkzeugen zur Modellierung, Analyse, Implementierung sowie zur Überwachung und Steuerung von Geschäftsprozessen. In diesem Markt entstand eine Reihe von Anbietern durch Ausgründungen (sogenannte Spin-offs) aus Instituten mit großer Nähe zur Wirtschaftsinformatik. Nennenswert ist die IDS Prof. Scheer AG mit dem ARIS-Toolset, die von dem Wirtschaftsinformatiker August-Wilhelm SCHEER aus dem Institut für Wirtschaftsinformatik der Universität des Saarlandes ausgegründet und zum „Global Player" aufgestiegen war, bevor sie 2009 von der Software AG übernommen und mit ihr im Jahr 2010 verschmolzen wurde. SCHEER kaufte 2014 mit der IDS Scheer Consulting GmbH den Beratungsteil von der Software AG zurück, sanierte diesen und verschmolz ihn 2015 mit der Scheer Management GmbH zur Scheer GmbH. Es entstand ein wiedererstarktes Unternehmen, das laut dun & bradstreet 2019 357 Mitarbeiter beschäftigte und 54 Mio. € Umsatz erwirtschaftete.

Ein weiteres Unternehmen in diesem Bereich ist die Firma Celonis, die sich der datenzentrierten Analyse von Geschäftsprozessen (engl. process mining) widmet. Process Mining ist definiert als ein analytisches Vorgehen zur Analyse, Überwachung und Verbesserung von Prozessen, wie sie tatsächlich ablaufen und nicht wie man sie in Prozessmodellen annimmt. Die in ERP-Systemen von SAP, Oracle oder salesforce hinterlegten Schritte (Aktivitäten) eines Geschäftsprozesses werden analysiert, indem verfügbare Transaktionsdaten der Schritte ausgewertet und die Aktivitäten visualisiert werden. So können Schwachstellen identifiziert und korrigiert werden. Celonis wurde 2011 von den drei Kommilitonen Bastian NOMINACHER, Martin KLENK und Alexander RINKE der TU München gegründet. Sie hatten beim Bayerischen Rundfunk die internen Serviceprozesse für eine studentische Unternehmensberatung analysiert. Weitere Projekte bei namhaften Unternehmen im Großraum München folgten. 2015 belegte Celonis den ersten Platz des Technology Fast 50 Award. Obwohl das Unternehmen seit seiner Gründung profitabel und nicht auf auswärtige Investoren angewiesen war, erhielt es in den Jahren 2016 und 2018 insgesamt rund 80 Mio. US$ von Investoren. Im Jahr 2019 konnte das Unternehmen weitere 290 Mio. US$ einwerben. Zu den Investoren zählte u. a. der Risikokapitalgeber Accel Partners, der Celonis mit 2,5 Mrd. US$ bewertete. Damit gilt das Unternehmen als eines der wenigen „Einhörner" („Unicorns") in Deutschland. Als solche werden Firmen bezeichnet, deren Marktbewertung 1 Mrd. US$ übersteigt. Ein für 2020 angestrebter

Börsengang wurde verworfen, da er zur Wachstumsfinanzierung nicht notwendig war. 2021 konnte das Unternehmen in der nächsten Finanzierungsrunde eine weitere Mrd. US$ frisches Kapital einwerben. Im gleichen Jahr stieg es zu Deutschlands erstem „Decacorn" auf – einem Start-up mit zweistelliger Milliardenbewertung.

Ein weiteres Tätigkeitsfeld der Wirtschaftsinformatik ist die Konzeption und Implementierung komplexer Leistungsbündel als *schlüsselfertige Systeme*. Es handelt sich um maßgeschneiderte Dienstleistungen, die von einem Anbieter oder einem Anbieterkonsortium entwickelt und betrieben werden. Beispiele sind Telematiksysteme, die informations- und verkehrslogistische Aufgaben unterstützen. Dazu gehören Mautsysteme wie Europass, Fela und Toll Collect, Verkehrsmanagementsysteme in Ballungsgebieten, Abrechnungssysteme oder Waren- bzw. Objektverfolgungssysteme. Ein weiteres Tätigkeitsfeld sind Telematikdienste im Gesundheitswesen, wie die elektronische Gesundheitskarte, das elektronische Rezept und die mobile Überwachung von Patientinnen mit chronischen Krankheiten wie Herzleiden oder Diabetes (mobile medical monitoring bzw. mobile patient monitoring). Technische Plattformen werden als Lösungskern mit mobilen Frontend-Geräten verbunden. Im Gesundheitswesen sind das Apps, die auf den mobilen Endgeräten der Patientinnen installiert werden (mHealth). In der Logistik werden zudem dezidierte Bordgeräte (engl. on-board units) zur Positions- oder Streckenerfassung eingesetzt. Derartige Lösungen erfordern die Schaffung einer umfassenden Infrastruktur (▶ Abschn. 1.4.2 „Informationsinfrastruktur") und werden schlüsselfertig auf die Anforderungen der Auftraggebenden, Betreibenden und Nutzenden zugeschnitten. Die Konzeption und Implementierung komplexer Leistungsbündel erfordert ein integriertes Denken und Gestalten in Lösungsarchitekturen, um unterschiedliche Einzelleistungen oder Teilsysteme von mehreren Anbietern koordinieren zu können. Die zunehmende Entwicklung von Apps mit standardisierten Schnittstellen in den Plattformen mobiler Betriebssysteme wie Android oder iOS ermöglicht zunehmend die Modularisierung und Konsumerisierung integrierter Leistungsangebote zu komplexeren Leistungsbündeln. Die nachfolgenden Beispiele verdeutlichen dies.

> ▶ **Beispiel schlüsselfertige Systeme im Verkehrsmanagement**
>
> Im Verkehrsmanagement werden schlüsselfertige Systeme mithilfe von Sensornetzen zur Verkehrsbeobachtung, Übermittlungssystemen zur technischen Kommunikation, Einrichtungen zur Lenkung von Mobilitätsströmen, Systemen zur Steuerung der Verkehrsflüsse (z. B. variable Ampelsteuerungen und Verkehrsbeschilderungen) sowie Leitzentralen zur Aktivierung der Steuerungssysteme oder der Koordination mit anderen Verkehrsträgern realisiert. Dabei kommen analytische Verfahren zur Verarbeitung großer Datenmengen zum Einsatz. Historische Datenarchive dienen dem Erkennen von Verhaltensmustern und Wirkungszusammenhängen. Verkehrsmodelle unterstützen die Prognose der Verkehrsentwicklung und der Bewertung von Informations- und Steuerungsstrategien. Bewährte Vorgehensweisen werden gespeichert, um bei zukünftigen Ereignissen vordefinierte Strategien auslösen und koordinieren zu können. ◀

▶ **Beispiel Diabetes-App**

In Diabetes-Apps kommen Sensoren am Oberarm zur kontinuierlichen Messung des Blutzuckerspiegels und Pumpen zur Abgabe von Insulin zum Einsatz. Der Sensor empfängt den Glukosewert und sendet ihn an die Software auf einem Smartphone weiter, das die Pumpe zur Stabilisierung des Blutzuckerspiegels steuert. Bei niedrigen (hohen) Blutzuckerwerten wird die Abgabe von Insulin verringert (erhöht).

Einige Lösungen bieten Strategien zur Bewältigung von Notfällen an. Diese werden anhand aller übermittelten Daten der Patientinnen auf der zentralen Plattform analytisch ermittelt und bewertet. Diese helfen dem Anbieter, die Qualität seiner Lösungen patientengerecht zu verbessern. Zur Vermeidung akuter Situationen kann die Patientin ihre Diabetes-App mit Fitnesstrackern oder Ernährungs-Apps koppeln, um ihr Verhalten präventiv anzupassen. Die Diabetes-App wird mit den Apps anderer Anbieter verknüpft, was die Geschwindigkeit und die Qualität bei der Entwicklung integrierter Lösungen verbessert. ◀

Den genannten Produkten und Dienstleistungen ist gemein, dass sie Abläufe zur Erfüllung von Aufgaben (Aufgabe), IuK-Technologien (= Technik) zur Problemlösung für bestimmte Benutzergruppen (= Mensch) bestimmt. Damit spiegeln sie das *MAT-Modell* (▶ Kap. 1 „Gegenstandsbereich der Wirtschaftsinformatik") wider. Der Erfolg hiesiger Anbieter in diesem Tätigkeitsfeld mag deshalb kaum überraschen, da Kultureigenschaften des deutschsprachigen Raumes einbezogen werden: systemisches bzw. ingenieurmäßiges Denken, Unsicherheitsvermeidung und kollektives Handeln.

Der Lebenszyklus neuer Produkte und Dienstleistungen wird in die Phasen *Invention* (von lat. invenire = entdecken, erfinden bzw. inventio = Einfall, Entdeckung, Erfindung), *Innovation* (Ausbreitung einer Erfindung oder Neuerung) und *Perfektion* (Verbesserung der Neuerung im Detail) gegliedert. Norbert SZYPERSKI wies darauf hin, dass Individuen und Organisationen hierzulande aufgrund ihrer Kultureigenschaften „Weltklasse" bezüglich Invention und Perfektion, aber aufgrund der Vermeidung von Unsicherheit und der fehlenden Bereitschaft zum Wandel bezüglich Innovation unterdurchschnittlich sind. Beispiele für Invention, Innovation und Perfektion sind:

▶ **Beispiel Invention und Innovation**

Das MP3-Format zur Kompression von Audiodaten wurde um 1985 am Fraunhofer-Institut für Integrierte Schaltungen an der Universität Erlangen-Nürnberg erfunden (Invention), erfuhr aber seinen Innovationsschub zunächst in den USA und Japan mit der sprunghaften Ausbreitung der MP3-Player (Innovation). ◀

▶ **Beispiel Perfektion**

Die Perfektion der Datenübertragung über einfache Kupferleitungen ist das Digital Subscriber Line (DSL)-Verfahren, bei dem Daten auf herkömmlichen Telefonleitungen mit bis zu 1000 Mbit/s übertragen werden können. Auf der Basis von Modem- oder ISDN-Verbindungen waren vorher nur Geschwindigkeiten von bis zu 64 kbit/s möglich. ◀

In der Vergangenheit bewährte Strukturen der industriellen Organisation, die Europa in den letzten Jahrzehnten den ökonomischen Wohlstand gesichert haben, begünstigten die Trägheit zum Wandel. Die industrielle Fertigung von materiellen Produkten (Hardware) wie Fahrzeugen, Maschinen, chemischen Produkten oder Arzneimitteln erfordert Eigenschaften wie analytisches und systemisches Denken, die geplante schrittweise Konzeption und Realisierung komplexer Systemstrukturen, die von oben nach unten (top-down) in repetitiven, automatisierten Abläufen, aber weitgehend starren Wertschöpfungsprozessen umgesetzt werden. Im Paradigma der digitalen Innovation kommen jedoch vermehrt andere Fähigkeiten zum Vorschein. Werthaltige digitale Produkte und Dienste, die nachhaltige Kundenerlebnisse (engl. customer experience) hervorrufen, erfordern Fähigkeiten wie Schnelligkeit, Co-Innovation mit Lieferanten oder Kunden, neue Formen der Arbeitsteilung (Co-Kreation auf Plattformen) und ein agiles Vorgehen von unten nach oben (bottom-up) bei der Leistungserstellung (teil-)immaterieller Güter (Software) (▶ Kap. 12 „Digitalisierung und digitale Transformation"). So kann man erklären, warum europäische Unternehmen in der Plattformökonomie eine untergeordnete Rolle spielen und Amerika bzw. Asien hinterherlaufen (weitere Informationen dazu können auf https://www.platformeconomy.com abgerufen werden).

Wie die Beispiele Unternehmenssoftware, Geschäftsprozessmanagement und schlüsselfertige Systeme verdeutlichen, sind für die Wirtschaftsinformatik nicht technische Invention und Innovation allein Gegenstand von Forschung und Entwicklung, sondern auch komplexe organisatorische Neuerungen, die Wechselbeziehungen zwischen Mensch, Aufgabe und Technik fokussieren. Organisatorische Innovation ist nach Swanson (1994) komplexer als technische oder soziale Innovation, da beide Dimensionen gleichzeitig berücksichtigt werden müssen.

6.5 Qualifikationsorte einer praxisorientierten Wirtschaftsinformatik

Bei der Analyse der Praxisorientierung der Wirtschaftsinformatik sind jene Bildungseinrichtungen zu berücksichtigen, die sich mit der Vermittlung praktischer Fähig- und Fertigkeiten der Wirtschaftsinformatik beschäftigen: Gymnasien, berufsbildende Schulen, duale Hochschulen, Hochschulen für angewandte Wissenschaften (Fachhochschulen) und Universitäten.

6.5.1 Gymnasiale Oberstufe

In Schulen ist das Fach Wirtschaftsinformatik vereinzelt anzutreffen. In einigen deutschen Bundesländern, wie z. B. Bayern oder Baden-Württemberg, findet man es in den Lehrplänen für die Jahrgangsstufen 8 bis 10 wirtschafts- und sozialwissenschaftlicher Gymnasien.

Neben Grundlagen der Informatik (insbes. Algorithmen und Datenstrukturen) stehen Geschäftsprozesse als Basis der Wertschöpfung in Unternehmen und die darin vorkommenden Informationsflüsse im Mittelpunkt des Unterrichts. Geschäftsprozesse werden als übergreifende, ereignisgesteuerte Prozessketten verstanden. Ausgehend von einfachen Beispielen werden die Schülerinnen schrittweise an die Analyse, Strukturierung und Modellierung zunehmend komplexerer Prozesse herangeführt. Bei der Erfassung von Strukturen und Vorgängen in Unternehmen kommt Industriebetrieben eine besondere Rolle zu. Funktional werden die Bereiche Rechnungswesen, Beschaffung, Absatz, Personal und Anlagenwirtschaft einbezogen. Zudem helfen Anwendungen von Unternehmenssoftware, komplexe Zusammenhänge zu durchdringen. Außerdem werden die rechtlichen und gesellschaftlichen Rahmenbedingungen über die Jahrgangsstufen hinweg vertieft. Die Außendarstellung eines Unternehmens wird anhand der Gestaltung von Webseiten erlernt. Zudem erfolgt eine Einführung in Textverarbeitungs- und Präsentationsprogramme (Staatsinstitut für Schulqualität und Bildungsforschung München 2020).

Ziele der Berücksichtigung im Lehrplan sind die frühe Herstellung des Anwendungsbezugs von Informationssystemen, das Sensibilisieren junger Menschen für eine Schlüsselbranche und die Identifikation von Talenten. Software- und Beratungshäuser unterstützen derartige Initiativen durch landesweite Wettbewerbe oder Bereitstellung von Hard- und Software. 2008 wurde an der Elinor-Ostrom-Schule in Berlin die Software erp4school entwickelt, die (Berufs-)Schulen kostenlos Unternehmenssoftware für den Unterreicht zur Verfügung gestellt hat. Die Initiative wurde im Jahr 2022 eingestellt. Mit SAP4school hat die SAP SE zwischenzeitlich ein eigenes Angebot geschaffen. Auch kleinere Softwareanbieter wie beispielsweise die mesonic datenverarbeitung gmbh in Wien verfolgen das Ziel, Schülerinnen mit ihrer Unternehmenssoftware WinLine vertraut zu machen. Die Vorausbildung künftiger Mitarbeiterinnen stiftet einen Nutzen für Unternehmen und verschafft Absolventinnen Vorteile bei der Arbeitssuche. Von der Firma Mesonic wird beispielsweise ERP-, PPS- und CRM-Software aktuell in fast 500 Schulen in Deutschland und Österreich eingesetzt.

6.5.2 Berufsbildende Schulen

Die Ausbildung zu Datenverarbeitungskaufleuten wurd 1997 in Deutschland eingestellt und durch die Lehrberufe der Informatikkaufleute bzw. Fachinformatikinnen und Fachinformatiker ersetzt. Das letztgenannte Berufsbild wurde seitdem zur Anwendungsentwicklung und Fachinformatik-Systemintegration ausdifferenziert. Zudem wurden vier weitere Berufsbilder hinzugefügt, die Informationssysteme und Informationsinfrastrukturen einbeziehen: Assistentinnen für Informatik, Fachangestellte für Medien- und Informationsdienste, Kaufleute für IT-Systemmanagement sowie Kaufleute für Digitalisierungsmanagement. Kaufleute für das IT-Systemmanagement informieren und beraten Unternehmen oder deren Kundinnen bei der Anschaffung von Soft- und Hardwareprodukten. Sie analysieren deren Anforderungen und erstellen passende Spezifikationen bzw. Angebote. Zu ihren Aufgaben gehören zudem das Beschaffen von Hard- und Software, das Durchführen von Werbemaßnahmen sowie das Installieren von Informationssystemen. Das Berufsbild der Kaufleute für Digitalisierungsmanagement trat ab August 2020 an die Stelle der Informatikkaufleute. Kaufleute dieser Richtung ermitteln den Bedarf an Informationssystemen, entwickeln Lasten- und Pflichtenhefte, administrieren

Informationssysteme und organisieren den Datenschutz. Zudem werden sie für die Digitalisierung von Geschäftsprozessen qualifiziert. Die Auszubildenden lernen, Probleme zu analysieren sowie zu beheben und Datenmodelle zu entwickeln. Außerdem lernen sie verschiedene Programmiertechniken kennen (AzubiYo 2021). Zwar trägt keiner der vorgenannten Lehrberufe den Begriff Wirtschaftsinformatik in der Berufsbezeichnung, jedoch weisen alle Berufe einen engen Bezug zu den Gegenständen der Wirtschaftsinformatik auf. Genauere Informationen über die Lehrinhalte finden sich in den Bildungsplänen für die Berufsschulen der Bundesländer.

An den kaufmännischen Berufskollegs erwerben junge Menschen vollzeitschulisch die Fachhochschulreife. Neben dem Einsatz einer Tabellenkalkulationssoftware zur Lösung betriebswirtschaftlicher Probleme erwerben die Schülerinnen im ersten Schuljahr folgende Qualifikationen: Modellierung und Analyse von Geschäftsprozessen, Grundlagen relationaler Datenbanksysteme, Grundlagen von XHTML sowie Dynamisierung von Webseiten. In Vertiefungen können die objektorientierte Systemanalyse und -entwicklung, die persistente Speicherung von Objekten, der Zugriff auf relationale Datenbanken aus objektorientierten Systemen erlernt sowie ein IT-Projekt geplant und durchgeführt werden (Ministerium für Kultus, Jugend und Sport Baden-Württemberg 2009).

6.5.3 Duale Hochschulen

Duale Hochschulen (DH) gibt es als eigenständige Hochschuleinrichtungen bislang in Baden-Württemberg und Thüringen. In Rheinland-Pfalz wird darunter eine Serviceeinrichtung verstanden, die Unternehmen, Hochschulen und Studierende zusammenführt. Sie sind aus den Berufsakademien hervorgegangen und wurden durch die Einführung von Masterstudiengängen weiter ausgebaut. Der Lehrplan weist neben einem Fachstudium eine starke Praxisorientierung auf, da ein Großteil der Ausbildung in einem Unternehmen stattfindet.

Im ausbildungsintegrierten Studium werden Studierende in der Praxis in einem staatlich anerkannten Beruf (Lehrberuf) ausgebildet. Beim praxisintegrierten Studium studieren Sie an einer Hochschule, werden aber gleichzeitig in Unternehmen weiterqualifiziert. Die Ausbildung ist unternehmenszentriert und weist Parallelen zu einer Lehre auf höherem Niveau auf. In Baden-Württemberg fungieren 9000 Unternehmen als „Duale Partner". DH vergeben seit der Bologna-Reform die akademischen Grade eines staatlich anerkannten Bachelors und Masters. Der Bachelor ermöglicht den Zugang zum Masterstudium an Fachhochschulen und Universitäten. Dadurch werden die Durchlässigkeit zu anderen Bildungs- und Ausbildungseinrichtungen und der Wettbewerb zwischen den Hochschultypen stimuliert. Den Zugang zu Universitäten schaffen überdurchschnittlich gut qualifizierte Absolventinnen. DH erfreuen sich einer großen Nachfrage, da das Nicht-Beschäftigungsrisiko nach dem Studium reduziert und während der Ausbildung eine Vergütung gezahlt wird. Die Curricula der Studiengänge für Wirtschaftsinformatik ähneln denen von Hochschulen und Universitäten, weisen aber geringere Anforderungen in Grundlagen- und Methodenfächern auf.

6.5.4 Hochschulen für angewandte Wissenschaften

Durch die Bologna-Reform sind die ehemaligen Fachhochschulen (FH) zur Vergabe von staatlich anerkannten Bachelor- und Masterabschlüssen berechtigt. Der Bachelor ermöglicht ein Masterstudium, der Master eine Promotion an einer Universität. Die Bezeichnung „Hochschulen für angewandte Wissenschaften" verdeutlicht, dass sich diese Hochschulform dezidiert auf anwendungsnahe Studiengänge und anwendungsbezogene Forschung fokussiert. Die Abschlüsse, die Fachhochschulen vergeben, entsprechen formell denjenigen von Universitäten und sind daher gleichlautend. Die Angabe der Hochschulart hinter dem akademischen Grad, zum Beispiel (FH) oder (univ.), ist seit der Bologna-Reform nicht mehr verpflichtend. Hochschulen für angewandte Wissenschaften (engl. University of Applied Sciences) firmieren in Deutschland häufig als Hochschulen (z. B. Hochschule Mannheim).

Auch in diesen Einrichtungen sind die Studienangebote mit Bezug zur Wirtschaftsinformatik und die Studierendenzahlen in den letzten Jahren beachtlich gestiegen. Ihre Infrastruktur und die verfolgten Kleingruppenkonzepte bieten attraktive Qualifizierungsmöglichkeiten. Die Praxisorientierung wird durch Rekrutierung von Lehrenden verstärkt, die neben einer Promotion eine Berufserfahrung vorweisen können. Infolge der Veränderungen durch die Bologna-Reform hat sich der Wettbewerb mit den Universitäten intensiviert, da identische akademische Grade verliehen werden. Fachhochschulen finden sich in Deutschland, Österreich und der Schweiz. Neben der Wirtschaftsinformatik als Studiengang oder Vertiefungsfach in Studiengängen der Informatik oder Betriebswirtschaftslehre werden verwandte Inhalte unter der Bezeichnung „Digital Business/Transformation", „E-Business/E-Commerce", „IT-Management", „Business Analytics", „Data Science" o. Ä. angeboten. Die Anzahl der in Deutschland angebotenen Studiengänge mit Bezug zur Wirtschaftsinformatik belief sich im Jahr 2021 laut Studis Online auf 348 Bachelor- und 105 Masterprogramme. Vom (Fach)Hochschul-Weiterbildungsportal Österreich werden 22 Bachelor- und 15 Masterstudiengänge ausgewiesen. Vom (Fach)Hochschul-Weiterbildungsportal werden für die Schweiz neun Bachelor- und 16 Masterstudiengänge angezeigt.

Hochschulen für angewandte Wissenschaften besitzen kein allgemeines Promotionsrecht. Dies wird in Deutschland diskutiert und stetig verändert. In einigen Bundesländern gibt es bereits Pilotprojekte für Promotionen an Fachhochschulen. 2016 trug erstmals Hessen mit einem eigenständigen Promotionsrecht für forschungsstarke Hochschulen zur Anerkennung einer gleichwertigen Ausbildung gegenüber Universitäten bei. 2019 folgte Nordrhein-Westfalen mit der Etablierung des Graduierteninstituts NRW als Promotionskolleg. Seit 2020 räumt Sachsen-Anhalt forschungsstarken Fachrichtungen an Hochschulen das Promotionsrecht ein. In Bayern ist die Promotion an Hochschulen im Rahmen einer kooperativen Promotion möglich, d. h. mit Beteiligung einer Universität oder im Rahmen einer Verbundpromotion im Bayerischen Wissenschaftsforum BayWiss. In Baden-Württemberg wird ein Modell der Assoziierung verfolgt. Demnach können Hochschulen mit Promotionsrecht (also Universitäten) Professorinnen der Hochschulen für angewandte Wissenschaften, mit denen sie in Promotionsverfahren zusammenarbeiten möchten, befristet assoziieren. Die Assoziierung setzt einen Antrag voraus.

6.5.5 **Universitäten**

Universitäten haben drei hervorstehende Merkmale: die Grundlagenforschung, das Promotions- und Habilitationsrecht sowie den trotz Bologna-Reform bestehenden Anspruch auf Bildung, nicht nur auf Ausbildung und Arbeitsmarktfähigkeit (engl. employability). In der Grundlagenforschung wird neues Wissen über die Struktur und das Verhalten natürlicher, sozialer und technischer Systeme gewonnen. Sie ist per se weniger praxisorientiert. In Realwissenschaften oder in Disziplinen mit ingenieurwissenschaftlichem Bezug ist es jedoch schwierig, neues Wissen ohne Einbeziehung der Praxis zu schaffen. Zudem sind Absolventinnen ohne Praxisbezug am Arbeitsmarkt schwer zu vermitteln. Daher ist ein wohldosiertes Maß an theorie- oder technologiegeleiteter Praxisorientierung für Universitäten ein Imperativ. Das alleinige Promotionsrecht erodiert und die Habilitation gerät infolge der Einführung der Juniorprofessur unter Druck. Die Universitäten spüren daher auch in der Forschung einen zunehmenden Wettbewerbsdruck, der durch die zunehmende Globalisierung der Wissenschaft verstärkt wird.

In Deutschland wurden im Fach Wirtschaftsinformatik laut Schauer (2021) 54 Bachelor- und 63 Masterstudiengänge an Universitäten angeboten. In der Lehre wird der Praxisbezug durch Gastvorträge von Praktizierenden, Exkursionen, Praktika, Praxisseminare, Fallstudien, Werkzeugeinsatz und an Praxisproblemen orientierten Bachelor- bzw. Masterarbeiten erreicht. Unternehmen verfolgen durch von ihnen organisierte und finanzierte Workshops, Fallstudienwettbewerbe, Mentorenprogramme oder Karrierenetzwerke (z. B. das Online-Studium ▶ E-fellows.net von McKinsey) das Ziel, Talente zu entdecken und früh an das eigene Unternehmen zu binden. Die Nachfrage nach qualifizierten Absolventinnen der Wirtschaftsinformatik von Universitäten ist ungebrochen hoch, da diese im Gegensatz zu den Absolventinnen der (dualen) Hochschulen nicht nur bestehendes Wissen anwenden, sondern Instrumentarien erlernen, wie man neues Wissen erarbeitet.

Die Praxis ist für die Forschung von besonderer Bedeutung, da

1. die in der Praxis bestehenden Probleme besonders unter Anwendung wissenschaftlicher Erkenntnisse zufriedenstellend gelöst werden können und
2. die Praxis Drittmittel zur Verfügung stellt, die für die Finanzierung anwendungsorientierter Forschungsprojekte verwendet werden.

Während Grundlagenforschung über die Basisausstattung der Universitäten bzw. universitären An-Institute (z. B. Fraunhofer-Gesellschaft, Max-Planck-Institute) und der DFG, des SNF oder des FWF gesichert wird, zielen die Förderrichtlinien der EU und der deutschen Ministerien BMBF, BMWi und BMVI darauf ab, die Anwendungsorientierung durch Verbundforschung mit Unternehmen sicherzustellen und damit den Praxisbezug der Forschung zu erhöhen. Viele Förderinitiativen können nur dann wahrgenommen werden, wenn sich Unternehmen in signifikantem Maße an der Finanzierung beteiligen.

Im Stadium der Produktentwicklung beteiligen Unternehmen universitäre Forschungseinrichtungen durch *Auftragsforschung* oder den Aufkauf bzw. die Lizenznahme von Patenten. *Gründerexistenzprogramme* unterstützen Universitätsabsolventinnen, Innovationen zu fördern und in die Praxis zu führen. Diese Programme sehen eine Grundalimentierung der jeweiligen Forscherin bei Nutzung der universitären Infrastruktur vor.

6.6 Persönlichkeiten einer praxisorientierten Wirtschaftsinformatik

Nachdem bereits institutionelle Beispiele erfolgreicher Unternehmensgründungen im Fach und damit verbundene Persönlichkeiten vorgestellt wurden, soll nachfolgend die Entwicklung von Absolventinnen und Absolventen der Wirtschaftsinformatik kursorisch beleuchtet werden, die ihre Laufbahn in Unternehmen eingeschlagen haben. Nach den vorliegenden, nicht erschöpfenden Informationen gibt es eine Vielzahl von Graduierten, die verantwortungsvolle Aufgaben in Wirtschaft und Verwaltung innehatten und haben. Als Beispiele lassen sich zum Zeitpunkt der Drucklegung dieser Monografie die nachfolgenden Wirtschaftsinformatikerinnen und -informatiker exemplarisch anführen.[1]

- Dr. Maren Bochinger, Managing Director und Head of Sales, LEDVANCE, Schweden und Norwegen,
- Alexander Buresch, Leiter BMW Group IT, BMW AG München,
- Dr. Ulrich Faisst, Chief Technology Officer (CTO) bei Cognizant, Stuttgart,
- Dr. Thomas Fischer, Head of IT, Berner Kantonalbank AG,
- Dr. Bettina Friedl, Head of Global Service and Customer Care, ZEISS Industrial Quality Solutions, Oberkochen,
- Dr. Quirin Görz, CIO, Kuka AG, Augsburg,
- Dr. Michael Grebe, Managing Director and Senior Partner, Boston Consulting Group, München,
- Dr. Philipp Mette, Direktor und Mitglied der Geschäftsleitung bei Strategy&, München,
- Dr. Paul Meyer, CIO, Meyer Werft GmbH & Co KG, Papenburg,
- Michael Nilles, Chief Digital Officer (CDO) und CIO der Henkel AG, Düsseldorf,
- Dr. Anke Sax, Geschäftsführerin, KGAL GmbH & Co. KG, Grünwald,
- Dr. Axel Schell, CTO, Allianz SE, München,
- Dr. David Schüppler, Geschäftsführer, L. Stroetmann Lebensmittel GmbH & Co KG, Münster,
- Prof. Dr. Reinhard Schütte, ehemals Mitglied des Vorstands der EDEKA AG, seit 2015 Professor für Wirtschaftsinformatik an der Universität Duisburg-Essen,
- Dr. Lutz Seidenfaden, CIO, MTU Engines AG, München,
- Dr. Hermann Sikora, Vorsitzender der Geschäftsführung der Raiffeisen Software GmbH und der RAITEC GmbH, Linz, Österreich,
- Dr. Mario Thaten, Generalbevollmächtigter der Bausparkasse Schwäbisch Hall und Geschäftsführer der Schwäbisch Hall Wohnen GmbH,
- Dr. Bernd Vöhringer, Oberbürgermeister der Stadt Sindelfingen,
- Dr. Johannes Wechsler, CDO, BAUHAUS Deutschland, Mannheim,
- Julia Wiesermann, Managing Director bei BCG Platinion, München.

Zudem möchten wir eine Vita, die von Dr. Jürgen Müller, exemplarisch eingehender behandeln:

---

1   Großer Dank gebührt unseren Kollegen Jörg Becker, Hans Ulrich Buhl, Jens Dibbern und Helmut Krcmar für die freundlichen Hinweise.

6

▶ **Beispiel einer Laufbahn**

Dr. Jürgen MÜLLER, Jg. 1982, ist als Mitglied des Vorstands der SAP SE für den Bereich Technologie und Innovation verantwortlich. Als Chief Technology Officer (CTO) obliegen ihm die Technologie- und Innovationsstrategie seines Hauses, die Entwicklung der SAP-Technologieplattform, inklusive SAP HANA, der SAP Integration Suite, der SAP Extension Suite, der SAP Analytics Cloud mit intelligenten Technologien, die Erschließung neuer Geschäftsfelder und Technologien, die globalen Clouddienste und die Innovation mit Kunden. Dr. Müller war seit 2013 in verschiedenen Führungspositionen bei der SAP tätig. Nach seiner Rolle als Leiter des Innovation Center Potsdam übernahm er Verantwortung für das weltweite SAP Innovation Center Network, das Wegbereiter für neue, bahnbrechende Technologien ist. Ab Juni 2016 war er als Managing Director der SAP Labs Berlin für Innovationsarbeit im Großraum Berlin verantwortlich. In demselben Jahr wurde Müller zum Chief Innovation Officer der SAP ernannt und übernahm 2018 zusätzlich die Zuständigkeit für die Entwicklungsbereiche Leonardo und Analytics. Er hat im Jahr 2007 ein Diplom in Wirtschaftsinformatik der Universität Göttingen erlangt und verbrachte während seines Studiums einige Zeit in China. Darüber hinaus promovierte er zu In-Memory-Datenbanken optimierter Anwendungen am Hasso-Plattner-Institut in Potsdam. Die Arbeit beschäftigte sich mit dem effizienten Abruf von Informationen zur Verfolgung und Identifikation von Objekten, die ein Netzwerk von Herstellern, Großhändlern, Einzelhändlern und Verbraucherinnen durchlaufen. Er ist Mitglied im Aufsichtsrat des Deutschen Forschungszentrums für Künstliche Intelligenz (DFKI) und im Senat der Deutschen Akademie der Technikwissenschaften (acatech). ◀

Neben Karrieren in Wirtschaft und Verwaltung verdeutlicht das Beispiel von Bastian NOMINACHER, dem Mitgründer und Ko-Vorstandsvorsitzender der Celonis SE, dass wirtschaftsinformatiknahe Qualifikationen eine große Bedeutung bei der Gründung und Einwerbung von Startkapital junger Unternehmen zukommt. Sassonko et al. (2021) zeigen auf, dass das gleichzeitige Vorliegen von betrieblichen und informationstechnischen Qualifikationen den Erfolg von Unternehmensgründungen durch die erfolgreiche Einwerbung von Risikokapital begünstigt. Dieser Befund deutet darauf hin, dass wirtschaftsinformatiknahe Qualifikationen nicht nur den etablierten Organisationen zugutekommen, sondern eine zentrale Rolle bei der erfolgreichen Gründung und Weiterentwicklung junger Firmen einnimmt. Sie können an diesen Ausführungen erkennen, dass die Praxisorientierung eine zentrale Konstituente der Wirtschaftsinformatik darstellt und der ungebrochene Bedarfssog ansehnliche Betätigungs- und Karrieremöglichkeiten eröffnet.

Literatur

AzubiYo (2021). *Berufe-Lexiekon*. Berufe von A-Z. https://www.azubiyo.de/berufe/a-z/.

Bedeian, A. G. (2016). A note on the aphorism "there is nothing as practical as a good theory". *Journal of Management History 22*(2), 236–242.

Bitkom (2022). *IT-Fachkräftelücke wird größer: 96.000 offene Jobs*. Berlin 3.1.2022, https://www.bitkom.org/Presse/Presseinformation/IT-Fachkraefteluecke-wird-groesser.

D-Statis, Statistisches Bundesamt Deutschland (2021). *Bildung und Kultur – Nichtmonetäre hochschulstatistische Kennzahlen* – Fachserie 11 Reihe 4.3.1, 15.1 Bestandene Prüfungen nach Studiendauer in Semestern, ausgewählten Studienfächern und Prüfungsgruppen (ohne Promotionen) – 1980-

2020. Wiesbaden. 15.12.2021. https://www.destatis.de/DE/Themen/Gesellschaft-Umwelt/Bildung-Forschung-Kultur/Hochschulen/Publikationen/Downloads-Hochschulen/kennzahlen-nichtmonetaer-2110431207004.pdf;jsessionid=BDC9945E11A6829ACA68FD89943E4B77.live722?__blob=publicationFile.

dun & bradstreet (o.J.). D&B Business Directory, https://www.dnb.com/business-directory/company-profiles.scheer_gmbh.098dc9f8502fb6956df82bf880e9a511.html.

Gronau, N. (2021). ERP-Auswahl: Der Markt für ERP-Systeme. In: ERP-Management, 6. September 2021, https://erp-management.de/themen/erp-auswahl/artikel/der-markt-fuer-erp-systeme/.

Ministerium für Kultus, Jugend und Sport Baden-Württemberg (2009). Schulversuch 41-6623.27/27 vom 30. Juli 2009, Lehrpläne für das Berufskolleg, Kaufmännisches Berufskolleg Wirtschafts-informatik, Wirtschaftsinformatik Schuljahr 1 und 2. http://ls-bw.de/site/pbs-bw-new/get/documents/lsbw/Bildungsplaene-BERS/MediaCenter/bk/bk_I-II/bkkfmwi/BK-BKWI_Wirtschaftsinformatik_09_3706_02.pdf.

North Rizza, M., Jewell, J., Beauvais, J. & Permenter, K. (2021). Worldwide Enterprise Applications Software Forecast, 2021-2025: A Digital-First World Requires Next-Generation Applications, August 2021, IDC Market Forecast #US47983921.

Pang, A., Markovski, M. & Zdravkovski, M. (2021). Apps Run The World. Apps Research & Buyer Insight. 2020 Hindsight Finds Deceleration Among Top 10 Vendors in IaaS, Cloud, Enterprise Applications Amid Cloudy Outlook, April 28, 2021. https://www.appsruntheworld.com/2020-hindsight-finds-deceleration-among-top-10-vendors-in-iaas-cloud-enterprise-applications-amid-cloudy-outlook/.

Pang, A., Markovski, M. & Markovska, A. (2022a). Apps Run The World. Apps Research & Buyer Insight. Top 10 CRM Software Vendors, Market Size and Market Forecast 2021-2026, September 23, 2022. https://www.appsruntheworld.com/top-10-crm-software-vendors-and-market-forecast/.

Pang, A., Markovski, M. & Micik, A. (2022b). Apps Run The World. Apps Research & Buyer Insight. Top 10 ERP Software Vendors, Market Size and Market Forecast 2021-2026, September 26, 2022. https://www.appsruntheworld.com/top-10-erp-software-vendors-and-market-forecast/.

Pang, A., Markovski, M. & Ristik, M. (2022c). Apps Run The World. Apps Research & Buyer Insight. Top 10 Procuement Software Vendors, Market Size and Market Forecast 2021-2026, September 26, 2022. https://www.appsruntheworld.com/top-10-procurement-software-vendors-and-market-forecast/.

Pang, A., Markovski, M. & Ristovska Janevska, J. (2022d). Apps Run The World. Apps Research & Buyer Insight. Top 10 SCM Software Vendors, Market Size and Market Forecast 2021-2026, September 26, 2022. https://www.appsruntheworld.com/top-10-scm-software-vendors-and-market-forecast/.

Sassonko, B., Steininger, D.M. & Veit, D. (2021). *Does IT Education Matter? An Investigation of Founder Team Characteristics and Entrepreneurial Success.* Working Paper. Augsburg, Kaiserslautern.

Schauer, C. (2021). Wirtschaftsinformatik-Studiengänge an Universitäten in Deutschland – Analyse der Studienanfängerzahlen und Frauenanteile im Vergleich zur Informatik und zu Fachhochschulen. *ICB-Reesearch Report 69,* Juni 2021. Universität Duisburg-Essen.

Staatsinstitut für Schulqualität und Bildungsforschung München (2020). *Wirtschaftsinformatik.* https://www.gym8-lehrplan.bayern.de/contentserv/3.1.neu/g8.de/id_26400.html.

Scheer, A.-W. (1999). *EDV-orientierte Betriebswirtschaftslehre,* 4. Aufl. Berlin et al.: Springer.

Swanson, E. B. (1994). Information systems innovation among organizations. *Management Science* 40(9), 1069-1092.

Informationsmaterial

41-6623.27/27 vom 30. Juli 2009, Lehrpläne für das Berufskolleg, Kaufmännisches Berufskolleg Wirt-schaftsinformatik, Wirtschaftsinformatik Schuljahr 1 und 2, http://ls-bw.de/site/pbs-bw-new/get/documents/lsbw/Bildungsplaene-BERS/MediaCenter/bk/bk_I-II/bkkfmwi/BK-BKWI_Wirtschaftsinformatik_09_3706_02.pdf.

abas Software GmbH, ERP-Markt (2021). *Status Quo, Marktentwicklung und Trends.* https://www.erpplanner.com/blog/detail/erp-markt-2021-status-quo-marktentwicklung-und-trends.

communities.aisnet.org/aisd/home.

d.mesonic.com/bildungswesen.

(Fach)Hochschul- & Weiterbildungsportal Deutschland, Österreich und Schweiz, www.fachhochschule.de, www.fachhochschulen.at bzw. www.fachhochschulen.net.

fb-wi.gi.de.

https://de.wikipedia.org/wiki/Elinor-Ostrom-Schule.

https://erp4school.de/.

https://www.sap.com/investors/de/governance/executive-board/juergen-mueller.html

IDC, Worldwide Enterprise Applications Revenue Grew 7.5% to Nearly $225 Billion in 2019, https://www.businesswire.com/news/home/20200722005024/en/Worldwide-Enterprise-Applications-Revenue-Grew-7.5-to-Nearly-225-Billion-in-2019-According-to-IDC.

listenchampion.de, Isar Digital Ventures GmbH, Top 250 Softwareunternehmen Deutschland – Liste der größten Software Firmen.

Studis Online, Wirtschaftsinformatik, https://www.studis-online.de/Studiengaenge/Wirtschaftsinformatik/Liste/.

StudiScan, Bachelor Wirtschaftsinformatik studieren, https://www.studieren-studium.com/studium/Wirtschaftsinformatik.

www.bildungsplaene-bw.de/,Lde/ausbildungsberufe.

www.e-fellows.net.

www.it-berufe.de.

www.netzoekonom.de.

www.wirtschaftsinformatik.de.

6

Zweck und Ziele der Wirtschaftsinformatik

Inhaltsverzeichnis

© Springer-Verlag GmbH Deutschland, ein Teil von Springer Nature 2024
A. Heinzl et al., *Wirtschaftsinformatik*, https://doi.org/10.1007/978-3-662-67392-8_7

7

Zweck dieser Lerneinheit

In der Lerneinheit ► Kap. 2 „Wirtschaftsinformatik als Wissenschaft" wurden die Erkenntnisgewinnung (Beschreibung, Erklärung) und Erkenntnisverwertung (Gestaltung, Prognose) als *Wissenschaftsziele* vorgestellt, also Ziele, welche die Wirtschaftsinformatik als Wissenschaft verfolgt und verfolgen sollte. Wenn die Wirtschaftsinformatik den Prozess der Entwicklung, Einführung und Nutzung von Mensch-Aufgabe-Technik-Systemen (MAT-Systemen) untersucht, dann muss sie sich aber auch für die Ziele interessieren, die bei diesem Prozess und bei der Nutzung der Prozessergebnisse verfolgt werden. Sie haben bereits in der Lerneinheit ► Kap. 1 „Gegenstandsbereich der Wirtschaftsinformatik" gelernt, dass Systeme *zweckorientiert* und *zielorientiert* sind und dass dies auch für MAT-Systeme gilt.

Zweckorientiert meint, welche *Sachziele* verfolgt werden, mit anderen Worten, welche Aufgaben mit Informations- und Kommunikationstechnologien unterstützt werden, oder auch, welche Information in welcher Qualität an welchem Ort und zu welcher Zeit Aufgabenträgerinnen zur Aufgabenerfüllung benötigen. Die Sachziele werden hier nicht weiter behandelt, weil sich darüber weniger allgemeine Aussagen machen lassen.

Zielorientiert meint, mit welcher Qualität oder Güte die Sachziele verfolgt werden. Die damit angesprochenen Ziele werden als *Formalziele* bezeichnet; diese Lerneinheit beschäftigt sich primär mit diesen Formalzielen.

Wenn MAT-Systeme bestimmte Formalziele erfüllen sollen, ist es zweckmäßig, ihnen die entsprechenden Qualitätseigenschaften während des Entwicklungsprozesses, in dem sie entstehen, einzuprägen; sie können kaum nachträglich aufgeprägt werden. Diese Aussage gilt unabhängig davon, ob klassisch oder nach agilen Ansätzen entwickelt wird. Der Entwicklungsprozess sollte grundsätzlich bestimmte Qualitätseigenschaften haben, u. a. deshalb, weil Qualitätseigenschaften des Prozesses (z. B. Softwareentwicklung) bestimmte Qualitätseigenschaften der Prozessergebnisse (z. B. entwickeltes Softwareprodukt) beeinflussen können.

Nach dem Durcharbeiten dieser Lerneinheit kennen Sie Beispiele für Formalziele, die für Entwicklung, Einführung und Nutzung von MAT-Systemen typisch sind. Sie erkennen, dass es nicht Aufgabe der Wirtschaftsinformatik als Wissenschaft ist, der Praxis vorzuschreiben, welche Ziele in welchem Zielausmaß verfolgt werden sollen, sondern ihr Empfehlungen für zielorientiertes Handeln beim Gestalten von MAT-Systemen zu geben. Zum Abschluss dieser Lerneinheit werden Sie mit dem 1995 von Peter Mertens formulierten und bislang vielfach diskutierten Langfristziel der Wirtschaftsinformatik, nämlich der „sinnhaften Vollautomation", vertraut gemacht. Diese Diskussion soll auch aufzeigen, dass Ziele mit Organisationsfokus – hier eben die sinnhafte Vollautomation betrieblicher Aufgaben – einen maßgeblichen Einfluss auf Ziele anderer Analyseebenen wie Individuum und Gesellschaft haben können.

7.1 Ziele und Zielarten

Als Zweck bezeichnet man, was jemand oder etwas mit einer Handlung beabsichtigt, also das, was bewirkt bzw. erreicht werden soll. Als Zweck bezeichnet man auch den einer Handlung zugrunde liegenden Sinn. Ziele sind Ergebnisse bewussten Handelns und beschreiben gewollte, zukünftige Zustände oder Wirkungen, die in einer bestimmten Zeit zu bestimmten Zuständen führen; sie sind also *normative Aussagen* (▶ Kap. 2 „Wirtschaftsinformatik als Wissenschaft"). Ziele lenken die Auswahl von Alternativen, indem die prognostizierten Wirkungen der Alternativen mit den normativen Aussagen verglichen werden und daher beurteilt werden können. Das Setzen und Verfolgen von Zielen dient der Koordination und Kontrolle der Aufgabenerfüllung und der Motivation der Aufgabenträgerinnen.

Zielarten werden zunächst danach unterschieden, welche Instanzen dafür zuständig sind, Ziele zu setzen, nämlich Organisationen (z. B. Unternehmen) und Individuen (z. B. Nutzerinnen von Anwendungssystemen). *Organisationsziele* werden von den dafür zuständigen Personen, Stellen oder Gremien gesetzt (z. B. strategische IT-Ziele vom Top-Management); *Individualziele* hingegen von den Personen, die ein fachliches und persönliches Interesse daran haben (z. B. Akzeptanzziele von Nutzerinnen). Das *Zielsystem* einer Organisation als eine Menge von miteinander in Beziehung stehenden Zielen kann sich nur dann bewähren, wenn es gelingt, Organisationsziele und Individualziele so zu setzen, dass sie nicht (zu sehr) in Widerspruch zueinanderstehen. In der Betriebswirtschaftslehre hat die Auseinandersetzung mit Zielen eine lange Tradition (Berthel 2000; Corsten 2008; Heinen 1966; Schmidt 1993), in der Wirtschaftsinformatik im Vergleich dazu weniger (Heinrich und Sterrer 1987; Mertens 1995; Eller und Riedl 2016).

Eine weitere Unterscheidung von Zielarten ist die zwischen ökonomischen und nicht-ökonomischen Zielen. *Ökonomische Ziele* sind z. B. *Produktivität* und *Wirtschaftlichkeit*, aber auch solche Ziele, die Auswirkungen auf ökonomische Ziele haben (z. B. Nutzerakzeptanz auf Arbeitsproduktivität und damit auf Wirtschaftlichkeit). Auf ökonomische Ziele wird im Folgenden schwerpunktmäßig eingegangen. Dabei muss berücksichtigt werden, dass *nicht-ökonomische Ziele* zunehmend an Bedeutung gewinnen. Beispiele sind *Nachhaltigkeit* sowie *Zufriedenheit*, *Wohlbefinden* und *Gesundheit* von Mitarbeiterinnen. Weitere nicht-ökonomische Ziele sind *Machtstreben*, *Prestige* und *Geltungsbewusstsein*; diese können einen erheblichen Einfluss darauf haben, welche ökonomischen Ziele wie gesetzt und verfolgt werden.

> ▶ **Beispiel Zielplanung**
>
> Bei der Zielplanung für ein Digitalisierungsprojekt ist insbesondere auch auf die Nutzerakzeptanz zu achten, da diese die Produktivität und die Wirtschaftlichkeit beeinflusst. Fehlende bzw. niedrige Akzeptanz geht mit negativen Wirkungen auf diese ökonomischen Ziele einher. Zudem können sich in Digitalisierungsprojekten jene Personen mit ihren Zielen besser durchsetzen, die über eine starke Machtposition im Unternehmen verfügen, sodass sachlich besser begründbare Ziele „auf der Strecke bleiben". ◀

Zielelemente sind Zielinhalt, Zielmaßstab, Ausmaß der Zielerreichung, zeitlicher Bezug sowie personifizierte Verantwortung der Zielerreichung. Mit den Formalzielen für MAT-Systeme beschäftigt sich die *Zielforschung.* Sie will insbesondere herausfinden, welche Ziele von Bedeutung sind, von Bedeutung sein werden und welche Beziehungen zwischen den Zielen bestehen. Zweck der Zielforschung ist es nicht, der Praxis Vorschriften darüber machen zu wollen, welche Ziele sie verfolgen soll; das ist Aufgabe der in der Praxis tätigen Wirtschaftsinformatikerinnen. Im Folgenden werden Ziele für die drei Erkenntnisobjekte der Wirtschaftsinformatik beschrieben, nämlich für Informationssysteme, die Informationsinfrastruktur und die Informationsfunktion. Den Zielen dieses Lehrbuchs entsprechend befasst sich diese Grundlegung nur mit der Dimension Zielinhalt.

7.2   Ziele für Informationssysteme

Bei der Erläuterung der Ziele für Informationssysteme wird der Systematik gefolgt, die in ◘ Abb. 7.1 dargestellt ist.

Formalziele, welche die *Prozessqualität* beschreiben, können zunächst in Leistungs-, Termin- und Kostenziele gegliedert werden. *Leistungsziele* sind Ziele, welche die Erbringung von Zwischenergebnissen und Ergebnissen im Entwicklungs-, Einführungs- und Nutzungsprozess beschreiben. *Terminziele* sind Ziele, welche die geplanten Zeitpunkte oder Zeiträume für die Erbringung von Zwischenergebnissen und Ergebnissen beschreiben. *Kostenziele* sind Ziele, welche den geplanten und bewerteten Verbrauch an Gütern und Dienstleistungen für die Erbringung von Zwischenergebnissen und Ergebnissen beschreiben. Weitere Ziele zur Beschreibung der Prozessqualität lassen sich ableiten, wenn die *Beziehungen* zwischen Leistungen, Terminen und Kosten präzisiert und darüber hinaus diese Phänomene aus einem anderen Blickwinkel betrachtet werden. Dies führt zu den Formalzielen Produktivität, Wirtschaftlichkeit und Zuverlässigkeit (zur Erläuterung der Zielinhalte siehe den nachfolgenden Abschnitt über die Definitionen von Formalzielen der Prozess- und Produktqualität).

Ziele, welche die *Produktqualität* beschreiben, können in Nutzungs-, Wartungs- und Rahmenziele gegliedert werden. *Nutzungsziele* beschreiben die *Qualität* der Be-

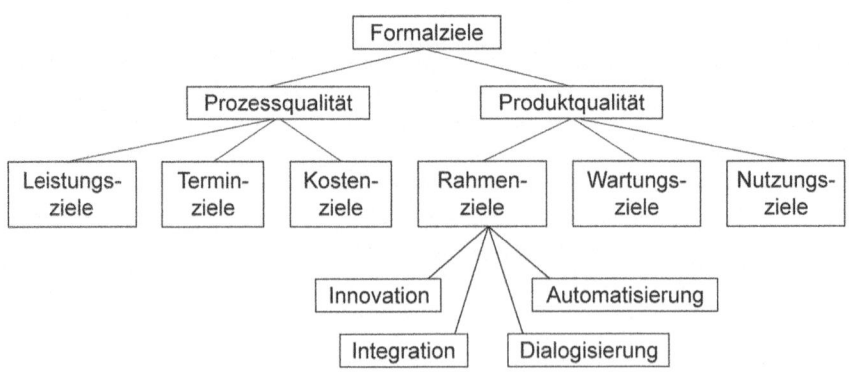

◘ **Abb. 7.1**   Systematik der Formalziele für Informationssysteme

nutzung der Produkte; sie bestimmen ihre *Gebrauchstauglichkeit*. Eine Präzisierung der Nutzungsziele kann nach den Qualitätsmerkmalen Akzeptanz, Benutzbarkeit, Produktivität, Sicherheit, Übertragbarkeit (Portabilität), Verfügbarkeit, Wirksamkeit, Wirtschaftlichkeit und Zuverlässigkeit erfolgen (siehe ebenfalls den nachfolgenden Abschnitt über die Definitionen von Formalzielen der Prozess- und Produktqualität). *Wartungsziele* oder Rekonstruktionsziele beschreiben Qualitätsmerkmale der Produkte bezüglich ihrer Anpassung an veränderte Anforderungen, insbesondere an veränderte Sachziele, aber auch an veränderte Nutzungsziele; sie bestimmen die *Wartbarkeit* der Produkte. Eine Präzisierung der Wartungsziele kann nach den Qualitätsmerkmalen Änderbarkeit (Flexibilität, Anpassbarkeit), Testbarkeit (Prüfbarkeit) und Verständlichkeit erfolgen.

Definitionen von Formalzielen der Prozess- und Produktqualität

Ein Merkmal der Produktqualität ist Akzeptanz.

Akzeptanz ist ein Merkmal der Produktqualität und beschreibt die Eigenschaft eines Systems, die Zustimmungsbereitschaft der Betroffenen zu finden. Eine speziellere Sichtweise von Akzeptanz beschreibt die Bereitschaft der zukünftigen Benutzerin, das in einer konkreten Arbeitssituation vom Techniksystem angebotene Nutzungspotenzial zur Lösung ihrer Aufgaben in Anspruch zu nehmen (Benutzerakzeptanz). Primäre Einflussgrößen der Akzeptanz sind Aufgabenbezogenheit (= Nützlichkeit des Systems bei der Aufgabenerfüllung) und Benutzbarkeit (= Einfachheit der Nutzung des Systems).

Änderbarkeit (auch als Flexibilität oder Anpassbarkeit bezeichnet) ist ein Merkmal der Produktqualität und beschreibt die Eigenschaft eines Systems, Veränderungen an einzelnen Systemteilen zuzulassen, ohne das Gesamtsystem ändern zu müssen (z. B. Erweiterung der Funktionalität). Primäre Einflussgröße der Änderbarkeit ist Modularität, womit die Eigenschaft eines Systems bezeichnet wird, nach einem „Baukastensystem" strukturiert zu sein, was die Komplexität und Kompliziertheit reduziert. Mit „Baukastensystem" wird angegeben, dass Systemteile so in Module gegliedert werden, dass in etwa gleichartige Umfänge entstehen.

Benutzbarkeit ist ein Merkmal der Produktqualität und beschreibt eine Menge von Eigenschaften des Systems, die eine einfache, leicht erlernbare Benutzung erlauben. Primäre Einflussgröße der Benutzbarkeit ist die Verständlichkeit.

Produktivität als Merkmal der *Prozessqualität* beschreibt den mengenmäßigen Verbrauch an Gütern und Dienstleistungen, die für Entwicklung und Einführung eingesetzt werden (z. B. Anzahl Mitarbeiterstunden), im Verhältnis zum mengenmäßigen Ergebnis dieser Tätigkeiten (z. B. Anzahl der implementierten Funktionen). Primäre Einflussgrößen der Produktivität als *Prozessqualität* sind Modularität, Personalqualifikation, Verfügbarkeit von Methoden und Werkzeugen sowie Verständlichkeit.

Produktivität als Merkmal der *Produktqualität* beschreibt den mengenmäßigen Verbrauch an Gütern und Dienstleistungen, die für die Systemnutzung eingesetzt werden (z. B. Anzahl Arbeitsstunden Nutzerinnen), im Verhältnis zum mengenmäßigen Ergebnis der Systemnutzung (z. B. Anzahl durchgeführter Transaktionen). In Abhängigkeit von den gewählten Verbrauchs- und Ergebnismengen werden also verschiedene Prozess- oder Produktphänomene festgelegt, an die Produktivitätsforderungen gestellt werden. Primäre Einflussgrößen der Produktivität als *Produktqualität* sind Aufgabenbezogenheit, Benutzbarkeit und Sicherheit.

Sicherheit ist ein Merkmal der Produktqualität und beschreibt die Eigenschaft eines Systems, Bedrohungen (z. B. durch kriminelle Handlungen) so begegnen zu können, dass Schäden vermieden werden. Primäre Einflussgrößen der Sicherheit sind Verfügbarkeit, Vertraulichkeit, Verbindlichkeit, Anonymität, Authentizität und Integrität.

Testbarkeit (auch als Prüfbarkeit bezeichnet) ist ein Merkmal der Produktqualität und beschreibt die Eigenschaft eines Systems, für die Überprüfung seiner Funktionen, Leistungen und Schnittstellen einfach zugänglich zu sein. „Einfach" bedeutet insbesondere mit geringem Aufwand und geringen Kosten. Primäre Einflussgrößen der Testbarkeit sind Modularität und Verständlichkeit.

Übertragbarkeit (auch als Portabilität bezeichnet) beschreibt die Eigenschaft eines Systems (insbesondere die Eigenschaft der Anwendungssoftware), auf einem anderen als dem planmäßig vorgesehenen Verarbeitungssystem produktiv verwendbar zu sein (z. B. auf verschiedenen Hardwareplattformen). Primäre Einflussgröße der Übertragbarkeit ist die verwendete Programmiersprache.

Verfügbarkeit ist ein Merkmal der Produktqualität und beschreibt die durchschnittliche Zeitspanne, in der ein Anwendungssystem die vorhandenen Funktionen mit den geforderten Leistungen fehlerfrei ausführen kann. Primäre Einflussgröße der Verfügbarkeit eines Anwendungssystems sind die Verfügbarkeiten der dem System zugrunde liegenden Technikkomponenten wie Datenbank oder Netzwerk. Die Verfügbarkeit eines Systems ist das Produkt der Verfügbarkeiten der zugrunde liegenden Technikkomponenten. Besteht beispielsweise ein System aus drei Komponenten, die zu je 99 % verfügbar sind, ergibt sich eine Verfügbarkeit von 97 % (0,99 × 0,99 × 0,99).

Verständlichkeit beschreibt die Eigenschaft der Dokumentation, den Zweck, die Struktur und die Benutzung des Systems offenzulegen. Primäre Einflussgrößen der Verständlichkeit sind insbesondere die Einfachheit der Wahrnehmung und die Einfachheit der kognitiven Verarbeitung von Information.

Wirksamkeit ist ein Merkmal der Produktqualität und beschreibt die Übereinstimmung zwischen den geplanten und den tatsächlich realisierten Funktionen.

Wirtschaftlichkeit als Merkmal der *Prozessqualität* beschreibt den mit Kosten bewerteten Verbrauch an Gütern und Dienstleistungen, die für Entwicklung und Einführung eingesetzt werden (z. B. Personalkosten), im Verhältnis zum wertmäßigen Ergebnis (z. B. Wert der implementierten Funktionen).

Wirtschaftlichkeit als Merkmal der *Produktqualität* beschreibt den mit Kosten bewerteten Verbrauch an Gütern und Dienstleistungen, die für die Systemnutzung eingesetzt werden (z. B. Hardwarekosten), im Verhältnis zum wertmäßigen Ergebnis der Systemnutzung (z. B. Wert durchgeführter Transaktionen). In Abhängigkeit von den gewählten Kosten- und Wertgrößen werden verschiedene Prozess- und Produktphänomene festgelegt, an die Wirtschaftlichkeitsforderungen gestellt werden. Primäre Einflussgröße der Wirtschaftlichkeit ist die Produktivität.

Zuverlässigkeit als Merkmal der *Prozessqualität* beschreibt die Wahrscheinlichkeit der Einhaltung von Leistungs-, Termin- und Kostenzielen bzw. von Produktivitäts- und Wirtschaftlichkeitszielen bei der Entwicklung und Einführung.

Zuverlässigkeit als Merkmal der *Produktqualität* beschreibt die Wahrscheinlichkeit der Einhaltung aller anderen Formalziele der Systemnutzung.

Neben den Nutzungs- und Wartungszielen sind eine Reihe weiterer Formalziele, die Qualitätsforderungen an Produkte beschreiben, von Bedeutung. Sie werden unter der Bezeichnung *Rahmenziele* zusammengefasst. Rahmenziele legen *Qualitätsforderungen* an Produkte fest, die auf alle anderen Formalziele einwirken. Sie beeinflussen damit entscheidend das Entwerfen alternativer Systemkonzepte im Entwicklungsprozess.

> ▶ **Beispiele Rahmenziele**
>
> Beispiele für Rahmenziele sind Innovation bzw. Innovationsgrad, Automatisierung bzw. Automatisierungsgrad, Integration bzw. Integrationsgrad und Dialogisierung bzw. Dialogisierungsgrad. ◀

- *Innovationsgrad* beschreibt, in welchem Umfang mit dem zu schaffenden Informationssystem – durch Berücksichtigung neuer, bisher nicht oder nicht ausreichend beachteter Erkenntnisse und Technologien – neuartige Problemlösungen realisiert werden sollen. Je mehr neuartige Problemlösungen entwickelt werden, desto höher ist der Innovationsgrad.
- *Automatisierungsgrad* beschreibt, in welchem Umfang menschliche Tätigkeit durch maschinelle Tätigkeit substituiert werden soll, welche Tätigkeiten also durch menschliche Aufgabenträgerinnen und welche durch Techniksysteme ausgeführt werden sollen. Je höher das Ausmaß maschineller Tätigkeit, desto höher ist der Automatisierungsgrad.
- *Integrationsgrad* beschreibt, in welchem Umfang logisch zusammengehörige Teile (Funktionen, Daten und damit Arbeitsabläufe) zusammengefügt werden sollen. Damit wird die gewollte Arbeitsteilung des Aufgabenerfüllungsprozesses be-

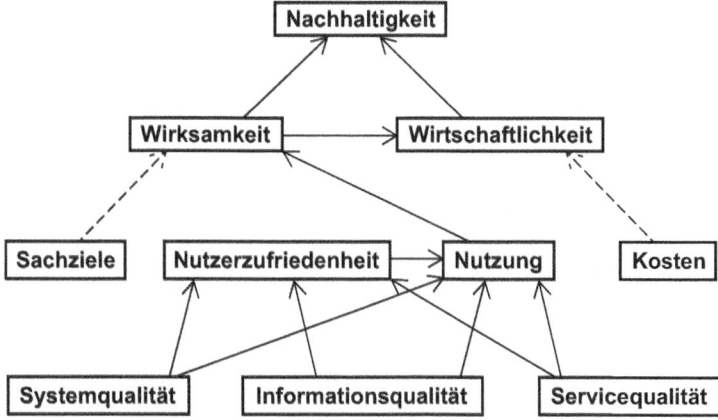

○ **Abb. 7.2** Zielsystem strategischer Formalziele von Informationssystemen (Eller und Riedl 2016)

schrieben. Den Objekten der Integration entsprechend wird zwischen Funktions- und Datenintegration unterschieden; beide gemeinsam bewirken die Ablaufintegration. Je mehr Arbeitsteiligkeit im Aufgabenerfüllungsprozess vorliegt, desto höher ist der Integrationsgrad.

- *Dialogisierungsgrad* beschreibt die Anforderungen an die Ablaufsteuerung (Dialogbetrieb oder Stapelbetrieb) bzw. welche Teile des Informationssystems im Dialogbetrieb (Dialog mit der Nutzerin) und welche im Stapelbetrieb (kein Dialog mit der Nutzerin) abgewickelt werden sollen.

Auf der Basis einer Literaturanalyse entwickelten Eller und Riedl (2016) ein Zielsystem strategischer Formalziele von Informationssystemen (○ Abb. 7.2). Wirksamkeit und Wirtschaftlichkeit haben sich dabei als zentrale Ziele von MAT-Systemen herauskristallisiert. Die Wirtschaftlichkeit wird einerseits von der Wirksamkeit bestimmt und andererseits von den Kosten, die anfallen, um die gewünschte Wirksamkeit zu erzielen. Die Wirksamkeit hängt ihrerseits von den verfolgten Sachzielen sowie von der tatsächlichen Systemnutzung ab. Systemqualität, Informationsqualität und Servicequalität führen zu Nutzerzufriedenheit und zur gewünschten Nutzung eines Systems (Delone und McLean 2003). Zudem hat die Nutzerzufriedenheit einen Einfluss auf die Nutzung. Im Regelfall gilt, dass eine höhere Nutzerzufriedenheit mit einer ausgeprägteren Nutzung einhergeht. Über allen Zielen sollte nach Eller und Riedl (2016) die Nachhaltigkeit stehen. Hiermit wird die Eigenschaft eines Systems beschrieben, langfristig ökologisch, ökonomisch und sozial verträglich eingesetzt werden zu können. Dies setzt Wirksamkeit und Wirtschaftlichkeit voraus.

Ziele, die in der Praxis oft mit der Durchführung von Projekten im Bereich *Geschäftsprozessmanagement* verfolgt werden, sind (in Klammer die verwendete Messmethode):

- *Durchlaufzeitverkürzung:* Reduzierung der Zeit, mit der ein bestimmter Geschäftsprozess abgewickelt wird (Zeitmessung).
- *Kostensenkung:* Verringerung der im Leistungserstellungsprozess anfallenden Kosten (Prozesskostenrechnung).
- *Qualitätsverbesserung:* Steigerung der von Kundinnen wahrgenommenen Qualität von Sachgütern oder Dienstleistungen (Befragung).

- *Kundenorientierung:* Ergibt sich als Resultat verkürzter Durchlaufzeiten, gesenkter Kosten sowie verbesserter Qualität (Befragung).
- *Flexibilität:* Die Eigenschaft, auf geänderte Anforderungen ohne grundlegende Veränderung des Prozessablaufs reagieren zu können (Befragung).

7.3 Ziele für die Informationsinfrastruktur

Die strategische IT-Planung verläuft primär „von oben nach unten". Sie macht also Vorgaben zur unternehmensweiten, langfristigen und marktwirksamen Gestaltung der Informationsinfrastruktur und zur Schaffung jedes einzelnen Informationssystems. Die Ziele für die Gestaltung der Informationsinfrastruktur werden also idealtypisch auf strategischer Ebene vom Top-Management gesetzt und von dort systematisch bis auf die Ebene der Nutzung jedes Anwendungssystems durch jede einzelne Nutzerin „heruntergebrochen". Rückmeldungen über die Zielerreichung erfolgen bottom-up, also von den Nutzerinnen eines Anwendungssystems bzw. aus operativ tätigen Bereichen auf übergeordnete Bereiche der Organisation. So ist das Top-Management in der Lage, die Zielerreichung zu überwachen und gegebenenfalls steuernd einzugreifen (IT-Controlling). ◘ Abb. 7.3 zeigt den idealtypischen *Controlling-Prozess.* Er wird idealtypisch genannt, weil er als theoriebasierte wissenschaftliche Empfehlung der Wirtschaftsinformatikforschung für die Praxis zu verstehen ist.

Was die Zielforschung leisten soll, ist Folgendes: Sie soll als empirische Zielforschung herausfinden, welche Zielinhalte das Top-Management verwendet, und sie soll als theoretische Zielforschung Aussagen darüber machen, welche Zielinhalte für die strategische Planung, Überwachung und Steuerung der Informationsinfrastruktur geeignet sind. Wissenschaft und Praxis haben bislang nur wenige Antworten zur Frage geliefert, welches die Formalziele sind, nach denen auf strategischer Ebene geplant, überwacht und gesteuert werden soll. Bekannt ist jedoch, dass das Streben nach Sicherheit, Produktivität und Wirtschaftlichkeit als strategische Formalziele verwendet werden.

- *Sicherheitsstreben:* Sicherheit ist die Eigenschaft der Informationsinfrastruktur, Bedrohungen so begegnen zu können, dass Schäden vermieden, entstandene Schäden erkannt und negative Auswirkungen auf den Unternehmenserfolg zumindest verringert werden.

◘ **Abb. 7.3**   Controlling-Prozess

- *Produktivitätsstreben:* Produktivität ist die Eigenschaft der Informationsinfrastruktur, bezüglich ihres mengenmäßigen Ertrags in einem bestimmten Verhältnis zum mengenmäßigen Einsatz von Produktionsfaktoren zur Erbringung dieses Ertrags zu stehen.
- *Wirtschaftlichkeitsstreben:* Wirtschaftlichkeit ist die Eigenschaft der Informationsinfrastruktur, bezüglich ihrer Kostensituation und ihrer Leistungssituation (Nutzen) in einem bestimmten Verhältnis zu stehen.

Die theoretische Zielforschung leitet die strategischen Ziele aus einem theoretischen Modell des Informationsmanagements ab. Ihre Ergebnisse ergänzen die Ergebnisse, die durch empirische Zielforschung gewonnen wurden. Nach der theoretischen Zielforschung sind das Streben nach Anpassung, Durchdringung und Wirksamkeit strategische Formalziele.

- *Anpassungsstreben* (auch als Flexibilitätsstreben bezeichnet): Anpassung ist die Eigenschaft der Informationsinfrastruktur, auf qualitative und quantitative Änderungen des Aufgabensystems ohne grundlegende Veränderungen der Informationssysteme reagieren zu können.
- *Durchdringungsstreben:* Durchdringung ist die Eigenschaft der Informationsinfrastruktur, das Aufgabensystem mehr oder weniger umfassend durch Informationssysteme zu unterstützen.
- *Wirksamkeitsstreben* (auch als Effektivitätsstreben bezeichnet): Wirksamkeit ist die Eigenschaft der Informationsinfrastruktur, Funktionen und Leistungen, unabhängig von dem dafür erforderlichen Mitteleinsatz und den Kosten, zur Nutzung anzubieten.

Aufgrund der erkennbaren Zielbeziehungen können diese sechs strategischen Ziele zur Planung, Überwachung und Steuerung der Informationsinfrastruktur in die beiden Zielbündel *Wirksamkeit* mit Durchdringung und Sicherheit sowie *Wirtschaftlichkeit* mit Produktivität und Anpassung geordnet werden. Wirksamkeit und Wirtschaftlichkeit sind die beiden entscheidenden Phänomene, mit deren Hilfe das Top-Management die IT planen, überwachen und steuern, kurz gesagt „in den Griff" bekommen kann.

7.4 Ziele für die Informationsfunktion

Die Informationsfunktion umfasst die betrieblichen Aufgaben, deren Zweck das Beschaffen und Verwenden von Information ist. Ziele, die beim Gestalten von *Kommunikations- und Wissensprozessen* verfolgt werden, sind beispielsweise:-

- zum richtigen Zeitpunkt (für die Aufgabenerfüllung ausreichend),
- die richtigen Informationen (die zur Aufgabenerfüllung benötigten),
- in der richtigen Menge (so viel wie nötig, so wenig wie möglich),
- am richtigen Ort (bei der Aufgabenträgerin verfügbar) und
- in der erforderlichen Qualität (wahr und für die Aufgabenerfüllung ausreichend detailliert und daher unmittelbar verwendbar)

den Aufgabenträgerinnen zur Verfügung zu stellen.

Nutzerakzeptanz hängt stark von der wahrgenommenen Nützlichkeit eines Systems bei der Aufgabenerfüllung ab (Davis 1989; King und He 2006; Venkatesh et al. 2003). Ein hoher Erfüllungsgrad bei allen fünf genannten Zielen ist Voraussetzung, dass die Nützlichkeit eines Systems als positiv wahrgenommen wird. Im Idealfall entspricht das Informationsangebot der Informationsnachfrage der Aufgabenträgerin.

> ▶ **Beispiel Informationsfunktion**
>
> Eine Außendienstmitarbeiterin (= Aufgabenträgerin) führt bei einem Kundenunternehmen ein Verkaufsgespräch. Über ein mobiles Endgerät und Internetverbindung greift sie unmittelbar im Verkaufsgespräch (= zum richtigen Zeitpunkt und am richtigen Ort) auf Daten über Lagerstände zu, aus denen die Lieferbereitschaft generiert wird (= die richtigen Informationen und in der richtigen Menge). Da die Lagereingänge und -ausgänge korrekt erfasst wurden, sind die Informationen über die Lieferbereitschaft wahr. Die im Verkaufsgespräch nachgefragten Artikelpreise werden mit den Lagerständen am Endgerät angezeigt. Die im Verkaufsgespräch von der Außendienstmitarbeiterin benötigten Informationen sind ausreichend detailliert und daher zum Vertragsabschluss verwendbar. ◀

7

Für die Gestaltung von Kommunikations- und Wissensprozessen sind die Erklärungen des *Wissensmanagements* von großer Bedeutung. Wissensmanagement ist ein Teilbereich der Wirtschaftsinformatik und meint die unternehmerische Aufgabe der Entwicklung und Nutzung von Wissen in Organisationen. Eine weithin bekannte Systematik der Aufgaben des Wissensmanagements ist die von Probst et al. (2012). Sie nennen an erster Stelle das Setzen der *Wissensziele* (z. B. soll Wissensmanagement dazu beitragen, Produktinnovationsprozesse zu verkürzen). Wissensziele sind aus den Unternehmenszielen abzuleiten, eine Kernaufgabe des Top-Managements (z. B. in der Rolle eines CKO = Chief Knowledge Officer). In der Regel sind Wissensziele darauf ausgerichtet, für den Unternehmenserfolg relevante Fähigkeiten und Fertigkeiten der Mitarbeiterinnen zu verbessern.

7.5 Zielbeziehungen

Zwischen den Zielen können Beziehungen bestehen. Dies ist bei den in dieser Lerneinheit beschriebenen Zielen sogar oft der Fall. Zielbeziehungen sind idealtypisch gesehen komplementär, konfliktär oder indifferent.

- *Zielkomplementarität*: Zwei Ziele Z_1 und Z_2 sind komplementär, wenn mit der Steigerung der Zielerreichung von Z_1 auch die Zielerreichung von Z_2 steigt.
- *Zielkonflikt*: Zwei Ziele Z_1 und Z_2 sind konfliktär, wenn mit der Steigerung der Zielerreichung von Z_1 die Zielerreichung von Z_2 sinkt.
- *Zielindifferenz*: Zwei Ziele Z_1 und Z_2 sind indifferent, wenn mit der Steigerung der Zielerreichung von Z_1 die Zielerreichung von Z_2 unverändert bleibt, oder wenn mit der Steigerung der Zielerreichung von Z_2 die Zielerreichung von Z_1 unverändert bleibt.

Realtypisch betrachtet, also in der Wirklichkeit, verändert sich häufig der Charakter der Zielbeziehung in Abhängigkeit vom Ausmaß der Zielerreichung.

◘ Abb. 7.4 zeigt anhand der beiden Ziele Sicherheit (Z_1) und Benutzerakzeptanz (Z_2), wie mit steigender Zielerreichung der Sicherheit die zunächst komplementäre Zielbeziehung am Hochpunkt der Kurve in eine konfliktäre Zielbeziehung übergeht. Durch Abfrage von Login-Daten und Transaktionsnummern wie smsTAN in einem E-Banking-System wird beispielsweise die Sicherheit erhöht, dies wirkt sich positiv auf die Nutzerakzeptanz aus (komplementäre Zielbeziehung links vom Hochpunkt). Würde jeder Nutzereingabe eine Sicherheitsabfrage folgen (z. B. Eingabe von Transaktionsnummern), würde dies zwar die Sicherheit weiter erhöhen, jedoch die Nutzerakzeptanz verringern (konfliktäre Zielbeziehung rechts vom Hochpunkt), weil die Aufgabenerfüllung, also die Durchführung der Banktransaktion, behindert würde. ◀

Die praktische Bedeutung realtypischer Zielbeziehungen wird deutlich, wenn an die *Zielplanung* – das heißt, an das Setzen der Projektziele bei der *Projektplanung* für ein IT-Projekt – gedacht wird (vgl. die Lerneinheit „Zielplanung für Informatik-Projekte" in Riedl 2019). Die Zielerreichungsgrade können nämlich nur dann realistisch festgelegt werden, wenn die Zielbeziehungen berücksichtigt werden und zwar die, die bei dem geplanten Ausmaß der Zielerreichung bestehen. Der Mangel an theoretischen Erklärungen ist einer der Gründe für manchmal erhebliche Abweichungen zwischen geplanter und tatsächlicher Zielerreichung bei IT-Projekten, insbesondere beim Projektaufwand (in der Regel gemessen als Arbeitsaufwand in Anzahl Personentage) und bei den Projektkosten. Dass die Zielforschung trotz der großen praktischen Bedeutung theoretischer Erklärungen über Zielbeziehungen bis heute kaum brauchbare Erklärungen geliefert hat, ist ein Beispiel dafür, dass sich die Wirtschaftsinformatik – trotz ihres engen Bezugs zur Wirklichkeit – noch (längst) nicht mit allen praktisch relevanten IT-Problemen beschäftigt hat.

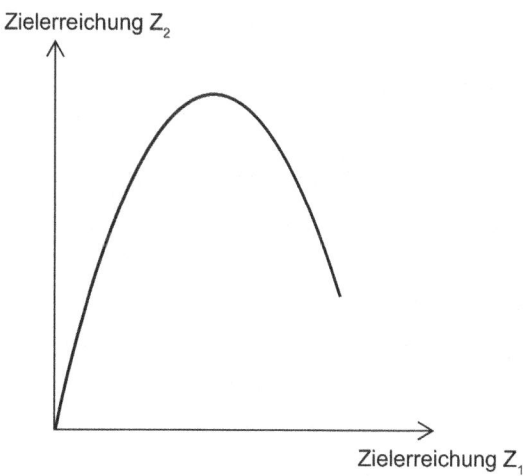

◘ **Abb. 7.4**   Zielbeziehung zwischen Sicherheit (Z1) und Nutzerakzeptanz (Z2)

7.6 Sinnhafte Vollautomation als Langfristziel der Wirtschaftsinformatik

Im Jahr 1995 formulierte Peter Mertens die „sinnhafte Vollautomation" als Langfristziel der Wirtschaftsinformatik. Mit dem Attribut „sinnhaft" ist gemeint, dass „ein Automationsschritt von der Allgemeinheit nach einer Lernfrist akzeptiert wird und sich allenfalls Nostalgiker und Sonderlinge nach der personellen Lösung zurücksehnen" (Mertens und Höhl 1999). Bereits vor Jahrzehnten haben Mertens und sein Team einen Weg zur Vollautomation skizziert. ◘ Abb. 7.5 zeigt den Weg vom technikzentrierten Informationssystem zur sinnhaften Vollautomation über die Zwischenschritte der menschenzugänglichen und menschenähnlichen Informationsverarbeitung.

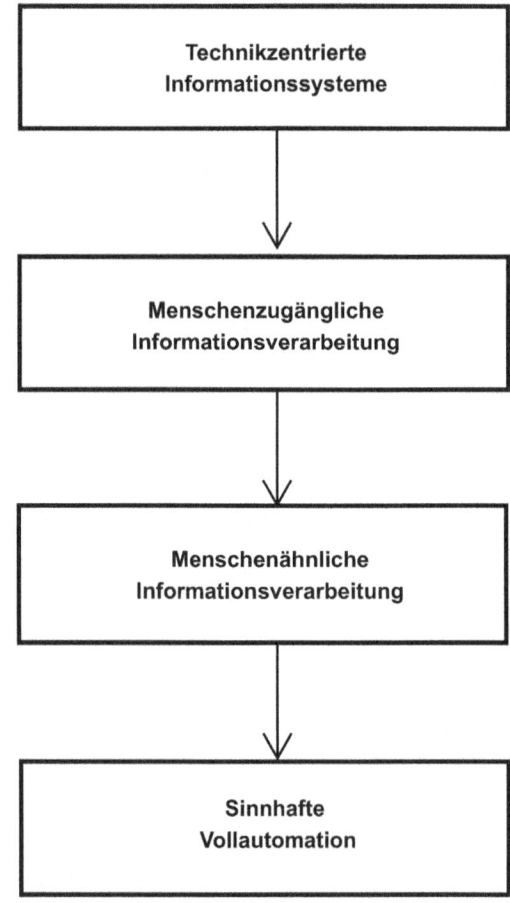

◘ **Abb. 7.5**   Weg zur sinnhaften Vollautomation (in Anlehnung an Mertens und Höhl 1999, 201)

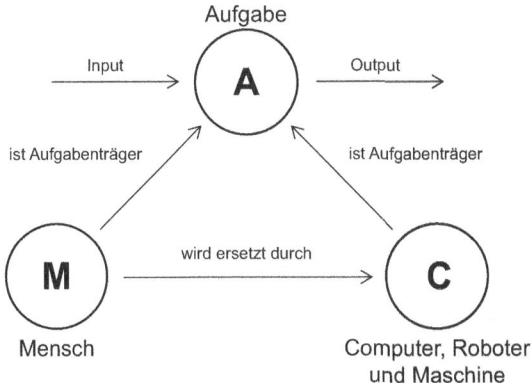

☐ **Abb. 7.6**   Wirtschaftsinformatik als Automatisierungslehre (in Anlehnung an Myrach 2008, 105)

Ausgangspunkt der Systematik sind die bereits vor Jahrzehnten als zu technik-zentriert kritisierten Informationssysteme, die für Nutzerinnen nur schwierig zu bedienen sind und/oder lediglich einen begrenzten Beitrag zur Aufgabenerfüllung leisten. Daher ist es wichtig, dass Systeme *menschenzugänglich* sind. Dies bedeutet nach Mertens und Höhl (ebd.), dass „möglichst breite Kreise der Bevölkerung IuK-Systeme im teilautomatisch/interaktiven Betrieb leicht bedienen können und dann gerne nutzen" (ebd., 201). Weiter soll die Informationsverarbeitung *menschenähnlich* sein und zwar deshalb, weil „der Mensch ein aus langen darwinistischen Prozessen hervorgegangener guter Informationsverarbeiter und damit als Vorbild für die maschinelle IV [Informationsverarbeitung] über weite Strecken geeignet ist" (ebd., 201).

Doch was bedeutet das Langfristziel der sinnhaften Vollautomation für die Wirtschaftsinformatik als wissenschaftliche Disziplin? Nach Ansicht von Fachvertreterinnen wird die Wirtschaftsinformatik damit zu einer *Automatisierungslehre* (z. B. Myrach 2008, ☐ Abb. 7.6). Vollautomatisierung, sofern diese sinnhaft im oben beschriebenen Sinn ist, kennzeichnet hierbei den anzustrebenden Endzustand. Ob dies gesellschaftlich wünschenswert ist, ist jedoch eine andere Frage. Vor dem Hintergrund aktueller technologischer Entwicklungen wie jenen im Bereich der Künstlichen Intelligenz (KI) ist festzustellen, dass das Substitutionspotenzial von Informations- und Kommunikationstechnologien enorm ist. Substitutionspotenzial meint Ersetzbarkeit einzelner Tätigkeiten im Rahmen der Berufsausübung. Nicht mehr nur monotone und durch Muskelkraft ausgeführte Aktivitäten werden durch Maschinen und IKT übernommen, sondern zunehmend auch administrativ-operative Tätigkeiten, die rein mentaler Art sind (z. B. in der Buchhaltung, dem Personalwesen sowie dem Marketing). In der jüngeren Vergangenheit wurden zudem KI-Systeme für eine breite Öffentlichkeit verfügbar, die auch Tätigkeiten übernehmen können, bei denen Kreativität bedeutsam ist (z. B. Softwareentwicklung, Werbetexter) - man denke hier beispielsweise an ChatGPT (Generative Pre-trained Transformer). Demzufolge gewinnt das Konzept des menschenleeren Büros neben jenem der menschenleeren Fabrik zunehmend an Bedeutung.

Im Jahr 2013 wurde von der Universität Oxford eine viel beachtete Studie zu möglichen Arbeitsplatzverlusten durch Digitalisierung veröffentlicht (Frey und Osborne 2013). Auf der Basis von Daten aus den USA wird in der Studie die Wahrscheinlichkeit für 702 Berufe eingeschätzt, in den folgenden „ein bis zwei Jahrzehnten" digitalisiert zu werden. Ein zentraler Befund der Studie ist, dass rund 47 % der Jobs einem hohen Digitalisierungsrisiko unterliegen, 19 % einem mittleren und 33 % einem geringen Risiko. Die Prognose des Risikos basiert auf drei Faktoren:

1. Wahrnehmung und Handhabung von Objekten und/oder Personen,
2. Kreativität und
3. soziale Intelligenz.

Die folgenden Beispiele entstammen aus einem Werk von Riedl (2020), in dem u. a. die Sorgen, Ängste und der Stress von Menschen aufgrund des möglichen Jobverlusts durch die Digitalisierung thematisiert werden.

▶ Beispiel Jobverlust durch Digitalisierung

Wenn eine Arbeit eine komplexe Wahrnehmung und Handhabung von Objekten und/oder Personen erfordert wie bei der Zahnärztin, dann ist das Risiko gering, dass sie der Digitalisierung zum Opfer fällt. Wenn ein Job hohe Kreativität erfordert wie bei der Choreografin, so ist das Risiko der Digitalisierung ebenfalls gering (man beachte hier jedoch, dass die Implikationen des Einsatzes von Technologien wie ChatGPT noch nicht berücksichtigt sind). Weiter gilt, dass Arbeiten, die hohe soziale Intelligenz erfordern, auch kaum automatisierbar sind, was beispielsweise auf PR-Managerinnen zutrifft. Am besten ist man gegen Jobverlust durch Digitalisierung gewappnet, wenn eine Arbeit alle drei Eigenschaften aufweist. Gar nicht sicher ist man, wenn ein Beruf keine der drei Eigenschaften hat. Das trifft beispielsweise auf Arbeiten in der Produktion zu, wo ohnehin bereits viele Tätigkeiten voll automatisiert ablaufen, aber auch auf viele Bürotätigkeiten. ◀

In einem OECD-Bericht aus dem Jahr 2018 wird eine Aufstellung nach Staaten präsentiert, aus der nicht nur die Rate der Arbeitsplätze mit hohem Automatisierungsrisiko hervorgeht, sondern auch die Rate an Jobs, die dem „Risiko signifikanter Veränderungen" unterliegen (OECD 2018). Der Bericht zeigt, dass in Deutschland und Österreich rund 50 % der Jobs signifikanten Veränderungen und einem hohen Automatisierungsrisiko unterliegen. Zum Durchschnitt über alle untersuchten Staaten wird berichtet, dass 14 % der Jobs ein hohes Automatisierungsrisiko haben und weitere 32 % signifikanten Änderungen unterliegen werden.

In Anbetracht solcher Prognosen wird klar, dass ein rein organisationaler Fokus der Wirtschaftsinformatik zu kurz greift. Würde man ausschließlich auf das Unternehmen und somit auf die organisationale Ebene fokussieren, dann wäre die Zielsetzung Vollautomation durchaus nachvollziehbar, insbesondere aus einer Wirtschaftlichkeitsperspektive. Die Wirtschaftsinformatik muss jedoch ihrer Verpflichtung nachkommen, auch andere Analyseebenen in Betracht zu ziehen. Da Arbeit und Beschäftigung für den Menschen neben dem erzielten Einkommen sinn- und identitätsstiftend sind, können menschenleere Fabriken und Büros kein wünschenswerter Zustand sein.

Vor diesem Hintergrund verwundert es nicht, dass das Langfristziel der sinnhaften Vollautomation in der Wirtschaftsinformatik einen Diskurs ausgelöst hat, der nicht nur auf betriebswirtschaftliche Argumente zurückgreift, sondern insbesondere auch auf volkswirtschaftliche und philosophische. Beispielsweise nennt Eversmann (2002, 302) drei Gründe, warum es ein voll automatisiertes Unternehmen nicht geben kann (im Folgenden wörtlich, jedoch mit kleineren stilistischen Änderungen zitiert) (◼ Abb. 7.7):

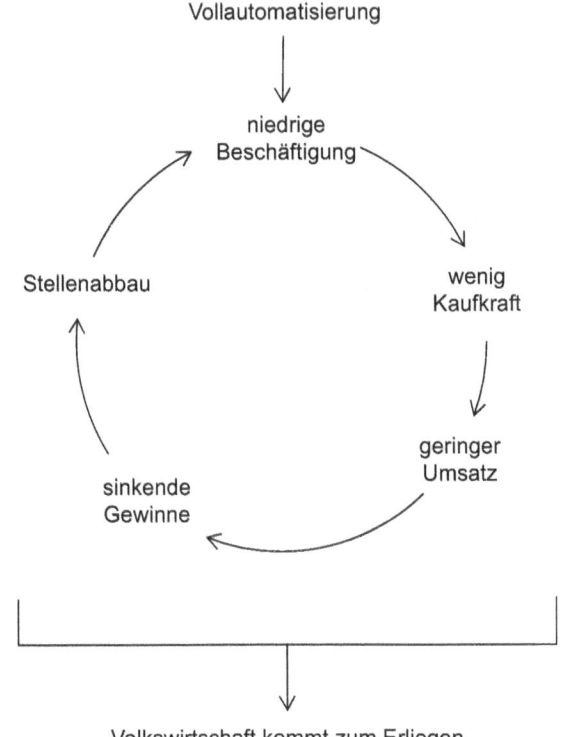

Vollautomatisierung

niedrige Beschäftigung

Stellenabbau

wenig Kaufkraft

geringer Umsatz

sinkende Gewinne

Volkswirtschaft kommt zum Erliegen

☐ **Abb. 7.7**   Kreislauftheoretisches Argument

▬ Ein voll automatisiertes Unternehmen wäre kein Unternehmen, sondern ein Automat, der sich im Besitz einer Betreiberin befindet. Vergegenwärtigt man sich etwa die Ausführungen Schumpeters zur Führungspersönlichkeit der Unternehmerin als Industriekapitänin, die sich durch die Fähigkeit auszeichnet, „allein und voraus zu gehen", sowie durch natürliche „Autorität", so wird deutlich, dass der Besitzerin eines Automaten, die diesen dann ohne eigenen Leistungsbeitrag betreibt, diese achtenswerten Eigenschaften restlos nicht zukämen. Sie würde – wenn überhaupt – einen leistungsfreien Kapitalzinsgewinn kassieren.

▬ Ein voll automatisiertes Unternehmen wäre nicht in der Lage, dauerhaft Gewinn zu erzielen: Volkswirtschaftlich ist der Unternehmensgewinn definiert als „Überschreitung des marktüblichen Einkommens". Ein voll automatisiertes Unternehmen könnte allenfalls kurzzeitig, als zeitlich vor allen Wettbewerbern voll automatisiertes Unternehmen, Gewinn erzielen. Sobald aber die entwickelte Automationstechnik allen Mitbewerbern zur Verfügung steht, ist die Überschreitung des marktüblichen Einkommens nicht mehr möglich.

▬ Dem schon erwähnten kreislauftheoretischen Argument zufolge käme eine voll automatisierte Volkswirtschaft wegen fehlender Beschäftigung und daher fehlender Kaufkraft zum Erliegen.

Trotz solcher Argumente blieb das Langfristziel der sinnhaften Vollautomation bislang in der Wirtschaftsinformatik erhalten. Mertens et al. schreiben beispielsweise: „Das langfristige Ziel der Wirtschaftsinformatik kann man in der sinnhaften Vollautomation [...] sehen. Danach ist immer dort eine Aufgabe von einem Menschen auf ein AS [Anwendungssystem] zu übertragen, wo die Maschine diese unter betriebswirtschaftlichen Maßstäben wie Kosten oder Qualität gleich gut oder besser erledigen kann" (2017, 4). Zudem rekurrieren jüngere Beiträge immer wieder auf das 1995 formulierte Langfristziel (z. B. Bülchmann 2020).

Unter Bezugnahme auf Entwicklungen in der neurowissenschaftlichen Forschung sowie auf Patente und Projekte großer Technologiekonzerne wie Microsoft stellt Riedl in der deutschsprachigen Wirtschaftsinformatik 2009 erstmalig Gehirn-Computer-Schnittstellen vor, im englischen Original als BCI-Systeme (Brain-Computer-Interfacing) bezeichnet. Solche Systeme stellen, bislang jedoch im betriebswirtschaftlichen Kontext eher als konzeptionelle Idee (im Gegensatz zu anderen Anwendungen wie Medizin, Birbaumer et al. 1999), einen möglichen Schritt auf dem Weg zur sinnhaften Vollautomation dar (Adam et al. 2017, Loos et al. 2010; Riedl und Léger 2016; vom Brocke et al. 2013, 2020). Riedl (2009, 141) schreibt zu den betriebswirtschaftlichen Anwendungen von BCI-Systemen: „Langfristziel dieser Bemühungen ist es, (i) Prozessschritte bei administrativen Arbeitsabläufen zu automatisieren (z. B. Systeme erkennen die Gedanken des Benutzers und beginnen ohne Betätigung eines Eingabegeräts wie Tastatur oder Maus mit der Informationsverarbeitung) und (ii) die Benutzerfreundlichkeit von Systemen zu erhöhen (z. B. automatische Adaption von Menüs auf Basis des kognitiven Zustands des Benutzers). Die Erreichung beider Ziele kann eine Annäherung an das von Mertens (1995) vorgeschlagene Langfristziel der WI [Wirtschaftsinformatik], die ‚sinnhafte Vollautomation', ermöglichen, die ihrerseits zur Produktivitätssteigerung in Organisationen einen wirksamen Beitrag leistet" (siehe hierzu z. B. Demazure et al. 2021 sowie Rissler et al. 2023).

In Anbetracht des hier nur auszugsweise dargestellten Diskurses zum Langfristziel der sinnhaften Vollautomation muss daher Folgendes gefordert werden: Es erscheint zweckmäßig, dass sich die Wirtschaftsinformatik auch als eine Automatisierungslehre versteht, jedoch ist es zwingend erforderlich, eine solche Lehre nicht nur betriebswirtschaftlich zu konzeptualisieren, sondern auch aus anderen Perspektiven wie beispielsweise jenen der Psychologie, Soziologie, Philosophie und der Volkswirtschaftslehre. Eine solche multiperspektivische Betrachtung wird sicherstellen, dass fundamentale humanistische und gesellschaftliche Ziele, die den Charakter von Werten haben, ausreichend Berücksichtigung finden. Beispiele sind Wohlbefinden, Gesundheit, Würde, soziale Gerechtigkeit, sinnstiftende Arbeit und Nachhaltigkeit.

Literatur

Adam, M. T. P., Gimpel, H., Maedche, A., & Riedl, R. (2017). Design blueprint for stress-sensitive adaptive enterprise systems. *Business & Information Systems Engineering 59*(4), 277–291.

Berthel, J. (2000). Stichwort Ziele. In: H. Corsten (Hrsg.), *Lexikon der Betriebswirtschaftslehre*. 4. Aufl. (S. 1072–1078). München, Wien:Oldenbourg.

Birbaumer, N., Ghanayim, N., Hinterberger, T., Iversen, I., Kotchoubey, B., Kübler, A., Perelmouter, J., Taub, E., & Flor, H. (1999). A spelling device for the paralysed. *Nature 398*(6725), 297–298.

Bülchmann, O. (2020). Künstliche Intelligenz und Ethik – ein ungleiches Paar? *Wirtschaftsinformatik & Management 12*(3), 206–215.

Corsten, H. (2008). Stichwort Ziele. In: H. Corsten (Hrsg.), *Lexikon der Betriebswirtschaftslehre*. 4. Aufl. (S. 931–934). München, Wien:Oldenbourg.

Davis, F. D. (1989). Perceived usefulness, perceived ease of use, and user acceptance of information technology. *MIS Quarterly 13*(3), 319–340.

Delone, W. H., & McLean, E. R. (2003). The DeLone and McLean model of information systems success: a ten-year update. *Journal of Management Information Systems 19*(4), 9–30.

Demazure, T., Karran, A., Leger, P.-M., Labonte-LeMoyne, E., Senecal, S., Fredette, M., & Babin, G. (2021). Enhancing sustained attention. *Business & Information Systems Engineering 63*(6), 653–668.

Eller, C., & Riedl, R. (2016). Ziele von Informationssystemen. *HMD Praxis Der Wirtschaftsinformatik 53*(2), 224–238.

Eversmann, L. (2002). Stellungnahme zur Replik „Die Brückenaufgabe der Wirtschaftsinformatik". *Wirtschaftsinformatik 44*(3), 301–303.

Frey, C. B., & Osborne, M. (2013). *The future of employment: How susceptible are jobs to computerisation?* University of Oxford.

Heinen, E. (1966). *Das Zielsystem der Unternehmung.* Wiesbaden: Gabler.

Heinrich, L. J. & Sterrer, G. (1987). Ziele von Informationssystemen – Ergebnisse einer empirischen Studie. *Information Management 2*(1), 48–53.

King, W. R., & He, J. (2006). A meta-analysis of the technology acceptance model. *Information & Management 43*(6), 740–755.

Loos, P., Riedl, R., Müller-Putz, G. R., vom Brocke, J., Davis, F. D., Banker, R. D., & Léger, P.-M. (2010). NeuroIS: neuroscientific approaches in the investigation and development of information systems. *Business & Information Systems Engineering 2*(6), 395–401.

Mertens, P. (1995). Wirtschaftsinformatik – Von den Moden zum Trend. In: W. König (Hrsg.), *Wirtschaftsinformatik '95: Wettbewerbsfähigkeit, Innovation, Wirtschaftlichkeit* (S. 25–64). Berlin, Heidelberg: Springer.

Mertens, P., & Höhl, M. (1999). Wie lernt der Computer den Menschen kennen? Bestandsaufnahme und Experimente zur Benutzermodellierung in der Wirtschaftsinformatik. *Wirtschaftsinformatik 41*(3), 201–209.

Mertens, P., Bodendorf, F., König, W., Schumann, M., Hess, T., & Buxmann, P. (2017). *Grundzüge der Wirtschaftsinformatik.* Berlin, Heidelberg: Springer.

Myrach, T. (2008). Perspektiven auf die Wirtschaftsinformatik: Eine Disziplin im Spannungsfeld von Mensch und Maschine. In: R. Jung & T. Myrach (Hrsg.), *Quo vadis Wirtschaftsinformatik? Festschrift für Prof. Gerhard F. Knolmayer zum 60. Geburtstag* (S. 95–124). Wiesbaden: Springer.

OECD (2018). *Putting faces to the jobs at risk of automation. Policy Brief on the Future of Work.* Paris: OECD Publishing. https://www.oecd.org/future-of-work/Automation-policy-brief-2018.pdf.

Probst, G., Raub, S., & Romhardt, K. (2012). *Wissen managen: Wie Unternehmen ihre wertvollste Ressource optimal nutzen.* Wiesbaden: Springer.

Riedl, R. (2009). Exemplarische Anwendungen neurowissenschaftlicher Methoden in der Wirtschaftsinformatik. In: A. G. Scherer, I. M. Kaufmann, & M. Patzer (Hrsg.), *Methoden in der Betriebswirtschaftslehre* (S. 127–148). Wiesbaden: Springer.

Riedl, R. (2019). *Management von Informatik-Projekten: Digitale Transformation erfolgreich gestalten* (2. Aufl.). München: De Gruyter Oldenbourg.

Riedl, R. (2020). *Digitaler Stress: Wie er uns kaputt macht und was wir dagegen tun können.* Wien: Linde.

Riedl, R., & Léger, P.-M. (2016). *Fundamentals of NeuroIS: Information Systems and the Brain.* Berlin, Heidelberg: Springer.

Rissler, R., Nadj, M., Li, M.X., Loewe, N., Knierim, M. T., & Maedche, A. (2023). To be or not to be in flow at work: physiological classification of flow using machine learning *IEEE Transactions on Affective Computing 14*(1), 463–474.

Schmidt, R.-B. (1993). Zielsysteme der Unternehmung. In: W. Wittmann et al. (Hrsg.), *Handwörterbuch der Betriebswirtschaft.* 5. Aufl. (S. 4794–4806). Stuttgart: Schäffer-Poeschel.

Venkatesh, V., Morris, M.G., Davis, G. & Davis, F.D. (2003). User acceptance of information technology: toward a unified view. *MIS Quarterly 27*(3), 425–478.

vom Brocke, J., Hevner, A., Léger, P. M., Walla, P., & Riedl, R. (2020). Advancing a NeuroIS research agenda with four areas of societal contributions. *European Journal of Information Systems 29*(1), 9–24.

vom Brocke, J., Riedl, R., & Léger, P.-M. (2013). Application strategies for neuroscience in information systems design science research. *Journal of Computer Information Systems 53*(3), 1–13.

Information und Kommunikation

Inhaltsverzeichnis

© Springer-Verlag GmbH Deutschland, ein Teil von Springer Nature 2024
A. Heinzl et al., *Wirtschaftsinformatik*, https://doi.org/10.1007/978-3-662-67392-8_8

8

Zweck dieser Lerneinheit

Nach dem Durcharbeiten dieser Lerneinheit kennen Sie *Information* und *Kommunikation* als grundlegende Gegenstände der Wirtschaftsinformatik, ohne deren Bedeutung wir keine Informationssysteme und Informationsinfrastrukturen benötigen würden. Sie erkennen, welche Phänomene der Wirklichkeit als Information und Kommunikation bezeichnet werden. Sie können diese unterscheiden und zutreffend beschreiben. Unter der Bezeichnung *Wissen* lernen Sie einen weiteren Kernbegriff der Wirtschaftsinformatik kennen. Sie verstehen den Zusammenhang zwischen Zeichen, Daten, Information und Wissen.

Sie verstehen, dass es unterschiedliche Sichten auf Information und Kommunikation gibt und dass sich verschiedene Wissenschaften mit einer oder mehreren dieser Sichten befassen. Sie erkennen den Unterschied zwischen Information und Daten und die praktische und wissenschaftliche Bedeutung, die diese Unterscheidung hat. Es wird Ihnen auch deutlich, dass die Bezeichnung Information in anderen Wissenschaften für andere Phänomene verwendet wird und dass die Wirtschaftsinformatik bei der Verwendung dieser Bezeichnung nicht nur mit der Betriebswirtschaftslehre übereinstimmt, sondern auch mit anderen Geisteswissenschaften wie der Psychologie und Soziologie. Dagegen besteht keine Übereinstimmung mit den Natur- und Technikwissenschaften; insbesondere nicht mit der Informatik. Diese orientiert sich am Informationsbegriff der mathematischen Informationstheorie.

Nach dem Durcharbeiten dieser Lerneinheit wissen Sie auch, welcher Zusammenhang zwischen Information und Kommunikation besteht und dass konsequenterweise alle mit Information bezeichneten Objekte und Vorgänge mit Information *und* Kommunikation bezeichnet werden müssten. Dies gilt insbesondere für die Erkenntnisobjekte der Wirtschaftsinformatik (▶ Kap. 1 „Gegenstandsbereich der Wirtschaftsinformatik"), die mit Informations- und Kommunikationssystem (statt Informationssystem), Informations- und Kommunikationsinfrastruktur (statt Informationsinfrastruktur) sowie Informations- und Kommunikationsfunktion (statt Informationsfunktion) zu bezeichnen wären. Aus Vereinfachungsgründen werden die Kurzbezeichnungen verwendet. Auch in dem weit verbreiteten Akronym bzw. Präfix IT kommt Kommunikation nicht explizit zum Ausdruck, obwohl auch hier IKT die treffende Bezeichnung wäre.

Zudem wird Kommunikation nicht oder nur selten als Bezeichnung verwendet, weil der *Informationszweck,* d. h. das Informieren anderer Personen, bei der Erklärung und Gestaltung von MAT-Systemen im Vordergrund des Interesses stand und der *Kommunikationszweck* dafür Mittelcharakter hatte („Keine Information ohne Kommunikation."). Durch das Internet und die sozialen Medien hat die Kommunikationstechnologie einen so hohen Stellenwert erlangt, dass die bisherige Vereinfachung in der Bezeichnung der Wirklichkeit nicht mehr gerecht wird. Im Übrigen wird Information meist synonym mit Information*en* verwendet; es ist also gleichgültig, ob der Singular oder der Plural verwendet wird.

Nach der Erörterung des Kommunikationsbegriffs lernen Sie abschließend, was die Nachfrage nach Information stimuliert. Sie verstehen, dass die Informationsnachfrage entweder durch den Informationsbedarf zur Erfüllung von betrieblichen Aufgaben oder durch das subjektive Informationsbedürfnis von Menschen hervorgerufen wird. Die zur Deckung der Nachfrage bereitgestellten Informationen werden als Informationsangebot bezeichnet. Sie lernen außerdem den Begriff des Informationsstands kennen, der die Schnittmenge von Informationsbedarf, -bedürfnis, -nachfrage und -angebot ausdrückt.

8.1 Historischer Hintergrund zum Informationsbegriff

Das Konzept der Information wurde zuerst im Griechischen als „forma" und im Lateinischen als „informatio" bzw. „informare" bezeichnet. Es bedeutet: etwas in Form bringen, d. h. verstärken oder erkennen, herstellen oder produzieren, beschreiben oder definieren sowie entfalten oder erhellen (McKinney und Yoos 2019).

Der lateinische Dichter Virgil (70-19 v. Chr.) verwendete in der griechischen Mythologie „Vulkan und die Zyklopen" den Begriff „informatum", um zu beschreiben, wie die Zyklopen für Zeus göttliche Schmiededienste leisteten, indem sie Donnerkeile bzw. Blitze aushämmerten bzw. formten. Tertullian (nach 150 bis nach 220) nannte Moses „populi informatory", den Erzieher oder Gießer des Volkes, und Augustinus (453–430) definierte Information als einen Formungsprozess wie den Abdruck eines Rings auf Wachs und nannte den Prozess der visuellen Wahrnehmung „informatio sensus" (Capurro 2003). Im Mittelalter gab die Information der Materie oder dem Geist eine bestimmte Form oder einen bestimmten Charakter (Campbell 1982), und das Old Oxford English Dictionary definiert Information als Formung oder Gestaltung des Geistes (Artz 2016). Historisch gesehen war Information zunächst ein Prinzip, das zur Darstellung und Erklärung der Bedeutung von Zeichen (Semantik, von altgriechisch sēmaínein, bezeichnen oder ein Zeichen geben) verwendet wurde.

Mit der zunehmenden Bedeutung von Informationen wurde ihr Gebrauch in den Wissenschaften allgegenwärtig. Informationen spielen in der Physik, Astronomie, Biologie, Psychologie, Medizin, Politik, Physiologie, Wirtschaft, Soziologie und Philosophie eine grundlegende Rolle (McKinney und Yoos 2019). In diesen Bereichen werden Informationen im Allgemeinen auf unterschiedliche Arten verwendet – als Maß für die Informationsdichte eines Zeichensystems (Entropie), als System von Regeln zum Aufbau von Zeichenfolgen (Syntax), deren Bedeutung (Semantik) und jene Handlungen und Prozesse, die sie auslösen (Pragmatik).

Wirtschaftswissenschaftlerinnen, die den Informationsbegriff pragmatisch, semantisch oder als Folge zusammenhängender Zeichen verwenden, betrachten Information als einen wesentlichen Bestandteil wirtschaftlicher Aktivität, der als gleichwertig zu den Produktionsfaktoren Kapital, Arbeit und Rohstoffe angesehen wird (Capurro 2003). Biologinnen betrachten Information als grundlegend für Eigenschaften, kausale Prozesse, die Übertragung von Genen und als zentrales Definitionsmerkmal aller Lebensformen. Physikerinnen, die im Regelfall eine Entropiedefinition verwenden, betrachten Information als eine grundlegende objektive Eigenschaft des Universums neben Materie und Energie. Einige unter ihnen haben vorgeschlagen, dass die physikalische Welt aus Informationen besteht und Energie und Materie nebensächlich sind, dass alles „Sein" aus „Bits" entsteht (McKinney und Yoos 2019).

In Rahmen dieser Einführung werden wir uns zunächst dem in den Natur- und Technikwissenschaften vorherrschenden Informationsbegriff zur Messung des Informationsgehalts (Entropie) zuwenden, bevor wir uns dem bedeutungs- und handlungsorientierten Begriffsverständnis von Information in den Geistes- und Kulturwissenschaften widmen.

8.2   Die Informationstheorie von Claude E. Shannon

Mit dem Aufkommen von Telekommunikationsnetzen im Industriezeitalter wurde Information nicht mehr nur als Begriff verwendet, der Objekten eine Bedeutung gibt, vielmehr wurde der Begriff auch mit objektiven Messungen des Austauschs von Informationen in Verbindung gebracht, also mit Kommunikation. Die mathematische Theorie von Claude E. Shannon (1916–2001) definierte Information als objektiv messbare Verringerung der Unsicherheit oder Entropie (Shannon 1948 sowie Shannon und Weaver 1949). Dieses Verständnis ist in der Mathematik, Informatik sowie den Natur- und Technikwissenschaften vorherrschend. In dieser Sichtweise steht die Information im Zusammenhang mit ihrer Neuartigkeit: Ein weniger wahrscheinliches Ereignis ist informativer, da es die Unsicherheit stärker reduziert als ein wahrscheinlicheres Ereignis.

> ► **Beispiel informationelle Unsicherheit**
> Den Unterschied zwischen einer fairen Münze mit Kopf und Zahl im Vergleich zu einer Münze mit dem gleichen Bild auf beiden Seiten hilft das Konzept der Entropie zu verdeutlichen. Das Werfen einer fairen Münze führt zu einem weniger vorhersehbaren Ergebnis und erhöht die Unsicherheit; das Werfen einer Münze mit dem gleichen Bild auf beiden Seiten informiert uns über nichts, was wir nicht bereits wissen – es gibt keine Unsicherheit und somit keine Information (McKinney und Yoos 2019). ◄

8

Shannon definiert Information als ein technisches Maß, das den Zeichen einer Nachricht zugeordnet wird. Der *Informationsgehalt* eines Ereignisses I_i hängt von der Wahrscheinlichkeit p_i ab, mit der das Ereignis eintritt; er ist umgekehrt proportional zum Logarithmus der Wahrscheinlichkeit ($I_i = \log 1/p_i$, mit $0 \leq p_i \leq 1$). Wird der logarithmus dualis (*ld*; Logarithmus zur Basis 2) verwendet, ergibt sich als Informationseinheit das bit (binary digit). Seltene Ereignisse haben danach einen hohen, häufige Ereignisse einen geringen Informationsgehalt. Die Formel lautet

$$I = ld\left(1/p_i\right) \tag{8.1}$$

wobei p_i die auf 1 bezogene Eintrittswahrscheinlichkeit darstellt. Für ein Zeichen mit 10 % Auftrittswahrscheinlichkeit ist $p_i = 0{,}1$ und damit der Informationsgehalt $I = 3{,}322$ Bit. Entscheidend ist aber nicht der Wert für ein einzelnes Zeichen, sondern der des gesamten Zeichenvorrats (z. B. des Alphabets). Dieser Wert heißt mittlerer Informationsgehalt oder Entropie. Der aus der Thermodynamik stammende Begriff Entropie mag verwundern, beschreibt aber den gleichen Sachverhalt: das Maß der Unordnung – dort bei Molekülen, hier bei Zeichen in einem Text. Je gleichmäßiger die Zeichen verteilt sind, desto größer ist die Entropie und desto mehr Platz wird auch für die Kodierung benötigt.

> ► **Beispiel Informationsgehalt (nach Rost 2020)**
> Diesem Kalkül zufolge haben die zehn häufigsten Worte „die, der, und, den, am, in, zu, ist, dass, es" den niedrigsten Informationsgehalt in der deutschen Sprache. Betrachtet man die durchschnittlichen Eintrittswahrscheinlichkeiten von Buchstaben in deutschen Texten, hat der Buchstabe „e" mit $p = 0{,}1470$ den niedrigsten und der Buchstabe „x" mit $p = 0{,}0001$ den höchsten Informationsgehalt. ◄

> ▶ Beispiel Berechnung der Entropie (Brügge 2004)

Gegeben sei das Alphabet A mit zwei Zeichen a und b und deren Wahrscheinlichkeiten $p_a = 0,75$ und $p_b = 0,25$. Die Entropie H einer gegebenen Information I über einem Alphabet A ist $H(I) = \sum (p_j \cdot ld(1/p_j))$, also:

- $H = pa * ld(1/pa) + pb * ld(1/pb)$
- $H = 0,75 \cdot ld(1/0,75) + 0,25 \cdot ld(1/0,25)$
- $H = 0,75 \cdot ld\left(\dfrac{4}{3}\right) + 0,25 \cdot ld\left(4\right)$
- $H \approx 0,3 + 0,5$
- $H \approx 0,8.$ ◀

Die Ausführungen verdeutlichen, dass die Bedeutung und der Kontext der Zeichen unerheblich sind. Aus diesem Grund weist Roszak (1986, 27) darauf hin, wie Mathematikerinnen, Informatikerinnen, Naturwissenschaftlerinnen oder Technikerinnen das Wort *Information* gebrauchen: „In der Vergangenheit hatte das Wort stets eine vernünftige Aussage bezeichnet, die eine erkennbare, sprachliche Bedeutung vermittelte, im Allgemeinen das, was wir eine Tatsache nennen. Aber nun gab Shannon dem Wort eine technische Bedeutung, die es von seiner alltagssprachlichen Verwendung absonderte." Die Entwicklung der IuK-Technologie und die Verwendung dieser Bezeichnung suggeriert, dass allein das Vorhandensein und die bloße Nutzung dieser Technologie etwas mit Information und Kommunikation zu tun haben muss, und zwar unabhängig davon, welche Bedeutung die Information in sich trägt und welche Handlungen und Erkenntnisprozesse dadurch ausgelöst werden. Schauen wir uns zur Verdeutlichung dieser Problematik das nachfolgende Beispiel an:

> ▶ Beispiel Informationsgehalt und Bedeutung (nach Föll 2019)

Welcher der beiden Sätze enthält mehr Information?
1. PRÜFUNG BESTANDEN
2. ARFGUND SEPÜNNBET

Man würde intuitiv auf Sequenz 1 tippen. Dies ist jedoch aus Sicht der Informationstheorie falsch. Denn die beiden Sätze enthalten exakt dieselbe Information, denn die beiden Zeichenketten bestehen aus einem identischen Satz von Zeichen. Die Zahl an Bits, die man bräuchte, um beide Sätze zu kodieren und dann vielleicht auf einem Datenkanal zu übertragen, ist identisch. Auch die Störanfälligkeit (der mögliche Verlust an Information) ist dieselbe für die beiden Sätze sowie für alle anderen möglichen Sequenzen, die sich aus der gegebenen Menge an Symbolen bilden lassen. ◀

Wenn wir das Gefühl haben, dass eigentlich nur Sequenz 1 einen Sinn ergibt und damit Information enthält, liegt es daran, dass wir automatisch die Bedeutung (Semantik) einer Symbolsequenz betrachten. Es gibt keine befriedigende Definition von Information, die auch der Bedeutung gerecht wird. Der Grund dafür ist, dass die Beimessung von Bedeutung untrennbar mit der informationsverarbeitenden Person zusammenhängt, in letzter Konsequenz also immer *subjektbezogen* ist. Um diese Sichtweise besser zu verstehen, soll nachfolgend auf die Zeichenlehre (Semiotik) eingegangen werden, die über die syntaktische Sichtweise der Informationstheorie hinausgeht. Sie findet Anwendung in den Geistes- und Kulturwissenschaften, insbesondere den Wirtschafts- und Sozialwissenschaften, aber auch in der Psychologie.

8.3 Semiotik: Syntaktik, Semantik und Pragmatik

Eine Möglichkeit der Abgrenzung von Zeichen, Daten und Information bietet die *Zeichenlehre* (Semiotik, Posner 1997). Zeichen bzw. Signale beschreiben nur das, was nach vorgegebenen Regeln codiert werden kann (Syntaktik), unabhängig vom Verhältnis der Zeichen zum Bezeichneten und unabhängig von der Bedeutung der Zeichen untereinander (Semantik). Wird die Empfängerin der Zeichen in die Betrachtung einbezogen und danach gefragt, wie ihr Verhalten beeinflusst wird, werden die syntaktische und die semantische um die pragmatische Dimension erweitert (Pragmatik). ◘ Abb. 8.1 zeigt den Zusammenhang zwischen Syntaktik, Semantik und Pragmatik, den drei Dimensionen der *Semiotik*.

Zeichen sind etwas Sichtbares oder Hörbares, die etwas deutlich bzw. auf etwas aufmerksam machen. Bei einer Analyse von Zeichen wird zunächst nur der Zeichenkörper, losgelöst von seiner Struktur und Bedeutung, erfasst und betrachtet. Durch die Aneinanderreihung von Zeichen entsteht eine *Zeichenfolge* oder ein *Zeichenkomplex*. Wird eine Menge von Zeichen zusammen mit ihren Beziehungen untereinander betrachtet, wird von einem *Zeichensystem* gesprochen. Die Beziehungen zwischen Zeichen stellen eine (An-)Ordnung dar, die als *Syntax* (von griech. syntaksis, einem Kompositum der Worte „zusammen" und „Ordnung") bezeichnet wird. Zeichensysteme bedienen sich bei Elementen einer diskreten Menge (wie Signale oder Symbole) oder bilden ein komplexes Muster (wie ein Bild oder eine Grafik), in dem sie die Elemente anordnen. Die Anordnung von Zeichen zu bestimmten Zeichenfolgen oder -mustern wird als *Kodierung* bezeichnet.

Die Beziehung zwischen Zeichen(folgen) und einem Gegenstand oder Sachverhalt in der Realität wird als *Referenz* bezeichnet, das referenzierte Objekt als Datum. Ein Datum (von griech. und lat. „das Gegebene", pl. Daten) wird allgemein als gegebener Gegenstand oder Sachverhalt bezeichnet. *Daten* sind Zuordnungen von Zeichen(-folgen) zu Objekten und Sachverhalten der Wirklichkeit. Sie sind unabhängig von ihrer Bedeutung. Erst die Beziehung zwischen Zeichen(-folge) und dem Bezeichneten bringt eine Bedeutung (Semantik) zum Ausdruck. Vereinbarungen über die Bedeutung von Zeichen und Bezeichnetem sind erforderlich, um den Austausch von Daten zwischen Sendern und Empfängern zu ermöglichen. Die Weitergabe von

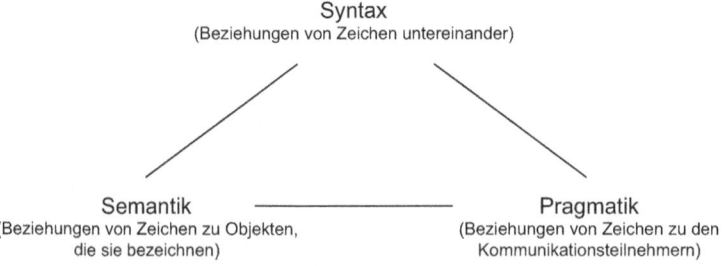

Morris' semiotisches Dreieck

Syntax
(Beziehungen von Zeichen untereinander)

Semantik —————————— Pragmatik
(Beziehungen von Zeichen zu Objekten,   (Beziehungen von Zeichen zu den
die sie bezeichnen)   Kommunikationsteilnehmern)

◘ **Abb. 8.1** Dimensionen der Semiotik (nach Strasser 2019)

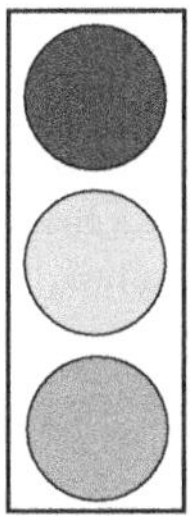

	Syntax	Semantik	Pragmatik
	Rot	Stopp!	Stehen bleiben
	Gelb	Achtung!	Anfahren/ Abbremsen
	Grün	Los!	Losfahren

◘ **Abb. 8.2** Semiotik – ein einfaches Beispiel (nach Nölle 2019)

Bedeutung tragenden Zeichen(-folgen) oder Daten wird als *Nachricht* oder *Mitteilung* bezeichnet.

Weitergegebene Daten in Form von Nachrichten werden zu Information, wenn sie auf der empfangenden Seite eine Handlung auslösen oder ein beabsichtigtes Nichthandeln bewirken (Pragmatik). Dabei kann infolge neuer Zeichenmuster neues Wissen entstehen bzw. vorhandenes Wissen verändert werden. ◘ Abb. 8.2 verdeutlicht die Ebenen der Semiotik anhand eines einfachen Beispiels.

Beim Formulieren einer Nachricht gilt das Ziel, mit einer bestimmten Menge an Zeichen so viel Information wie möglich bzw. eine beabsichtigte Information mit so wenig Zeichen wie möglich zu übermitteln. Der Teil der Nachricht, der ohne Verlust an Information weggelassen werden kann, wird als *Redundanz* bezeichnet. Eine Nachricht, die für die Empfänger keine Information enthält, ist vollständig redundant und ihr Informationsgehalt ist somit Null. Daten sind Voraussetzung für Bedeutung tragende Nachrichten, die durch optische, akustische oder andere sensorische Signale vom Sender zum Empfänger übertragen werden. Mithilfe von Übertragungstechniken können die Signale kodiert, gesendet und dekodiert werden. Dadurch ist die Überbrückung größerer Entfernungen möglich.

▶ **Beispiel Semantik und Pragmatik (nach PH Network o.J.)**

Die Ureinwohnerinnen Nordamerikas haben sich den Rauchzeichen zur Übermittlung von Nachrichten bedient. Eine Rauchwolke bedeutet ACHTUNG, zwei Wolken signalisieren ALLES IST OK und drei Rauchwolken weisen auf GEFAHR hin. Der Zeichenvorrat besteht aus einem, zwei oder drei Rauchzeichen (Syntaktik). Die Zuordnung der Zeichen zu den Sachverhalten legt die Bedeutung der Zeichen fest (Semantik). Die referenzierten Sachverhalte stellen die betreffenden Daten (pl. für Datum), d. h. etwas Gegebenes, dar. Wenn die Daten bei der Empfängerin der Nachricht Handlungen auslösen, werden sie zu Information. Eine Rauchwolke steigert die Aufmerksamkeit der Stammesmitglieder, zwei Wolken führen zum Anzünden der Stammespfeife und bei drei eilen sie zur Hilfe (Pragmatik). ◀

Daten sind das „Rohmaterial", das über Nachrichten versendet wird und bei Empfängern zu Information werden kann. Auf der Basis von Zeichen kodierte Daten ermöglichen die technische Übertragung durch elektronische oder optische Medien in hoher Geschwindigkeit. Übertragen wird immer eine Zeichenfolge. Die Zuordnung von Daten zu Objekten oder Sachverhalten sowie die Interpretation ihrer Bedeutung sind von der Übertragung unabhängig und obliegen dem Menschen (Mingers und Standing 2018).

8.4 Daten als wirtschaftliches Gut

Herrschende Meinung in den Wirtschaftswissenschaften und der Wirtschaftsinformatik ist, dass Information ein *Produktionsfaktor* ist und dass Daten der Rohstoff
für die *Informationsproduktion* sind, mit anderen Worten: ein wirtschaftliches Gut.
Daten als wirtschaftliches Gut zur Informationsproduktion haben Eigenschaften, die
für die Informationsproduktion von wesentlicher Bedeutung sind, zum Beispiel:

- Daten können ohne Abnutzung mehrmals zur Informationsproduktion verwendet werden.
- Daten sind beliebig reproduzierbar; die empfangende Seite erhält in der Regel nur
  eine Datenkopie.
- Daten können auf einfache Weise kopiert und mit Lichtgeschwindigkeit trans-
  portiert werden.
- Der Wert von Daten hängt von der Art ihrer Verwendung ab; er kann durch Bearbeitung, Speicherung und Weiterleitung verändert werden.
- Daten verursachen Kosten, die von der Art ihrer Beschaffung, Bearbeitung, Speicherung und Weiterleitung abhängen.
- Daten können missbraucht werden; ihre Verwendung zur Informationsproduktion
  muss nach ethischen Grundsätzen erfolgen (z. B. zur Wahrung der Privatsphäre
  oder zur Aufdeckung von Desinformation).
- Daten haben einen Lebenszyklus, der von ihrer Entstehung an einer Datenquelle
  über ihre Speicherung, Verarbeitung und Verteilung bis zur Informationsent-
  stehung oder zur Löschung der Daten reicht.

Diese und andere Eigenschaften von Daten können Folgen haben, die beim Umgang
mit Information als Produktionsfaktor berücksichtigt werden müssen:

- Durch das Löschen als weniger relevant eingeschätzter Daten sowie durch deren
  Aggregation und Komprimierung können *Informationsverluste* eintreten.
- Es kann eine *Informationsüberlastung* entstehen, wenn die Erhöhung des Angebots an Daten ab einem bestimmten Umfang zu einer Verschlechterung der kognitiven Wahrnehmung über die Objekte oder Sachverhalte führt, die durch sie
  beschrieben werden. Bei starker Überflutung spricht man von *Informations-
  schock*.
- Durch Mängel bei der Informationsproduktion können *Informationspathologien*
  auftreten, bei denen produzierbare Information nicht produziert, beschaffbare
  nicht beschafft und vorhandene falsch oder nicht verwendet wird. Beispiele sind
  das zu frühe Abbrechen der Informationssuche, der Verzicht auf verfügbare Informationen oder die Nichtweitergabe derselben.
- Durch intrapersonelles, meist unbewusstes, partielles und selektives Wahrnehmen
  von Information und das interpersonelle, meist bewusste Durchsetzen individueller Anschauungen und Beurteilungen kann eine *Informationsverzerrung* erfolgen.

Die bewusste Verzerrung führt zum *Informationsmissbrauch*. „Fake News" sind ma-
nipulativ verbreitete, vorgetäuschte Nachrichten, die sich in sozialen Netzwerken
viral verbreiten, um *Desinformation* zu praktizieren. Es geht darum, Aufmerksamkeit zu gewinnen, Emotionen hervorzurufen oder Menschen zu täuschen. Bedauer-
licherweise lassen sich immer mehr Aktivitäten von politischen oder nicht-staatlichen

Organisationen und Regierungen anführen, die in- oder ausländische politische Stimmungen und Meinungen zu manipulieren und zu steuern versuchen.

Eine weitere Form des Informationsmissbrauchs hängt mit dem *Eindringen* in die bzw. dem *Verlust* von *Privatsphäre* zusammen, um das Verhalten von Menschen und das ihrer Objekte zu analysieren. Die Privatsphäre ist der nicht öffentliche Raum eines Menschen, in dem er seine Persönlichkeit und Individualität entfaltet und Grundbedürfnisse in seiner Intimsphäre wie Familienleben, Sexualität und Hygiene befriedigt (Bendel 2021). Das Recht auf Privatsphäre ist in Demokratien ein Menschen- bzw. Grundrecht. Es kann aufgrund des öffentlichen Interesses an einer Person oder zu Zwecken der Strafverfolgung eingeschränkt werden. Die fortschreitende Digitalisierung intensiviert die Speicherung personen- und objektbezogener Daten. Mobile Geräte mit Prozessoren oder Speichermedien, wie Smartphones und Tablet-PC mit vielen innovativen „Apps", chip- oder magnetbasierte Speicherkarten (Geld-, Kredit-, Gesundheits-, Nahverkehrs-, Bonuskarten usw.) oder Sensoren speichern immer mehr persönliche Daten (von Verhaltensdaten bis zu physiologischen Daten wie der Herzschlagrate). Heutzutage sind bereits viele Bereiche des Arbeits- und Privatlebens mit Technologien durchdrungen, die großes Potenzial haben, die Privatsphäre zu verletzen. Beispiele sind Sprachassistenten, Smartwatches und Smart-Home-Anwendungen. Der unrechtmäßige Gebrauch oder Verkauf von Daten hat wirtschaftliche, soziale oder politische Gründe.

8.5 Information

Das primäre Interesse der Wirtschaftsinformatik gilt der pragmatischen Ebene der Semiotik, also der *Information*. Die semantische Ebene ist Hilfsmittel zur Realisierung der pragmatischen Ebene; sie spielt im Zusammenhang mit dem Erklären und Gestalten des Datensystems für die Wirtschaftsinformatik eine große Rolle. Die syntaktische Ebene und damit die Erkenntnisse der Informationstheorie sind für die Wirtschaftsinformatik weniger bedeutend. Die pragmatische, semantische und syntaktische Ebene sind in dieser Reihenfolge zwischen Handlungsakt, Bedeutung und Repräsentation angeordnet. *Pragmatik* hat neben der Handlungs- und Entscheidungsorientierung viel mit Kontext, Kultur und Verhalten zu tun. Dies ist der Grund dafür, dass die gleichen Daten, die als Nachricht von einem Sender übermittelt werden, für zwei Personen als Empfänger nicht die gleiche Information enthalten müssen. Dies kann dazu führen, dass vom Sender erwartete Verhaltensweisen beim Empfänger nicht eintreten und vom Sender erwünschte Maßnahmen vom Empfänger nicht ergriffen werden. Information ist demzufolge in hohem Maß subjektbezogen.

> ▶ Beispiel Subjektbezogenheit von Information

Ein Vater nimmt wahr, dass seine beiden Kinder, Peter (13 Jahre) und Julian (14 Jahre), schon seit mehreren Stunden in ihren Zimmern vor dem Fernseher sitzen. Er fordert beide auf, den Fernseher abzudrehen. Beide folgen der Aufforderung. Peter fährt den PC hoch und beginnt mit dem Spielen eines Shooter-Games. Julian hingegen nimmt sich ein Buch aus dem Regal und beginnt zu lesen. Eine Interpretation dieser Situation führt zu folgendem Schluss (dem die meisten Personen wahrscheinlich zustimmen würden): Julian hat die Nachricht des Vaters besser verstanden als Peter. ◀

Semantik hat viel damit zu tun, welche Bedeutung bestimmte Zeichenfolgen haben, d. h. welche Objekte und Sachverhalte sie referenzieren. „Kundin", „Lieferzeit" und „Kundenauftrag" sind Bezeichnungen für betriebliche Objekte oder Sachverhalte. Einer Mitarbeiterin sollten diese Entitäten bekannt sein, da sie diese im Rahmen ihrer Berufsausbildung erlernt oder während ihrer Berufspraxis erfahren hat. Es können auch firmenspezifische Besonderheiten auftreten, die auf unterschiedliche Bedeutungen hinweisen.

> ▶ **Beispiel semantische Unterschiede**
>
> In Unternehmen A bedeutet „Lieferzeit" den Zeitraum zwischen Auftragserteilung durch die Kundin und dem Eingang der Lieferung bei der Kundin, in Unternehmen B bedeutet „Lieferzeit" den Zeitraum zwischen der Auftragsbestätigung durch den Lieferanten und dem Eingang der Lieferung bei der Kundin. Die beiden Zeiträume können erheblich voneinander abweichen. ◀

Das Erkennen dieser semantischen Unterschiede verlangt von der betreffenden Mitarbeiterin die Fachkenntnis unterschiedlicher Definitionen des Konstrukts „Lieferzeit" und die Berücksichtigung des jeweiligen (Unternehmens-)Kontexts. Das Erlernte oder Erfahrene ist Bestandteil ihres (Fach-)Wissens, das sie zur Überwindung semantischer Mehrdeutigkeiten heranziehen kann.

8.6 Wissen

Wissen unterscheidet sich von Daten und Informationen, obwohl die drei Begriffe fälschlicherweise oft synonym verwendet werden. Nach herrschender Lehre gilt: Daten umfassen etwas Gegebenes, d. h. Fakten, Beobachtungen oder Wahrnehmungen, und betrachten keinen Kontext, keine Bedeutung oder keine Absicht. Betrachten wir folgendes Beispiel:

> ▶ **Beispiel Daten**
>
> Wir beobachten, dass eine geworfene Münze die Seite mit dem Kopf zeigt. Für uns stellt das ein Datum dar. ◀

Obwohl Daten ohne Kontext, Bedeutung oder Absicht sind, können sie leicht erfasst, gespeichert und über elektronische oder andere Medien übermittelt werden. Informationen werden aus Daten gewonnen. Es werden nur jene Daten einbezogen, die einen Kontext, eine Relevanz und eine Zweckorientierung aufweisen. Bleiben wir bei dem vorgenannten Beispiel:

> ▶ **Beispiel Kontext und Zweckorientierung**
>
> Der Kontext des Münzwurfs sei eine Situation, in der Philipp eine Wette anbietet, jedem 10 € zu zahlen, wenn die Münze die Seite mit dem Kopf zeigt, aber 8 € zu nehmen, wenn die Münze Zahl zeigt. Nele überlegt, ob sie auf die Wette eingehen soll und erinnert sich an ein Experiment, dass die Münze bei den letzten 100 Würfen 40-mal Kopf und 60-mal Zahl ergeben hat. Diese Tatsache ist für Nele eine Information, die sie zur Entscheidungsfindung heranziehen kann. ◀

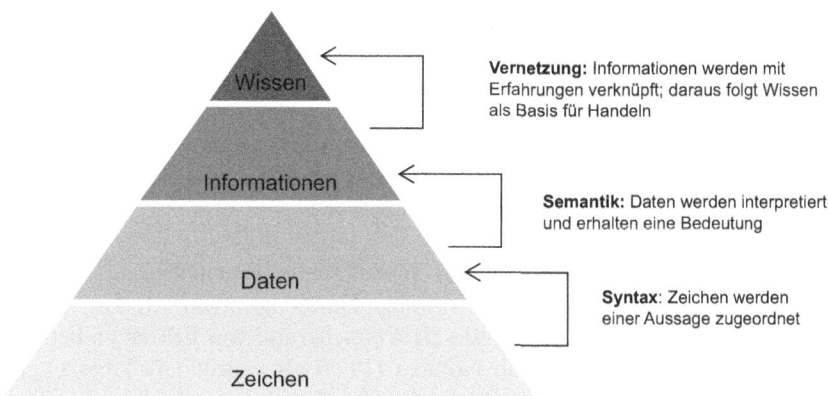

◘ Abb. 8.3   Wissenspyramide (in Anlehnung an Hufschmidt und Fekete 2018)

Wie aus dem Beispiel ersichtlich wird, hängt es von der betreffenden Person, die diese Fakten verwendet, und vom Kontext ab, ob es sich um Informationen oder um Daten handelt. Für Nele sind die Daten der letzten 100 Münzwürfe eine Information, da sie überlegt, in das Spiel einzusteigen. Für Anna-Maria sind die dokumentierten Münzwürfe lediglich Daten, da sie entweder nicht an Wetten interessiert ist und/oder sich mit der Wahrscheinlichkeitstheorie gut auskennt. Im Übrigen, sowohl Philipp als auch Nele wären „gute Kundschaft" für jedes Casino. Achtung: Sarkasmus! Philipp deshalb, weil er für zwei gleich wahrscheinliche Ereignisse bei Eintritt des einen Ereignisses mehr bezahlen würde, als er beim Eintritt des anderen Ereignisses nehmen würde. Nele deshalb, weil beide Ereignisse unabhängig von der Historie bei jedem erneuten Wurf gleich wahrscheinlich sind. Da sich Anna-Maria wie erwähnt gut mit der Wahrscheinlichkeitstheorie auskennt, weiß sie, dass historische Ergebnisse eines Münzwurfes für Wetten auf das Ergebnis eines erneuten Wurfes keinen Informationsgehalt haben, also nur Daten sind.

Wissen wird in der Fachliteratur auf zwei verschiedene Weisen von Daten und Informationen unterschieden. Eine *vereinfachte Sichtweise* ordnet Wissen auf der höchsten Ebene einer Pyramide ein, während Informationen, Daten und Zeichen darunter liegen (◘ Abb. 8.3). Zeichen werden auf der syntaktischen Ebene mit Hilfe von Kodierungen zu Aussagen angeordnet. Diese Aussagen werden auf der semantischen Ebene als Daten interpretiert und erhalten eine Bedeutung. Die Daten werden auf der pragmatischen Ebene in einem situativen Kontext interpretiert. Sie werden zu Information, wenn sie sich als handlungsrelevant erweisen. Die Information wird mit Erfahrungen verknüpft und erzeugt Wissen als Basis für Entscheidungen bzw. Handlungen.

Die Konsequenzen des praktischen Handelns lassen sich nicht alleine aus dem Inhalt des Datums bzw. der Information ableiten, sondern bedingen die Fähigkeit des beteiligten Subjekts, Information zu interpretieren und in Beziehung zum jeweiligen Kontext zu setzen. Dabei helfen die Erfahrungen aus vergleichbaren Situationen, die aus dem Gedächtnis abgerufen werden. Information ist situativ, das Wissen von Subjekten ist kumulativ, d. h. es häuft sich an, es steigert sich. Faktenwissen weist Ähnlichkeiten zu Informationen und Daten auf, ist aber umfassender und anhaltender.

> ► **Beispiel Zeichen versus Wissen und Aktion (nach Wölbl 2021)**

- Gegeben ist die ungeordnete Buchstabenfolge „Igecihergetnse" (Zeichen).
- Durch Ordnung dieser Folge entsteht die Aussage „gleich regnet es" (Daten).
- Regentropfen werden in einigen Augenblicken vom Himmel fallen (Bedeutung).
- Sie verlassen Ihr Haus (Kontext), das Gegebene wird wesentlich (Information).
- Aus Erfahrung wird Ihnen bewusst, dass Sie nass werden (Wissen).
- Sie spannen einen Regenschirm auf (Aktion). ◄

Obwohl diese faktenorientierte Sicht auf Wissen schlüssig erscheint, erklären sie die Eigenschaften von Wissen nicht vollständig. Damit kommen wir zur *komplexen Sichtweise* von Wissen. Anstatt Wissen als Anreicherung von Fakten zu betrachten, definieren wir es in Anlehnung an Nonaka (1994) als begründete Überzeugungen über Beziehungen zwischen Konzepten. Zu dem Zweck betrachten wir nun in Anlehnung an Becerra-Fernandez und Sabherwal (2015), wie diese Konzeptualisierung für das Ausgangsbeispiel funktioniert (vorausgeschickt sei, dass Nele sich im Bereich der Wahrscheinlichkeitstheorie nun Wissen angeeignet hat, das wird ihre Entscheidung, zu spielen oder nicht zu spielen, beeinflussen):

8

> ► **Beispiel Wissen**

Die Informationen über die Häufigkeit von Kopf (K) und Zahl (Z) bei 100 Würfen können zur Ermittlung der Wahrscheinlichkeiten $p_K = 0{,}40$ bzw. $p_Z = 0{,}60$ herangezogen werden. Diese lassen sich mit der Information über die Erträge $E_K = 10$ € und $E_Z = -8$ € verknüpfen, damit Nele ihren erwarteten Gewinn berechnen kann. Die Beziehung zwischen p_K, n_K und n ist ein Beispiel für Wissen, das Nele anwendet: $p_K = n_K / (n_K + n_Z)$. Die Bestimmung von p_Z ist ebenfalls Wissen. Darüber hinaus ist die Ermittlung des Erwartungswerts $EW = p_K * E_K + p_Z * E_Z$ auf der Basis von p_K, p_Z sowie den Erträgen E_K, E_Z ebenfalls Wissen, das Nele erworben hat: $EW = 0{,}40 * (+10 \text{ €}) + 0{,}60 * (-8 \text{ €}) = -0{,}80$ €. Die Beobachtungen, Eintrittswahrscheinlichkeiten und der Erwartungswert basieren nicht auf gegebenen Fakten, sondern wurden von Nele beobachtet, abgeleitet oder ermittelt. Da $EW < 0$, schlägt sie das Spiel von Philipp aus. ◄

Wissen hilft, Informationen so zu beschaffen oder zu interpretieren, dass man Entscheidungen treffen kann. Es leitet sich nicht allein aus Fakten ab, sondern begleitet den ganzen Entscheidungsprozess auf einer Metaebene. In unserem Beispiel beeinflussen diese Informationen die Entscheidung von Nele, auf die Wette nicht einzugehen. Auf der Grundlage ihrer Beobachtung, ob die Münze fair ist oder nicht, ist sie in der Lage, die Eintrittswahrscheinlichkeiten als zusätzliche Information zu ermitteln, die in Kombination mit den positiven und negativen Auszahlungen eine weitere Information ermöglichen: die Ermittlung des Erwartungswertes. Auf dessen Basis kann Nele eine rationale Bewertung vornehmen.

◘ Abb. 8.4 verdeutlicht zwei Sachverhalte:

1. Der Beitrag von Informationen zur Wertschöpfung ist höher als der von Daten.
2. Mit Hilfe von Wissen lassen sich aus den Beobachtungen die Wahrscheinlichkeiten für die Elementarereignisse ableiten, mit denen Auszahlungsbeträge verknüpft werden, um den Erwartungswert zu ermitteln.

Damit wird erkennbar, dass Wissen nicht notwendigerweise aus Daten und Information entsteht, sondern über Fakten hinausgeht, maßgeblich die Interpretation von

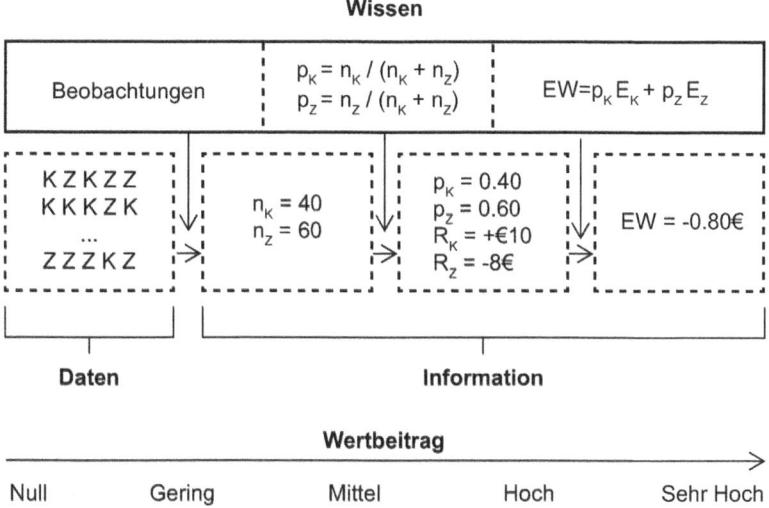

$$p_K = n_K / (n_K + n_z)$$
$$p_z = n_z / (n_K + n_z)$$

$$EW = p_K E_K + p_z E_z$$

Beobachtungen

KZKZZ
KKKZK
...
ZZZKZ

$n_K = 40$
$n_z = 60$

$p_K = 0.40$
$p_z = 0.60$
$R_K = +€10$
$R_z = -8€$

$EW = -0.80€$

Daten   Information

Wertbeitrag

Null   Gering   Mittel   Hoch   Sehr Hoch

◻ Abb. 8.4 Daten, Information und Wissen (in Anlehnung an Becerra-Fernandez und Sabherwal 2015, 21)

Daten beeinflusst und die Herleitung neuer Informationen ermöglicht, die für die Entscheidung bedeutsam sind. Diese Unterscheidung zwischen Daten, Informationen und Wissen steht im Einklang mit der Definition von Nonaka und Takeuchi (1995), die Wissen als „gerechtfertigten wahren Glauben" charakterisiert. Sie stimmt auch mit der Auffassung von Wiig (1999, 3-1, Fußnote 2) überein, der zufolge sich Wissen grundlegend von Daten und Informationen unterscheidet:

» „Wissen besteht aus Gewissheiten und Überzeugungen, Perspektiven und Konzepten, Urteilen und Erwartungen, Methoden und Erfahrungen. Es wohnt Menschen, Agenten oder anderen aktiven Entitäten inne und wird verwertet, um Informationen zu erkennen, aufzunehmen und zu verstehen, zu analysieren, zu interpretieren und zu bewerten, zu kombinieren und zu entscheiden, zu planen, umzusetzen, zu überwachen und anzupassen, d. h. um zielorientiert zu handeln. Mit anderen Worten: Wissen wird verwendet, um zu bestimmen, was eine bestimmte Situation bedeutet und wie damit umzugehen ist."

Man unterscheidet einerseits implizites und explizites Wissen. *Implizites* oder *subjektives Wissen* lässt sich nur schwer formalisieren und kann daher nur unvollkommen beschrieben, dokumentiert und kommuniziert werden. *Explizites* oder *objektives Wissen* ist solches, das formalisierbar, beschreibbar, dokumentierbar und leicht kommunizierbar ist. Es kann erfasst, gespeichert, verarbeitet und übertragen werden. Andererseits grenzt man deklaratives von prozeduralem Wissen ab. Als *deklaratives Wissen* gelten Inhalte, wenn sie sich auf Fakten beziehen und sprachlich in Form von Aussagesätzen beschrieben werden können. Davon zu unterscheiden ist *prozedurales Wissen*, das Handlungsabläufe oder Problemlösungsschritte umfasst und sich häufig einer sprachlichen Formulierung widersetzt. Typische Beispiele für prozedurales Wissen sind Fahrradfahren, Tanzen oder Schwimmen. Viele Menschen können Fahrradfahren, ohne sich der einzelnen motorischen Aktionen bewusst zu sein, die für diese Tätigkeit notwendig sind. Beim prozeduralen Typ wird das Wissen um Information über Vorgehensweisen, Techniken und Verfahren zur Durchführung von Tätigkeiten und zur Lösung von Problemen erweitert.

Wissen hilft, Daten in Information umzuwandeln, um Entscheidungen vorzubereiten oder angemessene Handlungen einzuleiten. Die Verwendung von Information zur Entscheidungsfindung bzw. zum Auslösen von Handlungen erfordert ebenfalls Wissen. Die mit den Entscheidungen und Handlungen zusammenhängenden (Kontext-)Faktoren führen – wie in ◘ Abb. 8.4 verdeutlicht – zu Begebenheiten, die die Erzeugung weiterer Daten und Information zur Folge haben können. Bei Bewährung führen die mit den Begebenheiten verbundenen Informationen zu einer Erweiterung des Wissens eines Individuums. Im Fall einer Nichtbewährung kann eine Anpassung bzw. Korrektur des Wissens erfolgen.

Neben Erfahrung entsteht Wissen durch (Aus-)Bildung. *Ausbildung* meint die Vermittlung von Kenntnissen, Fähigkeiten und Fertigkeiten (z. B. Kommunikations- und Teamfähigkeit) in einer systematisierten, reglementierten Form an eine Person in einer definierten Zeitspanne. Entsprechend dem Ausbildungsziel handelt es sich um thematisch ausgewählte Wissensbestände. *Bildung* ist – nach einer amüsanten Auslegung aus unbekannter Quelle – das, was übrig bleibt, wenn man alles vergessen hat, was man gelernt hat. Bei Bildung geht es darum, Zusammenhänge zu erkennen, als Voraussetzung zur Einordnung und Bewertung von Fakten.

8.7 Kommunikation

Generell bezeichnet *Kommunikation* (von lat. communicatio = Mitteilung, Verständigung) die Beziehung, die zwischen Menschen, Lebewesen, maschinellen Systemen oder Geräten durch Austausch von *Nachrichten* entsteht. Der Austausch ist nicht zweckneutral, sondern erfolgt mit der Absicht, handlungs- und entscheidungsrelevante Information zu erzeugen, die zu Entscheidungen und Aktionen führen können. Kommunikation ist daher Mittel zum Zweck der Information, kurz: Kommunikation ist Zweckmittel für Information.

Weil Information ohne Kommunikation nicht möglich und Kommunikation ohne die Absicht der Information unzweckmäßig ist, sind Information und Kommunikation für die Wirtschaftsinformatik zwei Aspekte ein und desselben Phänomens. Für die Erklärung und Gestaltung von MAT-Systemen heißt dies, dass Information und Kommunikation immer gemeinsam zu betrachten sind. Auf die Unmöglichkeit des Nichtkommunizierens hat Paul Watzlawick (2016) mit dem Satz „man kann nicht *nicht* kommunizieren" hingewiesen.

Kommunikation ist ein *Prozess*, der mindestens zwei beteiligte Instanzen umfasst: Sender und Empfänger. Er beschreibt eine Menge an Aktivitäten, mit denen ein Sender die Absicht verfolgt, einem Empfänger *Information* zur Verfügung zu stellen, kurz gesagt, zu informieren. Zu diesem Zweck sendet er über einen Kommunikationskanal *Nachrichten* an den Empfänger, der die Fähigkeit besitzt, diese interpretieren zu können, das heißt, ihnen Information zu entnehmen oder sie zu Information zu verarbeiten. Aus „Absicht zum Informieren" und „Fähigkeit zum Interpretieren" folgt, dass Kommunikation im Kontext von MAT-Systemen im Regelfall ein *sozialer Prozess* ist, der zwischen Menschen stattfindet. Mensch-Mensch-Kommunikation kann ohne Hilfsmittel stattfinden, wenn sich Sender und Empfänger am gleichen Ort befinden und von Angesicht zu Angesicht kommunizieren. Hilfsmittel als Kommunikationskanal zwischen Menschen (z. B. Computernetze) haben die Funktion, Raum und/oder Zeit zu überbrücken.

Der Kommunikationsbegriff hat in der Wirtschaftsinformatik eine Bedeutung, die über die Mensch-Mensch-Kommunikation hinausgeht, worauf mit der einleitend verwendeten Erklärung bereits hingewiesen wurde („Beziehung zwischen Menschen, Lebewesen, maschinellen Systemen oder Geräten ..."). Eine Systematisierung der Kommunikation macht dies deutlich:

- Nach Beteiligten wird die Mensch-Mensch-Kommunikation von der Mensch-Maschine-Kommunikation und Maschine-Maschine-Kommunikation unterschieden.
- Nach verwendeten Darstellungsarten der Daten werden Bildkommunikation, Textkommunikation und Sprachkommunikation unterschieden.
- Nach verwendeten Medien wird in elektronische Kommunikation, schriftliche Kommunikation, mündliche Kommunikation und andere (z. B. Vibration eines Smartphones oder Rauchwolken) gegliedert.

Bei der *Mensch-Mensch-Kommunikation* spielt neben verbaler (mündlicher oder schriftlicher) Kommunikation die nonverbale Kommunikation (Mimik, Gestik und Körperhaltung) eine wichtige Rolle für die Interpretation von Daten. Da bei nonverbaler Kommunikation die Beziehungen zwischen nonverbalen Zeichen und den zu bezeichnenden Objekten oder Sachverhalten nur wenig geregelt sind, liegen hier mögliche Störquellen für die Kommunikation vor.

Mensch-Maschine-Kommunikation ist die Form der Kommunikation, bei der Information zwischen dem Mensch und dem Techniksystem ausgetauscht wird. Ist das Techniksystem ein Computersystem, wird Mensch-Mensch-Kommunikation durch Mensch-Maschine-Kommunikation oder durch Mensch-Maschine-Mensch-Kommunikation ersetzt, zumindest aber ergänzt. Menschen kommunizieren dann nicht mehr direkt mit Menschen, sondern mit Maschinen, oder die Kommunikation zwischen Menschen erfolgt über Maschinen.

8.8 Informations- und Kommunikationsstörung

Kommunikation kann so gestört werden, dass der Informationszweck nicht erreicht wird. Informationsstörungen können auf der syntaktischen Ebene entstehen. Dies ist der Fall, wenn Nachrichten fehlerhaft als Zeichen codiert oder als Signale im Kommunikationskanal verändert und die Veränderungen nicht erkannt bzw. korrigiert werden.

> ▶ **Beispiel syntaktische Kommunikationsstörung**
>
> Die Gefängniswärterin einer Justizvollzugsanstalt schreibt nach einem erfolgreichen Ausbruch eines Häftlings eine Textnachricht an die nächste Polizeidienststelle: „Der gefangene Floh". ◀

Durch zwei Rechtschreibfehler wird die Bedeutung der Zeichen falsch interpretiert. Informationsstörungen auf semantischer Ebene entstehen dadurch, dass Informationsabsichten in Nachrichten umgesetzt werden, deren Bedeutung vom

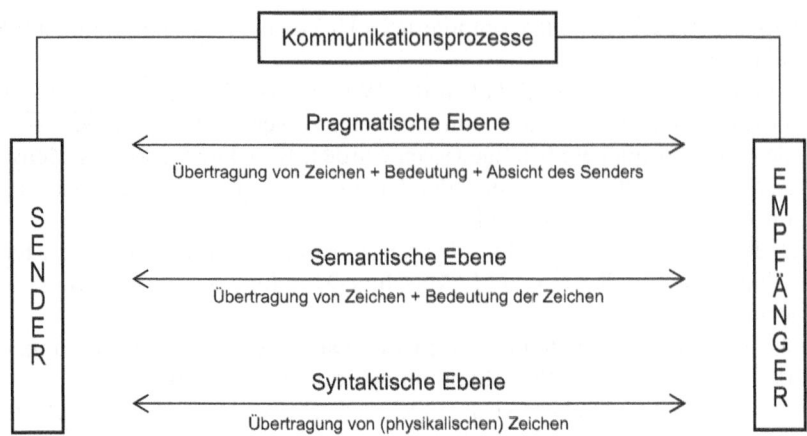

Abb. 8.5   Informations- und Kommunikationsstörungen (Worczinski 1999, 11)

Empfänger aufgrund begrifflicher Unschärfe oder falscher Codierung nicht erkannt wird. Die Nachrichten können die vom Sender beim Empfänger beabsichtigte Bedeutung nicht übermitteln.

> ► **Beispiel semantische Kommunikationsstörung**
>
> Die wachhabende Beamtin in der Polizeidienststelle wundert sich und schreibt zurück: „Habt Ihr nichts Wichtigeres zu tun?". ◄

Auf pragmatischer Ebene erfordert Kommunikation die Informationsfähigkeit und -absicht des Senders und die Interpretationsfähigkeit und -absicht des Empfängers. Damit der Sender die Erreichung des Informationszwecks überprüfen kann, ist eine Rückmeldung durch den Empfänger sinnvoll.

> ► **Beispiel pragmatische Kommunikationsstörung**
>
> Da sie die Gründe für die Kommunikationsstörung nicht verstanden hat, antwortet die Wärterin: „Doch schon, aber offensichtlich Ihr nicht – Habt Ihr mit der Fahndung begonnen?". ◄

Das Beispiel „der gefangene Floh" versus „der Gefangene floh" verdeutlicht zudem, dass Informationsstörungen auf der syntaktischen Ebene zu Kommunikationsstörungen auf den darüber liegenden Ebenen führen können (■ Abb. 8.5). Es unterstreicht auch, dass eine präzise Umgangs- und Fachsprache Kommunikationsstörungen vermeiden hilft.

8.9   Informationsbedarf und Informationsbedürfnis

Das Pendant zur Informationsabsicht eines Senders ist die Nachfrage von Informationen durch den Empfänger. Sie wird vom aufgabenbezogenen Informationsbedarf und dem individuellen Informationsbedürfnis ausgelöst. Dabei ist die Informationsnachfrage in der Regel kleiner als der objektive Informationsbedarf bzw. das subjektive Informationsbedürfnis. In Unternehmen versucht man die Informationsnachfrage durch ein umfassendes betriebliches Informationsangebot zu befriedigen. Die Schnittmenge von Informationsbedarf, -bedürfnis, -nachfrage und -angebot wird als Informationsstand bezeichnet. Je besser das Informationsangebot der bedarfs- bzw. bedürfnisinduzierten Informationsnachfrage entspricht, desto höher ist der Informationsstand in Unternehmen.

Der Informationsbedarf besteht aus den Bezeichnungen *Information* und *Bedarf*. In den Wirtschaftswissenschaften versteht man unter Bedarf die konkretisierte, objektivierte Anforderung nach einem bestimmten Gut, die aus einem Mangel resultiert. Diese Forderung kann objektiv aus Sicht der Aufgabe und subjektiv aus Sicht der menschlichen Aufgabenträgerin analysiert werden. Der *Informationsbedarf* bezeichnet die Art, Menge und Beschaffenheit von Information, die zur Erfüllung einer Aufgabe benötigt wird. Aus der Sicht einer bestimmten betrieblichen Aufgabe liegt dann ein konkreter Bedarfsfall vor, wenn zur Aufgabenerfüllung bestimmte Informationen unabhängig von der jeweiligen Aufgabenträgerin verfügbar sein *müssen*.

> ▶ **Beispiel Informationsbedarf**
>
> Um eine Rechnung (Faktura, von lat. factura) erstellen zu können, werden u. a. folgende Informationen benötigt: Rechnungsempfängerin, Steuernummer, Rechnungsdatum, gekaufte Artikel, Menge je Artikel und Einzelpreise. Die jeweilige Menge wird mit den Einzelpreisen je Artikelposition multipliziert. Anhand der Artikelbezeichnung erfolgt die Einstufung des (vollen oder reduzierten) Mehrwertsteuersatzes. Die Gesamtbeträge der Artikelpositionen werden zum Nettobetrag (ohne Mehrwertsteuer) addiert. Auf der Basis der Mehrwertsteuersätze wird die Mehrwertsteuer berechnet. Die Summe von Nettobetrag und Mehrwertsteuer ergibt den Bruttobetrag. Ohne diese Informationen ist keine gültige Rechnungslegung möglich. ◀

Analysiert man das Verlangen nach Information aus der Sicht der Aufgabenträgerinnen, werden jene Informationen betrachtet, die die Aufgabenträgerin verwenden will. Dieses Verlangen wird als Informationsbedürfnis bezeichnet und weniger durch Eigenschaften bzw. Vorschriften der Aufgabe als durch Merkmale und Empfindungen des Menschen bestimmt. In der Fachliteratur wird dafür auch der Term „subjektiver Informationsbedarf" verwendet. Dieser ist jedoch ungenau, da ein Bedarf stets die konkretisierte, objektivierte Anforderung nach einem bestimmten Gut, ein Bedürfnis aber den subjektiv empfundenen Mangel nach diesem Gut bezeichnet (Jarrahi et al. 2021).

> ▶ **Beispiel Informationsbedürfnis**
>
> Eine Sachbearbeiterin im Rechnungswesen, die die im ersten Beispiel beschriebene Fakturierung durchführt, verlangt zusätzlich Information über die Zahlungsmoral der Kundin, um die Zahlungsart (z. B. per Vorkasse oder auf Rechnung) festzulegen. Ihr Informationsbedürfnis geht über den an der Aufgabe orientierten Informationsbedarf hinaus. Die Einzelpreise der fakturierten Artikel interessieren sie dagegen nicht, da sie den gesamten Forderungsbetrag im Auge behalten möchte. In diesem Fall ist ihr Informationsbedürfnis geringer als der Informationsbedarf. ◀

8.10   Informationsnachfrage

Der Informationsbedarf und dasInformationsbedürfnis bestimmen die Informationsnachfrage (Heinrich et al. 2014). Sie beschreibt, welche Information zur Aufgabenerfüllung in einer konkreten Handlungssituation von der Aufgabenträgerin nach-
gefragt wird. Die Nachfragemenge ist in der Regel kleiner als die aufgabenbezogene
Bedarfs- bzw. die subjektbezogene Bedürfnismenge. Die Reduktion der Nachfragemenge lässt sich anhand folgender Sachverhalte verdeutlichen:

- Zeitliche Restriktionen schränken in einer konkreten Handlungssituation die
  Nachfragemenge ein – es ist nicht ausreichend Zeit vorhanden, den gesamten
  Informationsbedarf bzw. das gesamte Informationsbedürfnis zu befriedigen.
- Bei unstrukturierten und/oder veränderlichen Aufgaben ist der Informationsbedarf nicht exakt ermittelbar. Diese Unschärfe verringert die Nachfragemenge.
- Aufgabenträgerinnen befriedigen ihr Informationsbedürfnis durch einen sequen-
  ziellen Prozess der Informationsnachfrage. Information wird solange beschafft,
  bis ein befriedigendes Anspruchsniveau erreicht ist. Danach wird die Nachfrage
  eingestellt (vgl. dazu die Lerneinheit „Informationsverhalten" in Heinrich et al.
  2014).

Die Bestimmung des Informationsbedarfs ist umso einfacher, je strukturierter und
je weniger veränderlich die Aufgabe ist. Daraus folgt, dass das Informationsbedürfnis umso stärker die Informationsnachfrage beeinflusst, je schwächer strukturiert
und je veränderlicher die Aufgabe ist. Es liegen nur wenige gesicherte Erkenntnisse
darüber vor, wie sich die Eigenschaften von Aufgabenträgerinnen in einen Er-
klärungszusammenhang mit dem Informationsbedürfnis bringen lassen, um Aussagen über die Informationsnachfrage machen zu können. Es ist jedoch davon auszugehen, dass Eigenschaften wie Motivation, Neugierde, Unsicherheitsvermeidung
oder Streben nach kognitiver Klarheit zu einer Erhöhung des Informationsbedürfnisses und damit zu einer Erhöhung der Informationsnachfrage führen. Eigenschaften wie Selbstsicherheit, Risikobereitschaft, Pragmatismus oder Routine haben
dagegen eine Verringerung des Informationsbedürfnisses und damit eine Reduzierung der Informationsnachfrage zur Folge.

Bei wohlstrukturierten, wenig veränderlichen Aufgaben wird die Informationsnachfrage im Wesentlichen, im Grenzfall vollständig durch den Informationsbedarf
bestimmt. Bei schwach strukturierten und stark veränderlichen Aufgaben wird die
Informationsnachfrage kaum, im Grenzfall überhaupt nicht durch den Informationsbedarf bestimmt. Das Informationsbedürfnis ist umso bestimmender für die
Informationsnachfrage, je schwächer strukturiert und je veränderlicher die Aufgabe ist.

8.11   Informationsstand

Die Schnittmenge aus Informationsbedarf, -bedürfnis, -nachfrage und -angebot wird
als Informationsstand bezeichnet. Damit wird zum Ausdruck gebracht, inwieweit
sich eine durch Informationsbedarf und -bedürfnis induzierte Informationsnachfrage mit dem betrieblichen Informationsangebot in Einklang bringen lässt.
◨ Abb. 8.6 verdeutlicht diesen Zusammenhang als Mengendiagramm.

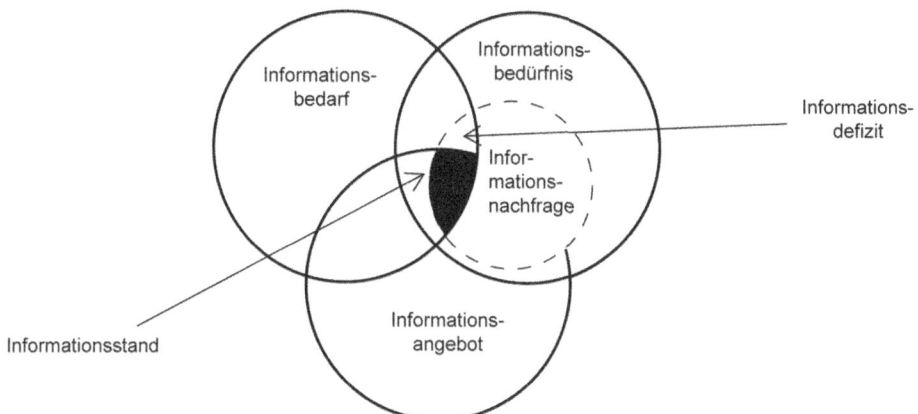

⊙ Abb. 8.6   Informationsstand (Picot und Franck 1988, 609)

Informationsangebot und -nachfrage sollen nach Möglichkeit deckungsgleich sein. Es entsteht ein informationelles Gleichgewicht. Ist die Informationsnachfrage größer als das -angebot, wird dies als Informationsmangel bzw. -defizit bezeichnet. Der Fall, dass das Informationsangebot die -nachfrage übersteigt, wird Informationsüberschuss genannt.

Literatur

Artz, J. (2016). *What is information? Tiptoeing towards the philosophy of information systems.* Twenty-second Americas Conference on Information Systems (AMCIS), San Diego.

Becerra-Fernandez, I. & Sabherwal, R. (2015). *Knowledge Management: Systems and Processes,* 3. Aufl. New York: Routledge.

Bendel, O. (2021). Privatsphäre. In: Springer Fachmedien GmbH (Hrsg.), *Gablers Wirtschaftslexikon.* Wiesbaden: Springer Gabler. https://wirtschaftslexikon.gabler.de/definition/privatsphaere-122247.

Brügge, B. (2004). Einführung in die Informatik II. Aus der Informationstheorie: Datenkompression, Skriptum, Sommersemester 2004, https://ase.in.tum.de/lehrstuhl_1/files/teaching/Lehrstuhl/Informatik2SoSe2004/S04_12_Codierung.pdf.

Campbell, J. (1982). *Grammatical man, information, entropy, language, and life.* New York: Simon and Schuster.

Capurro, R. (2003). The concept of information. In: B. Cronin (Hrsg.), *Annual review of information science and technology 38,* 343–411.

Föll, H. (2019). *Einführung in die Materialwissenschaft I. Entropie und Information.* Christian-Albrechts-Universität-Kiel, https://www.tf.uni-kiel.de/matwis/amat/mw1_ge/index.html.

Heinrich, L. J., Riedl, R. & Stelzer, D. (2014). *Informationsmanagement – Grundlagen, Aufgaben, Methoden* (11. Auflage). München: De Gruyter Oldenbourg.

Hufschmidt, G. & Fekete, A. (Hrsg.) (2018). *Machbarkeitsstudie für einen Atlas der Verwundbarkeit und Resilienz (Atlas VR) – Wissensmanagement im Bevölkerungsschutz.* Autoren: Blank-Gorki, V., Edbauer, L., Fekete, A., Hufschmidt, G. Unter Mitarbeit von: Blümel, M.; Hilljegerdes, M. und Köster, M. Abschlussbericht des gleichnamigen Forschungsprojektes (Förderkennzeichen BBK III.1-413-20-10/394). Bonn, Köln.

Jarrahi, M.H., Ma, Y. & Goray, C. (2021). An integrative framework of information as both objective and subjective. *Journal of Information Science,* 1–13.

Mingers, J. & Standing, C. (2018). What is information? Toward a theory of information as objective and veridical. *Journal of Information Technology 33,* 85–104.

McKinney, E. H. & Yoos, C. J. (2019). Information as a difference: toward a subjective theory of information. *European Journal of Information Systems 28*(4), 355–369.

Nölle, S. (2019). Gestalten: Semantik. https://zeichnen-lernen.net/gestalten/semantik-bedeutung-inhalt-273.html.

Nonaka, I. (1994). A dynamic theory of organizational knowledge creation. *Organization Science 5*(1), 14–37.

Nonaka, I. & Takeuchi, H. (1995). *The knowledge creating company*. New York : Oxford University Press.

PH Network (o.J.). *Indianer – die Ureinwohner Nordamerikas, Symbole und Schrift, Zeichensprache der Indianer*. https://welt-der-indianer.de/wort-schrift/zeichensprache/.

Picot, A. & Franck, E. (1988). Die Planung der Unternehmensressource Information (I und II). *WISU 17*(10 u. 11), 544–549 u. 608–613.

Posner, R. (1997). Die Semiotik und ihre Darstellung in diesem Handbuch. In: R. Posner, K. A. Robering & T. A. Sebeok (Hrsg.), *Semiotik: Ein Handbuch zu den zeichentheoretischen Grundlagen von Natur und Kultur. 1. Teilband* (S. 1–13). Berlin, New York: Walter de Gruyter.

Roszak, T. (1986). *Der Verlust des Denkens. Über die Mythen des Computer-Zeitalters*. München: Knaur.

Rost, F. (2020). *Informatikseiten – das Gelbe vom Ei. Was ist eigentlich Information?* http://informatik.rostfrank.de/info/lex01/lex0101.html.

Shannon, C. (1948) A mathematical theory of communication. *Bell System Technical Journal 27*(3), 379–423 u. *27*(4), 623–656.

Shannon, C. & Weaver, W. (1949). *The mathematical theory of communication*. Urbana:University of Illinois Press.

Strasser, F. (2019). Charles William Morris, Zeichentheorie - 1. Teil (Anfrage). https://www.platonjgf.net/morris-grundlagen-der-zeichentheorie/.

Watzlawick, P. (2016). *Man kann nicht nicht kommunizieren*. 2., unveränd. Aufl. Bern: Hogrefe.

Wiig, K. M. (1999). Introducing knowledge management into the enterprise. In: J. Liebowitz (Hrsg.), *Knowledge management handbook*. Boca Raton: CRC Press, S. 3-1–3-41.

Wölbl, S. (2021). Potenzialfinder.com, Glossar, Wissenspyramide, Linz. https://www.potenzialfinder.com/glossar-artikel/wissenspyramide/.

Worczinski, T. (1999). *Gestaltung und Einsatz managementunterstützender Informationssysteme in Theorie und Praxis*. München: Examicus.

8

Mensch

Inhaltsverzeichnis

© Springer-Verlag GmbH Deutschland, ein Teil von Springer Nature 2024
A. Heinzl et al., *Wirtschaftsinformatik*, https://doi.org/10.1007/978-3-662-67392-8_9

Zweck dieser Lerneinheit

Sie haben bereits gelernt, dass Informationssysteme und -infrastrukturen in Wirtschaft und Gesellschaft MAT-Systeme sind. Zudem konnten Sie bereits erfahren, dass durch Erklärung und Gestaltung der Informationsfunktion die aufgabenbezogene Informationsversorgung von Individuen und Gruppen im Unternehmen verbessert werden soll. Sie wissen, welche Erkenntnisobjekte den Gegenstandsbereich der Wirtschaftsinformatik ausmachen, sodass eine Vertiefung vorgenommen werden kann. Diese wird in dieser Lerneinheit aus der Sicht des Menschen vorgenommen.

Sie erfahren, dass Menschen verschiedene Rollen bei der Entwicklung, Einführung, Nutzung sowie beim Management von Informationssystemen (z. B. Softwareentwicklerinnen, potenzielle Nutzerinnen), Informationsinfrastrukturen (z. B. Projektleiterin, Rechenzentrumsleiterin, IT-Controllerin) und der Informationsfunktion (z. B. Wissensmanagerin, Web-Content-Managerin) wahrnehmen können, alles sogenannte Beteiligte. Menschen können auch Betroffene sein. Ohne selbst an der Entwicklung, Einführung, Nutzung sowie dem Management von MAT-Systemen beteiligt zu sein, werden sie von Informationssystemen, -infrastrukturen und der -funktion wesentlich beeinflusst (z. B. als Nutzerin von ERP-Systemen oder einer Cloud-Infrastruktur sowie als Produzentin von Informationen). Die Aufzählung zeigt die Vielfalt der Rollen, die Menschen in der Praxis der Wirtschaftsinformatik einnehmen. Für die Wirtschaftsinformatik als Wissenschaft sind alle diese Rollen von Interesse. Diese Lerneinheit konzentriert sich primär auf Nutzerinnen, womit Menschen gemeint sind, die zur Erfüllung betrieblicher Aufgaben IuK-Technik als Sachmittel verwenden, mit anderen Worten Aufgabenträgerinnen, und sie konzentriert sich auf Informationssysteme als eines der drei Erkenntnisobjekte der Wirtschaftsinformatik.

Wie die Bezeichnung Nutzerin zeigt, befasst sich die Wirtschaftsinformatik nicht mit Menschen an sich, sondern mit Menschen, die ihre Aufgaben mit Hilfe von IuK-Technik erfüllen. Dabei sind die wechselseitigen Beziehungen zwischen Mensch und Aufgabe einerseits sowie zwischen Mensch und IuK-Technik andererseits von Bedeutung. Sie erkennen, dass eine wirksame und wirtschaftliche Entwicklung und Einführung von Informationssystemen bzw. -infrastrukturen positiv beeinflusst werden kann, wenn potenzielle Nutzerinnen aktiv daran mitwirken. Nutzermitwirkung bzw. Nutzerbeteiligung ist ein zentrales Phänomen, mit dem sich die Wirtschaftsinformatikforschung befasst.

9.1 Der Mensch in MAT-Systemen

Der Mensch als Strukturelement in MAT-Systemen spielt eine zentrale Rolle bei der Entwicklung, Einführung, Nutzung sowie beim Management von Informationssystemen. Im besonderen Fokus der Wirtschaftsinformatik stehen dabei die Nutzerinnen (synonym: Benutzerinnen). Damit sind Menschen gemeint, die zur Erfüllung betrieblicher Aufgaben IuK-Technik als Sachmittel verwenden (z. B. eine Kassiererin, die eine Kasse verwendet). Oftmals wird auch der Begriff der „Anwenderin" verwendet. In diesem Begriff bleibt die konkrete Rolle des Menschen unbestimmt, d. h. Anwenderinnen in einem Supermarkt können neben der Kassiererin auch Lagermitarbeiterinnen oder Marktverantwortliche sein.

Die Durchdringung des Strukturelements Mensch im MAT-System und die Erklärung seines Verhaltens zwecks menschengerechter Gestaltung von Informationssystemen und -infrastrukturen hat im letzten Jahrzehnt eine immer größere Bedeutung erfahren. Sie fasst betriebswirtschaftliche, technische, soziologische, psychologische und andere Erkenntnisse zusammen und verkörpert eine interdisziplinäre Ausrichtung, die für die Wirtschaftsinformatik typisch ist. In der Vergangenheit wurde in der Wirtschaftsinformatik der Terminus Nutzerforschung für diesen Themenbereich verwendet. Häufig wurde auch die Bezeichnung „Usability Engineering" verwendet, mit der betont wird, dass bei der Entwicklung soziotechnischer Systeme die Ziele Benutzbarkeit (engl. usability) und Akzeptanz (engl. acceptance) verfolgt werden. Im engen Zusammenhang hierzu stehen die Disziplinen der Psychologie und der Arbeitswissenschaften sowie die in der Informatik verortete Forschungsdisziplin der Mensch-Computer-Interaktion (engl. Human-Computer Interaction, HCI) (Dix et al. 2004). In den Arbeitswissenschaften spricht man insbesondere von Ergonomie. Im Fokus der Ergonomie steht die Analyse und Gestaltung der Aufgaben, der Arbeitsumgebung und der Interaktion von Menschen und Maschinen. Das Erkennen und Ausschöpfen ergonomischer Potenziale im Entwicklungsprozess von Informationssystemen steht im Mittelpunkt des Interesses der Wirtschaftsinformatik, insbesondere bei der Gestaltung der Nutzungsschnittstellen.

9.2 Nutzertypen

Eine Erkenntnis der Forschung ist, dass es *die* Nutzerin nicht gibt, sondern dass sich jede Nutzerin prinzipiell anders verhalten kann. Das tatsächliche Handeln einzelner Nutzerinnen bezüglich Aufgabenerfüllung und Leistung kann aber nicht erklärt und vorhergesagt werden. Zudem kann das erwartete Handeln jeder einzelnen Nutzerin kaum standardisiert werden. Mit der Bildung von Nutzertypen wird versucht, das Handeln einer Menge von Nutzerinnen, die sich bezüglich der Ausprägung wesentlicher Merkmale nicht oder nur unwesentlich unterscheiden, zu erklären und zu prognostizieren, um die Gestaltung von Informationssystemen daran auszurichten.

> ▶ Beispiel Persönliche Fähigkeiten von Nutzerinnen

Unter dem Gesichtspunkt der persönlichen Fähigkeiten im Umgang mit IuK-Technik wird zwischen den Nutzertypen geübte Nutzerin (Expertin) und gelegentliche, naive Nutzerin unterschieden. Eine Nutzerin wird als „naiv" bezeichnet, wenn sie wegen der unregelmäßigen Nutzung die für die Aufgabenerfüllung notwendigen Handhabungsdetails vergisst, was die Aufgabenerfüllung beeinträchtigt. ◄

Es existieren unterschiedliche Klassifikationen von Nutzertypen. Beispielsweise werden im Rahmen der Initiative D21 (Initiative D21 2020) die in ◘ Tab. 9.1 dargestellten sieben Nutzertypen beschrieben.

◻ Tab. 9.1 Klassifikation von Nutzerinnentypen

Nutzerinnentyp	Anteil	Durch-schnittsalter	Geschlecht	Schulabschluss
Offlinerinnen	14 %	71 Jahre	67 % Frauen	71 % Hauptschul-abschluss
Minimal-Offlinerinnen	4 %	60 Jahre	51 % Frauen	38 % Hauptschul-abschluss
Konservative Gelegenheits-nutzerinnen	30 %	55 Jahre	59 % Frauen	47 % Realschul-abschluss
Vorsichtige Pragmatikerin-nen	8 %	42 Jahre	50 % Frauen	42 % Realschul-abschluss
Reflektierte Profis	27 %	43 Jahre	55 % Männer	43 % Abitur/Allg. Hochschulreife
Progressive Anwenderinnen	12 %	35 Jahre	60 % Männer	53 % Abitur/Allg. Hochschulreife
Technik-Enthusiastinnen	5 %	36 Jahre	70 % Männer	38 % Abitur/Allg. Hochschulreife

9

9.3 Nutzerschnittstelle

Die Nutzerschnittstelle (engl. user interface) stellt die Hard- und Software eines Informationssystems dar, mit der ein Mensch in Interaktion treten und Handlungen auslösen kann. Die vom Anwendungssystem ausgegebenen Daten werden – sofern sie handlungsrelevant sind – zu Information, die ihrerseits weitere Aktionen bei der Nutzerin auslösen können. Aus Sicht der Hardware kommen heute eine Vielzahl von Technologien für die Gestaltung und Bereitstellung von Nutzerschnittstellen zum Einsatz. Der Personal Computer (PC) in Form eines stationären oder tragbaren Rechners wird heute durch weitere mobile Endgeräte wie Smartphones, Tablet-PC oder Smartwatches komplementiert. Zusätzlich spielen interaktive Bildschirme (z. B. Microsoft Surface Hub) in Besprechungen eine immer größere Rolle. Intelligente Lautsprecher (engl. smart speaker) wie beispielsweise Amazon Alexa ermöglichen natürlichsprachliche Interaktionen. Neben Smartphones finden auch am Körper getragene bzw. in der Kleidung integrierte Geräte (engl. wearables) immer mehr Einzug in unser Leben. Eine weitere Klasse an Geräten sind intelligente Brillen, welche die Erfahrung einer erweiterten, virtuellen und gemischten Realität ermöglichen (wie z. B. beim Verwenden von Metaverse).

In Kombination von Hard- und Software werden in aktuellen Nutzerschnittstellen verschiedenste Arten der Ein- und Ausgabe unterstützt. Die Modalität bezieht sich dabei auf die Art des Kommunikationskanals, der verwendet wird, um Daten aus- bzw. einzugeben (Nigay und Coutaz 1993). Unterschiedliche Ein- und Ausgabearten ermöglichen es den Nutzerinnen, Daten über ihre Sinne zu erfassen, über Effektoren weiterzuleiten und im Gehirn zu verarbeiten. Bei der Interaktion mit einem PC neh-

Hardware	Eingabemodalitäten						Ausgabemodalitäten		
	Tippen (z.B. Tastatur)	Zeigen (z.B. Maus)	Berühren	Sprachen	Gestikulieren	Sehen	Visuell	Audio	Haptisch
PC (Desktop/Laptop)	X	X	x	x	x	x	X	x	x
Smartphone & Tablet	x	x	X	x	x		X	x	x
Interaktive Bildschirme	x	x	X	x			X	x	
Intelligente Lautsprecher				X				X	
Tragbare Geräte			X	x			X		x
Augmented & Virtual Reality Brillen		X		x	X	x	X	X	X

☑ Abb. 9.1 Nutzerschnittstelle – Hardware und exemplarische Ein-/Ausgabemodalitäten

men Nutzerinnen beispielsweise ihre Eingaben durch Tippen auf einer Tastatur in Verbindung mit Mausklicks infolge von Bewegungen mit der Hand bzw. den Fingern vor. In der Verarbeitung der Ausgabe über eine grafische Benutzeroberfläche spielt der visuelle Sinn eine zentrale Rolle. Ergänzend kommen aber auch weitere Ein- und Ausgabearten, wie beispielsweise Audiosignale, zur Benachrichtigung zum Einsatz.

Moderne Nutzerschnittstellen kombinieren verschiedenste Ein-/Ausgabearten. ☑ Abb. 9.1 stellt exemplarisch eine Kombination von Hardware mit unterschiedlichen Ein-/Ausgabearten dar.

Mit der Nutzerschnittstelle wird die Interaktionsaufgabe abgebildet, die immer dann entsteht, wenn eine betriebliche Aufgabe (die Sachaufgabe) mit Hilfe von IuK-Technik unterstützt werden soll und die Bearbeitung der Sachaufgabe im Dialog erfolgt. Die Nutzerschnittstelle ist also der Übergang zwischen der systemunterstützten Sachaufgabe und anderen Sachaufgaben des Aufgabensystems. Die Nutzerin muss also zwei Rollen zur Aufgabenerfüllung übernehmen, die Rolle der Sachbearbeiterin, in der die Sachaufgabe durchgeführt wird, und die Rolle der Nutzerin eines Techniksystems, in der die Interaktionsaufgabe durchgeführt wird. Aufgrund des Zusammenhangs zwischen Sachaufgabe und Interaktionsaufgabe kann die Sachaufgabe nur erfüllt werden, wenn die Interaktionsaufgabe bewältigt wird, was auf die Bedeutung der Nutzerschnittstelle für die Aufgabenerfüllung hinweist. Da jedes interaktiv genutzte Techniksystem in die bestehende oder zu entwickelnde Arbeitsorganisation eingebettet sein muss, impliziert die Gestaltung der Nutzerschnittstelle auch das Gestalten von Arbeitsabläufen bzw. der Arbeitsorganisation.

Ziel der Forschung ist es, Erklärungen zu liefern, welche die Gestaltung der Nutzerschnittstelle so ermöglichen, dass sie am Nutzerverhalten, d. h. am tatsächlichen oder erwarteten Denken und Handeln der Nutzerinnen, ausgerichtet ist. Dabei wird von der Überlegung ausgegangen, dass sich Denken und Handeln an mentalen Zielen (mental von lat. mens = Geist, Verstand, Gemüt) orientieren, also an gedanklichen, den Geist betreffenden Zielen. Die Erfassung der Umwelt durch den Menschen sowie die Gedanken des Menschen sind durch seine kognitive Struktur geprägt. Die Bezeichnung kognitiv (von lat. cognitio = Erkenntnis) wird zur Begrenzung der Bereiche des Wahrnehmens, Denkens und Vorstellens verwendet. Sie wird von anderen mentalen Zuständen, insbesondere Gemütsregungen, Stimmungen, Gefühlen und Emotionen, abgegrenzt, die als affektiv (von lat. affectus = Leidenschaft, Gemütsbewegung, Verfassung) bezeichnet werden.

Bausteine dieser auch als semantisches Gedächtnis bezeichneten Struktur sind Begriffe und Begriffssysteme. Jede kognitiv verarbeitete Information durchläuft diese Struktur als eine Art zentrale Instanz. Die Nutzerschnittstelle soll so gestaltet werden, dass sie den Vorstellungen entspricht, die Benutzerinnen mental („im Kopf") entwickelt haben oder während des Dialogs entwickeln. Die Forschung zu mentalen Modellen, die sich mit diesem Problem beschäftigt, ist ein der Wirtschaftsinformatik benachbartes interdisziplinäres Forschungsgebiet, das vor allem von der Kognitionspsychologie beeinflusst wird.

9.4   Prinzipien der Gestaltung von Nutzerschnittstellen

Prinzipien stellen grundsätzliche Regeln zur Gestaltung von Nutzerschnittstellen auf der Basis ergonomischer Erkenntnisse bereit. Es gibt verschiedene Ansätze, entsprechende Prinzipien der Gestaltung von Nutzerschnittstellen bereitzustellen. Norman (2013) hat beispielsweise die folgenden sechs grundlegenden Gestaltungsprinzipien formuliert:

1. Ermöglichungen (engl. affordance): Es soll ein klar ersichtlicher Zusammenhang zwischen dem Aussehen von Elementen der Nutzerschnittstelle und ihrer Nutzungsmöglichkeit hergestellt werden.
2. Sichtbarkeit (engl. visibility): Nutzerinnen sollen jederzeit wissen, wie sie auf die angebotenen Elemente der Nutzerschnittstelle zugreifen können.
3. Einschränkungen (engl. constraints): Die Grenzen einer Interaktion sollen jederzeit klar aufgezeigt werden bzw. Interaktionen in bestimmten Situationen nicht ermöglicht werden.
4. Rückkopplung (engl. feedback): Jede Aktion einer Nutzerin soll eine Reaktion auf Seiten der Nutzerschnittstelle erzeugen.
5. Abbildungen (engl. mapping): Es soll eine klar erkennbare Beziehung zwischen Steuerung und Wirkung hergestellt werden, d. h. die Gestaltung von Elementen der Nutzerschnittstelle soll möglichst ähnlich zu ihrer Wirkung sein.
6. Durchgängigkeit (engl. consistency): Unterschiedliche Nutzerschnittstellen eines Systems sollten visuell konsistent sein und Aktionen von Nutzerinnen müssen jedes Mal die gleiche Reaktion erzeugen.

Aus den vorgenannten allgemeinen Prinzipien können aber nur vage konkrete Gestaltungsregeln abgeleitet werden, da Benutzbarkeit auf viele Nutzerinnen ausgerichtet ist und es die einzelne Nutzerin, wie bereits dargelegt, nicht gibt. Nutzerinnen unterscheiden sich voneinander in ihren Kenntnissen, Fähigkeiten, Fertigkeiten und Gewohnheiten; sie verändern auch – wenn ein Zeitraum betrachtet wird – ihr eigenes Verhalten (z. B. durch Ermüdung oder durch Lernen). Diese Unterschiede bei einzelnen Individuen und zwischen Individuen begründen die Forderung nach einem differenziell-dynamischen Gestalten der Nutzerschnittstelle. Differenzielles Gestalten heißt, auf Unterschiede zwischen Nutzerinnen einzugehen; dynamisches Gestalten heißt, auf unterschiedliches Verhalten jeder einzelnen Nutzerin im Zeitablauf einzugehen.

Allgemeine Prinzipien der Gestaltung von Nutzerschnittstellen sind auch deshalb nur vage, weil sie die Unterschiedlichkeit der Sachaufgaben nicht ausreichend beachten; möglicherweise gelten für grundlegend andere Sachaufgaben andere Prinzipien. So ist trotz bisher geringer Erfahrung erkennbar, dass für kollaborative Software („Groupware") andere Prinzipien gelten als für Einzelanwendungen, da sich die durch Groupware unterstützte Sachaufgabe im kooperativen Arbeiten grundlegend von der bei Einzelanwendungen typischen Sachaufgabe unterscheidet.

▶ **Beispiel IuK-Technik für die virtuelle Zusammenarbeit**

IuK-Technik, die den virtuellen Austausch und die Zusammenarbeit zwischen Menschen unterstützt, hat in den letzten Jahren an Bedeutung gewonnen. Bei der Gestaltung von IuK-Technik, welche konkret die Kollaboration zwischen Menschen verbessern soll, muss die Nutzerschnittstelle spezifischen Prinzipien folgen. Kooperation (von lat. cooperatio = Mitwirkung, Mitarbeit) ist ein sozialer Prozess zwischen mehreren Aufgabenträgerinnen zur Erreichung gemeinsamer Ziele und Arbeitsergebnisse. Bei einem hohen Ausmaß der Übereinstimmung der zu verfolgenden Ziele ist eine gemeinsame Zielerreichung besser möglich als ohne Deckungsgleichheit bei den Zielen.

Unter Berücksichtigung dieser Definition ist es wichtig, die Zielidentität an der Nutzerschnittstelle besonders hervorzuheben. Bei der Gestaltung von Nutzerschnittstellen für Einzelanwendungen muss dies nicht notwendigerweise der Fall sein. ◀

Letztendlich können aus Prinzipien abgeleitete Gestaltungsregeln nie vollständig sein, da sich die technischen Möglichkeiten weiterentwickeln. Gestaltungsprinzipien können immer nur für Vorhandenes oder zumindest für Absehbares entwickelt werden. Gestaltungsprinzipien können daher nur angeben, wie etwas funktionieren könnte, nicht aber, wie es funktionieren muss. Normen für Gestaltungsprinzipien können daher nur berücksichtigen, wie etwas (besser) funktionieren könnte, wenn sie beachtet würden.

9.5 Gesetze der Gestaltpsychologie

Als Gestaltpsychologie (Metzger 1999) wird eine Richtung innerhalb der Psychologie bezeichnet, die die menschliche Wahrnehmung als Fähigkeit beschreibt, Strukturen und Ordnungsprinzipien in Sinneseindrücken auszumachen. Die Gestaltpsychologie orientiert sich an der aus dem Jahre 1890 stammenden Erkenntnis des österreichischen Philosophen Christian von Ehrenfels, dass die Wahrnehmung Qualitäten enthält, die sich nicht aus der Anordnung einfacher Sinnesqualitäten ergeben (von Ehrenfels 1890). Sinnesqualitäten beschreiben dabei die verschiedenen Empfindungen innerhalb einer Sinnesmodalität. So können z. B. in der Modalität „Sehen" die Qualitäten Helligkeit, Farbe, Form und Bewegung unterschieden werden, die z. T. wiederum in Qualitäten eingeteilt werden können, z. B. Farbe in die Farbqualitäten Blau, Gelb, Rot, Grün.

Visuelle Objekte werden daher vom Menschen typischerweise nicht als eine Menge von Einzelobjekten wahrgenommen, sondern nach bestimmten Prinzipien zu Figuren zusammengesetzt erlebt (sogenannte Gestaltgesetze). Diesen Figuren ist gemeinsam, dass – unter Ausnutzung der strukturell informationstragenden Figurenelemente – redundante Figuren weggelassen werden können. Die informationstragenden Figurenelemente be-

9

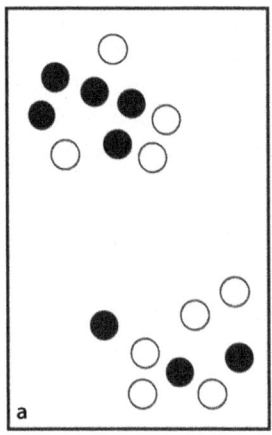 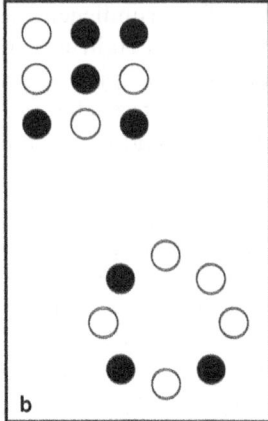 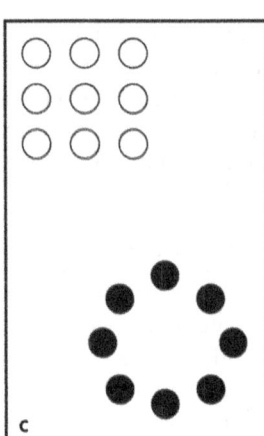

◘ Abb. 9.2   Gestalt

stimmen das Objekt so weit, dass ihre Aufnahme durch den Menschen genügt, damit er sich ein vollständiges Bild von dem Objekt machen kann. Dies setzt allerdings voraus, dass sich die Figur deutlich vom Hintergrund abhebt und nicht zu komplex ist. Die wichtigsten Gestaltgesetze betreffen die Nähe, die Symmetrie und die Gleichartigkeit.

- Gestaltgesetz der Nähe: Figurenelemente, die nahe beieinander angeordnet sind, werden als Block empfunden (Bild a in ◘ Abb. 9.2).
- Gestaltgesetz der Nähe und der Symmetrie: Blockbildung wird durch symmetrisch angeordnete Figurenelemente verstärkt (Bild b in ◘ Abb. 9.2).
- Gestaltgesetz der Nähe, Symmetrie und der Gleichartigkeit: Die symmetrischen Blöcke bilden durch die Anordnung gleichartiger Elemente „prägnante Figuren" (Bild c in ◘ Abb. 9.2).

Die Berücksichtigung der Gestaltgesetze führt zu übersichtlichen, gut strukturierten Benutzungsschnittstellen, deren Informationen vom Menschen einfach aufgenommen werden können. Zusammengehörige Informationen sollten nahe beieinander liegen und eine symmetrische Figur bilden. Innerhalb einer symmetrischen Figur sollten möglichst ähnlich aussehende Elemente vorkommen.

Neben der Wahrnehmung von visuellen Objekten spielen Farben eine bedeutende Rolle bei der Gestaltung von Benutzungsschnittstellen. Der falsche oder übertriebene Einsatz von Farben kann die Wahrnehmung von Benutzerinnen stören, manchmal sogar dazu führen, dass eine Benutzbarkeit von Programmen nahezu unmöglich wird. Folgende Erkenntnisse sollten daher bei der Gestaltung von Nutzerschnittstellen berücksichtigt werden (Blaschek 2006):

- Etwa 4 % aller Menschen sind in ihrer Farbwahrnehmung beeinträchtigt. Daraus folgt, dass Farbe nicht als alleiniger Informationsträger eingesetzt werden sollte.
- Wenn Farben mit Bedeutungen verknüpft werden, sind viele Nutzerinnen nicht imstande, sich mehr als vier Bedeutungskombinationen von Farben zu merken.
- Farben für die Text- und Hintergrunddarstellung sollten ein ausreichend großes Kontrastbildungspotenzial haben; dadurch wird eine schnelle Wahrnehmung und Verarbeitung durch die Nutzerinnen begünstigt.
- Die Einfärbung von Interaktionselementen sollte sich an bekannten Farbcodes orientieren (z. B. Ampel: Grün = Go, Rot = Stopp).

9.6 Normen

Normen (von lat. norma = Regel) beschreiben Handlungsanweisungen. Eine einschlägige Norm für die Gestaltung von Nutzerschnittstellen ist ISO 9241 Teil 10, nach der ein Dialog folgenden Grundsätzen entsprechen soll (Prinzip und Grundsatz werden synonym verwendet):

- Grundsatz der Aufgabenangemessenheit: Ein Dialog ist aufgabenangemessen, wenn er die Nutzerin unterstützt, ihre Aufgabe effektiv und effizient zu erledigen.
- Grundsatz der Selbstbeschreibungsfähigkeit: Ein Dialog ist selbstbeschreibungsfähig, wenn jeder einzelne Dialogschritt durch Rückmeldung des Dialogsystems unmittelbar verständlich ist oder der Nutzerin auf Anfrage erklärt wird.
- Grundsatz der Steuerbarkeit: Ein Dialog ist steuerbar, wenn die Nutzerin in der Lage ist, den Dialogablauf zu starten sowie seine Richtung und Geschwindigkeit zu beeinflussen, bis das Ziel erreicht ist.
- Grundsatz der Erwartungskonformität: Ein Dialog ist erwartungskonform, wenn er konsistent ist und den Merkmalen der Nutzerin entspricht (z. B. ihren Kenntnissen auf dem Arbeitsgebiet, ihrer Ausbildung und ihrer Erfahrung sowie den allgemein anerkannten Konventionen).
- Grundsatz der Fehlertoleranz: Ein Dialog ist fehlertolerant, wenn das beabsichtigte Arbeitsergebnis trotz erkennbar fehlerhafter Eingaben entweder mit keinem oder mit minimalem Korrekturaufwand seitens der Nutzerin erreicht werden kann.
- Grundsatz der Individualisierbarkeit: Ein Dialog ist individualisierbar, wenn das Dialogsystem Anpassungen an die Erfordernisse der Arbeitsaufgabe sowie an die individuellen Fähigkeiten und Vorlieben der Nutzerin zulässt.
- Grundsatz der Lernförderlichkeit: Ein Dialog ist lernförderlich, wenn er die Nutzerin beim Erlernen des Dialogsystems unterstützt und anleitet.

Das gleichzeitige Verfolgen dieser Grundsätze kann zu Konflikten führen. So haben Maßnahmen zur Verbesserung der Steuerbarkeit zumeist negative Auswirkungen auf die Selbstbeschreibungsfähigkeit, denn je mehr eine Benutzerin das System ihren Bedürfnissen anpassen kann, desto uneinheitlicher und unübersichtlicher wird es. Einige Konflikte lassen sich durch geeignete Maßnahmen vermeiden oder zumindest verringern (z. B. durch ausgefeilte Hilfesysteme, die sowohl einen Laienmodus als auch einen Expertenmodus zulassen und damit auf den Nutzertyp Rücksicht nehmen).

Eine weitere einschlägige Norm ist ISO 9241 Teil 11, die drei Anforderungen an die Gebrauchstauglichkeit von Software formuliert, nämlich Effektivität zur Lösung einer Aufgabe, Effizienz der Handhabung des Systems bei der Aufgabendurchführung sowie Zufriedenheit der Nutzerin. Diese Norm hat auch definitorischen Charakter, da sie eine weit verbreitete Definition des Begriffes Gebrauchstauglichkeit (engl. usability) etabliert hat.

> **Definition**
>
> Die *Gebrauchstauglichkeit* (engl. usability) bezeichnet das Ausmaß, in dem ein System, ein Produkt oder eine Dienstleistung durch bestimmte Nutzerinnen in einem bestimmten Nutzungskontext genutzt werden kann, um bestimmte Ziele effektiv, effizient und zufriedenstellend zu erreichen.

In Ergänzung zur Gebrauchstauglichkeit hat sich in den letzten Jahren zusätzlich der Begriff des Nutzererlebnisses (engl. user experience) etabliert. Während bei der Gebrauchstauglichkeit die Vermeidung negativer Erlebnisse während der Nutzung im Fokus steht, liegt der Schwerpunkt bei den Nutzererlebnissen auf der Gestaltung positiver Effekte. Die Norm ISO 9241 Teil 210 definiert den Begriff Nutzererlebnis wie folgt:

Definition

Das *Nutzererlebnis* (engl. user experience) beschreibt die Wahrnehmungen und Reaktionen einer Person, die sich bei der Nutzung oder der erwarteten Verwendung eines Produktes ergeben.

Der Zusammenhang zwischen Gebrauchstauglichkeit und Nutzererlebnissen wird bei einer Betrachtung eines Informationssystems entlang der Phasen „Vor der Nutzung", „Während der Nutzung" und „Nach der Nutzung" ersichtlich. Während die Gebrauchstauglichkeit einen klaren Fokus auf die Nutzung hat und sich in einem bestimmten Nutzungskontext auf die Aufgabendurchführung durch eine bestimmte Nutzerin fokussiert, beschreibt das Nutzererlebnis ganzheitliche Wahrnehmungen und Reaktionen von Nutzerinnen aller drei Phasen. Positive Nutzererlebnisse sind wünschenswert, da sie u. a. Nutzerinnen an Produkte und Dienstleistungen binden und die Marke stärken.

■ Abb. 9.3 stellt den Zusammenhang zwischen Gebrauchstauglichkeit und Nutzererlebnis visuell dar.

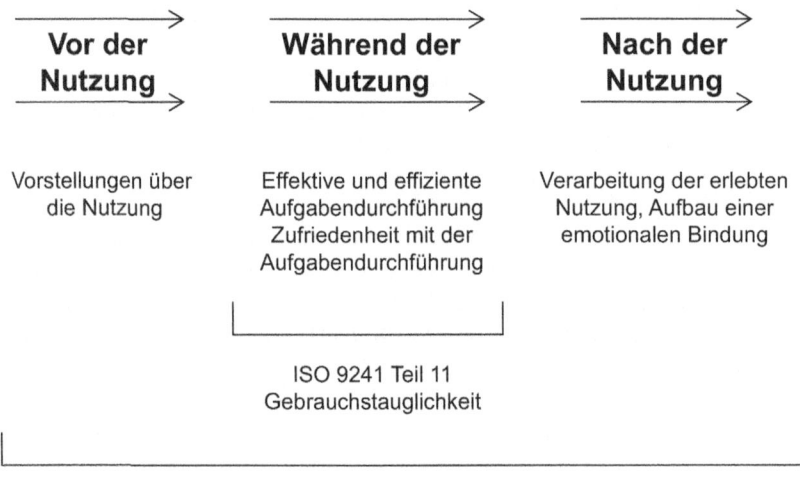

■ **Abb. 9.3**   Der Zusammenhang von Gebrauchstauglichkeit und Nutzererlebnis

9.7 Nutzerarbeitsplatz

Ein weiteres Erklärungs- und Gestaltungsobjekt ist der Arbeitsplatz der Nutzerinnen. Ziel der als Arbeitsplatzergonomie bezeichneten Forschung ist es, Erklärungen zu liefern, die eine optimale Abstimmung der Bedingungen des Arbeitsplatzes mit den Benutzeranforderungen aufzeigen. Dabei soll der Nutzerin die Aufgabenerfüllung erleichtert sowie das persönliche Wohlbefinden und die Steigerung von Motivation, Produktivität und Wirksamkeit erzielt werden. Folgende Gestaltungsgegenstände sind u. a. für die Arbeitsplatzergonomie von Interesse:

- Arbeitsplatzausstattung: Tisch und Ablageflächen, Arbeitsstuhl, Arbeitsgeräte wie Tastatur, Bildschirm, Drucker und Telefon.
- Arbeitsplatzumgebung: visuelle, akustische und thermische Umgebung.

Der Prozess der Arbeitsplatzgestaltung beginnt mit einer Aufgabenanalyse und endet mit dem Bestimmen des Technikbedarfs für den Arbeitsplatz. Bei der Aufgabenanalyse werden die aufgabenspezifischen Benutzeranforderungen erfasst. Die Entwicklung individualisierter Lösungen für den Arbeitsplatz und ihre Evaluation gemeinsam mit den potenziellen Nutzerinnen wird empfohlen. Lösungen, die sich an den statistischen Durchschnittswerten der menschlichen Physiognomie orientieren, sind meist unbefriedigend. Die ergonomische Gestaltung von Arbeitsplätzen erfordert es, die breite Streuung der physiognomischen Merkmale der Nutzerinnen zu berücksichtigen, worunter hauptsächlich Größenunterschiede in den Körpermaßen je nach Individuum zu verstehen sind.

Körperliches Unbehagen und Ermüdungserscheinungen entstehen vorwiegend durch ungünstige Blickwinkel, große Kontrastunterschiede zwischen wesentlichen Wahrnehmungsobjekten, ungeeignete Tastatur-, Tisch- und Stuhlhöhen, fehlende Bewegungsmöglichkeit und mangelnde Anpassungsfähigkeit des Arbeitsplatzes an unterschiedliche physiognomische Bedingungen. Als optimale Arbeitshaltung wird empfohlen: Der Nacken sollte, von der Kopf-Nacken-Achse zur Rumpflängenachse gemessen, nicht mehr als 20 % des möglichen Beugungsradius nach vorn gebeugt sein; die Schultern sollten entspannt sein; die Oberarme sollten mit einem Ellenbogenwinkel von 90 Grad herabhängen; die Unterarme und die Hände sollten in horizontaler Position gehalten werden.

Beim Entwickeln der Arbeitsorganisation wird auch festgelegt, welche Sachmittel mit welcher Nutzungshäufigkeit an einem Arbeitsplatz verwendet werden sollen. Als Regel für deren Anordnung gilt, dass die am häufigsten benutzten Sachmittel innerhalb der Reichweite der Nutzerin liegen sollen, sodass sie mit auf dem Tisch aufgelegten Ellenbogen erreicht werden können. Diese optimale Reichweite umfasst zwei sich vor dem Körper überschneidende Halbkreise (◨ Abb. 9.4), deren Radien (ca. 35 bis 45 cm) durch die Länge der Unterarme gebildet werden. Mit ausgestreckten Armen erhöhen sich diese Radien auf ca. 55 bis 65 cm; allerdings werden bei dieser Reichweite die Armmuskeln stärker belastet. Wenn die Nutzerin diese Reichweite überschreiten will, muss sie den ganzen Körper nach vorne bewegen. Für die optimale Sehentfernung können keine allgemeingültigen Gestaltungsrichtlinien angegeben werden; sie hängt weitgehend von der Zeichengröße ab, wobei Entfernungen

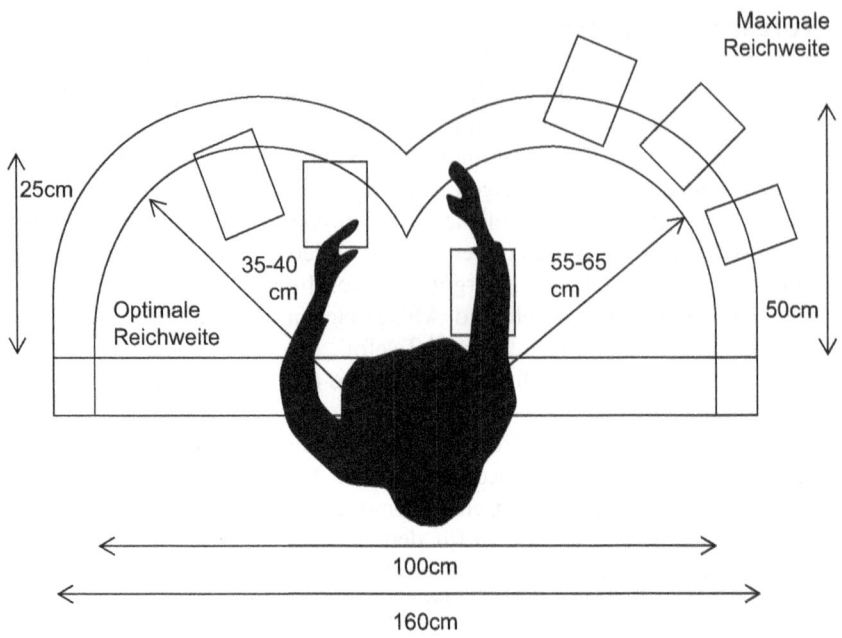

9

◨ **Abb. 9.4**   Arbeitsplatz (Quelle: Berns)

zwischen Auge und Wahrnehmungsobjekt bis 45 cm als nah, solche von 45 bis 100 cm als mittel und solche von mehr als 100 cm als weit gelten.

▶ **Beispiel Leistungsfähigkeit des Kurzzeitgedächtnisses**

Das Arbeiten am Computer wird durch die begrenzte Leistungsfähigkeit des Kurzzeit-gedächtnisses von Menschen erschwert. Die Kapazität des Kurzzeitgedächtnisses beträgt 7 ± 2 Objekte, an die man sich ohne Auffrischung nur etwa 20 s erinnern kann. Die Verwendung von zwei oder mehr Bildschirmen kann negative Auswirkungen abschwächen. Wertpapierhändlerinnen verwenden mehrere Bildschirme, um mit weniger Zeitaufwand eine Vielzahl von Informationen verarbeiten zu können, was in der Regel zur Steigerung der Arbeitsproduktivität führt. ◀

Für die ergonomische Gestaltung von weiteren Sachmitteln wie Arbeitstisch, Bildschirm, Tastatur, Zeigeinstrument und Drucker gelten allgemein anerkannte Kriterien, die bei Auswahl und Beschaffung zu berücksichtigen sind. Diese Feststellung gilt auch für die Gestaltung der Arbeitsplatzumgebung, wobei zwischen visueller Umgebung (vor allem Beleuchtung), thermischer Umgebung (vor allem Temperatur und Luftfeuchtigkeit), akustischer Umgebung (vor allem Geräusche) und sonstigen Umgebungseinflüssen, insbesondere verursacht durch neue, in ihren Auswirkungen noch teilweise unbekannte Technologien, unterschieden wird. Auf die Wirkungen des Arbeitens in Großraumbüros und offenen Büroumgebungen sollte aufgrund der zunehmenden Verbreitung besonders geachtet werden (siehe z. B. Riedl 2020). Weitere Informationen zur Gestaltung eines Computerarbeitsplatzes finden sich beispielsweise unter https://karrierebibel.de/ergonomie-am-arbeitsplatz/.

9.8 Nutzermitwirkung

Die Entwicklung und Einführung von Informationssystemen ist ein Prozess, in dem professionelle Entwicklerinnen und potenzielle Nutzerinnen zusammenwirken. Wie Nutzermitwirkung grundsätzlich gestaltet werden kann, ist durch die beiden Ansätze beschrieben, die als „konsensorientierter Ansatz" und als „gewerkschaftlicher Gegenmachtansatz" bezeichnet werden (Heinrich et al. 2014). Der konsensorientierte Ansatz geht davon aus, dass Systemgestaltung nicht nur nach technischen Zielen erfolgen kann, sondern dass ein System auch nach seiner Funktionsweise im Zusammenhang mit einer bestimmten Verwendung durch bestimmte Nutzerinnen beurteilt werden muss, beispielsweise nach seiner Wirtschaftlichkeit aus Sicht des Managements und seiner Akzeptanz durch die Nutzerinnen. Konsensorientierte Nutzermitwirkung versucht, durch Motivationsstrategien und akzeptanzfördernde Maßnahmen die Bedingungen für die Entwicklung und Einführung sowie die Nutzung von Informationssystemen zu verbessern. Diese betriebswirtschaftliche Perspektiverweiterung über den technischen Kern hinaus wird durch die Anerkennung gleichberechtigt existierender, sozialer Ziele fortgesetzt. Dieser soziotechnische Ansatz ist konsensorientiert, da er davon ausgeht, dass ein Interessensausgleich zwischen allen Beteiligten möglich ist und dass dies zu einem Systementwurf führt, der für alle Beteiligten von Vorteil ist. Entwicklerinnen verstehen sich dabei primär als Beraterinnen und Vermittlerinnen, weniger als Interessensvertreterinnen, die entweder Nutzerinnen bei der Erarbeitung von Systemalternativen unterstützen oder diese selbst erarbeiten und zur Diskussion und Auswahl stellen. Der konsensorientierte Ansatz führt also zu einer Perspektiverweiterung, akzeptiert jedoch die herrschenden Machtverhältnisse im Unternehmen.

Die herrschenden Machtverhältnisse werden vom gewerkschaftlichen Gegenmachtansatz nicht akzeptiert. Er konstatiert einen Interessengegensatz zwischen technischen und betriebswirtschaftlichen Zielen einerseits sowie sozialen Zielen andererseits. Er strebt nicht nur eine Verbesserung der Arbeitsorganisation an, sondern verfolgt zudem die Verwirklichung „wirtschaftlicher Demokratie". Am konsensorientierten Ansatz wird kritisiert, dass er nur eine „Befriedigungsfunktion" habe. Der gewerkschaftliche Gegenmachtansatz fordert von Entwicklerinnen das Aufgeben einer primär an technischen und betriebswirtschaftlichen Zielen orientierten Position; Wissen soll so eingebracht werden, dass die Planung „arbeitnehmerbezogener Informationssysteme" möglich wird. Damit soll erreicht werden, dass nicht die Arbeitgeberinnen, sondern die Arbeitnehmerinnen die Planungsziele definieren und die Systementwicklung betreiben; die Entwicklerinnen halten sich unterstützend im Hintergrund, was keine realitätsnahe Vorstellung zu sein scheint.

Nutzermitwirkung wird anhand verschiedener Dimensionen betrachtet, deren unterschiedliche Merkmale die Formulierung von Methoden der Partizipation von Menschen erlauben. Die Dimensionen sind Ausprägung, Ebene, Form und Phase:

- Die Ausprägung der Nutzermitwirkung reicht von der bloßen Information der Nutzerinnen bis zur Entwicklung und Einführung durch die Nutzerinnen.

- Die Ebene der Nutzermitwirkung reicht vom einzelnen Arbeitsplatz über die Arbeitsgruppe und die Abteilung bis zum Unternehmen als Ganzes.
- Die Form der Nutzermitwirkung kann direkt oder indirekt sein. Direkte Nutzermitwirkung bedeutet persönliche Beteiligung der betroffenen Nutzerinnen, indirekte (repräsentative) Nutzermitwirkung ersetzt diese durch die Beteiligung von ausgewählten Vertreterinnen der Nutzerinnen.
- Phase der Nutzermitwirkung legt fest, in welcher Phase der Entwicklung bzw. Einführung eines Informationssystems die Nutzermitwirkung stattfindet.

Aussagen über Wirkungen der Nutzerpartizipation, die von der Wirtschaftsinformatik geliefert werden, dienen der Praxis zur zielgerichteten Gestaltung der Nutzermitwirkung. Grundsätzliche Aussagen dazu werden bereits in der IT-Strategie festgelegt, detaillierte Anweisungen über die Vorgehensweise bei der Nutzermitwirkung sind typischerweise in ein Vorgehensmodell eingebettet. Exemplarische Instrumente der Nutzermitwirkung sind:

- Fokusgruppen: Eine Menge von potenziellen Nutzerinnen artikulieren unter Anleitung einer Moderatorin Vorstellungen darüber, wie eine bestimmte Arbeitsaufgabe am besten gelöst werden kann.
- Prototyping: Es werden gemeinsam mit Nutzerinnen alternative prototypische Artefakte der Nutzerschnittstelle entwickelt.
- Nutzerevaluation: Es wird systematisch überprüft, wie potenzielle Benutzerinnen mit einer bestimmten bzw. mit mehreren alternativen Nutzerschnittstellen zurechtkommen.
- Interaktion der Produktverantwortlichen mit Repräsentantinnen aus Fachabteilungen bei Anwendung von Scrum (einer Methode der agilen Softwareentwicklung).

Um Nutzermitwirkung zu realisieren, müssen die beteiligten Mitarbeiterinnen in geeigneter Weise auf ihre Rolle im Prozess vorbereitet werden. Dies betrifft nicht nur ihre fachliche Mitwirkung (als Bearbeiterinnen bestimmter Sachaufgaben), sondern auch ihre Aufgabe, Beurteilungen abzugeben und zu begründen, Vergleiche anzustellen sowie Nutzungsprobleme zu erkennen und zu beschreiben. Entsprechende Qualifizierung durch Schulungsmaßnahmen ist meist erforderlich. Hilfsmittel zum Schaffen dieser Voraussetzungen sind Referenzsysteme zum Vergleichen, Prototypen zum Erproben, Fragebögen und Checklisten zum Überprüfen und Beschreiben usw. Zusätzlich hilfreich ist eine Moderatorin, die geeignete Maßnahmen vorbereitet und deren Durchführung und Auswertung steuert.

In der Praxis wird häufig das Konzept der Schlüsselnutzerin (engl. key user) verwendet. Dabei wird erfahrenen, der IuK-Technik zugewandten Mitarbeiterinnen in den Fachabteilungen eine Brückenfunktion zwischen Systementwicklerinnen und Nutzerinnen zugewiesen. Schlüsselnutzerinnen wirken bei der Konstruktion von Informationssystemen (z. B. durch Spezifikation und Auswahl von Softwarekomponenten) im Prototyping sowie bei Evaluationen intensiv mit. Bei der Einführung und während der Nutzung der Systeme übernehmen sie Schulungsaufgaben und stehen anderen Nutzerinnen zur Lösung von Nutzungsproblemen zur Verfügung (Peer-to-Peer-Unterstützung, auch P-to-P oder P2P geschrieben).

Literatur

Berns, T. (1984) (Hrsg.) *Die ergonomischen Prinzipien der Büroautomation. Ericsson Systems* AB: Bromma.

Blaschek, G. (2006). Mensch-Maschine-Kommunikation. In: P. Rechenberg & G. Pomberger (Hrsg.), *Informatik-Handbuch*. 4. Aufl. (S. 839–852). München, Wien: Hanser.

von Ehrenfels, C. (1890). Über Gestaltqualitäten. In: Vierteljahrsschrift für wissenschaftliche Philosophie, 14, S. 249–292

DIN EN ISO 9241: *Ergonomie der Mensch-System-Interaktion.*

Dix, A., Finlay, J., Abowd, G. D., & Beale, R. (2004). *Human-Computer Interaction.* 3. Aufl. Harlow et al.: Pearson.

Heinrich, L.J., Heinzl, A., & Roithmayr, F. (2014). *Wirtschaftsinformatik-Lexikon.* 7. Aufl. Berlin: De Gruyter Oldenbourg.

Initiative D21. Digital Index 2019/2020 (2020). *Jährliches Lagebild zur Digitalen Gesellschaft.* Stoba-Druck.

Metzger, W. (1999). *Gestalt-Psychologie. Ausgewählte Werke aus den Jahren 1950 bis 1982.* 2. Aufl. Frankfurt/M.: Kramer.

Nigay, L. & Coutaz, J. (1993). A Design Space for Multimodal Systems. *Proceedings of the SIGCHI Conference on Human Factors in Computing Systems* (CHI'93), 172–178.

Norman, D. (2013). *The Design of Everyday Things.* New York: Hachette Book Group.

Riedl, R. (2020). Agiles Arbeiten in offenen Büroumgebungen und Mitarbeiterstress. *Wirtschaftsinformatik & Management 12,* 434–439.

Typisierung von Informationssystemen

Inhaltsverzeichnis

© Springer-Verlag GmbH Deutschland, ein Teil von Springer Nature 2024
A. Heinzl et al., *Wirtschaftsinformatik*, https://doi.org/10.1007/978-3-662-67392-8_10

Zweck dieser Lerneinheit

Nach dem Durcharbeiten dieser Lerneinheit wissen Sie, wie sich Informationssysteme typisieren lassen. Sie lernen, Informationssysteme nach ihren Strukturelementen Mensch, Aufgabe und Technik differenziert zu betrachten. Dabei erkennen Sie, dass der aufgabenzentrierte Systemtyp, also die Typisierung anhand des Systemelements Aufgabe, am weitesten verbreitet ist. Es gibt viele Merkmale, mit denen Informationssysteme anhand ihrer Aufgabeneigenschaften unterschieden werden können; diese werden Ihnen aufgezeigt und mit Beispielen verdeutlicht. Im Unterschied dazu ist eine Typisierung anhand der Elemente Mensch oder Technik seltener anzutreffen, oft wird sie nur implizit verwendet. Sie erhalten Hinweise darauf, wie auch diese Elemente einer systematischen Typenbildung zugänglich sind. Die Dominanz des aufgabenzentrierten Systemtyps verdeutlicht, dass Informationssysteme primär dazu dienen, die Erfüllung von Aufgaben zu unterstützen.

Aus der Perspektive des Strukturelements Mensch kann eine Typisierung nach Nutzerinnen erfolgen. Nutzertypen können gebildet werden, da Menschen als Aufgabenträgerinnen in Informationssystemen primär als Nutzerinnen bei der Beschreibung, Erklärung und Gestaltung dieser Systeme von Interesse sind. In dieser Kategorie tragen die Systemtypen bestimmte Nutzertypen im Namen (z. B. Führungsinformationssysteme bei der Nutzertypengruppe Führungskräfte). Bei einer Typisierung anhand des Elements Technik stehen technische Merkmale oder Eigenschaften von IuK-Techniken im Vordergrund. Dabei wird zwischen Hard- und Software unterschieden bzw. detaillierter zwischen Computer- und Netzwerkhardware sowie System- und Anwendungssoftware differenziert.

Zur Aufgabenerfüllung muss eine bestimmte Informationsnachfrage gedeckt werden, die ihre Wurzeln im Informationsbedarf der betreffenden Aufgabe und im Informationsbedürfnis der Aufgabenträgerin hat. Sie lernen auch Typen von Informationssystemen kennen, die sich an den Phasen des Informationsverhaltens seiner Benutzerinnen orientieren. Auf der Grundlage dieser Erklärungen erkennen Sie, dass ein Informationssystem ein System zur Informationsproduktion und -verteilung zur Deckung von Informationsnachfrage ist. Dabei ist eine spezifische, für bestimmte Aufgaben und Aufgabenträgerinnen relevante Informationsnachfrage gemeint. Ein Informationssystem ist also ein Produktions- und Distributionssystem. Das, was in einem Informationssystem vorgeht und von ihm ausgeht, ist ein Produktions- und Verteilungsprozess. Ausgangsobjekte dieses Prozesses sind Daten, die mit Hilfe von IuK-Techniken erfasst, verarbeitet, gespeichert und übertragen werden. Die Endobjekte dieses Prozesses sind Informationen, die Aufgabenträgerinnen zur Aufgabenerfüllung verwenden oder diese erst möglich machen.

10.1   Typisierungsansätze

Nach herrschender Meinung sind Informationssysteme in Wirtschaft und Gesellschaft das zentrale Erkenntnisobjekt der Wirtschaftsinformatik. „Zentral" bedeutet dabei, dass sich mehr Wissenschaftlerinnen in Forschungsprojekten mit diesem Gegenstand beschäftigen als mit anderen Erkenntnisobjekten und dass sie dies auch intensiver tun (► Kap. 1 „Gegenstandsbereich der Wirtschaftsinformatik"). Da die Wirtschaftsinformatik, neben einem theoretischen Wissenschaftziel zur Erkenntnisgewinnung, ein pragmatisches Wissenschaftziel zur Erkenntnisverwertung mit gleicher Bedeutung verfolgt (► Kap. 7 „Zweck und Ziele der Wirtschaftsinformatik"), sind Informationssysteme nicht nur Erkenntnisobjekt, sondern auch Gestaltungsobjekt. Gemäß ihrer Struktur mit den Elementen Mensch, Aufgabe und Technik werden Informationssysteme auch als MAT-Systeme bezeichnet, was allerdings für die weiteren Erkenntnis- und Gestaltungsobjekte der Wirtschaftsinformatik ebenso gilt, nämlich Informationsinfrastruktur und Informationsfunktion. Eine Typisierung von Informationssystemen wurde bisher nur in Ansätzen und nicht systematisch und erschöpfend auf der Grundlage ihrer Elemente Mensch, Aufgabe und Technik bzw. ihres Zwecks vorgenommen. Im Folgenden werden Typisierungsmerkmale entlang der drei Strukturelemente vorgestellt.

10.1.1 Typisierungsmerkmal Mensch

Aus der Perspektive des Strukturelements Mensch kann eine Typisierung nach Nutzerinnen bzw. Nutzertypen erfolgen. In dieser Kategorie tragen die Systemtypen bestimmte Nutzergruppen im Namen. Ein exemplarisches Beispiel sind Informationssysteme zur Unterstützung von Führungskräften (EIS = Executive Information Systems): Führungsinformationssysteme unterstützen Führungskräfte bei der Erkennung von Chancen und Risiken außerhalb und innerhalb der Unternehmung. Sie helfen, Planabweichungen bei der Erreichung von Sach- und Formalzielen zu erkennen, um rechtzeitig Gegenmaßnahmen einleiten zu können (FES = Früherkennungssysteme oder FWS = Frühwarnsysteme). Festgelegte Ziel- und Leistungsindikatoren (KPI = Key Performance Indicators) werden mit Ist-Daten verglichen, wobei Farbkodierungen unterschiedliche Klassen der Zielerreichung anzeigen (roter Wert = negative Planabweichung signifikanten Ausmaßes, gelber Wert = negative Planabweichung geringen Ausmaßes, grüner Wert = Planerfüllung oder Planübererfüllung) und Techniken zur Zerlegung, Aufschlüsselung bzw. Disaggregation von Daten (Drill Down), die Identifikation der Abweichungsursache ermöglichen. Daten zu disaggregieren, bedeutet dabei, zusammengefasste Daten wieder nach ihren einzelnen Merkmalen aufzuteilen, um daraus neue Erkenntnisse zu gewinnen.

Dass eine allgemein akzeptierte Systematik für nutzerzentrierte Informationssysteme in der Wirtschaftsinformatik noch nicht entwickelt wurde, deutet darauf hin, dass im Hinblick auf die Nutzerzentrierung noch viel Forschungspotenzial existiert. Exemplarische Typbeispiele sind Informationssysteme für Kinder, Jugendliche und Senioren, Websites mit Produktangeboten, die für Menschen mit Sehbehinderung anders gestaltet werden als für nicht-beeinträchtigte Nutzerinnen, sowie Informationssysteme für sogenannte Computerlaien. Kontextmerkmale sind die Nutzungshäufigkeit und Nutzungsdauer sowie der Nutzungsort. Beispiele sind Informationssysteme für gelegentliche Benutzerinnen sowie Informationssysteme, die auf ortsbezogenen Diensten (z. B. Navigationssystemen) basieren.

Ein Ansatz der Typisierung liegt zunächst in den *Eigenschaften der Nutzerinnen* selbst. Ein wichtiges Konzept stellt dabei die Definition von *Nutzerrollen* oder kurz

Rollen dar. Rollen definieren Aufgaben, Eigenschaften und Rechte einer Nutzerin in einem Informationssystem. Nutzerrollen werden verwendet, um die Merkmale der Aufgaben, Eigenschaften und Rechte nicht für jede Nutzerin einzeln festlegen zu müssen. Statt einer Nutzerin Rechte direkt zuzuweisen, wird eine Rolle definiert, die anschließend einer Gruppe von Nutzerinnen zugeordnet werden kann. Dies erleichtert die Funktions- und Rechteverwaltung des Softwaresystems, da insbesondere bei Änderungen der Funktions- und Rechtestruktur nur die Funktionen und Rechte der Nutzerrolle angepasst werden müssen. Rollen sind eine Weiterentwicklung von Benutzergruppen. Eine Nutzerin kann mehrere Rollen haben. Ihre Funktionen und Rechte ergeben sich dann durch die Vereinigung der Funktionen und Rechte aller zugewiesenen Rollen. Moderne Informationssysteme können der Nutzerin eine an ihre Rollen angepasste grafische Benutzungsoberfläche bereitstellen.

> ▶ **Beispiel Die Rollen Sachbearbeiterin und Leiterin einer Personalabteilung**
>
> In der Rolle der Sachbearbeiterin einer Personalabteilung darf eine Mitarbeiterin im Personalinformationssystem nur die Stammdaten von Beschäftigten des Unternehmens mit einem Einkommen bis zu 5000 € einsehen. Einen Zugriff auf die Stammdaten von Beschäftigten mit einem Einkommen über 5000 € haben lediglich Mitarbeiterinnen in der Rolle der Leiterin oder stellvertretenden Leiterin dieser Abteilung. Diese bekommen jedoch nicht den gesamten Personalstammsatz einschließlich Sozialversicherungsdaten angezeigt, sondern lediglich die Angaben zur Person, die bisherigen Arbeitsplätze im Unternehmen sowie die Beurteilungen der Vorgesetzten. ◀

10

Um Informationssysteme an die Eigenschaften bestimmter Typen von Nutzerrollen anzupassen, müssen diese im Voraus festgelegt und bei der Systementwicklung berücksichtigt werden. Hierzu verwendet man Nutzermodelle, die sich nicht nur an den Nutzerberechtigungen orientieren, sondern auch die Nutzereigenschaften fokussieren. Nutzermodelle sind Beschreibungen von Personengruppen, die ein Informationssystem typischerweise nutzen. Diese bei der Entwicklung von Informationssystemen zu beachtenden und daher zu modellierenden Personen zeichnen sich durch Eigenschaften aus wie Motive, Präferenzen, Nutzungsgewohnheiten, Wissen, Kenntnisse und/oder Fähigkeiten, die ihnen zugeschrieben werden und die sich auf das Nutzungsverhalten auswirken. Im Bereich der Mensch-Computer-Interaktion wird ein bei der Systementwicklung zugrunde gelegtes Nutzermodell mit dem Begriff Persona beschrieben, womit ursprünglich eine im griechischen Theater von Schauspielern verwendete Maske bezeichnet wurde, welche die Rolle typisierte und auch als Schallverstärker diente (von lat. personare = hindurchtönen). Damit wird versucht, einen angenommenen Typ von Nutzerinnen abstrakt zu repräsentieren. Eine *Persona* ist ein imaginäres Modell einer Person mit konkreten Eigenschaften oder konkretem Nutzungsverhalten. Die Person verbirgt sich quasi hinter einer Maske.

Personae werden insbesondere bei der Entwicklung nutzerzentrierter Informationssysteme geschaffen und verwendet, sie finden heute aber eine immer breitere Anwendung. Unter Berücksichtigung des Zwecks eines Informationssystems wird zunächst überlegt, welcher Nutzerkreis dieses System verwenden wird. Es werden nun einige fiktive Personen erdacht (drei bis zehn), die stellvertretend für den größten Teil der späteren Nutzerinnen stehen. Diese Vorgehensweise steht eng mit der Anforderungsanalyse von Informationssystemen in Zusammenhang. Das System wird anschließend geplant und realisiert, wobei das Entwicklerteam die Vorstellungen bzw. Bedürfnisse dieser fiktiven Person(en) aufgreift und unterschiedliche Bedienungs- und Verstehensszenarien für die Nutzerinnen erwägt.

> ▶ **Beispiel Abonnementsystem für Verkehrsbetriebe**
>
> Entwicklungsziel ist es, ein Abonnementsystem für Verkehrsbetriebe zu schaffen, dass es Schulämtern ermöglicht, chipkartenbasierte Monatstickets mit Passbildern der Schülerinnen auszugeben und zu versenden. Die angenommenen Personae sind:
>
> Resi (17): Lehrling zur Verwaltungskauffrau im Landratsamt, interessierte und fortgeschrittene Computerbenutzerin (Textverarbeitung und Internet), versiert im Umgang mit Spezialperipheriegeräten.
>
> Egbert (63): Beamter, hat nur sehr eingeschränkte Computerkenntnisse. Dennoch möchte er bei Abwesenheit von Resi die Chipkarten mit integriertem Passbild ausdrucken und an die Schulen weiterleiten.
>
> Berthold (37): IT-Spezialist, versteht wenig von Verkehrsbetrieben und chipbasierten Monatskarten, muss aber regelmäßig die Spezialperipherie einrichten und warten, damit die Chipkarten fehlerfrei funktionieren. ◀

An diesem Beispiel wird deutlich, dass es nicht einfach ist, den Nutzerkreis präzise und erschöpfend festzulegen. Die Herausforderung liegt darin, einen repräsentativen Querschnitt der potenziellen Nutzerinnen gemäß ihrer Persönlichkeitsmerkmale und Nutzungskontexte zu finden. Für das Entwicklerteam gilt es, in der Entwurfsphase fortwährend darüber nachzudenken, ob die einzelnen Personae ihre Aufgaben erfolgreich erfüllen können. Mit Personae wird demzufolge die potenzielle Benutzerin eines Informationssystems während des Entwicklungsprozesses abstrakt „im Auge behalten". Auf ihrer Grundlage werden Funktionen und Entwurfsalternativen beurteilt und priorisiert. Problematisch ist, dass es sich um angenommene und somit fiktive, aber nicht reale Nutzerinnen handelt. Bei komplexen Nutzeranforderungen kann es daher vorteilhafter sein, reale potenzielle Nutzerinnen in den Systementwicklungsprozess zu integrieren, weil dadurch der Realitätsbezug erhöht wird.

Der sogenannte *Nutzungskontext* stellt einen alternativen Ansatz zur Typisierung dar. Im Zusammenhang mit der Nutzung von Informationssystemen beeinflussen, neben Eigenschaften des Menschen, folgende Kontextmerkmale das Nutzungsverhalten:

- die Örtlichkeit (im Büro, in der Produktion, außerhalb des Unternehmens, z. B. beim Kunden, im Hotel, im Zug),
- die verfügbare IT-Infrastruktur (z. B. Hardware, Betriebssysteme, Bildschirmgröße und -auflösung),
- die zu erfüllenden Arbeitsaufgaben (u. a. Ausführungs-, Führungs- und Entwicklungsaufgaben), und
- der situative Kontext des Menschen, insbesondere individuelle Eigenschaften sowie kognitive und affektive Zustände.

Bezüglich der Örtlichkeit und IT-Infrastruktur sind die technischen Möglichkeiten in den letzten Jahren gestiegen, sodass vereinzelt schon die Begriffe nomadisierende Nutzerinnen oder streunende Nutzerinnen (engl. nomadic or roaming user) anzutreffen sind. Damit werden Menschen bezeichnet, die ihre Aufgaben in Informationssystemen erfüllen, die an unterschiedlichen Orten zur Verfügung stehen. Beispiele sind Bankmitarbeitende, die in mehreren Filialen arbeiten, Produktionsmitarbeitende, die an verschiedenen Abschnitten des Produktionssystems arbeiten, oder das Personal an Flugschaltern, das für die Abfertigung der Passagiere zuständig ist. Trotz wechselnder Arbeitsorte verrichten diese Benutzerinnen ihre Arbeiten stationär. Davon zu unterscheiden sind Nutzerinnen, die ihre Aufgaben mobil erfüllen. Vertriebsmitarbeiterinnen, Beraterinnen oder Aufgabenträgerinnen im Kundendienst gehören zu dieser Gruppe. Ihnen ist gemein, dass sie über eine eigene mobile Infrastruktur verfügen, die mit ihnen auf Reisen geht.

Arbeitsaufgaben können Ausführungs-, Führungs- oder Entwicklungsaufgaben darstellen: Ausführungsaufgaben sind in der Regel strukturiert. Eine Mitarbeiterin im Einkauf überwacht die Bestellauslösung anhand der Unterschreitung eines Meldebestands bei Einkaufsteilen und koordiniert die Wahl der Lieferanten. Dagegen sind Führungs- oder Entwicklungsaufgaben oftmals semi- bzw. unstrukturiert und veränderlich. Führungskräfte oder Entwicklungsingenieurinnen haben daher einen anderen Unterstützungsbedarf als Sachbearbeiterinnen. Bei Führungskräften können Informationssysteme über aktuelle Entwicklungen informieren, die dazu dienen, Bedrohungen oder Chancen schnell zu erkennen. Bei Ingenieurinnen unterstützen Informationssysteme die Aufgaben der Systemkonzeption und des Systementwurfs. Beide Nutzergruppen werden aufgrund ihres umfassenden Informations- bzw. Wissensbedarfs auch als Informations- oder Wissensarbeiterinnen bezeichnet.

Immer stärker in den Fokus nutzerzentrierter Informationssysteme rückt der situative Kontext der Nutzerin. Kontextbasierte Systeme versuchen, die individuellen Eigenschaften sowie kognitive und affektive Zustände von Nutzerinnen wie Erfahrung, Lernfähigkeit, Gemützzustand, Stress oder Müdigkeit zu berücksichtigen. Eigenschaften und Zustände von Nutzerinnen lassen sich unter Verwendung von Text- und Bildanalyse beziehungsweise der Verarbeitung von Biosignalen (z. B. Herzrate, Augenbewegungen) heute in Echtzeit erfassen. Die daraus resultierenden Modelle finden dann Eingang bei der Gestaltung der Nutzungsoberfläche. Kognitive Modelle erfassen jene Merkmale, die auf die Kognition (von lat. cognoscere = erkennen, wahrnehmen), das heißt, im weitesten Sinne auf den menschlichen Verstand zurückgeführt werden können. Affektive Modelle erfassen die Emotionen von Menschen (Affekt von lat. affectus = Gemütserregung). In diesem Zusammenhang sei erwähnt, dass neuroadaptive Systeme in der Wirtschaftsinformatik auch zunehmend an Bedeutung gewinnen (z. B. vom Brocke et al. 2020).

10.1.2 Typisierungsmerkmal Aufgabe

Werden Informationssysteme anhand betrieblicher Aufgabeneigenschaften typisiert, lassen sich – analog zu existierenden Typisierungen, die in der Betriebswirtschaftslehre verwendet werden – die Merkmale Aufgabenphase, Aufgabentyp und Aufgabenreichweite unterscheiden.

◼ Abb. 10.1 gibt einen Überblick über Typen von Informationssystemen aus Aufgabensicht. Diese werden nachfolgend von der Elementarebene bis zur höchsten Ebene behandelt. Auf der untersten Ebene werden Aufgaben in Informationssystemen in Bezug auf Phasen von Aufgaben unterschieden. Danach lassen sich Entwicklungs- von Nutzungsaufgaben unterscheiden.

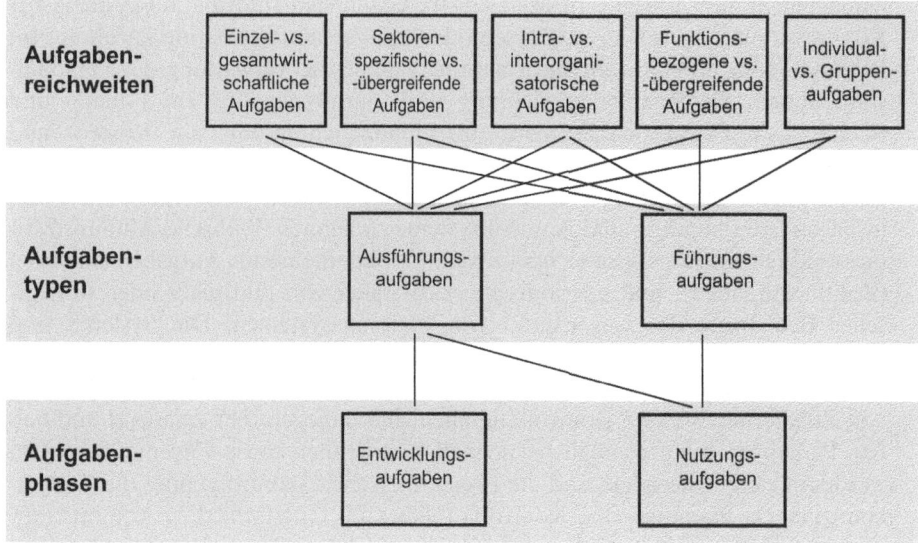

□ Abb. 10.1 Zusammenspiel von Aufgabenphase, Aufgabentyp und Aufgabenreichweite

Im Rahmen der *Entwicklungsaufgabe* können einzelne Aufgaben der Systementwicklung als Gliederungsmerkmal verwendet werden. Ihre Ableitung erfolgt auf Basis eines allgemeinen Phasenmodells des Entwicklungsprozesses. Beispiele sind Informationssysteme zur Erhebung, Validierung und Priorisierung von Anforderungen, Informationssysteme zur Modellierung der Systemobjekte, Informationssysteme zur Fehlererkennung und -verfolgung sowie Informationssysteme zur Generierung von Testdaten zwecks automatisierten Testens. Entwicklungsaufgaben sind stets Ausführungsaufgaben.

Im Rahmen der Nutzungsaufgabe steht der Systemeinsatz im Vordergrund. Die Nutzungsaufgaben konkretisieren sogenannte Ausführungs- und Führungsaufgaben, die als unterschiedliche Aufgabentypen aufgefasst werden können.

- Bei *Ausführungsaufgaben* werden Informationssysteme nach den administrativen und dispositiven Aufgaben in den betrieblichen Funktionsbereichen unterschieden. Sie werden daher als Administrations- und Dispositionssysteme bezeichnet. Bei Administrationssystemen werden vormals manuelle und zeitintensive Aufgaben mithilfe von Informationssystemen erfüllt. In Dispositionssystemen werden operative Dispositionsentscheidungen (z. B. eine Bestellung oder ein Materialabruf) getroffen und nachfolgende Geschäftsprozesse ausgelöst. Funktionsbereiche, in denen Administrations- und Dispositionssysteme vorkommen, sind Forschung und Entwicklung (FuE), Beschaffung, Produktion, Marketing und Vertrieb, Logistik, Personalwesen sowie Finanz- und Rechnungswesen. Ein Beispiel im FuE-Bereich sind computergestützte Konstruktionssysteme (engl. Computer Aided Design). Informationssysteme in der Beschaffung (E-Procurement) unterstützen die Auswahl von Lieferanten sowie die Auslösung, Durchführung und Überwachung von Bestellungen. Rückgrat der Produktion sind Systeme zur Produktionsplanung und -steuerung (PPS). In Marketing und Vertrieb kommen Vertriebsinformationssysteme (engl. Customer Relationship Management, CRM) und Informationssysteme im Bereich Kundenbeziehungsmanagement zum Einsatz. In der Logistik lassen sich Informationssysteme zur Kommissionierung von Erzeugnissen oder zur Versanddisposition anführen. Im Personalwesen unterstützen Informationssysteme die Verwaltung der Personalstammdaten, die Personalentwicklung und -einsatzplanung. Im Finanz- und Rechnungswesen werden Systeme zur Finanzbuchhaltung, zur Kosten- und Leistungsrechnung und zur Lohn- und Gehaltsverrechnung eingesetzt.

— Hinsichtlich *Führungsaufgaben* (auch als Managementaufgaben bezeichnet) sind insbesondere Planungs- und Kontrollsysteme zu nennen. Während Administrations- und Dispositionssysteme operative und wiederkehrende Aufgaben abdecken (Routineaufgaben), sind aperiodische Aktivitäten von taktischer oder strategischer Bedeutung der Gegenstand von Planungssystemen. Die Systeme sind vorausschauend und helfen, die Unsicherheit zur Bewältigung von Zukunftsaufgaben zu reduzieren. Beispiele sind die Budgetplanung oder die Topologieplanung von Zuliefernetzwerken. Kontrollaufgaben sind dagegen rückschauend und helfen, Planabweichungen möglichst schnell zu erkennen sowie Gegenmaßnahmen zu identifizieren. Beispiele sind die Projektfortschrittskontrolle oder die Budgetkontrolle. Da Planungs- und Kontrollaufgaben im Unterschied zu Administrations- und Dispositionsaufgaben schwieriger strukturierbar und automatisierbar sind, können sie durch Informationssysteme für semi-strukturierte Aufgaben befördert werden. Werden dabei taktische oder strategische Entscheidungen unterstützt, kommt der Systemtyp Entscheidungsunterstützungssystem (engl. Decision Support System, DSS) zum Einsatz. In der betrieblichen Praxis haben sich die Begriffe „Business Intelligence" und „Business Analytics" als Informationssysteme zur Unterstützung von Planungs- und Kontrollaufgaben etabliert.

10

Zu den genannten Systemtypen lassen sich unterschiedliche Aufgabenreichweiten anführen. In Bezug auf die *personelle Reichweite* können Individualaufgaben von Gruppenaufgaben unterschieden werden. Typische Systeme zur Unterstützung von Individualaufgaben sind beispielsweise Textverarbeitungssysteme. Ein Vertreter der letztgenannten Kategorie sind Kollaborationssysteme für die verteilte Zusammenarbeit in Gruppen.

Nach ihrer *funktionalen Reichweite* können Informationssysteme als funktionsbezogene Systeme oder funktionsübergreifende Systeme kategorisiert werden. In enger Beziehung zum Begriff Aufgabe steht der Begriff Funktion. Eine Funktion ist eine aufgabenbezogene Verrichtung oder Tätigkeit einer Aufgabenträgerin. Eine Aufgabenträgerin ist Funktionsträgerin, wenn sie die aus der Aufgabe resultierende Funktion ausübt. Funktionsträgerin können Individuen oder eine Gruppe sein. Funktionen haben einen arbeitsteiligen Gliedcharakter. Arbeitsteilung erfolgt zur Nutzung von Spezialisierungsgewinn und Produktivitätssteigerung. Ein in der Wirtschaftsinformatik etabliertes Funktionsmodell wurde im Lehrbuch von Peter Mertens (2012) eingeführt und ist in ▪ Abb. 10.2 dargestellt.

Strukturelle Basis dieses Funktionsmodells ist die in Funktionsbereiche gegliederte Beschreibung des Aufgabensystems von Industriebetrieben mit ihren horizontalen und vertikalen Beziehungen (Integration, daher auch als Integrationsmodell bezeichnet), wie sie aus der Betriebswirtschaftslehre bekannt ist, und den Geschäftsprozessen Einkauf, Auftragsabwicklung, Führungsinformation und Kundendienst.

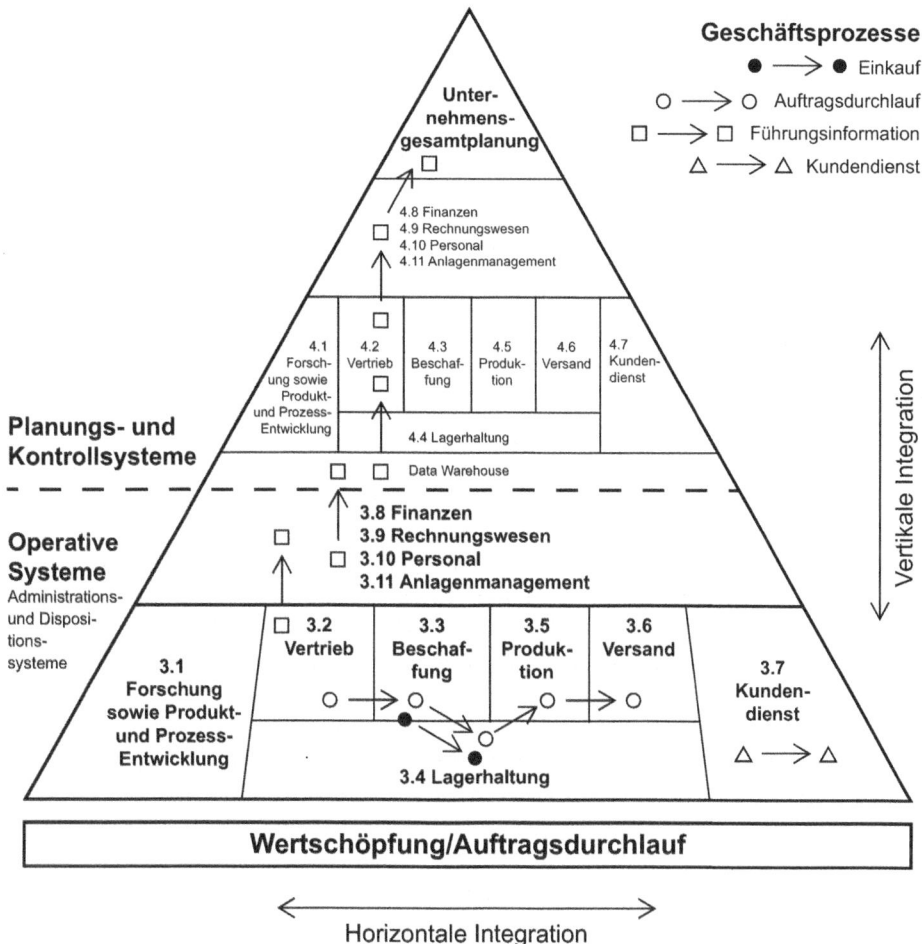

Geschäftsprozesse

● ⟶ ● Einkauf
○ ⟶ ○ Auftragsdurchlauf
□ ⟶ □ Führungsinformation
△ ⟶ △ Kundendienst

□ Abb. 10.2 Funktionsmodell – Grundkonzeption der integrierten Informationsverarbeitung (Originalabbildung mit freundlicher Genehmigung des Autors; Mertens 2012)

Ein prominentes Beispiel für diese Kategorie sind Informationssysteme zur integrierten Ressourcenplanung (engl. Enterprise Resource Planning, ERP). Ihr Zweck ist die Administration und Disposition der zur Leistungserstellung erforderlichen Ressourcen. Ausgehend von einem Kundenauftrag werden alle zur Auftragserfüllung benötigten Ressourcen geplant, überwacht und gesteuert (z. B. zu beschaffende Materialien, benötigte Produktions- und Distributionsmittel).

Die zuvor genannten Systeme beziehen sich auf Aufgaben innerhalb eines Unternehmens. Sie werden als intraorganisationale Systeme bezeichnet. Reichen die Aufgaben von Informationssystemen über die Unternehmensgrenzen hinaus, werden sie interorganisationale Systeme (IOS) genannt. In Ergänzung zu den Funktionsbereichen werden funktionsbereich- und prozessübergreifende Integrationskomplexe bzw. -cluster beschrieben, deren Entstehung damit begründet wird, dass eine vollständige Integration oft zu aufwändig ist. Als typische Beispiele dafür werden genannt:

- Produktlebenszyklussysteme begleiten den Produktlebenszyklus durch alle Phasen.
- Kundenbeziehungsmanagementsysteme unterstützen Marketing/Vertrieb und Kundendienst.
- Lieferkettenmanagementsysteme unterstützen die Felder Forschung/Entwicklung und Produktgestaltung, Vertrieb, Beschaffung, Lagerhaltung, Produktion und Versand. Dabei werden die Unternehmensgrenzen in den zwischenbetrieblichen Bereichen überschritten. Ergänzend bildet das sogenannte Electronic Procurement spezifische Funktionen zur Integration von Lieferanten an.

◘ Abb. 10.3 stellt vereinfacht das Zusammenspiel zwischen intraorganisationalen und interorganisationalen Systemen dar.

Wird die *sektorale Reichweite* berücksichtigt, lassen sich sektorenspezifische und sektorenneutrale Systeme unterscheiden. Beispiele für sektorenspezifische Systeme sind Bankinformationssysteme, Verkehrsinformationssysteme oder Handelsinformationssysteme. Beispielsweise definiert das in ◘ Abb. 10.4 wiedergegebene Handels-H-Modell einen Bezugsrahmen, in den Handelsinformationssysteme und die ihnen zugrunde liegenden Modelle eingeordnet werden können. Funktionsmodelle geben einen Überblick über die Aufgaben in einem betrieblichen Teilbereich, Datenmodelle erläutern die Struktur, also die statische Komponente innerhalb der Handelsinformationssysteme, und Prozessmodelle zeigen den organisatorischen und informationsverarbeitungsunterstützten Ablauf. Handelsinformationssysteme stellen das immaterielle Abbild der dispositiven, logistischen, abrechnungs- und aus-

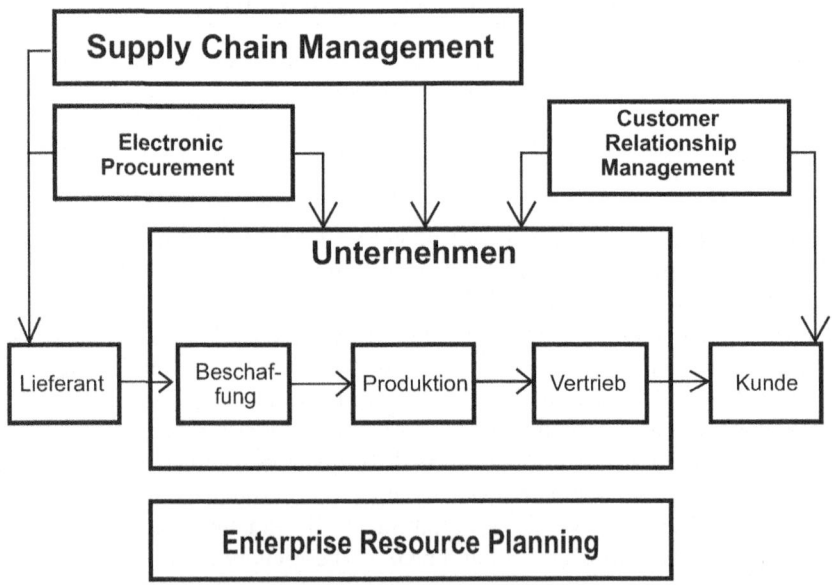

◘ **Abb. 10.3**   Intra- und interorganisationale Systeme (nach Stahlknecht und Hasenkamp 2005, 328)

○ **Abb. 10.4** Handels-H-Modell (Originalabbildung mit freundlicher Genehmigung der Autoren; Becker und Schütte 2004)

wertungsbezogenen Prozesse eines Handelsunternehmens zur Unterstützung der Geschäftsprozesse Lagergeschäft, Strecken-, Zentralregulierungs-, Aktions- und Dienstleistungsgeschäft dar. Zur Erklärung von Funktion heißt es bei Becker und Schütte (2004): „Funktionen stellen Aktivitäten dar, die mit Ressourcenverzehr einhergehen und aufgrund eines bestimmten Zustands angestoßen werden. Die Funktionsmodellierung verfolgt die Zielsetzung, die zur Unterstützung eines betrieblichen Bereichs notwendigen Funktionen unabhängig von der Implementierung darzustellen."

Bezüglich ihrer *gesamtwirtschaftlichen Reichweite* lassen sich auf einer noch höheren Aggregationsstufe Informationssysteme, die Aufgaben in Einzelwirtschaften abbilden, von solchen unterscheiden, die Aufgaben in Volkswirtschaften abbilden. Beispiele für volkswirtschaftliche Informationssysteme sind Systeme, die regionale und nationale Arbeitsmarktdaten analysieren oder mit denen Konjunkturprognosen erstellt oder Wirtschaftskreisläufe simuliert werden. Beiden Systemtypen gemeinsam ist, dass sie auf Aufgaben von Wirtschaftsbetrieben fokussiert sind, die durch das Merkmal privaten Eigentums gekennzeichnet sind. Gegenüber Wirtschaftsbetrieben lassen sich Verwaltungsbetriebe der öffentlichen Hand (Bund, Länder und Gemeinden) als unterschiedliche Betriebstypen abgrenzen. Informationssysteme in der öffentlichen Verwaltung werden unter dem Begriff *E-Government* zusammengefasst. Beispiele sind Informationssysteme der Einwohnermeldeämter, Kfz-Meldestellen, Gesundheitsämter oder Kreiswehrersatzämter.

10.1.3 Typisierungsmerkmal Technik

Eine Typisierung von Technik kann entlang der Unterscheidung in *Hardware* und *Software* erfolgen. Hardware stellt die physischen Bestandteile, die materielle und anfassbare Technik, dar. Software ist das Gegenstück und repräsentiert immaterielle Technik, also alle nicht-physischen Bestandteile. Hardware und Software bedingen einander. Die Hardware setzt zwar konkrete Aktionen um, die Software legt jedoch die Funktionen und Abläufe fest. Man kann verschiedene Arten von Hard- und Software unterscheiden. Hardware unterteilt man üblicherweise in Computer- und Netzwerkhardware (z. B. Router, Switches). Computerhardware umfasst u. a. Eingabe-/Ausgabehardware (z. B. Tastatur, Maus, Bildschirm, Drucker), Verarbeitungshardware (z. B. Prozessoren) und Speicherhardware. Software kann grob in System- und Anwendungssoftware untergliedert werden. Anwendungssoftware setzt stets auf einer Systemsoftware (insbesondere dem Betriebssystem) auf. ❏ Abb. 10.5 stellt diese Zusammenhänge dar.

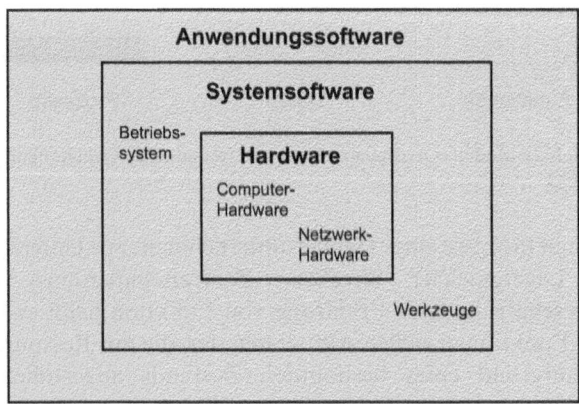

❏ **Abb. 10.5**   Hardware, Systemsoftware und Anwendungssoftware

10.2 Typisierung anhand der Phasen im Informationsverhalten

Eine weitere Möglichkeit, Informationssysteme zu typisieren, ist eng mit dem Informationsverhalten ihrer Nutzerinnen verbunden. Ein Informationssystem dient der Deckung der Informationsnachfrage bei der Erfüllung betrieblicher Aufgaben. Die Informationsnachfrage hat ihre Wurzeln im objektiven Informationsbedarf der betrieblichen Aufgaben und im subjektiven Informationsbedürfnis von Menschen als Aufgabenträgerinnen (▶ Kap. 8 „Information und Kommunikation"). Da Nutzerinnen von Informationssystemen unterschiedliche Eigenschaften aufweisen (z. B. kognitive und affektive Fähigkeiten), müssen daraus resultierende Unterschiede im Verhalten bei der Informationsproduktion und -verwertung berücksichtigt werden.

Im Folgenden wird erläutert, wie Informationssysteme unter Bezugnahme auf die Phasen im Informationsverhalten ihrer Nutzerinnen typisiert werden können.

- Informationswahrnehmung: Diese Phase beschreibt das Aufspüren und die Identifikation von Information (engl. sensing). Hierfür ist eine „Aktivierung" der Aufgabenträgerin erforderlich, die eine betriebliche Aufgabe erfüllen will und verfügbares Datenmaterial nach seinem Informationsgehalt beurteilt. Beispielsweise zielen Suchmaschinen und Business-Intelligence-Systeme auf eine Unterstützung dieser Phase ab.

- Informationssammlung: Erachtet die Aufgabenträgerin die wahrgenommene Information als zweckorientiert, ist es ratsam, sie auf elektronischen und nicht elektronischen Speichermedien zu sammeln. Dies drückt aus, dass nicht alle Informationen ihren Weg in computergestützte Informationssysteme finden, also als Daten gespeichert werden. Gerade unstrukturierte Information zur Lösung komplexer Probleme ist häufig personen- und nicht maschinengebunden.

- Informationsstrukturierung und -organisation: Um die aus der zweiten Phase entstehenden Informationsmengen bewältigen zu können, müssen die Informationsbestände strukturiert, klassifiziert, indexiert und verknüpft werden. Dadurch werden sie einer Nutzung durch Dritte zugänglich gemacht. Beispielsweise ermöglichen Datenbanksysteme oder Archivierungssysteme die Strukturierung und Verwaltung großer Datenbestände.

- Informationssuche: Soll eine von einer Aufgabenträgerin A wahrgenommene, gesammelte und strukturierte Information durch eine Aufgabenträgerin B (wieder-) verwendet werden, bedarf es Techniken der Informationssuche. Jedoch muss Information für A nicht notwendigerweise Information für B sein, da sie keinen ausreichenden Zweckbezug haben kann. Insofern handelt es sich aus der Sicht von B zunächst wieder um Daten. Bei der Phase Informationssuche geht es darum, die Konversion von Daten in Information sowie das Wiederauffinden von Information zu unterstützen. Dabei kann auf Abfragesprachen oder Information-Retrieval-Sprachen zurückgegriffen werden, die eine Suche nach den gespeicherten und strukturierten Informationen (aus der Sicht von A) bzw. Daten (aus der Sicht von B) ermöglichen.

- Informationspflege: Bei dieser Phase geht es um die Aktualisierung und Dokumentation der Daten und verfügbaren Informationen zum Zweck der zukünftigen Informationsproduktion. In zunehmendem Maße wird die Informations- bzw.

Datenqualität in Informationssystemen zum Gegenstand wissenschaftlicher und praktischer Tätigkeit. Dabei werden Verfahren zur Datenpflege und -bereinigung (engl. data cleansing) sowie zur Findung und Kenntlichmachung fehlerhafter Daten behandelt. Derartige Verfahren finden sich beispielsweise in Stammdaten-managementsystemen wieder.

Literatur

Becker, J. & Schütte, R. (2004). *Handelsinformationssysteme – Domänenorientierte Einführung in die Wirtschaftsinformatik*. 2. Aufl. Frankfurt/M.

Mertens, P. (2012). *Integrierte Informationsverarbeitung 1: Operative Systeme in der Industrie*. 18. Aufl. Wiesbaden: Springer Gabler.

Stahlknecht, P. & Hasenkamp, U. (2005): Einführung in die Wirtschaftsinformatik, 11. Auflage, Berlin u.a.: Springer.

vom Brocke, J., Hevner, A., Léger, P.-M., Walla, P. & Riedl, R. (2020). Advancing a NeuroIS research agenda with four areas of society contributions. *European Journal of Information Systems 29*(1), 9–24.

10

Informationsinfrastruktur

Inhaltsverzeichnis

© Springer-Verlag GmbH Deutschland, ein Teil von Springer Nature 2024
A. Heinzl et al., *Wirtschaftsinformatik*, https://doi.org/10.1007/978-3-662-67392-8_11

Zweck dieser Lerneinheit

In den vorangegangenen Lerneinheiten haben Sie Informationssysteme über die einführenden Erklärungen in der Lerneinheit ▶ Kap. 1 „Gegenstandsbereich der Wirtschaftsinformatik" hinaus genauer kennengelernt. Sie wissen, dass es primärer Zweck von Informationssystemen ist, Information zu produzieren, um damit die Informationsnachfrage zu befriedigen. Ein Informationssystem ist somit ein System zur *Informationsproduktion* zwecks Deckung von *Informationsnachfrage*. Aus den einführenden Erklärungen wissen Sie auch, dass weder einzelne Informationssysteme noch eine Menge interagierender und aufeinander abgestimmter, teilweise integrierter Informationssysteme allein Gegenstandsbereich der Wirtschaftsinformatik sind, sondern auch umfassendere Gebilde, die als Informationsinfrastrukturen bezeichnet werden.

Nach dem Durcharbeiten dieser Lerneinheit kennen Sie die Bedeutung des *Infrastrukturbegriffs* und seine Herleitung und Verwendung in den Wirtschafts- und Sozialwissenschaften sowie die daraus abgeleitete Bezeichnung Informationsinfrastruktur als Kurzform für Informations- und Kommunikationsinfrastruktur (im bekannten Zusammenhang wird nachfolgend von Infrastruktur gesprochen). Sie erkennen, dass diese Bezeichnungen nicht identisch sind mit dem, was in der Praxis und in der praxisorientierten Fachliteratur mit IT-Infrastruktur bezeichnet wird. Vielmehr ist Informationsinfrastruktur ein umfassender Begriff, der *alle* Ressourcen zur Produktion, Verteilung und Nutzung von Information umfasst. Die IT-Infrastruktur ist im Wesentlichen mit einer Infrastrukturkomponente identisch, nämlich der Technikinfrastruktur.

Sie wissen, dass Informationsinfrastrukturen neben der Technikinfrastruktur aus weiteren Komponenten bestehen, ohne die Informationssysteme unter ökonomischen Zielen nicht entwickelt, eingeführt und genutzt werden könnten. Dazu gehören die personelle, organisatorische, räumliche, methodische und rechtliche sowie die qualitätsbezogene Infrastruktur. Sie lernen eine Systematik der Informationsinfrastruktur kennen und können jede Strukturkomponente beschreiben. So wie bei Informationssystemen selbst ist auch bei diesen Komponenten der Mensch in verschiedenen Rollen (z. B. als Entwicklerin, Führungskraft oder Nutzerin) nicht nur beteiligt, sondern auch gestaltend tätig. Daher orientiert sich die Behandlung der Strukturkomponenten an den Strukturelementen von MAT-Systemen. Es werden in dieser Lerneinheit zunächst die technische, dann die personelle und schließlich die organisatorische Infrastruktur dargestellt. Anschließend werden die räumliche, methodische und rechtliche Infrastruktur thematisiert, bevor abschließend auf die Qualitätsinfrastruktur eingegangen wird.

11.1   Begriffsentstehung und Bedeutung

Die Verwendung des Begriffs *Infrastruktur* (von lat. infra = unten, unterhalb *und* structura = Aufbau, Bau, Gefüge, innere Gliederung bzw. struere = schichten) ist in der deutschsprachigen Wirtschaftsinformatik kaum verbreitet. Er stammt aus dem militärischen Bereich und bezeichnet dort die zur Kriegsführung erforderlichen Anlagen und Einrichtungen. Seit den 1960er-Jahren wird er in den Wirtschafts- und

Sozialwissenschaften im Sinne von Grundlage oder Unterbau der Tätigkeiten in einer Volkswirtschaft verwendet. Die weiteste Begriffsfassung geht auf Jochimsen zurück, der 1966 Vorarbeiten für eine moderne Theorie der marktwirtschaftlichen Entwicklung dargestellt hat, insbesondere durch systematische Berücksichtigung des Problems der infrastrukturellen Ausstattung der Marktwirtschaft. Jochimsen definiert Infrastruktur als Gesamtheit der materiellen, institutionellen und personellen Grundlagen einer Volkswirtschaft, die dazu beitragen, eine hohe Integration und ein hohes Niveau der Wirtschaftsaktivitäten zu ermöglichen. Diese Systematik wird in neuerer Zeit durch einen vierten Faktor ergänzt, nämlich die soziale Infrastruktur. Diese umfasst die Gesamtheit der Einrichtungen und Dienste zur sozialen Versorgung der Bevölkerung (Winkel 2018).

> ▶ **Beispiele Infrastruktur**
>
> Die materielle Infrastruktur umfasst gegenständliche Elemente wie Verkehrswege (z. B. Straßen, Schienen, Wasserwege, Luftkorridore), Ver-/Entsorgungseinrichtungen (z. B. Energie, Wasser, Abfall und Kommunikation) sowie den Stadt- und Wohnungsbau (Simonis 1972). Zur immateriellen Infrastruktur wird die personale und soziale Infrastruktur gezählt. Dazu gehören der Aufbau und die Verbesserung des Humankapitals sowie die Daseinsvorsorge im Gesundheits- und Sozialwesen. Die personelle Infrastruktur beschreibt die Zahl und die Eigenschaften der Menschen einer arbeitsteiligen Marktwirtschaft im Hinblick auf ihre Fähigkeit, zur Erhöhung von Niveau und Integrationsgrad der Wirtschaftstätigkeit beizutragen (Jochimsen 1966, 133). Zu den Kernbereichen der Daseinsvorsorge wird neben dem Gesundheitswesen die Sicherheit (z. B. Polizei, Feuerwehr, Katastrophenschutz und Verteidigung), Erziehung und Bildung (z. B. Kindergärten, (Hoch-)Schulen, Forschungseinrichtungen), Sport- und Freizeitstätten, die Versorgung von Senioren (z. B. Altenheime und Altenpflege) sowie die Nahversorgung und der öffentliche Nah- und Fernverkehr gezählt (Winkel 2018). Die institutionelle Infrastruktur umfasst die gewachsenen und bestehenden Normen sowie die Rechts-, Wirtschafts- und Sozialordnung (Klodt 2021). Hierunter fallen sowohl formale Regeln in Form von Gesetzen, technischen Normen und Standards, wie auch informelle Regeln wie soziale Umgangsformen. Beispiele für Normungsinstitute sind das Deutsche Institut für Normung (DIN), die Österreichische Normungsgesellschaft (ÖNORM) sowie die Schweizerische Normen-Vereinigung (SNV). Diese Elemente werden seit 2009 unter dem Begriff der Qualitätsinfrastruktur (Miesner 2009) zusammengefasst. ◀

Eine Infrastruktur kann als Grundlage einer Volkswirtschaft aufgefasst werden, auf der die Produktionsfaktoren zusammenwirken, also primäre, sekundäre und tertiäre Produktionstätigkeiten ermöglicht werden. Die im vorangehenden Beispiel genannten, z. T. heterogenen Dienstleistungen von Recht und Ordnung über Bildung und Gesundheitswesen bis hin zu Transport, Kommunikation, Energie- und Wasserversorgung weisen gemeinsame Merkmale auf, die für das Funktionieren einer Volkswirtschaft bedeutsam sind. Eine Vielzahl von Infrastrukturleistungen ist im Allgemeinen nicht handelbar, d. h., sie können nicht über Märkte bezogen oder ausgetauscht werden, sondern werden hoheitlich von staatlichen und öffentlichen Einrichtungen erbracht. Zudem wirken sie sich direkt oder indirekt auf den Endverbrauch aus. Sie erhöhen den Output einer Volkswirtschaft, z. B. durch einen schnelleren Personen- oder Güterumschlag infolge moderner Verkehrswege. Das staatliche

Hoheitsprinzip soll auf der Infrastruktur aufbauende Markttransaktionen durch einheitliche gesetzliche Regelwerke erleichtern. Die Regeln ermöglichen sinkende Stückkosten in der Produktion und können externe Effekte hervorrufen: Dritten werden Kosten auferlegt, die nicht in die Endkosten der Produktion einbezogen werden (z. B. beteiligen sich krankenversicherte Nicht-Raucherinnen an den (höheren) Gesundheitskosten von Raucherinnen). Des Weiteren wird häufig die Nichtexklusivität von Infrastrukturleistungen thematisiert, um die hoheitliche Rolle des Staats bei ihrer Bereitstellung und Finanzierung zu hinterfragen (Jiminez 1995). Dies bezieht sich auf Fragen des Bildungsmonopols (private Schule), der Medien- und Presselandschaft (privates Fernsehen) und der inneren und äußere Sicherheit (private Sicherheitsdienste als Ergänzung oder Ersatz für die Polizei; Söldnertruppen als Ersatz für eigene Streitkräfte). Die materielle und immaterielle Infrastruktur soll grundsätzlich allen Bürgerinnen zur Verfügung stehen.

Überträgt man die vorangehenden Überlegungen auf die Schaffung eines Unterbaus einer funktionierenden Informations- und Kommunikationswirtschaft, d. h., aller Einrichtungen, Mittel und Maßnahmen für die Produktion und Weitergabe von Information in einer Volkswirtschaft, so lässt sich der Begriff der Informationsinfrastruktur anführen. Ziel einer solchen Informationsinfrastruktur ist die effektive Entwicklung und Nutzung von Informations- und Kommunikationssystemen für alle Wirtschaftssubjekte einer Volkswirtschaft. Afzal (2012, 112) schreibt in Anlehnung an Greer et al. (2007, 98) hierzu:

» „Die Informationsinfrastruktur ist ein globales Geflecht von Menschen, Organisationen, Behörden, Strategien, Prozessen und Technologien, die in einem losen koordinierten System angesiedelt sind, um die Erstellung, Verbreitung, Organisation, Speicherung, Abfrage und Bewahrung von Informationen und Wissen für Menschen zu verbessern."

Aus der Sicht der Wirtschaftsinformatik dient sie der Unterstützung der Produktionstätigkeit von Unternehmen im primären (Urproduktion) und sekundären Sektor (produzierendes Gewerbe) sowie zur Schaffung neuer Informationsprodukte und -dienstleistungen im tertiären Sektor (Dienstleistungsgewerbe). Komponenten der Informationsinfrastruktur sind nicht nur miteinander verbundene Techniksysteme (Technikinfrastruktur, insbesondere Verarbeitungs-, Speicher- und Transporttechnik) und die für deren Betrieb erforderlichen Umgebungen (z. B. Räume, Energieversorgung und Klimatisierung). Vielmehr werden auch die handelnden Personen, die Organisationseinheiten, in denen sie agieren, ihre räumliche Anordnung, die von ihnen angewendeten Arbeitsweisen, Methoden und Verfahren sowie (qualitativen oder rechtlichen) Normen und Standards einbezogen. Diese Komponenten dienen zur Planung, Entwicklung, Einführung und zum Betrieb von Informationssystemen sowie zur Überwachung, Steuerung und Verbesserung ihrer Nutzung.

Nur wenige Arbeiten haben sich in der Wirtschaftsinformatik mit Informationsinfrastrukturen beschäftigt (Heinrich und Burgholzer 1987 bzw. Heinrich et al. 2014 sowie Pfau 1997, Schöne 1997 und Habertag 2001). Winter (2016) beschreibt das Spannungsfeld lokaler Entscheidungsunterstützung von Aufgabenträgerinnen in

Unternehmen mit Hilfe analytischer Informationssysteme in der Komplementarität zu einer unternehmensweiten Informationsinfrastruktur. Reimers (2020) liefert eine Gegenüberstellung unterschiedlicher Sichten auf diesen Themenkomplex. Sein Beitrag macht deutlich, dass sich eine zunehmende Anzahl von Beiträgen mit Fragen der Informationsinfrastruktur beschäftigt.

In der Praxis beschäftigen sich die Bibliotheken an Universitäten und Hochschulen intensiv mit der Entwicklung einer zukunftsfähigen Informationsinfrastruktur für Forschung und Lehre. Ausgehend von einer gemeinsamen Erklärung von Wissenschaftsrat (WR) und Deutscher Forschungsgemeinschaft (DFG) zur Zukunft der Bibliotheksverbünde als Teil einer überregionalen Informationsinfrastruktur (Wissenschaftsrat und Deutsche Forschungsgemeinschaft 2011) haben sich fortwährende und umfängliche Aktivitäten entwickelt, die Informationsinfrastrukturen als Schlüssel für eine erfolgreiche Weiterentwicklung von Wissenschaft und Studium zu gestalten. Als Informationsinfrastrukturen werden solche verstanden, die für Forschung und Lehre relevante Träger von Daten, Informationen und Wissen unter systematischen Gesichtspunkten sammeln, pflegen sowie für eine wissenschaftliche Nutzung bereitstellen und zugänglich machen (Wissenschaftsrat 2012). Dieser Initiative sind eine Reihe weiterer Empfehlungen und Strategiepapiere gefolgt (Söllner und Sühl-Strohmenger 2014, 591 ff.), die die Fortschreibung einer übergreifenden Informationsinfrastruktur zum Ziel haben (Rösch et al. 2019 sowie Putnings et al. 2021).

11.2 Infrastruktur versus Architektur

Infrastruktur und Architektur bezeichnen verschiedene Phänomene. Zentraler Gegenstand der *Architektur* war und ist das planvolle Entwerfen, Gestalten und Konstruieren von Bauwerken auf der Basis künstlerisch-ästhetischer, funktioneller und konstruktiver Überlegungen. Der Begriff kann sich neben Bauwerken aber auch auf andere Objektsysteme beziehen, wie z. B. System- oder Softwarearchitekturen. Jede Architektur baut auf der verfügbaren Gesamtheit der materiellen, institutionellen und personellen Grundlagen einer Volkswirtschaft auf.

Eine Architektur beschreibt die Struktur eines Objektsystems. Es handelt sich um eine Menge von systematisch miteinander verbundenen Objekten sowie der in diese Struktur eingebetteten Abläufe. Da die Objekte wieder eine Architektur haben, kann Architektur auf verschiedenen Ebenen als *Rekursion* (von lat. recurrere = zurücklaufen) betrachtet werden. Die Architektur eines Objektsystems ist also ein *abstraktes Modell* dieses Objektsystems, das seine Funktionen und Schnittstellen beschreibt und mehrere Ebenen umfasst. Architekturen können verschiedene Funktionen übernehmen und unterschiedlichen Verwendungszwecken dienen. Es lassen sich drei grundlegende Funktionen unterscheiden: die Beschreibungs-, Gestaltungs- und Kommunikationsfunktion. In vielen Unternehmen sind weder Informationssysteme noch die Informationsinfrastruktur oder die Informations- und Kommunikationsprozesse der Informationsfunktion nach einem einheitlichen Bauplan entwickelt worden.

Vielmehr wurden sie – oft im Verlauf von Jahrzehnten – mit unterschiedlichen Zielen und Prioritäten unter verschiedenen technischen, fachlichen und ökonomischen Rahmenbedingungen geplant, realisiert und weiterentwickelt. Teile der Informationsinfrastruktur wurden häufig als „Insellösungen" geplant, teilweise proprietär implementiert und erst später nach und nach integriert. Die Folge sind komplexe und komplizierte, nur wenig transparente Strukturen. Die Integration von Insellösungen verursacht hohe Kosten. Es kommt zu ungewollten Redundanzen und zu Qualitätsproblemen. Das Fehlen einer standardisierten Informationsinfrastruktur hemmt die Innovationstätigkeit der auf ihr aufbauenden Informationssysteme und -dienste. Die Ausbreitung des Internets hat jedoch einen großen Beitrag zur Standardisierung globaler, nationaler und unternehmensspezifischer Informationsinfrastrukturen geleistet.

11.3 Systematik der Informationsinfrastruktur

Die Informationsinfrastruktur ist der Teil der Infrastruktur von Organisationen, der die an Zielen orientierte Produktion, Verteilung und Nutzung von Information ermöglicht, mit anderen Worten, die zur Deckung von *Informationsnachfrage* geschaffene und dafür genutzte Infrastruktur. Ihre Bestandteile sind nicht nur Informationssysteme, die Informationstechniken nutzen, sondern betrachten auch personelle, organisatorische, methodische, rechtliche und institutionelle Elemente, die erforderlich oder zumindest zweckmäßig sind, um Informationsinfrastrukturen zielorientiert gestalten und nutzen zu können.

Idealtypisch gesehen werden Informationsinfrastrukturen „top-down" gestaltet (entworfen, realisiert und eingeführt). In der Wirklichkeit entstehen sie meist „bottom-up", d. h. sie werden schrittweise entwickelt und den benötigten Bedürfnissen und Anforderungen angepasst, ohne dass sie zuvor übergreifend geplant wurden. Als Folge setzen sie sich aus nicht immer zueinander passenden Teilen zusammen. Die Systematik der Informationsinfrastruktur soll auf der Basis früherer Auflagen dieses Buchs, die auf den Überlegungen von Joachimsen (1966) und Buhr (2003) gründen, in folgende Komponenten gegliedert werden:

- technische Infrastruktur,
- personelle Infrastruktur,
- organisatorische Infrastruktur,
- räumliche Infrastruktur,
- methodische Infrastruktur und Management systeme,
- informations- und kommunikations rechtliche Infrastruktur sowie die
- Qualitätsinfrastruktur.

Die Systematik ist nicht immer überschneidungsfrei bzw. einzelne Komponenten lassen sich nicht eindeutig voneinander abgrenzen. Beispielsweise können sich Normen auch auf Methoden beziehen, die räumliche Infrastruktur ist eng mit der technischen und organisatorischen Infrastruktur verbunden und die organisatorische Infrastruktur berührt Aspekte der personellen Infrastruktur.

11

11.4 Technische Infrastruktur

Diese Strukturkomponente umfasst alle Techniksysteme, die im Unternehmen für die Produktion von Information und die Kommunikation verwendet werden. Dabei handelt es sich um Systeme der *Informations- und Kommunikationstechnik* (IuK-Technik oder IKT) und um sonstige Techniksysteme (Nicht-IuK-Technik oder Nicht-IKT), die zum Betrieb der IuK-Technik erforderlich sind (z. B. externe Datennetze, Stromnetze, Klimaanlagen) bzw. diese ergänzen (z. B. Kuvertieranlagen). Bewusst wird hier anstelle des Technologiebegriffs der Technikbegriff verwendet, der sich auf die Gesamtheit der anwendbaren und tatsächlich angewendeten Arbeits-, Entwicklungs-, Produktions- und Implementierungsverfahren bezieht. Allen Elementen der Technikinfrastruktur gemeinsam sind – neben dem hohen *Veränderungs-* oder *Innovationspotenzial* und seinen Herausforderungen (z. B. die Überwindung von personellen Widerständen sowie das Erfordernis hoher Investitionen und steigender Ausgaben) – ihr physischer und zunehmend virtueller Charakter (Hardware und Software) sowie ihre flexible Verwendbarkeit (durch zunehmende Modularisierung und Standardisierung). Dies gilt insbesondere für die IuK-Technik, weshalb das *Technologiemanagement* in Organisationen als Aufgabenbereich angesehen wird, der mit dem Chief Technology Officer (CTO) zunehmend eine eigenständige Führungsverantwortung erhält (zum Technologiemanagement siehe die gleichnamige Lerneinheit in Heinrich et al. 2014).

Der in der Praxis verwendete Begriff *IT-Infrastruktur* erfasst die technische Infrastruktur. Heinrich et al. (2014, 42) definieren die IT-Infrastruktur unter Bezugnahme auf das IT-Service Management Forum (itSMF) wie folgt:

Definition

„*IT-Infrastruktur* ist die Gesamtheit der Hardware, Software, Netzwerke, Anlagen etc., die für die Entwicklung und Tests, die Bereitstellung, das Monitoring, die Steuerung oder den Support von IT-Services erforderlich sind. Der Begriff umfasst die gesamte Informationstechnologie, nicht jedoch die zugehörigen Mitarbeiter, Prozesse und Dokumentationen.“

11.4.1 IuK-Technik

Computersysteme – ob Mainframe oder Server, PC oder Notebook sowie Tablet oder Smartphone – sind die wesentlichen Komponenten der IuK-Technik. Jede Technikinfrastruktur verfügt über zentrale und dezentrale Elemente. Bei großen Infrastrukturen sind Server und Mainframe-Systeme sowie externe Speicher- und Backup-Systeme zentrale Elemente; sie sind räumlich zum *Rechenzentrum (RZ)* zusammengefasst (◘ Abb. 11.1). Ihre Art und Anzahl sind von den *Benutzeranforderungen* abhängig. Benutzerinnen fordern Dienstleistungen, und das IT-Management muss entscheiden, welche Dienstleistungen für welche Benutzerin auf welchen Systemen erzeugt werden. Je nach Auslastung können mehrere, von-

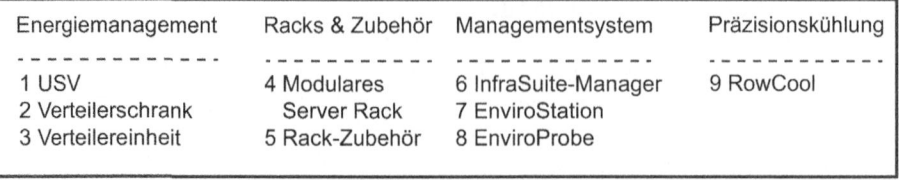

Energiemanagement	Racks & Zubehör	Managementsystem	Präzisionskühlung
1 USV	4 Modulares	6 InfraSuite-Manager	9 RowCool
2 Verteilerschrank	Server Rack	7 EnviroStation	
3 Verteilereinheit	5 Rack-Zubehör	8 EnviroProbe	

Service

- Systemdesign und -planung
- Schnelle und umfassende
  Services

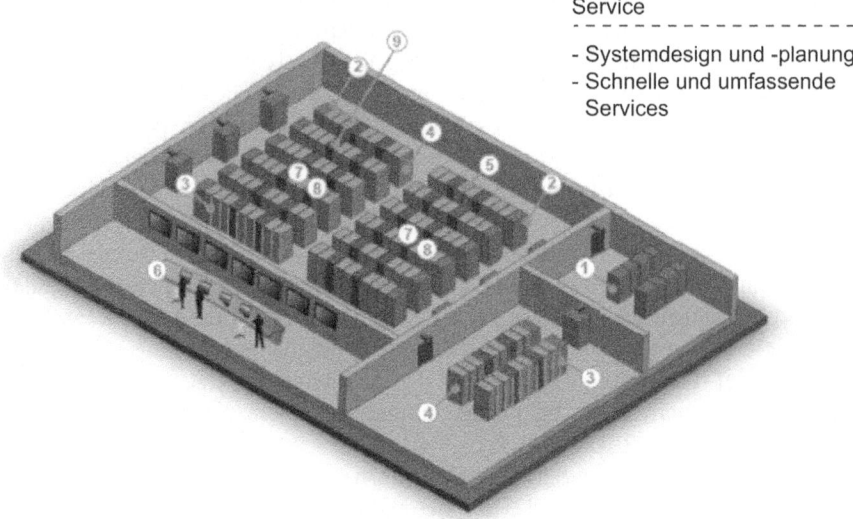

□ **Abb. 11.1** Illustration eines Rechenzentrums (Quelle: ► https://www.stromauskunft.de/blog/allgemein/design-und-technologie-von-rechenzentren/)

11

einander unabhängige Dienstleistungen auf einem System ablaufen. Kapazitäts- und Leistungsanforderungen sind dabei zu berücksichtigen. Dezentrale Elemente sind stationäre Arbeitsplatzsysteme (Desktop-PC mit vielfältiger Peripherie) und mobile Systeme (z. B. Notebooks, Tablets oder Smartphones). Das *Datennetz* dient der Verbindung zwischen den zentralen Systemen, der Anbindung der dezentralen an die zentralen Systeme sowie der Anbindung an externe Netze (z. B. Internet).

Technikinfrastrukturen verwenden häufig *Server* verschiedener Hersteller mit unterschiedlichen Betriebssystemen, Konfigurationen und Peripheriegeräten. Neben Microsoft Windows Servern und diversen Unix- und Linux-Derivaten werden aufgabenspezifische Betriebssysteme eingesetzt. Dazu zählen Systeme für den Betrieb von virtuellen Servern, die mit einem Monitor bzw. Hypervisor als zentrale Koordinationsstelle fungieren. Einzelne Systeme sind entweder autonom oder über eine Clustertechnologie mit anderen Systemen gekoppelt, um Konzepte der Lastverteilung und Redundanz zu realisieren. Meist werden mehrere unterschiedliche Typen von *Datenspeichern* eingesetzt. Von lokal in Rechnern eingebauten Speichern und direkt an Rechnern angeschlossenen Speichergeräten (DAS = Direct Attached Storage) abgesehen, werden vor allem NAS-Speichersysteme (NAS = Network Attached Storage) und SAN-Speichersysteme (SAN = Storage Area Network) eingesetzt, die eine hohe Flexibilität in der Verwendung und eine gute Abstraktion gegenüber dem eingesetzten Hardware-Festspeicherverbund bieten.

> ▶ **Beispiel Virtualisierung**

Virtualisierung bezeichnet jenen Teil der IuK-Infrastruktur zur Simulation von Hardwarefunktionen, um softwarebasierte Dienste wie Anwendungen, Server, Speicher und Netzwerke bereitzustellen. Die Erstellung einer virtuellen Version einer Ressource oder eines Geräts (etwa eines Servers oder Desktopcomputers) in einem einzigen Computersystem ermöglicht die Effizienzsteigerung von Hardwareressourcen, die auch außer Haus verortet sein können. Es werden mithilfe einer dezidierten Software (Virtual Machine Monitor oder Hypervisor) mehrere virtuelle Maschinen auf einem physischen Rechnersystem eingerichtet. Da diese virtuellen Maschinen die gleiche Leistung wie physische Maschinen bieten, aber nur die Ressourcen eines einzigen Computersystems benötigen, kann die Infrastruktur mehrere Betriebssysteme auf einem einzigen Server ausführen. Bei diesem Vorgang weist eine Überwachungsinstanz (Monitor) jedem virtuellen Computer nach Bedarf Rechenressourcen zu. Dadurch wird der Betrieb der damit verbundenen Infrastruktur effizienter und kostengünstiger. Durch die flexible Ressourcenzuweisung wurde die Virtualisierung zur Grundlage des Cloud Computing. ◀

11.4.2 Nicht-IuK-Technik

Darunter werden Elemente der Technikinfrastruktur verstanden, die zwar für den Produktionsbetrieb notwendig, aber keine IT-Systeme sind. Dazu gehört die Sicherstellung der *Stromversorgung*. Die Corona-Pandemie hat den Trend zum Cloud Computing und das Rechenzentrumswachstum weiter beschleunigt. Nach einer Studie des gemeinnützigen Borderstep-Instituts steigt der Energiebedarf der Rechenzentren in Deutschland weiter progressiv an (Hintemann 2020; ❏ Abb. 11.2).

Neue Technologien, wie die Blockchain, verschärfen das Problem. Unter anderem stellt der zur Verifizierung von Transaktionen mit Kryptowährungen (z. B. Schürfen von Bitcoins) notwendige Stromverbrauch eine überaus große ökonomische und ökologische Herausforderung dar. Zu Beginn des Jahres 2017 benötigte die Digitalwährung 6,6 Terawattstunden Strom pro Jahr. Im Oktober 2020 waren es bereits 67

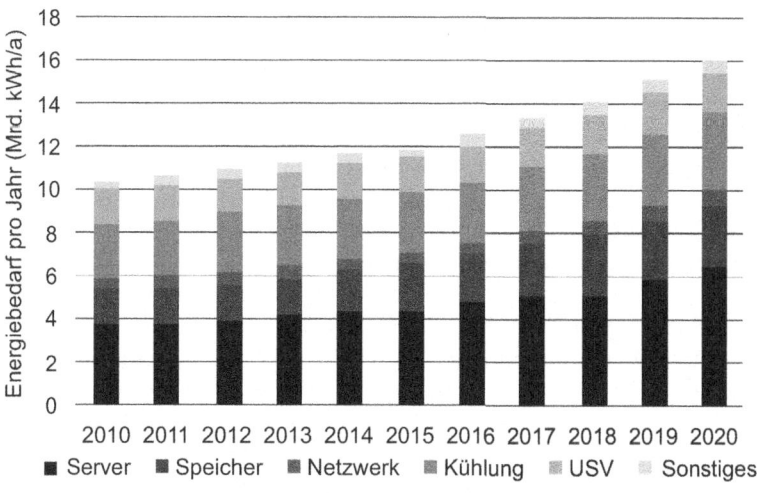

❏ **Abb. 11.2** Energiebedarf von Elementen der Technikinfrastruktur (Hintemann 2020)

Terawattstunden. Im Januar 2021 hat sich der Stromverbrauch erneut auf 121 Terawattstunden verdoppelt. Nur die 30 größten Länder auf der Welt verbrauchen mehr Strom als die Kryptowährung Bitcoin (Deutsche Welle 2020). Das führt unweigerlich zur Diskussion, ob die zunehmende Digitalisierung, besonders Transaktionen auf der Basis von Blockchains, klimaschädlich sind, da sie in Ländern verifiziert werden, in denen der Strom vergleichsweise preiswert ist, aber nicht klimaneutral erzeugt wird (z. B. in China).

> ▶ **Beispiel Energiebedarf und Abwärme von Rechenzentren**
>
> In Hanau, einer Stadt im Rhein-Main-Gebiet mit 100.000 Einwohnerinnen, wird gerade eines der größten Rechenzentren Europas errichtet. Auf dem ehemaligen Gebiet einer Kaserne entsteht auf einer Fläche von rund 50 Fußballfeldern ein Komplex für Google, der ca. 180 Megawatt Strom verbraucht – etwa die doppelte Jahresleistung der Stadt Hanau. Es müssen zusätzlich Blockheizkraftwerke, eine Fotovoltaikanlage und Umspannwerke gebaut werden.
>
> Das Rhein-Main-Gebiet ist Deutschlands größter Standort für Rechenzentren. Die Abwärme der Computer würde ausreichen, um die Stadt Frankfurt am Main zu beheizen. Verwaltung und Internetwirtschaft machen sich Gedanken, wie sich diese Abwärme besser nutzen lässt. Erste Projektionen betrachten die Nutzung von Fernwärme zur Beheizung von Wohnraum, Büroräumen, Hallen oder (öffentlichen) Schwimmbädern. Hauptprobleme sind die fehlende Fernwärmeinfrastruktur sowie die Versorgungssicherheit. Wohnanlagen benötigen eine Garantie für Wärmeleistungen für etwa 30 bis 50 Jahre. Rechenzentren sind meist auf eine geringere Lebensdauer von bis zu zehn Jahren ausgelegt. In Frankfurts Kleyerstraße hat sich der Betreiber eines Rechenzentrums verpflichtet, Abwärme für 15 Jahre kostenlos zu liefern. ◄

Um Stromausfälle auszugleichen und Spannungsschwankungen entgegenzuwirken, werden *USV-Geräte* eingesetzt (USV = Unterbrechungsfreie Stromversorgung). Durch den Preisverfall werden USV-Geräte neben kleineren und mittleren Organisationen zunehmend im privaten Bereich eingesetzt. Sie stellen nach einem Stromausfall den Betrieb von wenigen Stunden sicher und können die angeschlossenen Geräte vor dem Verbrauch ihrer gespeicherten Energie kontrolliert herunterfahren. Da Strom in Akkumulatoren nur über begrenzte Zeiträume gespeichert werden kann, werden kritische Systeme in Unternehmen und öffentlichen Organisationen zusätzlich mit *Notstromgeneratoren* versorgt, die in der Regel Heizöl als Primärenergie verwenden, das in großen Tanklagern gespeichert wird. Diese werden im Notfall innerhalb kürzester Zeit in Betrieb genommen und lösen die USV im Idealfall nahtlos ab.

Zur Nicht-IuK-Technik gehören auch Geräte zur Kühlung und Belüftung. Die Kühlung erfolgt meist durch zentrale *Klimaanlagen*, wobei die Spezifikation aller Systeme (Rechner und Peripherie) beachtet werden muss. Diese sieht beispielsweise eine bestimmte Betriebstemperatur vor, bei der das System optimal läuft. Bei Über- oder Unterschreitung ist ein ordnungsgemäßer Betrieb nicht gewährleistet. Bei großen, lang anhaltenden Überschreitungen schalten sich die Systeme geordnet ab, um Schäden an der Hardware bzw. Brandrisiken durch Kurzschlüsse zu vermeiden. Überschüssige warme Abluft wird in Kanälen von den Systemen wegtransportiert, kühle Luft wird zugeführt. Belüftete Böden helfen, die Luftzirkulation zu verstärken. Neben den Kühlinstallationen müssen verschiedene Sensoren platziert und überwacht werden.

> ▶ **Beispiel Überwachungssensoren**

Erschütterungsmelder ermitteln nach Art eines Seismografen Beben in den Systemräumen, die unterschiedliche Ursachen haben können. Bei Überschreitung eines bestimmten Grenzwertes wird ein definierter Alarm ausgelöst. Gas- und optische Brandfrüherkennungsmelder helfen, Bedrohungen zu erkennen, um Schäden an Menschen, Daten, Gebäuden und Geräten zumindest zu verringern. Im Falle eines Feuerausbruchs kommen Löschanlagen mit einem Argon-Trigon-Gasgemisch zum Einsatz, das in Tanks gelagert wird. ◀

Schutzeinrichtungen und Sicherheitsmaßnahmen sind Elemente der meisten dieser Komponenten. *Schutz* meint dabei Vermeidung, zumindest Verringerung von Bedrohung oder Gefährdung der Infrastruktur verursacht durch menschliche, organisatorische oder technische Fehler, kriminelle Handlungen oder Umgebungseinflüsse. *Sicherheit* ist der durch Abwesenheit von Bedrohung oder Gefährdung gekennzeichnete Zustand der Informationsinfrastruktur. Da Bedrohungen oder Gefährdungen immer vorhanden sind, wird Sicherheit durch Risikokontrolle und Realisierung von Sicherheitsmaßnahmen geschaffen. Im engeren Sinne meint Schutztechnik die hardwaretechnischen (z. B. Sensoren, Feuermelder oder Überspannungsschutz), softwaretechnischen (z. B. Softwareaktivierung, Verschlüsselung oder digitales Wasserzeichen) und baulichen (z. B. Personenschleusen, Sprinkleranlagen) Sicherheitsmaßnahmen, die in Kombination angewendet dazu geeignet sind, die Infrastruktur zu schützen. Im weiteren Sinne gehören auch organisatorische, vertragliche, rechtliche und personelle sowie sonstige Maßnahmen zur Schutztechnik.

> ▶ **Beispiel Objektsicherheit**

Objektsicherheit (z. B. Rechenzentrumssicherheit) wird durch elektronische Zugangs- und Ausgangskontrollsysteme gewährleistet, bei denen Personenschleusen, Code-Eingaben, Chipkarten- und/oder biometrische Systeme eingesetzt werden. ◀

Für die Erbringung von umfassenden Druck- und Kuvertierdiensten sind Standarddrucker nicht geeignet. In großen Rechenzentren werden *Druckstraßen* verwendet, die hohe Druckvolumina bewältigen und flexibel hinsichtlich der verwendbaren Papiersorten sind. Häufig wird vom Dienstleister mit (Kunden-)Logos versehenes Papier auf großen Rollen verwendet, das innerhalb der Druckstraße automatisch geschnitten, bedruckt und in korrespondierende Stapel sortiert wird. Der Output wird an eine *Kuvertierstraße* weitergeleitet, welche die Blätter (z. B. Anschreiben, Rechnungen), eventuell mit Beilagen (z. B. Werbematerial), voll- oder teilautomatisch für den Postversand aufbereitet. Trotz der zunehmenden Umstellung des papiergebundenen auf den elektronischen Schrift- und Rechnungsverkehr von Finanzdienstleistern, Energieversorgern und Telekommunikationsanbietern wird im Direktmarketing (z. B. im Einzelhandel) weiterhin mit Printmedien gearbeitet.

CARR postulierte bereits 2009 das Verschwinden unternehmensspezifischer Infrastrukturen, insbesondere der Technikinfrastruktur, womit andere Komponenten (z. B. Organisation, Personal oder Methoden des Rechenzentrumsbetriebs) in Unternehmen teilweise oder ganz überflüssig werden. So wie im 20. Jahrhundert die „Elektrizität aus der Steckdose" firmenspezifische Infrastrukturen zur Energieversorgung verdrängt hat, werde im 21. Jahrhundert – so CARR – die unternehmenseigene IT-Infrastruktur verschwinden. „Informationsfabriken" ermöglichen den Unternehmen und Verwaltungen Computerleistung aus der Steckdose, so wie Energieversorgungsunternehmen elektrische Energie zur Verfügung stellen. Unternehmenseigene Einrichtungen zur Energieerzeugung werde es nur noch in Situationen geben, in denen die spezifischen Bedürfnisse wie Unabhängigkeit, Versorgungssicherheit oder Flexibilität die Mehrkosten rechtfertigen.

Dieser Prognose wurde beispielsweise von Mark S. Lewis mit dem Argument widersprochen, dass „the use of IT is analogous to innovations in transportation, not power utilities" (zitiert nach Smith und Fingar 2003). Nicht die Technik selbst bestimmt die Frage, ob Informationsinfrastrukturen selbst oder von externen Dienstleistern betrieben werden, sondern die Art und Weise, wie die auf ihr basierenden Informationssysteme und -dienste zur Erlangung von Wettbewerbsvorteilen genutzt werden. Aus diesem Grund entscheiden sich einige Unternehmen, die Entwicklung und den Betrieb von Informationssystemen nicht auszulagern.

> ▶ **Beispiel „on-premises" versus „on-demand"**
>
> Die ERP-Lösung SAP S/4HANA kann sowohl „on-premises" im firmeneigenen Rechenzentrum als auch „on-demand" bei Cloudanbietern genutzt werden. Der vom Anbieter zur Verfügung gestellte Funktionsumfang ist identisch und stellt zunächst keine Quelle nachhaltiger Wettbewerbsvorteile für die Kundenunternehmen dar. Es gibt jedoch Unternehmen, die S/4HANA weiterhin auf eigenen Servern betreiben, da sie auf diese Weise besser in der Lage sind, ihre Abläufe so zu optimieren bzw. Systeme anderer Anbieter (z. B. die rechnergestützte Konstruktion von CATIA, ein CAD-System) so zu integrieren, dass sie auf neue Kundenbedürfnisse effektiver und/oder effizienter reagieren können. In diesem Fall kompensieren die aus der Nutzung standardisierter Unternehmenssoftware resultierenden Wettbewerbsvorteile die höheren Kosten einer eigenen technischen Informationsinfrastruktur. ◀

In der Fachliteratur wird die funktionale Variation von materiellen oder immateriellen Dingen in einem Umgebungskontext als Angebots- oder Nutzungscharakter bezeichnet (engl. affordances, dies kann im gegenständlichen Kontext mit „Handlungsmöglichkeiten" übersetzt werden). Standardsoftware, insbesondere Unternehmenssoftware, ermöglicht eine große Vielfalt unterschiedlicher Nutzungsmöglichkeiten.

> ▶ **Beispiel „affordances"**
>
> Ein Stuhl hat für Menschen zwei Nutzungseigenschaften: zum Sitzen oder Hinaufsteigen. Soziale Medien können zur Information oder zur Desinformation von Menschen verwendet werden. ◀

Cloud Computing hat die Informationsinfrastruktur wesentlich verändert. Sie ist zur dominanten Form geworden (Miller 2021). Viele Aufgaben in organisationsinternen Rechenzentren werden durch „infrastructure as a service" ersetzt (◨ Abb. 11.3). Es ist davon auszugehen, dass die hohen Wachstumsraten pro Jahr weiter anhalten und sich das Marktvolumen in den nächsten fünf Jahren nochmals verdoppelt.

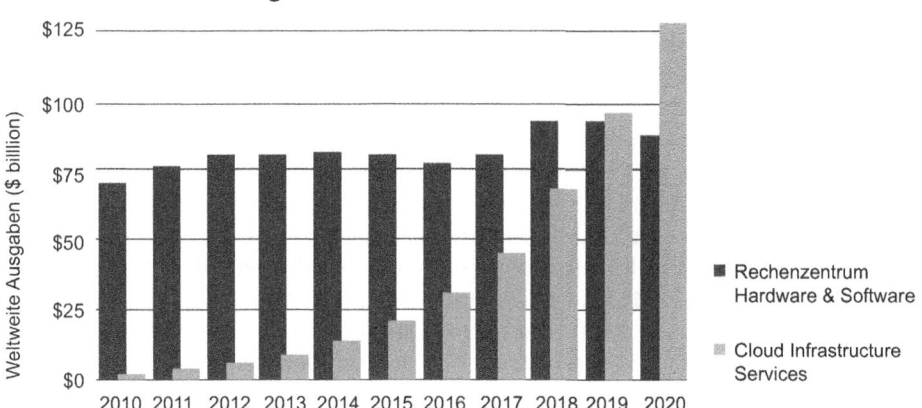

○ Abb. 11.3   Entwicklungsgeschwindigkeit von Cloud-Infrastrukturdiensten (Miller 2020)

11.5 Personelle Infrastruktur

Diese Strukturkomponente findet ihren Ausdruck in der Anzahl, im Wissen und Können sowie den Fähigkeiten und Fertigkeiten aller an der betrieblichen Informationsproduktion, -verteilung und -nutzung beteiligten Personen. Für ihre Systematisierung gibt es eine Vielzahl von Möglichkeiten. Bisherige Systematiken orientieren sich an der Intensität des Bezugs zur Informationstechnik. Bei Kernberufen werden z. B. Softwareentwicklerinnen oder Netzwerkadministratorinnen einbezogen, die sich ausschließlich mit der Entwicklung und dem Betrieb von IuK-Technik beschäftigen. Mischberufe betrachten eine Kombination aus Technik und Anwendung, wie z. B. Prozessanalytikerin oder Schlüsselanwenderin. Bei den Randberufen wird IuK-Technik angewendet, wie bei einer Controllerin, die eine Tabellenkalkulation verwendet, oder einer Einkäuferin, die ein Anwendungssystem zur elektronischen Beschaffung nutzt. Andere Systematiken unterscheiden Leitungshandelnde (z. B. Chief Information Officer = CIO oder Chief Digital Officer = CDO oder IT-Managerin) von Ausführungshandelnden (z. B. Datenbankadministratorinnen, Systemarchitektinnen oder Mitarbeiterinnen des Help Desk).

Andere Systematiken orientieren sich an der Informationsfunktion. Als Informationsfachkräfte (engl. information professionals oder information specialists) werden jene bezeichnet, die (digitale) Informationen erfassen, organisieren, speichern, abrufen und verbreiten. Sie arbeiten in privaten, öffentlichen oder akademischen Einrichtungen. Die den Kundinnen entgegengebrachte Unterstützung wird als Informationsdienstleistung (information service) bezeichnet. Als Beispiele lassen sich Archivarinnen, Bibliothekarinnen, Informationsvermittlerinnen (engl. information broker), Informationshändlerinnen (engl. information retailer), Informationsmanagerinnen und Informationsberaterinnen anführen. Eine Infomediärin (engl. infomediary) hilft Kundinnen, die Kontrolle über Informationen zu gewinnen, die über sie durch Anbieter oder Werbetreibende gesammelt werden. Personenbezogene Daten werden als Eigentum der betreffenden Person betrachtet. Sie stellen nicht unbedingt das Eigentum derjenigen dar, die sie sammelt. Infomediärinnen erkennen an, dass diese personenbezogenen Daten einen Wert haben, und versuchen als vertrauenswürdige Vermittler zu agieren, die den Kundinnen die Möglichkeit bieten, ihre eigenen Profile zu verwerten und daraus einen ökonomischen Nutzen zu ziehen. Das Kunstwort des "Cybrarian" wird aus den Anglizismen „Cyberspace" und „Librarian" zusammengesetzt. Es handelt sich um eine Person, die im World Wide Web verfügbare Informationen sucht, sammelt, verwaltet und verwertet.

Der Begriff der Informationswissenschaftlerin entwickelte sich in der zweiten Hälfte des 20. Jahrhunderts und bezeichnet eine Person, die über einen einschlägigen Studienabschluss (z. B. in Informationswissenschaften) und ein hohes Maß an Fachwissen verfügt (z. B. als Medical Information Scientist) sowie gezielt Informationen für wissenschaftliches und technisches Forschungspersonal in Unternehmen bereitstellt. Es handelt sich um eine Rolle, die sich deutlich von der einer Bibliothekarin unterscheidet und diese ergänzt. Die technischen Fortschritte bei der Informationssuche durch Endbenutzerinnen sowie die Konvergenz zwischen den Rollen der Bibliothekarin und der Informationswissenschaftlerin haben dazu geführt, dass letzterer Begriff in diesem Zusammenhang immer seltener verwendet wird, sondern häufiger die Begriffe Informationsfachkraft oder Informationsspezialistin.

Liegt der Schwerpunkt der Tätigkeit auf der Extraktion von Information und Wissen aus großen Datenbeständen, so wird der Begriff der Datenwissenschaftlerin (engl. data scientist) oder Datenanalystin (engl. data analyst) verwendet. Eine solche Person nutzt Methoden, Prozesse, Algorithmen und Systeme zur Gewinnung von Erkenntnissen, Entdeckung von Mustern und der Ableitung von Schlussfolgerungen sowohl aus strukturierten als auch unstrukturierten Daten. Dabei werden Techniken und Theorien aus der Mathematik, Statistik und Informatik, einschließlich der Signalverarbeitung, Wahrscheinlichkeitsrechnung, des maschinellen Lernens, der Programmierung und der Datenorganisation, verwendet. Rogati (2017) hat die in den Datenwissenschaften vorkommenden Funktionen in einer Bedürfnispyramide zusammengefasst (◨ Abb. 11.4). Sie bringt zum Ausdruck, dass Daten die Grundlage für Verfahren des maschinellen Lernens und der künstlichen Intelligenz sind. Die Bedeutung dieser Funktionen für eine leistungsfähige Informationsinfrastruktur drückt sich zudem in dem zunehmenden Angebot von Studiengängen in den Datenwissenschaften aus.

Es besteht ein enger Zusammenhang zwischen der personellen Infrastruktur und dem *Humankapital* einer Volkswirtschaft, der Gesamtheit der wirtschaftlich verwertbaren Fähigkeiten, Kenntnisse und Verhaltensweisen von Personen oder Personengruppen. Für dessen Höhe sind neben dem Bildungsniveau und der beruflichen Erfahrung persönliche Eigenschaften wie Motivationsbereitschaft, Resilienz und Flexibilität relevant. Nicht zuletzt ist darauf hinzuweisen, dass im deutschsprachigen Raum zunehmend mehr Akteurinnen in der Wirtschaft darüber klagen, nicht ausreichend sowie nicht ausreichend qualifizierte IT-Arbeitskräfte (z. B. Softwareentwicklerinnen, Digital Business Managerinnen) zu finden. Zunehmend mehr politische Entscheidungsträgerinnen erkennen diese Problematik und versuchen durch einen (massiven) Ausbau von Aus- und Fortbildung im Digitalbereich sowie im angrenzenden Managementbereich gegenzusteuern.

11

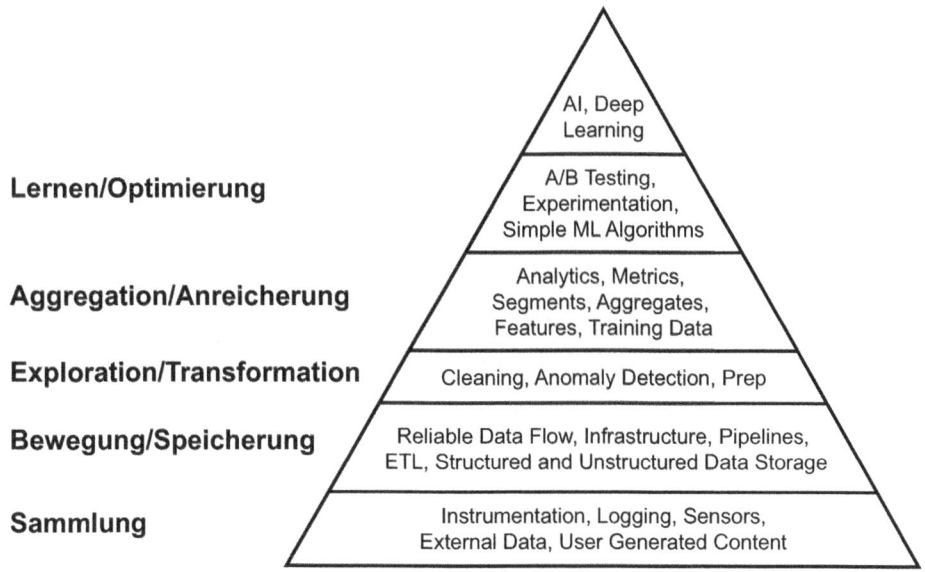

Die Bedürfnispyramide der Datenwissenschaften

Lernen/Optimierung

Aggregation/Anreicherung

Exploration/Transformation

Bewegung/Speicherung

Sammlung

AI, Deep Learning

A/B Testing, Experimentation, Simple ML Algorithms

Analytics, Metrics, Segments, Aggregates, Features, Training Data

Cleaning, Anomaly Detection, Prep

Reliable Data Flow, Infrastructure, Pipelines, ETL, Structured and Unstructured Data Storage

Instrumentation, Logging, Sensors, External Data, User Generated Content

◘ **Abb. 11.4** Die Bedürfnispyramide der Datenwissenschaften (Rogati 2017)

11.6 Organisatorische Infrastruktur

Die organisatorische Infrastruktur beschäftigt sich mit dem planmäßigen Ordnen, Gestalten und Erfüllen bzw. Nutzen aller Aufgaben, Kompetenzen und Ressourcen, die für die Produktion und Weitergabe von Information erforderlich sind. Aus der Sicht von Unternehmen umfasst dies Fragen der Aufbau-, Ablauf-, Projekt- und Gremienorganisation.

Die *Aufbauorganisation* (oder Strukturorganisation) befasst sich mit der Gliederung jener Unternehmensbereiche in Struktureinheiten und der Struktureinheiten in Stellen, die mit der Produktion und Weitergabe von Information betraut sind. Beispiele sind die *Verteilung* der Aufgaben, Kompetenzen und Ressourcen zur Entwicklung, zum Betrieb oder zur Nutzung von Informationssystemen (Zentralisierung versus Dezentralisierung) sowie Fragen, ob diese Aufgaben im Unternehmen erfüllt werden sollen oder nicht (intern versus Auslagerung bzw. Outsourcing). Die Aufbauorganisation findet ihren Niederschlag in einem oder mehreren Organigrammen (zusammengesetztes Kunstwort aus Organisation und Diagramm). Diese legen offen, welche organisatorischen Einheiten (Abteilungen und Stellen), welche (hierarchische) Aufgabenverteilung und welche Kommunikationsbeziehungen festgelegt sind. Zur Visualisierung werden Symbole verwendet, beispielsweise werden Linienstellen im Regelfall als Kästchen (mit oder ohne Stelleninhaberin) und unterstützende Stellen als Kreise (Stabsstellen) sowie deren Verbindungen als durchgezogene Linien dargestellt. Organigramme geben Auskünfte über organisatorische

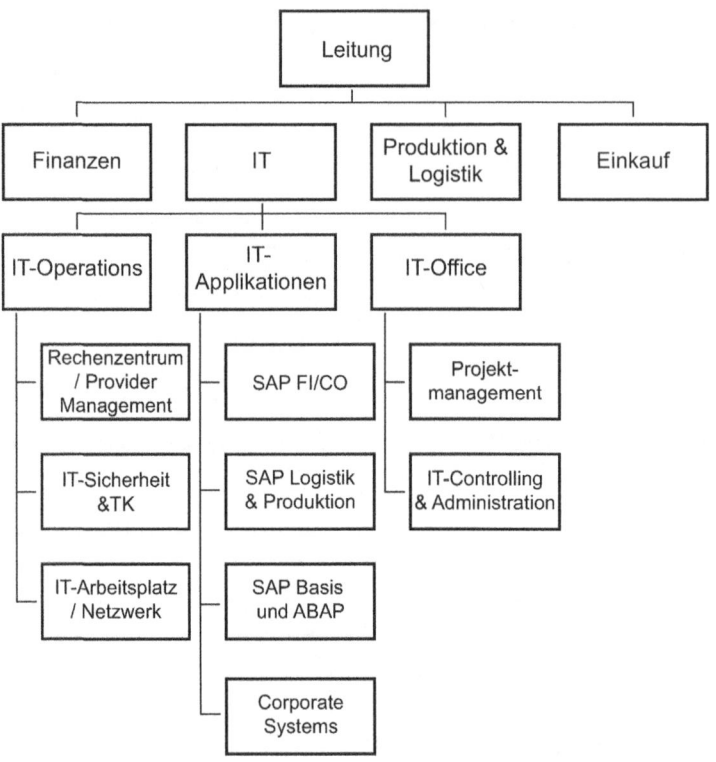

■ **Abb. 11.5**   Aufbauorganisation einer IT-Abteilung (Johanning 2020, 22)

Sachverhalte, wie die Verteilung betrieblicher Aufgaben auf Abteilungen und Stellen, die hierarchische Struktur der Aufbau- bzw. Leitungsorganisation einschließlich möglicher Weisungsbeziehungen und Berichtswege, die Einordnung von Leitungshilfsstellen (unterstützende Stäbe oder Assistenzstellen ohne Entscheidungs- oder Anweisungskompetenz) und die personelle Besetzung der Struktureinheiten (■ Abb. 11.5). Der letztgenannte Punkt macht die Verbindung zur personellen Infrastruktur deutlich.

Die *Ablauforganisation* konkretisiert die Erfüllung von Aufgaben in zeitlich-sachlicher Hinsicht. Die Aufgaben werden in eine (dynamische) Ablauffolge in der Form von Tätigkeiten oder Aktivitäten angeordnet und komplementär zur Aufbauorganisation als Arbeitsprozess dokumentiert. Dabei wird festgelegt, wie die Gesamtaufgabe in Aktivitäten unterteilt wird, in welcher Reihenfolge sie angeordnet sind, welche internen und externen Stellen im Verlauf verantwortlich sind, ggf. wo sie räumlich angesiedelt sind, und welche Ressourcen zur Aufgabenerfüllung benötigt werden. Die Ablauforganisation drückt damit eine Abfolge von zeitlich und sachlich zusammenhängenden Aktivitäten aus, die auch als Prozess (oder Prozessfolge) bezeichnet werden. Sie werden grafisch mit Hilfe von Ablaufdiagrammen, Aktivitätsdiagrammen oder Prozessketten visualisiert (■ Abb. 11.6). Auf aggregierter Ebene werden Abläufe auch durch Vorgehensmodelle, Phasenmodelle oder Projektablaufpläne abgebildet.

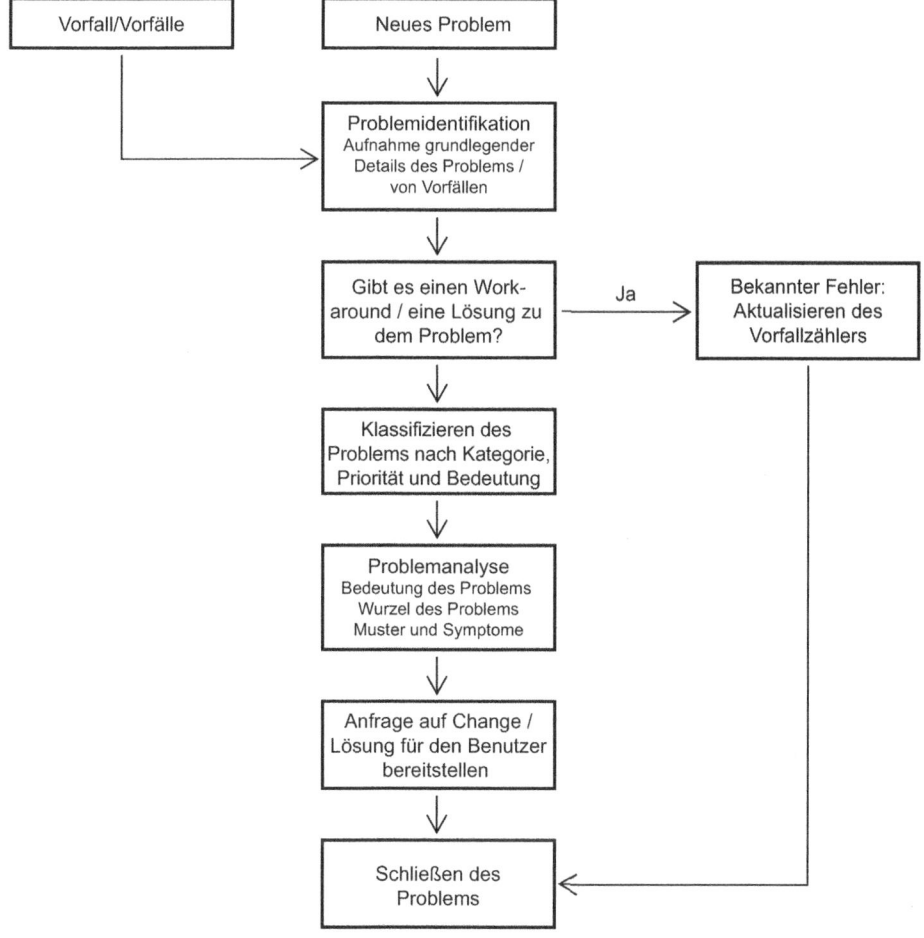

Abb. 11.6   Ablauf einer Problembewältigung in der IT Infrastructure Library (ITIL) (Paul o.J., 12)

Die *Projektorganisation* ist eine temporäre Form der Strukturorganisation. Ihr Gegenstand sind Projekte unterschiedlicher Art. Nach DIN 69901 ist ein *Projekt* ein zielgerichtetes, klar definiertes, zeitlich begrenztes, durch Größe, Bedeutung, Komplexität, Neuartigkeit, Einmaligkeit, Kosten und Risiko aus dem üblichen betrieblichen Geschehen herausragendes Vorhaben, für dessen Abwicklung eine spezifische Form der Organisation, nämlich die *Projektorganisation*, verwendet wird. Nach dem Ausmaß der organisatorischen Herauslösung aus dem operativen Tagesgeschäft werden folgende Formen unterschieden (◑ Abb. 11.7):

- *Einfluss-Projektorganisation:* Die Projektleitung koordiniert die Tätigkeiten der mit ihr zusammenarbeitenden Mitarbeiterinnen der beteiligten Abteilungen, beschafft Informationen und bereitet Entscheidungen vor.
- *Matrix-Projektorganisation:* Die Projektleitung ist für Projektplanung und Projektsteuerung verantwortlich (Vorgehensverantwortung). Für die projektbezogenen fachlichen Aufgaben sind die Vorgesetzten der Projektmitarbeiterinnen

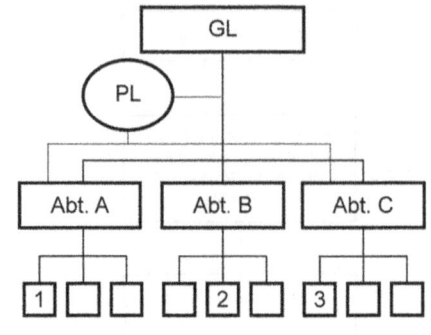

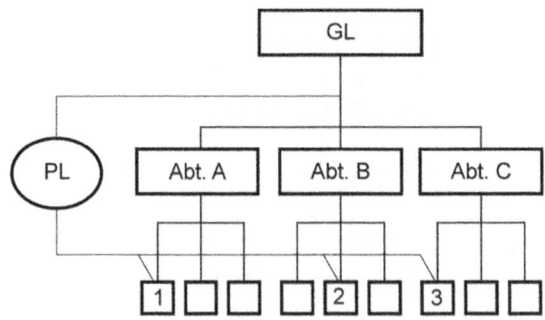

11

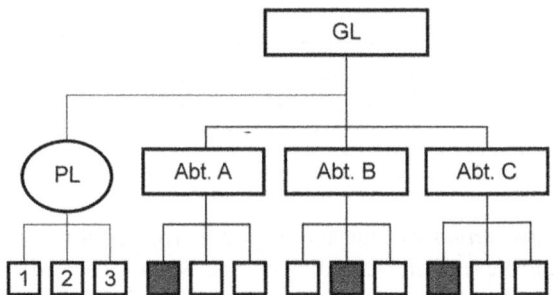

☐ Abb. 11.7   Einfluss-, Matrix- und reine Projektorganisation (Riedl 2019, 41–43)

in den zuständigen Abteilungen verantwortlich. Personelle Entscheidungen werden von beiden Vorgesetzten gemeinsam getroffen.

— *Reine oder unabhängige Projektorganisation:* Die Projektmitarbeiterinnen werden aus der Linienorganisation herausgelöst und arbeiten unter der Verantwortung der Projektleitung ausschließlich im Projekt; der Projektleitung wird zur Erreichung der Projektziele weitgehende disziplinarische Kompetenz übertragen.

Die Projektleitung kann eine Person (Projektleiterin) oder eine Gruppe von Führungskräften mit einer Sprecherin übernehmen.

Die vorgenannten drei Sichten beschäftigen sich mit Fragen der Strukturierung und Verantwortung. Um die Kommunikation von Aufgabenbeteiligten mit unterschiedlichen Fachhintergründen und Interessen zu verbessern, stellt die *Gremienorganisation* zusätzliche Möglichkeiten zur beziehungsgestaltenden (relationalen) Führung bereit. Gremien oder Ausschüsse verbinden eine Mehrzahl von Aufgabenträgerinnen, die in direktem Austausch stehen. Sie dienen entweder dem Austausch von Informationen, der Beratung über Sachfragen, den diesbezüglichen Entscheidungen oder der Ausführung von Entscheidungen. Die Aufgaben eines Informationsgremiums sind die Gewinnung und der Austausch von Informationen zur Entscheidungsvorbereitung. Beispielsweise werden in Risikoausschüssen mögliche Sicherheitsrisiken der Informationsinfrastruktur diskutiert und abgeschätzt. Ein Beratungsgremium (oder Arbeitskreis) bereitet Vorschläge für konkrete Entscheidungsprobleme vor. Nominierungsausschüsse folgen dieser Aufgabe, indem sie Maßnahmen zur Risikominderung vorschlagen. Ein Entscheidungsgremium diskutiert die betreffenden Entscheidungsalternativen und führt für die Informationsinfrastruktur eine Entscheidung in einem Priorisierungs-, Budget- oder Investitionsausschuss direktorial oder kollegial herbei. Die Entscheidungen werden entweder von der zuständigen Leitung allein oder gemeinsam mit den anderen Mitgliedern des Gremiums getroffen. Ein Ausführungsgremium, wie z. B. ein Lenkungsausschuss, leitet die beschlossenen Maßnahmen ein und überwacht die Ausführung von Infrastrukturprojekten. Die Einberufung von Gremien kann kontinuierlich, z. B. im Rahmen eines Ausschusses zur Einhaltung der infrastrukturellen Anforderungen, oder fallweise, z. B. im Rahmen der Einsetzung eines Sondergremiums (engl. task force) zur Erfüllung einer neuen Datenschutzrichtlinie, erfolgen.

11.7 Räumliche Infrastruktur

Die räumliche Infrastruktur betrachtet die geografische Verteilung von Aufgaben, Kompetenzen und Ressourcen, die für die Produktion und Weitergabe von Information erforderlich sind. Sie steht in enger Verbindung zu den Orten, an denen Information produziert und weitergegeben wird. In einer Volkswirtschaft sind das die Unternehmen, die Information und Kommunikation zur Erreichung ihrer Unternehmensziele benötigen, sowie jene Unternehmen, die die dafür erforderlichen Produktionsfaktoren zur Verfügung stellen. Erstere werden als Anwenderunternehmen bezeichnet, letztere als IuK-Dienstleister.

Wie die technische oder organisatorische Infrastruktur hat diese Komponente zentrale und dezentrale Elemente. Große Unternehmen besitzen mehr Möglichkeiten, ihre räumliche Infrastruktur für die Entwicklung und den Betrieb ihrer Informationssysteme geografisch in einem übergreifenden Raumsystem zu verteilen (z. B. in mehreren Gebäudekomplexen). Bis vor einigen Jahren erfolgte die Verteilung der Ressourcen zwischen Entwicklung und Betrieb getrennt. Entwicklerinnen hatten keinen Zutritt zum Serverraum oder Rechenzentrum (Closed-Shop-Betrieb). Seit der zunehmenden Verbreitung des Cloud Computing wird versucht, das Silodenken zu überwinden. Das DevOps-Konzept (Komposit aus „Development" und „Operations") zielt darauf ab, die Zusammenarbeit von Entwicklung und Betrieb durch eine

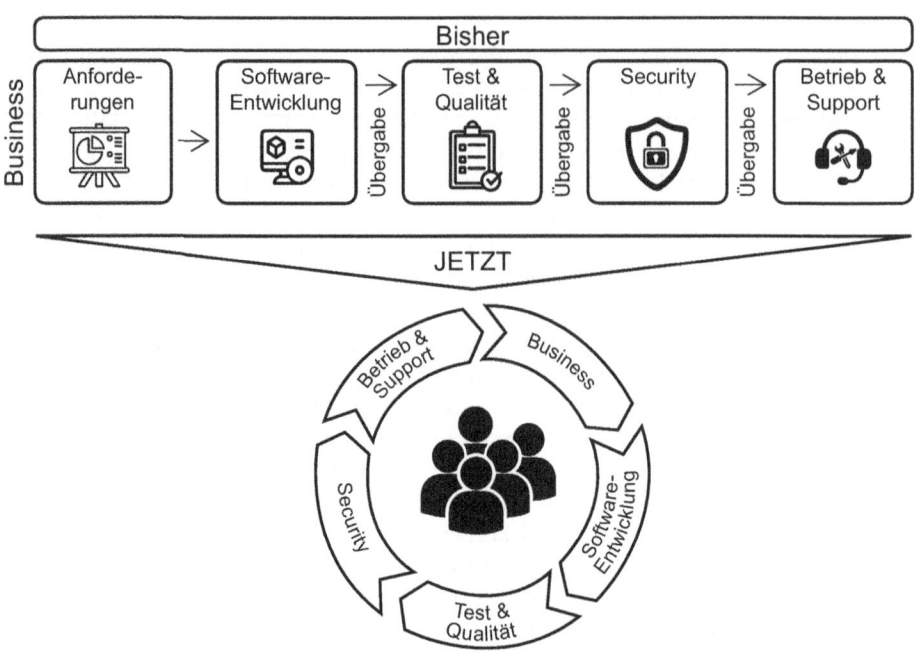

◘ **Abb. 11.8** Illustration des DevOp-Konzepts (▸ https://www.it-production.com/produktent-wicklung/devops-und-das-industrial-iot/)

11

höhere organisatorische Integration zu verbessern, um die Funktionalität und das Laufzeitverhalten der betreffenden Informationssysteme zu verbessern (◘ Abb. 11.8).

Fortschritte bei den Kommunikationstechnologien und Methoden der verteilten Softwareentwicklung setzen in großen Unternehmen nicht mehr die räumliche Präsenz zwischen Benutzerinnen, Entwicklerinnen und Systemadministratorinnen voraus. Videokonferenz-, Messenger- und Softwareentwicklungswerkzeuge helfen, die räumliche und soziale Distanz zu überwinden, sodass globale (Software-)Dienstleister zeitversetzt nach dem „Follow-the-Sun"-Prinzip arbeiten. Der Entwicklungsprozess orientiert sich an bewährten Praktiken der Erstellung von Open-Source-Software: aktive Nutzerintegration, schnelle Erstellung von Produktinkrementen, kontinuierliche Integration neuer Programmcodes, hohe Modularität und dynamische Entscheidungsprozesse. Diese Praktiken haben in den vergangenen Jahren die Verteilung von Entwicklungsleistungen in Offshore- bzw. Nearshore-Länder begünstigt (z. B. Indien, China, die Philippinen, Ukraine, Bulgarien oder Rumänien), in denen qualifiziertes Personal weniger knapp ist als in westlichen Industrienationen. Die Entwicklungsproduktivität in der Softwareindustrie und im Cloud Computing hat beispielsweise infolge der temporär erforderlichen Heimarbeit aufgrund der Corona-Pandemie vergleichsweise wenig gelitten.

Aufgabe eines Rechenzentrums (RZ) oder einer Serverfarm ist die Erbringung definierter Produktionsdienstleistungen (IT-Services). Da dies ebenfalls keiner physischen Nähe zur Benutzerin bedarf, werden für die Standortwahl andere Kriterien verwendet, nämlich u. a. die Qualität der verfügbaren Basisinfrastruktur, wie Stromversorgung, Datenleitungen und Systemsicherheit. Das Rhein-Main-Gebiet kann eine relativ hohe Dichte an Rechenzentren aufgrund der vielen Banken und des Internetknotens DE-CIX vorweisen – gemessen am Datendurchsatz einer der größten der Welt. Der Tatbestand, dass Serverfarmen und Rechenzentren nicht in Osteuropa oder Fernost betrieben werden, hängt mit der Zuverlässigkeit der gesamten betriebenen Infrastruktur zusammen. Dazu zählt die Einhaltung einer Mindestentfernung zu Gebieten oder Einrichtungen, die eine Gefährdung für den Systembetrieb darstellen (z. B. Hochwasser- oder Erdbebengebiete) oder die aufgabenkritisch sind (z. B. Militär- oder Industriekomplexe). Innerstädtische Lagen sind von Nachteil, da bei einem Erweiterungsbedarf meist nur in die Höhe expandiert werden kann. Ein weiteres Kriterium ist, dass eine leistungsfähige technische Basisinfrastruktur vorhanden sein muss (z. B. qualifiziertes Personal, Stromnetze mehrerer Anbieter, schnelle Datenleitungen und performante Internetknoten).

Elemente der räumlichen Infrastruktur sind auch jene Anlagen und Einrichtungen, die dem *Objektschutz* dienen. RZ- oder Serverfarmbereiche können Zonen mit unterschiedlichen Zutrittsberechtigungen sein. Der Zutritt ist nur autorisierten Personen möglich, nachdem eine Authentifizierung erfolgt ist. Für besonders sensible Zonen kann es notwendig sein, das gleichzeitige Betreten durch mehrere Personen zu verhindern. Dazu werden *Vereinzelungsschleusensysteme* eingesetzt, die eine automatisiert geführte Aufzeichnung darüber ermöglichen, welche Personen sich zu welchen Zeiten in einem geschützten Bereich aufgehalten haben. Neben Standardbedrohungen wie Feuer, Wasser und Verunreinigungen der Luft müssen bestimmte RZ-Bereiche auch einem NEMP-Fall standhalten (NEMP = Nuclear Electromagnetic Pulse). Dabei handelt es sich um einen durch eine Atomexplosion ausgelösten Impuls, der über weite Strecken elektronische Systeme außer Funktion setzen oder zerstören kann. Speziell geschützte Zellen im Rechenzentrum wirken als Faradayscher Käfig und können die Systeme zuverlässig gegen NEMP schützen (sogenanntes Raum-im-Raum-Konzept). Einige RZ-Anbieter wählen tiefe Lagen (z. B. Bunker) unter der Erdoberfläche, um sogar der Einwirkung einer 20-Megatonnen-Atombombe standhalten zu können. Das erfordert neben einer autonomen und gesicherten Stromversorgung auch die Unterbringung und wochenlange Verpflegung des einbezogenen Personals sowie die Speicherung großer Mengen von Dieseltreibstoff.

11.8 Methodische Infrastruktur und Managementsysteme

Die methodische Infrastruktur umfasst alle Vorgehensweisen, Verfahren und Techniken zur (Weiter-)Entwicklung, zum Betrieb und zur Nutzung der betrieblichen Informationsinfrastruktur. Die damit verbundenen Aufgaben zum Führen und Steuern dieser Infrastruktur sind Teil des Managementsystems einer Organisation. Management (ital. maneggiare = handhaben, gebrauchen, lenken; das lateinische Wort manus = Hand wird angedeutet) bezeichnet im vorliegenden Kontext das *Leitungshandeln* im Hinblick auf alle Aufgaben, Kompetenzen und Ressourcen der betrieblichen Informationsinfrastruktur. Diese soll zielorientiert und systematisch gestaltet, betrieben und ihre Nutzung einschließlich der dafür erforderlichen Entscheidungen überwacht und gesteuert werden. Systematisch meint im vorliegenden Zusammenhang der Rückgriff auf eine geordnete Menge von Methoden, Rahmenwerken, Techniken und Werkzeugen, aber auch Regeln, Grundsätzen, Prinzipien usw., die das Gestalten und Nutzen der Infrastruktur erleichtern oder sogar erst ermöglichen. Das systematische, die Informationsinfrastruktur betreffende Leitungshandeln einschließlich aller Methoden usw. wird als *Infrastrukturmanagement* bezeichnet. Es obliegt in der Regel dem Chief Information Officer (CIO), der ranghöchsten Führungskraft von Informationsressourcen in Unternehmen (Hütter und Riedl 2017).

Im Rahmen von ▶ Kap. 5 „Gestaltungsorientierte Forschung in der Wirtschaftsinformatik" haben Sie sich bereits umfassend mit Entwicklungsmethoden beschäftigt, die neben Informationssystemen auch für die Gestaltung der Informationsinfrastruktur Anwendung finden. In diesem Zusammenhang lassen sich auch die Rahmenwerke (engl. frameworks) zur Beschreibung und Gestaltung eines Ordnungsrahmens (engl. governance) zur Führung, Organisation und Überwachung aller IuK-Ressourcen eines Unternehmens anführen. Mit ihrer Hilfe soll sichergestellt werden, dass die Unternehmensziele durch den Einsatz von IuK-Technologien unterstützt und vorangetrieben werden. An dieser Stelle lassen sich COBIT und ITIL anführen.

> ### ▶ Beispiel COBIT
>
> COBIT (ursprünglich Control Objectives for Information and Related Technology) ist ein umfassendes, international anerkanntes Rahmenwerk für das Management und die Steuerung von Information und Informationstechnologien in Unternehmen, das Führungskräfte bei der Festlegung und Erreichung von Geschäftszielen und damit verbundenen IT-Zielen unterstützt. Als Domänen werden das Ausrichten, Planen und Organisieren (Align, Plan and Organize = APO), das Entwickeln, Beschaffen und Implementieren (Build, Acquire and Implement = BAI), das Ausliefern, Betreiben und Unterstützen (Deliver, Service and Support = DSS) sowie das Überwachen, Bewerten und Abschätzen (Monitor, Evaluate and Assess = MEA) sämtlicher Aufgaben im Zusammenhang mit Informationsressourcen betrachtet. Die Entwicklungsmethoden sind Bestandteil der BAI-Domäne, der Betrieb und die Nutzung sind Teile der DSS-Domäne. In der letztgenannten Domäne werden die Handhabung des Systembetriebs, Serviceanfragen und Störungsmeldungen, das Problemmanagement, die Sicherstellung eines kontinuierlichen Systembetriebs sowie die angebotenen Sicherheitsdienste geregelt. ◀

> ### ▶ Beispiel ITIL
>
> ITIL (vormals Information Technology Infrastructure Library) umfasst eine Reihe von Referenzpraktiken für das IT-Servicemanagement (ITSM) und das Management materieller Gegenstände im IT-Bereich (IT Asset Management, ITAM), die sich darauf konzentrieren, IT-Dienste und -Ressourcen auf die Bedürfnisse des Unternehmens abzustimmen. ITIL beschreibt Prozesse, Verfahren, Aufgaben und Checklisten, die weder organisations- noch technologiespezifisch sind, sondern von einer Organisation im Hinblick auf ihre Strategie, die Wertschöpfung und die Aufrechterhaltung eines Mindestmaßes an Leistungsniveaus angewendet werden können. Sie ermöglichen es der Organisation, eine Ausgangsbasis zu schaffen, von der aus sie planen, umsetzen und den Arbeitsfortschritt messen kann. ITIL kann zudem – ähnlich wie COBIT – verwendet werden, um die Einhaltung rechtlicher Vorhaben zu überprüfen und Verbesserungen in der Übereinstimmung (engl. compliance) nachzuweisen. ◀

Einzelne Managementsysteme sind auf betriebliche Funktionen (z. B. Beschaffung, Produktion, Absatz oder Finanzen), konkrete Objekte (z. B. Projekte, Personal oder Information) oder bestimmte Objekteigenschaften (z. B. Qualität oder Sicherheit) ausgerichtet. Das Informationsmanagement betrachtet die mit der Produktion und Weitergabe von Informationen verbundene Informationsfunktion, die dafür genutzten Informationssysteme und die zugrunde liegende Informationsinfrastruktur. Eng verbunden mit den Managementsystemen sind die zur Anwendung kommenden Managementprinzipien. Neben anderen lassen sich das Management nach Zielvorgaben (engl. management by objectives), bei Ausnahmen (engl. exceptions), durch Delegation (engl. delegation) oder das Prinzip der dienenden Führung (engl. servant leadership) unterscheiden. Die letztgenannte Philosophie findet im Rahmen digitaler Innovationen immer häufiger Anwendung, wie z. B. in agilen Entwicklungsteams im Fall der Scrum-Master.

11.9 Informations- und kommunikationsrechtliche Infrastruktur

Unter dem Begriff Informations- und Kommunikationsrecht werden die verfassungs-, verwaltungs-, privat- und handelsrechtlichen Normen bezeichnet, die für die Gestaltung und Nutzung der Informationsinfrastruktur von Bedeutung sind. Die Produktion und Weitergabe von Information umfassen wirtschafts-, verwaltungs- oder strafrechtliche Handlungen, denen Rechtsnormen zugrunde liegen. Die Konformität mit Rechtsnormen sowie Regeln, Grundsätzen, Standards und firmenspezifischen Richtlinien wird unter dem Begriff der *Compliance* (zu dt. etwa Einhaltung von Regeln) zusammengefasst. Das Gegenüberstellen, Vergleichen und Erkennen der vielfältigen Zusammenhänge zwischen den Compliance-Regeln ist ohne Rechtsexpertinnen und Werkzeuge kaum mehr möglich. Sie sollten vor allem transparent machen, welche Compliance-Regeln durch eine geplante Maßnahme verletzt werden. Ausgewählte Rechtsnormen, die IT-spezifisch (z. B. Datenschutzgesetze oder Telemedienrecht) oder für IT-Handlungen relevant sind (z. B. Produkthaftungsgesetze oder Urheberrecht) werden nachfolgend skizziert (Albrecht 2018):

- *Informationsfreiheit und Informationszugangsfreiheit:* Das Grundgesetz (GG) räumt im Artikel 5 ein Grundrecht auf *Informationsfreiheit* ein. Demnach besitzt nicht nur jeder Mensch das Recht auf freie Meinungsäußerung in Wort, Schrift und Bild, sondern kann sich aus allgemein zugänglichen Quellen ungehindert unterrichten. Diese Rechte finden ihre Schranken in den allgemeinen Gesetzen und Bestimmungen zum Schutze der Jugend und in dem Recht der persönlichen Ehre. Kunst und Wissenschaft, Forschung und Lehre sind ebenfalls frei. Die Freiheit der Lehre entbindet nicht von der Treue zur Verfassung. Das Recht auf *Informationszugangsfreiheit* zielt darauf ab, jeder Bürgerin einen voraussetzungslosen Anspruch auf Zugang zu Informationen bei öffentlichen Stellen einzuräumen. Es bemüht sich um Transparenz und Kontrolle der öffentlichen Verwaltung sowie um Partizipation an ihren Entscheidungen (Rossi 2004). Die Regelungen können als Bestandteile eines „Informationsverteilungsrechts" angesehen werden. Informationsfreiheitsgesetze (IFG) werden in fast allen Bundesländern in Deutschland sowie in Europa angewendet. Keine IFG gibt es in Niedersachsen, Sachsen,

Bayern und Österreich. Beschränkungen, sogenannte Informationsrestriktionen, ergeben sich u. a. aus den Bestimmungen über den Daten- und Geheimnisschutz. Entscheidend für den Informationszugang ist, dass die betroffenen Informationen überhaupt bei staatlichen Stellen vorhanden sind und nicht dem Grundsatz des Amtsgeheimnisses widersprechen. Die Informationszugangsfreiheit darf nicht mit dem vorgenannten Grundrecht auf Informationsfreiheit verwechselt werden. Während es sich bei dem Grundrecht auf Informationsfreiheit um das Recht handelt, sich aus allgemein zugänglichen Quellen ungehindert zu informieren, geht es bei der Informationszugangsfreiheit um die Verpflichtung des Staates, Zugang zu den bei ihm verfügbaren Informationen zu gewähren.

- *Datenschutzrecht:* Die Durchdringung sämtlicher Lebensbereiche mit IuK-Technik erfordert Rahmenbedingungen, die die informationelle Selbstbestimmung und den Schutz der Privatsphäre jeder einzelnen Person ermöglichen. Durch die Datenschutz-Grundverordnung (DS-GVO) wurde das Datenschutzrecht novelliert und ist seit 2018 zur Gewährleistung eines freien Datenverkehrs EU-weit gültig. Menschen sollen selbst darüber bestimmen, an wen personenbezogene Daten offengelegt und wozu personenbezogene Daten verwendet werden. Den Betroffenen sollen Instrumente in die Hand gegeben werden, ihre informationelle Selbstbestimmung durch technische Mechanismen wie Anonymisierung und Verschlüsselung zu schützen. Die DSGVO fordert, die Datenverarbeitung so zu gestalten, dass sie die Anforderungen der Nutzerinnen erfüllt (engl. privacy by design) und eine datenschutzfreundliche Grundeinstellung bietet (engl. privacy by default). Diese Forderung bleibt nach Auffassung von Roßnagel (2021) jedoch wirkungslos, da sich die Anforderungen nicht an die Hersteller, sondern an die Nutzerinnen von IuK-Technik richten, die ihre Gestaltung kaum beeinflussen können. Die dynamische Technikentwicklung, die ubiquitäre Datenverarbeitung, personalisierte Systeme bzw. Dienste sowie invasive Geschäftsmodelle durch kostenlose Angebote stellen große Herausforderungen dar. Sie identifizieren Nutzerinnen und sammeln Profile, um individuelle Dienste und Werbung anzubieten. Die dafür erforderliche Modernisierung des Datenschutzrechts ist der DSGVO noch nicht gelungen. Sie hat die Vereinheitlichung des Datenschutzes in der EU durch Öffnungsklauseln verfehlt und kann die Risiken ihrer Regelungen infolge einer übertriebenen Technikneutralität kaum eindämmen. Spezifische Grundrechtsrisiken durch intelligente Systeme, Big Data, Cloud Computing oder datengetriebene Geschäftsmodelle werden kaum eingedämmt. Die eigentliche Modernisierung des Datenschutzes stehe daher noch aus.

- *Telemedienrecht und Telekommunikationsrecht:* Das Telemediengesetz (TMG) wird als Kern des Internetrechts angesehen, da es primär Internetsachverhalte regelt. Zu den geregelten Telemedien gehören fast alle Angebote im Internet, z. B. Homepages, Webshops, Online-Auktionen, Suchmaschinen, E-Mail-Dienste, soziale Medien, Informationsdienste (Presse, Wetter, Verkehr, Fernsehprogramm, Kino etc.), Blogs, Podcasts, Partnervermittlungen und Portale. Das TMG wird auch als Internetgesetz bezeichnet. Es enthält u. a. Vorschriften zum Impressum, das Gebot der Trennung von Inhalten und Werbung, das Verbot zur Verschleierung von Absendern bei Werbe-E-Mails zur Bekämpfung von Spam, die Haftung von Dienstbetreibern für gesetzeswidrige Inhalte, Vorschriften zum Datenschutz beim Betrieb von Telemediendiensten und zur Herausgabe von Daten sowie das Providerprivileg. Bei letzterem haftet die Botin nicht für den In-

11

halt einer Nachricht. Wer Überbringerin ist, steht nicht in der Pflicht, Nachrichten vorab zu lesen oder zu prüfen. Das Telekommunikationsgesetz (TKG) definiert Telekommunikation als technischen Vorgang des Aussendens, Übermittelns und Empfangens von Signalen mittels Telekommunikationsanlagen. Damit knüpft das Gesetz nicht am Inhalt der Mitteilungen an, sondern allein an den technischen Prozessen. Es kommt darauf an, dass Daten von A nach B übermittelt werden, unabhängig davon, um welche Art von Daten es sich handelt. Es regelt den Wettbewerb im Bereich der Telekommunikation, u. a. die Anmeldepflicht für Dienstleister, die Zuteilung von Frequenzen und 0900-Nummern, das unbefugte Abhören von Nachrichten, die Regulierung des Telekommunikationsmarktes (z. B. Verfahren, Zugangsregulierung, Entgeltregulierung, Missbrauchsaufsicht), die Vorratsdatenspeicherung, Wegerechte bezüglich der räumlichen Infrastruktur sowie die Bestandsdatenauskunft für die Bundesnetzagentur.

- *Digitaler Handel und Softwarevertragsrecht:* Ein wichtiger Bereich ist der digitale Handel, da das Internet immer stärker als Handelsplattform fungiert. Digital Commerce setzt sich aus den Elementen Electronic Commerce (E-Commerce) und Mobile Commerce (M-Commerce) zusammen. E-Commerce bezeichnet einen ortsbezogenen Online-Handel, während M-Commerce den drahtlos stattfindenden Handel beschreibt. Weiter wird differenziert, ob es sich um einen Handel zwischen einem Unternehmen und einer Verbraucherin (Business to Consumer [B2C]), einen Handel zwischen Unternehmen (Business to Business [B2B]) oder ein Geschäft zwischen zwei Verbraucherinnen (Consumer to Consumer [C2C]) handelt. Je nach Klassifizierung finden die Preisangabenverordnung (PAngV) oder das Verbraucherwiderrufsrecht Anwendung, bei der eine Konsumentin binnen zwei Wochen ohne Angabe von Gründen vom Kaufvertrag zurücktreten kann. Bei digitalen B2C-Geschäften liegt ein Fernabsatzgeschäft vor, bei denen das Unternehmen mehr gesetzliche Vorgaben erfüllen muss als bei einem Handel unter Unternehmen. Eine andere Unterscheidung richtet sich nach der Art des digitalen Angebots. Zum einen werden physische Gegenstände über das Internet veräußert, zum anderen rein digitale Produkte (z. B. Audio-, Bild- und Filmdateien, eBooks sowie Software). Manche Angebote können kostenfrei sein, zudem werden sogar analoge wie digitale Dienstleistungen online veräußert. Abhängig von den angebotenen Waren bzw. Leistungen variieren die gesetzlichen Vorgaben. Während bei physischen und virtuellen Gegenständen beispielsweise die Informationspflichten aus dem BGB und EGBGB (Einführungsgesetz zum BGB) gelten, müssen bei Dienstleistungen die Vorgaben der Dienstleistungs-Informationspflichten-Verordnung (DL-InfoV) durch den Anbieter berücksichtigt werden. Zudem ist bei digitalen Inhalten das Urheberrecht von besonderer Bedeutung. Aufgrund der Dynamik des digitalen Handels müssen die Vorgaben regelmäßig an die technischen Gegebenheiten angepasst werden. Die vorübergehend eingeführten „Amazon Dash-Buttons" oder die Zustellung von Paketen mittels Drohnen lassen erahnen, welche Möglichkeiten im Bereich des digitalen Handelns und der verbundenen Logistik bestehen. Um den europäischen Digitalmarkt zu harmonisieren und Unternehmen bei der Erschließung neuer Absatzmärkte Rechtssicherheit zu bieten bzw. die Verbraucherinnen zu schützen, rückt eine EU-weite Gesetzgebung stärker in den Fokus, die den Online-Handel reglementiert.

Neben dem digitalen Handel lassen sich die Besonderheiten im Rahmen des *Softwarevertragsrechts* anführen. Software umfasst das in jeder Form, Sprache, Notation oder in jedem Code gewählte Ausdrucksmittel für eine Folge von Befehlen, die einen Computer zur Ausführung einer bestimmten Aufgabe oder Funktion veranlassen. Da fast alle Lebensbereiche durch Software gesteuert werden, können die nachfolgenden Ausführungen nur einen Überblick über Konflikte im Softwarevertragsrecht skizzieren, wie die geregelte Überlassung sowie Nutzung von Software, der gesetzliche Rechtsschutz (Vermeidung unberechtigter Nutzung durch Vervielfältigung oder Veröffentlichung), der Schutz geistigen Eigentums durch das Urheber-, Patent- oder Wettbewerbsrecht, den schuldrechtlichen Vertragstyp (befristete und unbefristete Überlassung von Individual- oder Standardsoftware), die urheberrechtliche Lizenzeinräumung, wie z. B. einfache oder ausschließliche Nutzungsrechte, die Vergabe von Einzelplatz- oder Netzwerklizenzen oder das Abfassen umfassender Verträge zum Outsourcing oder Cloud Computing, bei denen zusätzlich die benötigte technische Infrastruktur wie Prozessorleistungen, Speicherkapazitäten und Servicegrade spezifiziert werden (als Service Level Agreements, SLAs, bezeichnet).

Weitere Regelungen betreffen das E-Government, den elektronischen Rechtsverkehr sowie das IT-Strafrecht bzw. IT-Strafprozessrecht. Die zum *E-Government* zählenden Rechtsfragen befassen sich mit der Durchdringung des öffentlichen Verwaltungsbereiches durch IuK-Technologien. Die Maßnahmen zielen nicht nur auf die Überführung von papiergebundenen Sachverhalten in die elektronische Form (Digitalisierung bzw. Virtualisierung) ab. Vielmehr wird eine Verwaltungsmodernisierung mit einem interaktiven und serviceorientierten Staat angestrebt. Die rechtlichen Grundlagen finden sich in der Verwaltungsgerichtsordnung (VwGO) sowie im Verwaltungsverfahrensgesetz (VwVfG).

Mit dem Gesetz zur Förderung des *elektronischen Rechtsverkehrs* (E-Justiz-Gesetz) versucht der Gesetzgeber die bestehenden Hürden für die elektronische Kommunikation im Bereich der Justiz zu senken. Dort werden Computersysteme eingesetzt, um die Verwaltung von Terminen, Fristen, Partei- und Verfahrensdaten zu vereinfachen. Die Verfahrensakten werden allerdings weiterhin in Papierform geführt. In den Bundesländern werden zunehmend komplexere Formen der Justizkommunikation und Verfahrensabläufe digitalisiert. Mit gesetzlichen Maßnahmen versucht der Gesetzgeber den elektronischen Rechtsverkehr in prozessualer Hinsicht bundeseinheitlich zu fördern.

Das *Computerstrafrecht* (Cybercrime) widmet sich Delikten, die im Zusammenhang mit einzelnen Rechnern stehen, während sich das Internetstrafrecht mit Rechnernetzen befasst. Das Computer- und Internetstrafrecht befasst sich mit Aktivitäten, bei denen ein Computer oder Netzwerk Werkzeug, Ziel oder Handlungsort einer Straftat ist. Um Eingriffe in die Grundrechte von Bürgerinnen zu rechtfertigen, bedarf es einer Ermächtigungsgrundlage für Ermittlungen im Internet, die den aktuellen technischen Anforderungen gewachsen ist. Ermittlungsmaßnahmen mit Bezug zum Internet und zur Computerkriminalität sind Tatbestände des *IT-Strafprozessrechts*. Darunter fällt das Auffinden von Beweismitteln bei der Ermittlungsdurchsuchung. Zu den Objekten, die nach Strafprozessordnung (StPO) durchsucht werden dürfen, gehören PC, Smartphones und sonstige Daten. Zudem sind die Vorratsdatenspeicherung, die Online-Durchsuchung, die Online-Überwachung, die präventive Online-Durchsuchung zur Gefahrenabwehr und die

11

Quellen-Telekommunikationsüberwachung (Quellen-TKÜ) zu nennen. Letztere kommt zum Einsatz, wenn die übertragenen Inhalte verschlüsselt sind, wie z. B. bei Skype oder WhatsApp.

11.10 Qualitätsinfrastruktur

Die Qualitätsinfrastruktur bezeichnet das Zusammenwirken von Akkreditierung, Zertifizierung, Normierung und Standardisierung des Mess- und Prüfwesens (Miesner 2009, 12). Sie wird im Rahmen der Technologie- und Innovationsförderung des Bundesministeriums für Wirtschaft und Energie (BMWi) als Maßnahme zur Verbesserung der Rahmenbedingungen für Innovation und Technik angesehen (Deutscher Bundestag 2019). Wichtige Akteure der Qualitätsinfrastruktur sind die Physikalisch-Technische Bundesanstalt (PTB), die Bundesanstalt für Materialforschung und -prüfung (BAM) und die Deutsche Akkreditierungsstelle (DAKKS). Diese Initiative fokussiert nicht nur traditionelle Industrien, wie z. B. Maschinenbau oder Elektrotechnik. Vielmehr möchte sie eine Grundlage für alle technischen Innovationen und Entwicklungen bilden. So fördert die Bundesregierung auch den Auf- und Ausbau einer Qualitätsinfrastruktur für eine sichere und vertrauenswürdige künstliche Intelligenz (BMWi 2021a, b).

Zur Qualitätsinfrastruktur gehören die in Handbüchern (z. B. im QM-Handbuch, QM = Qualitätsmanagement) dokumentierten Leitfäden, Vorgehensmodelle und anderen Instrumente sowie im Unternehmen verwendete Standards und Normen, die oft als *Referenzmodelle* für das Gestalten der Informationsinfrastruktur verwendet werden (z. B. Leitfaden für SQuaRE in ISO/IEC 25000). Es gibt IT-spezifische Standards und Normen und – wie bei den Rechtsvorschriften – solche, die auch für die Gestaltung und Nutzung der Informationsinfrastruktur relevant sind. *Standard* bezeichnet ein allgemein akzeptiertes, nicht notwendigerweise durch eine Norm definiertes Niveau, das als vorbildlich angesehen und an dem das Handeln ausgerichtet wird. Im angloamerikanischen Sprachraum heißt auch das Standard, was im deutschsprachigen Raum eine *Norm* ist. Ein nicht durch eine Norm definierter Standard heißt *De-facto-Standard.* Für das Gestalten und Nutzen der Informationsinfrastruktur relevante Standards und Normen gibt es in großer Anzahl. Mehrere thematisch zusammengehörige Normen werden als Normenreihe bezeichnet.

> ▶ **Beispiel Sicherheit der Informationsinfrastruktur**
>
> Ein IT-spezifischer Standard ist der BSI-Standard 100-1, der Prinzipien, Methoden, Verfahren und Werkzeuge für die Gestaltung der Sicherheit der Informationsinfrastruktur umfasst. Als Komponenten des Sicherheitssystems werden Sicherheitsprozesse, Sicherheitsstrategien, Managementprinzipien, Ressourcen und Mitarbeiterinnen vorgeschlagen. (BSI = Bundesamt für Sicherheit in der Informationstechnik, Deutschland). ◀

> ▶ **Beispiel Bewertung von Softwareprodukten**
>
> Eine IT-spezifische Norm ist ISO/IEC 25000 für die Bewertung von Softwareprodukten. Es wird der Bewertungsprozess beschrieben und es werden Bewertungskriterien empfohlen. (ISO = International Organization for Standardization. IEC = International Electrotechnical Commission.) ◀

> ▶ **Beispiel Qualitätsmanagement**
>
> Eine Nicht-IT-spezifische Normenreihe ist ISO 9000 ff. Sie definiert die Grundlagen und Begriffe eines Qualitätsmanagementsystems (QM-System). ISO 9001 legt die Anforderungen an ein QM-System fest, die erfüllt sein müssen, wenn eine Organisation ihre Qualitätsfähigkeit darlegen will. ISO 9004 enthält einen Leitfaden zur Leistungsverbesserung und Anleitungen zur Ausrichtung einer Organisation in Richtung Total Quality Management (TQM). ◀

Wird ein ISO-Standard in ein nationales Regelwerk übernommen, erhält er den Status einer nationalen Norm; der Bezeichnung wird dann die länderspezifische Abkürzung vorangestellt (z. B. DIN = Deutsches Institut für Normung, ON = Österreichisches Normungsinstitut, SNV = Schweizerische Normen-Vereinigung), die Nummer der Norm wird üblicherweise übernommen. Europäische Normen sind Normen, die von einem der drei europäischen Komitees für Standardisierung (CEN = Europäisches Komitee für Normung, CENELEC = Europäisches Komitee für elektrotechnische Normung, ETSI = Europäisches Institut für Telekommunikationsnormen) ratifiziert worden sind. Die Bezeichnung wird dann um EN ergänzt.

Mit einer *Zertifizierung* (aus dem spätlateinischen Verb certificare = versichern, aus dem Adjektiv certus = sicher, gewiss und dem Suffix -fizieren zu dem Verb facere = machen, tun) wird die Einhaltung bestimmter Anforderungen im Sinne einer Konformität nachgewiesen. In einigen Bereichen, wie z. B. im Gesundheitswesen, sind Zertifizierungen verpflichtend. Sie werden zeitlich befristet von Zertifizierungsstellen vergeben (z. B. BSI, dem Bundesverband der IT-Sachverständigen und Gutachter, BISG oder dem TÜV Süd). Da immer mehr Unternehmen, Organisationen, Plattformen und Projekte ebenfalls die Konformität von Qualitätseigenschaften ihrer Produkte und Leistungen durch Zertifikate attestieren, ist deren Liste umfassend geworden (Bauer 2021). Zertifizierungsstellen können sich akkreditieren lassen. Eine *Akkreditierung* ist gemäß ISO/IEC 17011:2018-03 die Bestätigung durch eine unabhängige dritte Stelle, die anerkennt, dass eine Konformitätsbewertungsstelle die Fachkompetenz besitzt, bestimmte Aufgaben zur Konformitätsbewertung durchzuführen. Sie stellt ein Instrument der Vertrauensbildung in die Ergebnisse von Konformitätsbewertungsstellen dar (Miesner 2009).

Literatur

Afzal, W. (2012). Information organizations. In: W. Afzal (Hrsg.), *Management of Information Organizations*, Chandos Information Professional Series (S. 101–128). Amsterdam: Elsevier.

Albrecht, F. (Hrsg.) (2018). *Informations- und Kommunikationsrecht – Lehrbuch für das gesamte IT-Recht.* Stuttgart: Kohlhammer.

Bauer, B. (2021). *Welche IT-Zertifikate bringen was? Dein Überblick über die wichtigsten IT-Zertifizierungen.* get in GmbH, https://www.get-in-it.de/magazin/bewerbung/it-skills/liste-it-zertifikate.

BMWi (Hrsg) (2021a). *Von der Idee zum Markterfolg Programme für einen innovativen Mittelstand.* Berlin. https://www.bmwi.de/Redaktion/DE/Publikationen/Technologie/von-der-idee-zum-markterfolg-2021.pdf?__blob=publicationFile&v=6.

BMWi (Hrsg.) (2021b). *Die Bundesregierung fördert und Auf- und Ausbau einer Qualitätsinfrastruktur für eine sichere und vertrauenswürdige KI.* Infografik Schlüsseltechnologien. Berlin. https://www.bmwi.de/Redaktion/DE/Infografiken/Technologie/die-bundesregierung-foerdert-den-auf-und-ausbau-einer-qualitaetsinfrastruktur-fue-eine-sichere-und-vertrauenswuerdige-ki.html.

Buhr, W. (2003). *What is infrastructure? Volkswirtschaftliche Diskussionsbeiträge*, Discussion Paper No. 107-03, Universität Siegen, Fachbereich Wirtschaftswissenschaften, Siegen.

Carr, N. (2009). *The Big Switch – Rewiring the World, from Edison to Google*. Heidelberg: Hüthig et al.

Deutscher Bundestag (2019). *Unterrichtung durch die Bundesregierung. Bericht über die Programme zur Innovations- und Technologieförderung im Mittelstand in der laufenden Legislaturperiode, insbesondere über die Entwicklung des Zentralen Innovationsprogramms Mittelstand (ZIM)*, Fortschrittsbericht für das Jahr 2018, Drucksache 19/14480, 18.10.2019, Berlin. https://www.bmwi.de/Redaktion/DE/Downloads/B/bericht-programme-innovations-technologiefoerderung-mittelstand.pdf?__blob=publicationFile&v=4.

Deutsche Welle (2020). *DIGITALWÄHRUNG – Der unersättliche Stromfresser: Bitcoin*. https://www.dw.com/de/energie-stromverbrauch-bitcoin-mining/a-56589030.

Greer, R.C., Grover, R.J. and Fowler, S.G. (2007). *Introduction to the library and information professions*. Westport, CT, London: Libraries Unlimited.

Habertag, P. (2001). *Strategische Entwicklung der Informationsinfrastruktur: Management der Integration heterogener Systemlandschaften in dynamischen Ressourcen-Netzen: das dRN-Konzept*. Aachen: Shaker.

Heinrich, L. J. & Burgholzer, P. (1987). *Informationsmanagement*. 1. Aufl. München, Wien: Oldenbourg.

Heinrich, L. J., Riedl, R. & Stelzer, D. (2014). *Informationsmanagement, Lerneinheit Informationsinfrastruktur*. 11. Aufl. München, Wien: Oldenbourg.

Hintemann, R. (2020). *Rechenzentren 2020 – Cloud Computing profitiert von der Krise: Energiebedarf der Rechenzentren steigt trotz Corona weiter an*. Borderstep-Institut für Innovation und Nachhaltigkeit, Berlin. https://www.borderstep.de/wp-content/uploads/2021/03/Borderstep_Rechenzentren2020_20210301_final.pdf.

Hütter, A. & Riedl, R. (2017). *Chief Information Officer Role Effectiveness: Literature Review and Implications for Research and Practice*. SpringerBriefs in Information Systems. Heidelberg: Springer.

Jiminez, E. (1995). Human and physical infrastructure: public investment and pricing policies in developing countries. In: J. Behrman & T.N. Srinivasan (Hrsg.), *Handbook of Development Economics*, Volume III, Chapter 43 (S. 2773–2843). Amsterdam: Elsevier.

Jochimsen, R. (1966). *Theorie der Infrastruktur*. Tübingen: Mohr.

Johanning, V. (2020). *Die Aufbauorganisation der IT. In: Johanning*, V. (Hrsg.). Organisation und Führung der IT. Die neue Rolle der IT und des CIOs in der digitalen Transformation. Wiesbaden: Springer Vieweg. S. 17–65.

Klodt, H. (2021). *Infrastruktur – Definition: was ist Infrastruktur?* In: Gabler Wirtschafslexikon. Wiesbaden: Springer. https://wirtschaftslexikon.gabler.de/definition/infrastruktur-39955.

Miesner, U. (2009). *Beiträge der Qualitätsinfrastruktur zur regionalen wirtschaftlichen Integration: Ansätze und Lernerfahrungen aus der Technischen Zusammenarbeit der PTB*. Diskussionspapier 2/2009. Braunschweig, Berlin: Physikalisch-Technische Bundesanstalt.

Miller, R. (2021). *Cloud infrastructure spending passed on-prem data centers in 2020*. Tech Crunch, March 19, 2021. https://techcrunch.com/2021/03/19/cloud-infrastructure-spending-passed-on-prem-data-centers-in-2020/.

Paul, A.D. (o.J.). *ITIL Heroes Handbook – ITIL for those who don't have the time*. ITIL White Paper. https://www.manageengine.de/fileadmin/user_upload/02_Produkte-Loesungen/ServiceDesk_Plus/ITIL-Handbuch-fuer-Helden.pdf.

Pfau, W. (1997). *Betriebliches Informationsmanagement: Flexibilisierung der Informationsinfrastruktur*. Wiesbaden: DUV Gabler.

Putnings, M., Neuroth, H. & Neumann, J. (Hrsg.) (2021). *Praxishandbuch Forschungsdatenmanagement*. Berlin, Boston: De Gruyter Saur.

Reimers, K. (2020). Perspektiven auf Informationsinfrastruktur. In: T. Kollmann (Hrsg.), *Handbuch Digitale Wirtschaft*. Wiesbaden: Springer Fachmedien.

Rogati, M. (2017). *The AI Hiearchy of Needs*, June 12, 2017. https://hackernoon.com/the-ai-hierarchy-of-needs-18f111fcc007.

Riedl, R. (2019). *Management von Informatik-Projekten: Digitale Transformation erfolgreich gestalten* (2. Aufl.). München: De Gruyter Oldenbourg.

Rossnagel, A. (2021). *Datenschutz*. In: Andersen, U., Bogumil, J., Marschall, S., Woyke, W. (Hrsg.), Handwörterbuch des politischen Systems der Bundesrepublik Deutschland (8. Aufl.). Wiesbaden: Springer VS.

Rösch, H., Seefeldt, J. & Umlauf, K. (Hrsg.) (2019). *Bibliotheken und Informationsgesellschaft in Deutschland: Eine Einführung.* Wiesbaden: Harrassowitz.

Rossi, M. (2004). Informationszugangsfreiheit und Verfassungsrecht. Zu den Wechselwirkungen zwischen Informationsfreiheitsgrenzen und der Verfassungsordnung in Deutschland. In: *Beiträge zum Informationsrecht (BIR)*, Band 11. Berlin: Duncker & Humblot.

Schöne, K. (1997). *Controlling der Informationsinfrastruktur: Entwicklungsstand – Gestaltungskonzeption – Perspektiven.* Wiesbaden: DUV Gabler.

Simonis, U. E. (1972). *Infrastruktur: Theorie und Praxis, Kieler Schrifttumskunden zu Wirtschaft und Gesellschaft*, No. 17, Bibliothek des Instituts für Weltwirtschaft an der Universität Kiel, Kiel.

Smith, H. & Fingar, P. (2003). *IT Doesn't Matter – Business Processes Do.* Tampa/Fl.: Meghan-Kiffer.

Söllner, K. & Sühl-Strohmenger, W. (Hrsg.) unter Mitarbeit von Martina Straub (2014). *Handbuch Hochschulbibliothekssysteme: Leistungsfähige Informationsinfrastrukturen für Wissenschaft und Studium.* Berlin u.a.: De Gruyter Saur.

Winkel, R. (2018). Soziale Infrastruktur. In: ARL – Akademie für Raumforschung und Landesplanung (Hrsg.), *Handwörterbuch der Stadt- und Raumentwicklung* (S. 2185–2196). Hannover: ARL – Akademie für Raumforschung und Landesplanung.

Winter, R. (2016). Analytische Informationssysteme aus Managementsicht: Lokale Entscheidungsunterstützung vs. unternehmensweite Informations-Infrastruktur. In: P. Gluchowski & P. Chamoni (Hrsg.), *Analytische Informationssysteme.* Berlin, Heidelberg: Springer.

Wissenschaftsrat und Deutsche Forschungsgemeinschaft (2011). *Zur Zukunft der Bibliotheksverbünde als Teil einer überregionalen Informationsinfrastruktur in Deutschland.* Gemeinsame Erklärung vom 03.02.2011, Köln, Bonn. https://www.wissenschaftsrat.de/download/archiv/1003-11.html.

Wissenschaftsrat (2012). Empfehlungen zur Weiterentwicklung der wissenschaftlichen Informationsinfrastrukturen in Deutschland bis 2020. Drs. 2359-12, Berlin Juli 2012. https://www.wissenschaftsrat.de/download/archiv/2359-12.html.

Normen und Standards

BSI-Standard 200-1:2017 Managementsysteme für Informationssicherheit (ISMS).

DIN/EN/ISO 9000:2015-11 Qualitätsmanagementsysteme – Grundlagen und Begriffe.

DIN/EN/ISO 9001:2015-11 Qualitätsmanagementsysteme – Anforderungen.

DIN/EN/ISO 9004:2018-08 Qualitätsmanagement – Qualität einer Organisation – Anleitung zum Erreichen nachhaltigen Erfolgs.

ISO/IEC 17011:2018-03 Konformitätsbewertung – Anforderungen an Akkreditierungsstellen, die Konformitätsbewertungsstellen akkreditieren.

ISO/IEC 25000:2014-03 System und Software-Engineering – Qualitätskriterien und Bewertung von System- und Softwareprodukten (SQuaRE) – Leitfaden für SQuaRE.

ISO/IEC 38500:2015 Corporate Governance of Information Technology.

11

Digitalisierung und digitale Transformation

Inhaltsverzeichnis

© Springer-Verlag GmbH Deutschland, ein Teil von Springer Nature 2024
A. Heinzl et al., *Wirtschaftsinformatik*, https://doi.org/10.1007/978-3-662-67392-8_12

Zweck dieser Lerneinheit

Nach dem Durcharbeiten dieser Lerneinheit wissen Sie, dass Digitalisierung und digitale Transformation Phänomene sind, die nachhaltigen Einfluss auf die Entwicklung in Wirtschaft und Gesellschaft haben. Obwohl sich die Wirtschaftsinformatik seit Jahrzehnten mit dem gewinnbringenden Einsatz von Informations- und Kommunikationstechnologien (synonym: Digitaltechnologien, digitale Technologien) in Wirtschaft und Gesellschaft befasst, erkennen Sie, dass das, was seit einiger Zeit unter den Schlagworten Digitalisierung und digitale Transformation diskutiert wird, zumindest in manchen Bereichen phänomenologisch eine neue Qualität aufweist.

Sie wissen, wie die Begriffe „Digitalisierung" und „digitale Transformation" definiert werden, erkennen dabei aber auch, dass es in der Fachliteratur eine Vielzahl unterschiedlicher Begriffsauffassungen gibt und nicht jede davon zweckmäßig ist. Sie erkennen, dass im Englischen – im Gegensatz zum Deutschen – zwischen Digitization, Digitalization und Digital Transformation unterschieden wird. Sie erfahren zudem, dass es durch den Einsatz neuer Digitaltechnologien und innovativer Geschäftsmodelle zur Disruption auf Märkten kommt. Das bedeutet, dass innerhalb kurzer Zeit Angebot und Nachfrage derart radikal verändert werden, dass etablierte Marktakteure ihr bisheriges Erfolgspotenzial teilweise und in manchen Fällen sogar gänzlich verlieren. Andere Organisationen werden hingegen innerhalb kürzester Zeit von Start-ups zu Milliardenunternehmen.

Weiter lernen Sie Herausforderungen und Erfolgsfaktoren der digitalen Transformation kennen. Der Schwerpunkt der Ausführungen liegt hierbei auf der organisationalen Sicht; auf gesamtgesellschaftliche Phänomene wie der mögliche Verlust von Arbeitsplätzen durch den zunehmenden Einsatz von Digitaltechnologien wird nur am Rande eingegangen. Sie lernen weiter Vorgehensmodelle der digitalen Transformation kennen. Diese beschreiben, wie Unternehmen idealtypisch bei der Transformation ihrer Organisation, Geschäftsmodelle, Produkte und Dienstleistungen vorgehen können. Sie erkennen weiter, dass es zweckmäßig sein kann, die Aufgaben der Digitalisierung und digitalen Transformation in einer eigenständigen Rolle zu bündeln, die als Chief Digital Officer (CDO) bezeichnet wird. Dabei wird auch darauf eingegangen, inwieweit sich diese neue Managementposition von der etablierten Position des Chief Information Officer (CIO) unterscheidet (als CIO wird die Führung des IT-Bereichs auf oberster Unternehmensebene bezeichnet).

Schließlich werden Sie mit ausgewählten Themen der digitalen Transformation vertraut gemacht. Sie lernen, dass hohe Innovationskraft und Agilität – die Fähigkeit, rasch auf Veränderungen reagieren zu können – im Digitalisierungszeitalter kritische Erfolgsfaktoren für Organisationen sind. Sie erkennen, dass Disruption nicht nur den Wandel von offline zu online bedeutet, sondern auch, dass Kundinnen ein Omni-Channel-Erlebnis bevorzugen, also eine Integration von Online- und Offline-Kanälen. Weiter erfahren Sie, dass auch ein Mehr an Informations- und Kommunikationstechnologien im Offline-Bereich mit einer signifikanten Transformation bisheriger Geschäftstätigkeit einhergehen kann, was am Beispiel des Handels exemplarisch gezeigt wird. Zudem wird auf digitale Plattformen eingegangen, deren Erfolgspotenzial durch Netzwerkeffekte erklärt werden kann.

12.1 Digitalisierung in Wirtschaft und Gesellschaft

Kaum ein Phänomen hat die Wirtschaft und Gesellschaft im vergangenen Jahrzehnt so stark geprägt wie die Digitalisierung bzw. die digitale Transformation. In dieser Diskussion werden unterschiedlichste Schlagworte verwendet, die sich oft auf digitale Technologien beziehen. Häufig anzutreffende Termini sind u. a. Industrie 4.0, Big Data, Künstliche Intelligenz (KI), Cyberphysische Systeme, Smart Factory sowie Cloud Computing. Für Unternehmen stellt sich die Frage, wie digitale Technologien gewinnbringend eingesetzt werden können und wie man auch zukünftig innovativ bleiben kann, um im Wettbewerb zu bestehen. Aus volkswirtschaftlicher und gesellschaftlicher Sicht stellt sich die Frage, wie tiefgreifend die Veränderungen sein werden und welche Voraussetzungen geschaffen werden müssen, damit vom Einsatz digitaler Technologien möglichst viele Menschen profitieren. Es ist zu bedenken, dass die Verwendung von Informations- und Kommunikationstechnologien – im privaten wie im organisationalen Kontext – auch mit negativen Konsequenzen einhergehen kann. Beispiele sind der Verlust der Privatsphäre, Technostress, Internetsucht, Smartphonesucht sowie schreiben möglicher Verlust des Arbeitsplatzes durch Automatisierung und KI. Außerdem besteht das Risiko der enormen Abhängigkeit von Digitaltechnologien und der daraus resultierenden Verwundbarkeit des Funktionierens von Unternehmen sowie der Gesellschaft im Allgemeinen im Falle von Systemausfällen infolge von technischen Störungen, Cyberattacken, Krieg oder Terrorismus.

Aus Sicht der Wirtschaftsinformatik ist festzustellen, dass die Frage des gewinnbringenden Einsatzes von Informations- und Kommunikationstechnologien in Unternehmen keine neue ist. Vielmehr zeigen Analysen der historischen Entwicklung der deutschsprachigen Wirtschaftsinformatik, dass die Gestaltung von Informationssystemen unter besonderer Bezugnahme auf die technologische Komponente und die damit angestrebten positiven Veränderungen wie Produktivitätssteigerung der zentrale Fokus der Disziplin seit ihrer Genese ist. Heinrich und Riedl (2013) schreiben dazu in einem Beitrag zur historischen Entwicklung der Wirtschaftsinformatik und unter Bezugnahme auf die 1970er-Jahre: „the rapid and prosperous development of the computer industry (e.g., IBM), as well as aspired improvements in organizational productivity, had a positive influence on the development of BI [Business Informatics]" (ebd., 43).

Es verwundert daher nicht, dass in der Wirtschaftsinformatik-Community Ambivalenz in Bezug auf die Neuheit des Phänomens besteht, so schreiben Legner et al. (2017): „This wave of digitalization is creating opportunities for the BISE community to engage in innovative research activities and to increase the discipline's visibility. However, since BISE researchers have investigated the increasing exploitation and integration of digital technologies over several decades, they also naturally react with ambivalence when others claim that *going digital* is a new phenomenon" (ebd., 301, Hervorh. i. O., BISE: Business and Information Systems Engineering, eine englische Bezeichnung für Wirtschaftsinformatik und ein Synonym für Business Informatics). Andere wiederum sahen bereits vor Jahren in der Digitalisierung und in damit in Zusammenhang stehenden Phänomenen wie Industrie 4.0 die Gefahr einer „modischen Überhöhung" (Mertens und Barbian 2015), nicht zuletzt deshalb, weil der Wirtschaftsinformatik grundsätzlich eine gewisse Anfälligkeit attestiert wird, Moden „hinterherzulaufen" (z. B. Steininger et al. 2009).

Dennoch gibt es im Vergleich zu früheren Phasen der Entwicklung der Wirtschaftsinformatik entscheidende Unterschiede. Insbesondere war die Geschwindigkeit, mit der radikale Veränderungen von Strukturen und Abläufen in Wirtschaft und Gesellschaft geschehen, noch nie so hoch wie heute. Man denke hier an die in Praxis und Wissenschaft vielfach zitierten Beispiele Uber, Spotify, Netflix und Airbnb; das Tempo, mit der angestammten Marktplayern bedeutsame Geschäftsgrundlagen in der Taxi-, Musik-, TV- und Beherbergungsbranche abhandengekommen sind, war und ist rasant. Innerhalb weniger Jahre haben sich die „Gesetzmäßigkeiten" in den genannten und vielen weiteren Branchen (z. B. Banken) radikal verändert.

Grundlage dieser Veränderungen sind meist disruptiveTechnologien, also Technologien, die das Gleichgewicht eines Systems – hier einer ganzen Branche – (zer)stören. Zudem beeinflussen die teilweise radikalen Veränderungen die Erwartungen und das Verhalten der Kundinnen sowie die Verfügbarkeit immer größerer Datenmengen die Umwälzungen in Wirtschaft und Gesellschaft. Schließlich hat die Corona-Krise wesentlich dazu beigetragen, dass die digitale Transformation noch weiter beschleunigt wurde. Man denke hier beispielsweise an den durch Lockdowns bedingten Anstieg elektronischer Kommunikationsformen (z. B. Videokonferenzen) und damit einhergehend an veränderte Formen der Arbeitsgestaltung und der Interaktion mit Leistungsempfängern (von Unternehmenskunden bis hin zu Arzt-Patienten-Interaktionen, Gerichtsprozessen und Homeschooling). Vor dem Hintergrund dieser Entwicklungen in den letzten Jahren kann behauptet werden (trotz teilweise unterschiedlicher Auffassungen in der wissenschaftlichen Community, siehe dazu z. B. Riedl et al. 2017), dass sich Digitalisierung und digitale Transformation *nicht* ausschließlich mit bekannten Phänomenen befassen. Zu behaupten, es handle sich bei Digitalisierung und digitaler Transformation ausschließlich um „neuen Wein in alten Schläuchen", wäre falsch. Wie hoch der tatsächliche Neuigkeitsgehalt ist, wird aktuell kontrovers diskutiert.

In dieser Lerneinheit werden die Digitalisierung und die digitale Transformation primär aus dem organisationalen Blickwinkel betrachtet; dies schließt Bezugnahmen auf gesamtgesellschaftliche Phänomene nicht aus. Daraus folgt, dass solche Inhalte den Schwerpunkt bilden, die einen Beitrag zur Beantwortung von Fragen der folgenden Art leisten, die sich insbesondere Verantwortungs- und Entscheidungsträger in Unternehmen heutzutage oft stellen:

- „Was bedeutet digitale Transformation?",
- „In welcher Weise verändert der Einsatz digitaler Technologien betriebswirtschaftliche Abläufe?",
- „Wie kann mein Unternehmen von der Digitalisierung profitieren?" oder
- „Welche Voraussetzungen müssen geschaffen werden, damit die digitale Transformation erfolgreich verläuft?".

12.2 Konzeptionelle und begriffliche Grundlagen

VIAL (2019) hat auf der Basis einer umfassenden Literaturanalyse 282 Artikel zur digitalen Transformation in wissenschaftlichen Fachzeitschriften identifiziert, stellt jedoch fest, dass er in diesem Fundus nur 23 originäre Definitionen finden konnte: „this relatively small proportion (about 10 %) reflects an overall enthusiasm toward the phenomenon of DT [Digital Transformation] at the expense of its conceptual clarity" (ebd., 119). Ernüchternd ist weiter seine Feststellung, dass etliche dieser Definitionen zirkulär sind, unklare Begrifflichkeiten verwendet werden und/oder das zu definierende Phänomen mit seinen Auswirkungen durcheinandergebracht wird. Nichtsdestotrotz konnte VIAL (ebd.) durch Abstraktion inhärente Eigenschaften der digitalen Transformation identifizieren (von ihm als „essential properties" bezeichnet). In Anlehnung an seine englischsprachige Begriffserklärung, jedoch in vereinfachter und sprachlich prägnanterer Form, definieren wir den Begriff wie folgt:

> **Definition**
>
> *Digitale Transformation* ist ein Prozess, der darauf abzielt, eine Organisation zu verbessern, indem wesentliche Änderungen ihrer Eigenschaften durch den Einsatz von Informations- und Kommunikationstechnologien bewirkt werden.

Eine analytische Betrachtung der Definition von VIAL ("a process that aims to improve an entity by triggering significant changes to its properties through combinations of information, computing, communication, and connectivity technologies", ebd., 121) und somit auch unserer davon abgeleiteten deutschsprachigen Definition zeigt, dass dem Wort „wesentlich" bzw. „significant" die entscheidende Bedeutung zukommt, wenn über den Neuigkeitsgehalt der digitalen Transformation entschieden werden soll.

> ▶ **Beispiele digitale Transformation**
>
> Ein Industrieunternehmen mit 20.000 Mitarbeiterinnen, Produktionsstandorten und Niederlassungen auf mehreren Kontinenten führt (a) unternehmensweit ein neues ERP-System und (b) cyberphysische Systeme zur Steuerung von Fertigung und Logistik ein. Ein cyberphysisches System ist ein Verbund aus softwaretechnischen, mechanischen und elektronischen Komponenten, die über eine Dateninfrastruktur wie dem Internet kommunizieren. ◀

Es ist davon auszugehen, dass zumindest ein gewisser Anteil von Wirtschaftsinformatikerinnen nicht nur (b) als Beispiel für digitale Transformation ansieht (vermutlich deshalb, weil der aktuell vielfach gehörte und gelesene Terminus „cyberphysische Systeme" vorkommt), sondern auch (a). Die Begründung hierfür liegt darin, dass wahrscheinlich in beiden Fällen die Eigenschaft *„wesentliche* Änderungen" bzw. *„significant* changes" zutreffend ist. Genau aus diesem Umstand resultiert jedoch die Problematik des fragwürdigen Neuigkeitsgrads, denn die Einführung von ERP-Systemen ist in der Wirtschaftsinformatik ein seit Jahrzehnten bekanntes Phänomen und es existierte somit bereits lange vor dem Auftauchen des Terminus „digitale Transformation".

Wie beim Begriff der digitalen Transformation gibt es auch beim Begriff der Digitalisierung keine konzeptionelle Klarheit und somit unterschiedliche Begriffsauslegungen. Der Terminus *Digitalisierung* kann auf unterschiedliche Weise interpretiert werden (siehe z. B. Hess 2019; Legner et al. 2017; Verhoef et al. 2019). Im Folgenden sind *drei wesentliche Begriffsauslegungen* genannt.

> **Definition**
>
> ▬ *Digitalisierung* ist die Überführung analoger in diskrete Werte, um dadurch eine elektronische Übertragung, Speicherung und Verarbeitung zu ermöglichen (im Englischen als *digitization* bezeichnet);
> ▬ *Digitalisierung* ist die Einführung digitaler Technologien in Organisationen, um damit Ziele (z. B. Produktivität, Kundenzufriedenheit) positiv zu beeinflussen (im Englischen als *digitalization* bezeichnet);
> ▬ *Digitalisierung* ist die Übertragung von Aufgaben, die bisher von einem Menschen erledigt wurden, auf elektronische Systeme, um damit Ziele (z. B. Prozesseffizienz) günstig zu beeinflussen (als *computerbasierte Automatisierung* bezeichnet).

12.3 Beschreibungsmodell der digitalen Transformation

◘ Abb. 12.1 visualisiert ein Beschreibungsmodell der digitalen Transformation. Die Grafik fasst dabei auf hoher Abstraktionsebene die wesentlichen Elemente und Vorgänge zusammen, die aus Unternehmenssicht zum Verständnis der digitalen Transformation beitragen. Zudem werden bedeutsame Fragen formuliert, die sich für das Management ergeben.

12

12.3.1 Verwendung digitaler Technologien

Ausgangspunkt im Modell ist der Umstand, dass die Anzahl an verfügbaren und somit potenziell relevanten Digitaltechnologien in immer rasanterem Tempo ansteigt. Beispiele für Technologien, denen aktuell Erfolgspotenzial zugeschrieben wird, sind u. a. Augmented Reality, Blockchain, Chatbots, Sprachassistenten, Machine Learning, 5G sowie neuroadaptive Systeme. Wissenschaftlerinnen des MIT Sloan Center for Information Systems haben in diesem Kontext das Akronym SMACIT (Social, Mobile, Analytics, Cloud, Internet of Things) bekannt gemacht. Sebastian et al. (2017, 197) schreiben dazu: „This acronym is pronounced ‚smack it' – as in, score a digital strategy home run when you SMACIT out of the baseball park. There are more digital technologies than implied by this acronym, including artificial intelligence, blockchain, robotics and virtual reality. SMACIT is intended as shorthand for the entire set of powerful, readily accessible digital technologies".

Das Erfolgspotenzial digitaler Transformation erhöht sich im Regelfall, wenn unterschiedliche Technologien in Kombination eingesetzt werden. So ist das Erfolgspotenzial in folgendem Beispiel hoch: Es werden KI-Systeme zur Unternehmenssteuerung eingesetzt, die sowohl auf Daten von cyberphysischen Systemen (z. B. Sensordaten) als auch auf Kundendaten aufbauen, die durch die Analyse des

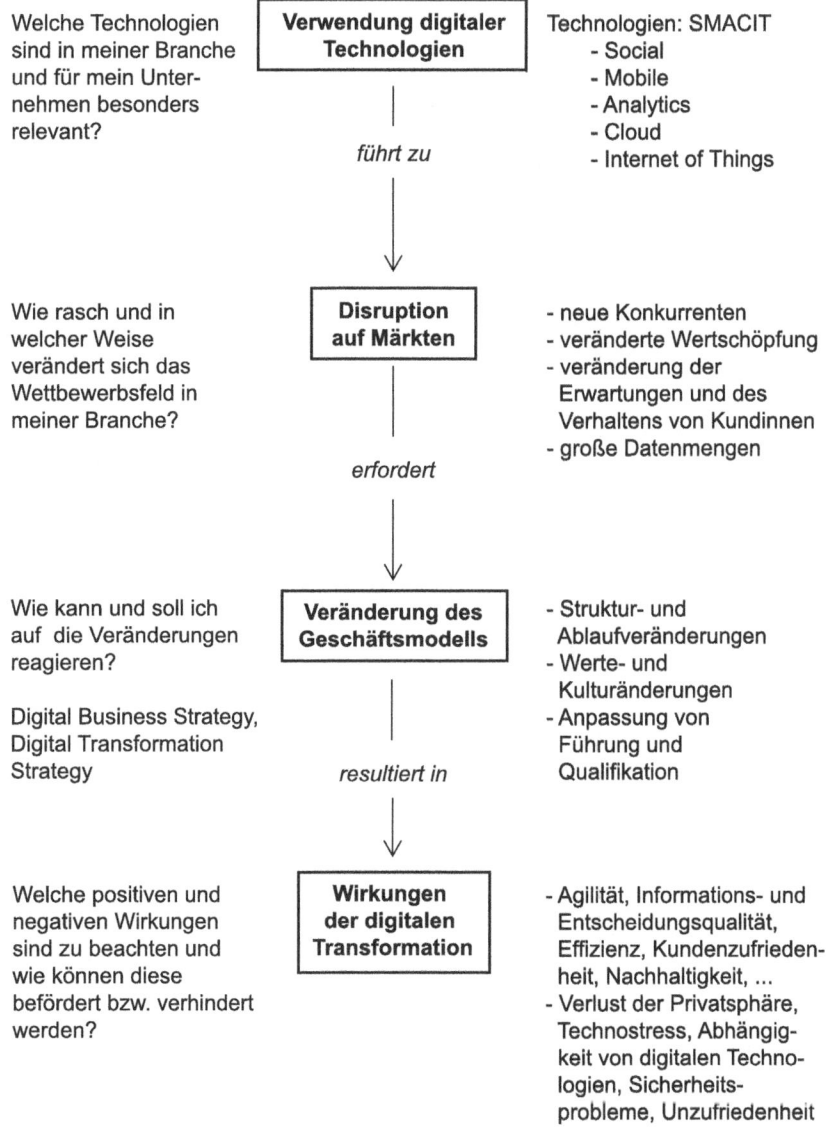

Welche Technologien sind in meiner Branche und für mein Unternehmen besonders relevant?

Verwendung digitaler Technologien

führt zu

Technologien: SMACIT
- Social
- Mobile
- Analytics
- Cloud
- Internet of Things

Wie rasch und in welcher Weise verändert sich das Wettbewerbsfeld in meiner Branche?

Disruption auf Märkten

erfordert

- neue Konkurrenten
- veränderte Wertschöpfung
- veränderung der Erwartungen und des Verhaltens von Kundinnen
- große Datenmengen

Wie kann und soll ich auf die Veränderungen reagieren?

Digital Business Strategy, Digital Transformation Strategy

Veränderung des Geschäftsmodells

resultiert in

- Struktur- und Ablaufveränderungen
- Werte- und Kulturänderungen
- Anpassung von Führung und Qualifikation

Welche positiven und negativen Wirkungen sind zu beachten und wie können diese befördert bzw. verhindert werden?

Wirkungen der digitalen Transformation

- Agilität, Informations- und Entscheidungsqualität, Effizienz, Kundenzufriedenheit, Nachhaltigkeit, ...
- Verlust der Privatsphäre, Technostress, Abhängigkeit von digitalen Technologien, Sicherheitsprobleme, Unzufriedenheit

☐ **Abb. 12.1** Beschreibungsmodell der digitalen Transformation

Smartphone- und Social-Media-Nutzungsverhaltens generiert wurden. In diesem Beispiel werden vier der fünf SMACIT-Komponenten kombiniert: Analytics (KI-Systeme), Social (Social Media), Mobile (Smartphone) und Internet of Things (cyberphysische Systeme). Zu beachten ist, dass durch die Kombination von Technologien auch die Komplexität steigt, was im Regelfall mit einem erhöhten Projektrisiko einhergeht (Riedl 2019).

Da es unterschiedlichste digitale Technologien gibt und auch permanent neue Technologien auf den Markt kommen, ist erfolgreiche digitale Transformation untrennbar mit erfolgreichem *Technologiemanagement* verbunden. Nach Heinrich et al.

(2014) ist dessen Zweck, den bestehenden oder prognostizierten Veränderungsbedarf bei der Planung, Durchführung und Kontrolle betrieblicher Aufgaben zu bestimmen und durch strategisch geplante Veränderungsprozesse zu erfüllen, wobei jener Veränderungsbedarf gemeint ist, der durch digitale Technologien befriedigt werden kann. Zudem gilt, dass erfolgreiche Veränderungsprozesse Innovationsfähigkeit *und* Innovationsbereitschaft voraussetzen.

Wichtige Aufgaben des Technologiemanagements im Kontext der digitalen Transformation sind das Beobachten der Technologieentwicklung, das Bestimmen des Technologiebedarfs und die Technologieverbreitung im Unternehmen. Eine entscheidende Frage aus Managementsicht ist, welche Technologien in der eigenen Branche und für das eigene Unternehmen als besonders relevant erachtet werden. Es verwundert daher nicht, dass in der Wirtschaftsinformatik und in angrenzenden Wissenschaftsdisziplinen in der jüngeren Vergangenheit viele Arbeiten publiziert wurden, die Anwendungspotenziale einer bestimmten Technologie in einer bestimmten Branche bzw. einem bestimmten betriebswirtschaftlichen Funktionalbereich (z. B. Logistik) beschreiben. Exemplarisch seien hier ein Beitrag zum Anwendungspotenzial der Blockchain im Gesundheitswesen (Gordon und Catalini 2018) sowie im Supply Chain Management angeführt (Saberi et al. 2019).

12.3.2 Veränderung des Geschäftsmodells

Die durch digitale Technologien ausgelösten Veränderungen auf Märkten bewirken, dass immer mehr etablierte Unternehmen ihr bestehendes Geschäftsmodell hinterfragen.

Definition

Ein *Geschäftsmodell* ist (a) das vereinfachende *Abbild* sowie (b) das vereinfachende *Vorbild* jenes Ausschnitts der Wirklichkeit, der beschreibt, wie Unternehmen Mehrwert für ihre Kundinnen schaffen und einen Ertrag für die Organisation erwirtschaften.

12

Im Falle von (a) handelt es sich um ein Geschäftsmodell, das einen *Istzustand* beschreibt („Modell von Etwas"), und im Falle von (b) geht es um ein Geschäftsmodell, das einen *Sollzustand* beschreibt („Modell für Etwas").

Wenn ein Unternehmen sein Geschäftsmodell verändert, ist es zweckmäßig, zuerst den Istzustand zu erfassen, um darauf aufbauend einen Sollzustand zu entwickeln. Osterwalder und Pigneur (2010) haben in den 2000er-Jahren eine Geschäftsmodellstruktur vorgelegt, die neun Elemente beschreibt; diese werden wiederum in einem als *Business Model Canvas* bezeichneten Instrument zusammengefasst (❏ Abb. 12.2). Der englische Begriff „Canvas" meint im Deutschen „Leinwand" bzw. „Gemälde" und bringt zum Ausdruck, dass das Instrument insbesondere die Visualisierung des Geschäftsmodells unterstützt. Das Instrument dient in der Praxis als

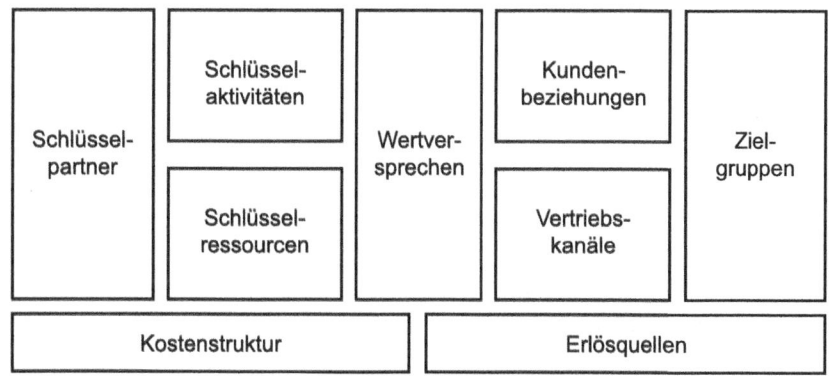

◘ Abb. 12.2 Business Model Canvas (nach Osterwalder und Pigneur 2010)

Vorlage zur Entwicklung des Ist- *und* Sollzustands eines Geschäftsmodells. Die neun Elemente sind (im englischen Originalwortlaut inklusive deutschsprachiger Übersetzung): Key Partners (Schlüsselpartner), Key Activities (Schlüsselaktivitäten), Key Resources (Schlüsselressourcen), Value Propositions (Wertversprechen), Customer Relationships (Kundenbeziehungen), Channels (Vertriebskanäle), Customer Segments (Zielgruppen), Cost Structure (Kostenstruktur) und Revenue Streams (Erlösquellen). Zu den neun Elementen sind bei Anwendung des Instruments mehrere Fragen zu beantworten. Es gibt mehrere Softwarewerkzeuge, die die Anwendung des Business Model Canvas unterstützen, siehe beispielsweise ▶ https://canvanizer.com/ sowie ▶ https://www.strategyzer.com/canvas/business-model-canvas.

Der Business Model Canvas ist das wahrscheinlich weltweit bekannteste Model zur Visualisierung von Geschäftsmodellen. Es gibt in der Fachliteratur zudem seit rund zwei Jahrzehnten etliche weitere Arbeiten, die ähnliche Beschreibungs- sowie Vorgehensmodelle darlegen. Anfang der 2000er-Jahre wurde beispielsweise am Institut für Wirtschaftsinformatik der Universität Linz ein Vorgehensmodell zur Entwicklung von eBusiness-Strategien entwickelt (Pomberger et al. 2001; Heinrich und Thonabauer 2003). Dieses und weitere aktuellere Modelle (z. B. Koch et al. 2019) thematisieren Aspekte, die im internationalen Schrifttum sowohl im Kontext von Digital Business Strategy als auch im Zusammenhang mit Digital Transformation Strategy diskutiert werden.

Bharadwaj et al. (2013) schreiben zu Digital Business Strategy: " … the time is right to rethink the role of IT strategy, from that of a functional-level strategy – aligned but essentially always subordinate to business strategy – to one that reflects a fusion between IT strategy and business strategy. This fusion is herein termed digital business strategy" (ebd., 471). Im Gegensatz dazu ist eine Digital Transformation Strategy nach Matt et al. (2015) „a blueprint that supports companies in governing the transformations that arise owing to the integration of digital technologies, as well as in their operations after a transformation" (ebd., 340). Auf dieser Basis definieren wir wie folgt:

> **Definition**
>
> Eine *Digital Business Strategy* beschreibt zukünftige Geschäftsmöglichkeiten in einer durch Informations- und Kommunikationstechnologien geprägten Welt sowie den Plan für das Verhalten eines Unternehmens, Ziele auf der Basis des Einsatzes digitaler Technologien zu erreichen.

> **Definition**
>
> Eine *Digital Transformation Strategy* beschreibt den Plan für das Management der digitalen Transformation sowie ihrer Konsequenzen in einem Unternehmen.

Oftmals wird in der deutschsprachigen Fachliteratur sowie in der Praxis nicht zwischen diesen beiden Strategietypen unterschieden. Vielmehr werden Aspekte beider Typen in einer *Digitalisierungsstrategie* zusammengefasst. Dies liegt nicht zuletzt daran, dass deutsche Übersetzungen der beiden Begriffe bei strenger Sprachauslegung nicht korrekt sind. Digitale Geschäftsstrategie und digitale Transformationsstrategie sind zwei Begriffskombinationen, die kritisierbar sind, weil nicht die Geschäftsstrategie und die Transformationsstrategie digital sind, sondern es um eine Strategie in Bezug auf die Digitalisierung eines Unternehmens und die Wandlung im Zuge der Digitalisierung geht. Da dies im Deutschen sprachlich komplizierter als im Englischen zum Ausdruck gebracht werden muss (wenn man es genau nimmt), sprechen und schreiben viele Wissenschaftlerinnen und Praktikerinnen im deutschen Sprachraum einfach von der Digitalisierungsstrategie und meinen entweder den einen oder anderen Strategietyp oder beziehen sich auf Aspekte beider Typen.

Wie auch immer man sprachlich agiert, es ist letztlich entscheidend zu erkennen, dass die Veränderung des Geschäftsmodells im Regelfall mit Struktur- und Ablaufveränderungen, Werte- und Kulturänderungen sowie Anpassungen in der Führung und der Mitarbeiterqualifikation einherzugehen hat, um bei Digitalisierungsvorhaben erfolgreich zu sein. Holotiuk und Beimborn (2017) haben 21 Praxisberichte („[r]eports had to specifically address strategic aspects in response to digitalization", ebd., 995) untersucht und 40 kritische Erfolgsfaktoren für Digitalisierungsstrategien identifiziert, die sie in acht Kategorien zusammenfassen.

◼ Abb. 12.3 zeigt, dass die Kategorie „Sales and Customer Experience" jene mit den meisten Nennungen an Erfolgsfaktoren ist (Count 84) und „Partners" jene mit den wenigsten (Count 25). Daraus darf jedoch *nicht* geschlossen werden, dass Partner bei Digitalisierungsstrategien ein unwesentliches Planungsobjekt wären. Alle acht genannten Kategorien sind für den Erfolg bedeutsam, denn sie werden allesamt als „kritisch" benannt („ein Erfolgsfaktor wird dann als kritisch bezeichnet, wenn er eine Eigenschaft repräsentiert, von deren positiver Ausprägung die Zweckerreichung entscheidend abhängt, während die Ausprägung der anderen Eigenschaften dafür von untergeordneter Bedeutung ist", Riedl 2019, 95). Alle genannten Erfolgsfaktoren sind für das Managementhandeln unmittelbar relevant.

#	Count	Dimensions / CSFs	#	Count	Dimensions / CSFs
	84	*Sales and Customer Experience*		76	*Organization*
1	20	Seamlessly integrated offline(physical) and online (digital) channels	7	15	Agility to reallocate resources and reorganize rapidly
2	15	Digitalization of customer interaction and products&services	8	13	Change management for radical and rapid change
3	14	Analytics to customize and create products&services	9	12	Multi-level and multi-speed organization for faster reaction
4	13	Direct contact for customer centricity	10	11	Organizational alignment towards digital
5	12	Customer integration with open innovation	11	10	Long-term orientation but short, intense sprints to change
6	10	Outstanding customer experience and satisfaction	12	8	Organizational separation → Spin-off
			13	7	Lean decision-making
	66	*Culture and Leadership*		57	*Capabilities and HR Competencies*
14	15	Create and foster digital mindset with a digital agenda	20	13	Capability to reinvent value chain and to challenge status quo
15	15	Common set of values with digital as value creation	21	11	Digital skills, know-how, and talent
16	12	Accept failure and encourage new to grow success	22	10	Capability to design new business models
17	10	Innovation and adaptive culture with evolvable goals	23	9	New assets and capabilities
18	8	Commitment to transformation in strategy and culture	24	7	Leaders have to identify new HR potentials
19	6	Rethinking of C-level roles (CDO, CIO)	25	7	Acquire, retain, and attract new talents
	56	*Foresight and Vision*		48	*Data and IT*
26	13	Establish a clear vision with future positioning	31	19	Use data and information from central source
27	13	Tight feedback loops and aspiration to improvements	32	11	Fundamentally different role of IT with two-speed IT
28	12	Foster faster innovation / rapid prototyping	33	10	Real-time and large-scale data processing
29	10	Look what is laying left and right	34	8	Modular IT platform
30	8	Bold experimentation			
	31	*Operations*		25	*Partners*
35	17	Data-driven and digitally automated process	39	14	Network effects with open systems and partner integration
36	5	Not just business but operating models change	40	11	External partners
37	5	Blending human and digital resources			
38	4	Provide financial resources			

◨ Abb. 12.3 Kritische Erfolgsfaktoren für Digitalisierungsstrategien zusammengefasst in acht Kategorien (Quelle: Holotiuk und Beimborn 2017, 997)

Beispielsweise wird in der Kategorie „Capabilities and HR Competencies" der Erfolgsfaktor „Digital skills, know-how, and talent" erwähnt. Die Implikation für Verantwortungsträgerinnen ist, die Qualifikation der Mitarbeiterinnen in Bezug auf Digitalisierung und Nutzung digitaler Technologien festzustellen, um gegebenenfalls Aus- und Weiterbildungsmaßnahmen zu planen und umzusetzen. Ein weiteres Beispiel ist der Erfolgsfaktor „Organizational separation → Spin-off" in der Kategorie „Organization". Hiermit wird thematisiert, dass es für traditionelle Unternehmen (z. B. Banken, Industriekonzerne) äußerst schwierig sein kann (gelegentlich sogar unmöglich), etablierte Strukturen und Prozesse radikal zu ändern, und dies nicht nur aufgrund der Schwerfälligkeit solcher Organisationen, sondern auch aufgrund weiterer Faktoren wie gesetzlicher Vorschriften (z. B. Regulative im Bankenwesen). Daraus folgt, dass es zweckmäßig sein kann, nicht die angestammte Organisation radikal zu verändern, sondern über Spin-offs (oder Unternehmensbeteiligungen) vom Potenzial digitaler Technologien zu profitieren. Oft ist es einfacher, Ziele wie Agilität zu erreichen, wenn man als Start-up „auf der grünen Wiese" beginnt, als eine etablierte und schwerfällige Organisation in ein agiles Unternehmen zu transformieren.

Zwecks vertiefender Einsichten zu Digitalisierungsstrategien und deren Anwendungen in bestimmten Branchen wird auf die einschlägige Fachliteratur verwiesen. Beispielreferenzen zur Digital Business Strategy sind Leischnig et al. (2017), Mithas et al. (2013), Pagani (2013) sowie Sia et al. (2016). Beispielarbeiten zur Digital Transformation Strategy sind Chanias (2017), Chanias und Hess (2016), Hess et al. (2016) sowie Sebastian et al. (2017).

12.3.3 Disruption auf Märkten

Unter Disruption im Kontext der digitalen Transformation versteht man einen Vorgang, der innerhalb kurzer Zeit Angebot und Nachfrage auf einem Markt derart radikal verändert, dass etablierte Unternehmen ihr bisheriges Erfolgspotenzial teilweise und in manchen Fällen sogar gänzlich verlieren. Ursache der Disruption ist der Einsatz neuer Digitaltechnologien, der oftmals mit folgenden Effekten einhergeht:

- Vereinfachung des Austauschs von Produkten und Leistungen über Plattformen durch Reduktion von Informationsasymmetrien zwischen Anbietern und Abnehmerinnen (z. B. Online-Handel wie Amazon);
- Entwicklung hin zum Angebot von Dienstleistungen und weniger von Produkten (z. B. Nutzung von Cloud-Service-Lösungen wie Microsoft Azure anstelle der Anschaffung und des Betriebs eigener Server);
- Senkung von Markteintrittsbarrieren, weil die Informationsgenerierung und/oder -bereitstellung im Mittelpunkt stehen und nicht die Anschaffung und der Betrieb physischer Ressourcen (z. B. Uber in der Personenbeförderungsbranche, Airbnb in der Beherbergungsbranche);
- Ausstattung physischer Produkte mit Sensoren (z. B. smarte Zahnbürsten, die auf der Basis von Positions-, Belastungs- und Beschleunigungssensoren Informationen zur Qualität des Putzvorgangs generieren);
- Entwicklung hin zum temporären Verwenden und Mieten anstelle des Besitzens, was mit einer Wandlung von Anschaffungs- und somit von Fix-Kosten in variable Kosten einhergeht (z. B. Carsharing wie ShareNow von BMW und Daimler, Musikstreaming-Dienste wie Spotify).

Die Verwendung digitaler Technologien bewirkt somit, dass neue Konkurrenten einfacher als früher in Märkte eintreten können, die Wertschöpfung modifiziert wird, Kundinnen ihre Erwartungen (z. B. Freemium, also die Basisversionen einer Leistung kostenlos zu erhalten) und ihr Verhalten (z. B. Kombination von Online- und Offline-Kanälen beim Einkauf im Handel) verändern und immer größere Datenmengen geschaffen werden, die letztlich wiederum das Potenzial für Disruption erhöhen.

12

12.3.4 Wirkungen der digitalen Transformation

Die digitale Transformation geht mit einer Vielzahl von Wirkungen einher. Im Fokus stehen dabei positive Wirkungen, wobei in der Forschung und Praxis zunehmend auch über negative Konsequenzen eines (zu) hohen Digitalisierungsgrades berichtet wird. Mögliche positive Wirkungen sind u. a. die Schaffung von Agilität, verbesserte Informations- und Entscheidungsqualität (insbesondere durch KI-Systeme), Effizienzsteigerungen bei Prozessabläufen (insbesondere durch Process Mining), Erhöhung der Kundenzufriedenheit sowie Nachhaltigkeit (z. B. Brynjolfsson und Hitt 2000; Ganju et al. 2016; Melville et al. 2004; Vial 2019). Mögliche negative Wirkungen sind u. a. der Verlust der Privatsphäre, Technostress, die enorme und immer weiter ansteigende Abhängigkeit von Informations- und Kommunikationstechnologien, Sicherheitsprobleme (z. B. Integrität, Authentizität, Verbindlichkeit) sowie Unzufriedenheit mit Anwendungssystemen (z. B. Montag und Reuter 2015; Riedl 2013; Rowe 2020; Vance et al. 2018).

Die Untersuchung der Wirkungen der digitalen Transformation darf sich nicht auf die organisationale Analyseebene sowie auf die Wirtschaft im Allgemeinen beschränken. Hier wird oft über positive Wirkungen berichtet. Es gilt vielmehr auch Wirkungen für das Individuum sowie gesamtgesellschaftliche Konsequenzen der Digitalisierung zu beachten. Solche Konsequenzen reichen von negativen Gesundheitsfolgen aufgrund von Technostress oder Smartphonesucht, über den „gläsernen Menschen" aufgrund der Nutzung und Allgegenwart digitaler Technologien bis hin zu möglichen Jobverlusten durch Automatisierung (z. B. Industrie 4.0). Die Wirtschaftsinformatik hat sich lange Zeit fast ausschließlich der Erforschung organisationaler Phänomene und somit mit der Untersuchung der Wirkung des Einsatzes von Digitaltechnologien in und auf Unternehmen befasst. Dies hat sich im letzten Jahrzehnt signifikant verändert und die Wirtschaftsinformatik hat in Zukunft mehr als in der Vergangenheit ihre gesamtgesellschaftliche Verantwortung wahrzunehmen. Dies geht mit einer Erweiterung des Fokus von der organisationalen auf die individuelle sowie gesellschaftliche Ebene einher.

12.4 Referenz-, Reifegrad- und Vorgehensmodelle der digitalen Transformation

Neben dem in ◻ Abb. 12.1 visualisierten Beschreibungsmodell der digitalen Transformation, das Zusammenhänge auf einer Metaebene konzeptualisiert, gibt es in der Fach- und Praxisliteratur etliche Referenz-, Reifegrad- und Vorgehensmodelle der digitalen Transformation.

> **Definition**
>
> Ein *Referenzmodell* (synonym: Bezugsmodell) ist ein Modell, das einen gewollten oder geplanten Zustand eines Systems abbildet, an dem der gegenwärtige Zustand des Systems beurteilt werden kann.

> **Definition**
>
> Ein *Reifegradmodell* ist ein Modell, das den Zustand eines Systems in mehreren Stufen abbildet, wobei diese Stufen in einer Ordnung stehen (z. B. niedriger, mittlerer und hoher Reifegrad). Ein höherer Reifegrad geht dabei mit einer besseren Ausprägung der betrachteten Qualitätsmerkmale einher.

> **Definition**
>
> Ein *Vorgehensmodell* ist ein idealtypischer Standardprozess zum Lösen eines Problems. Typischerweise werden Tätigkeiten, deren Ergebnisse, die zur Ausführung der Tätigkeiten geforderten Methoden und/oder Werkzeuge und ggf. auch die den Tätigkeiten zugeordneten Rollen beschrieben.

Bei diesen Modellen handelt es sich um normative Modelle, die angeben, *welche Objekte* (z. B. Daten, Prozesse) von der digitalen Transformation betroffen sind, *in welchem Zustand* diese Objekte zu einem bestimmten Zeitpunkt in Bezug auf Beurteilungskriterien sind (Reifegrad) und *wie* bei der Transformation unter Berücksichtigung von Markt- und Technologieentwicklungen vorgegangen werden kann. Kurzum: Diese Modelle sind als Unterstützung für das Entscheiden und Handeln von Verantwortungsträgerinnen in der Praxis gedacht.

▶ Beispiel Referenzmodell eines digitalen Unternehmens

Appelfeller und Feldmann (2018) beschreiben ein Referenzmodell für das digitale Unternehmens, das zehn Elemente umfasst (Prozesse, Kundinnen, Lieferanten, Mitarbeiterinnen, Daten, Produkte und Dienstleistungen, Maschinen und Roboter, IT-Systeme, Vernetzung, Geschäftsmodell). Für jedes Element ist der Reifegrad zu bestimmen, wobei zwischen vier Reifegraden unterschieden wird, von der niedrigsten Stufe „analog" über zwei Zwischenstufen bis zur höchsten Stufe „volle Digitalisierung". Schließlich werden fünf Phasen zur Umsetzung der digitalen Transformation benannt:

1. Digitale Vision und Strategie definieren,
2. Ist-Zustand analysieren,
3. Ziel-Zustand festlegen,
4. PDCA-Zyklus als Weg zum Ziel-Zustand verfolgen (Plan, Do, Check, Act),
5. Vision & Strategie reflektieren.

🖸 Abb. 12.4 fasst die drei Teilmodelle zu einem Gesamtmodell zusammen. ◀

Zu beachten ist, dass die in der Fachliteratur veröffentlichten Modelle im Regelfall nicht so umfassend wie das von Appelfeller und Feldmann (2018) sind, welches in Buchform und als „systematischer Leitfaden" bezeichnet auf über 200 Seiten erläutert wird. Die meisten existierenden Modelle sind also typischerweise nicht Referenz-, Reifegrad- und Vorgehensmodell in einem, sondern fokussieren im Regelfall auf einen dieser drei Aspekte, in manchen Fällen auch auf zwei.

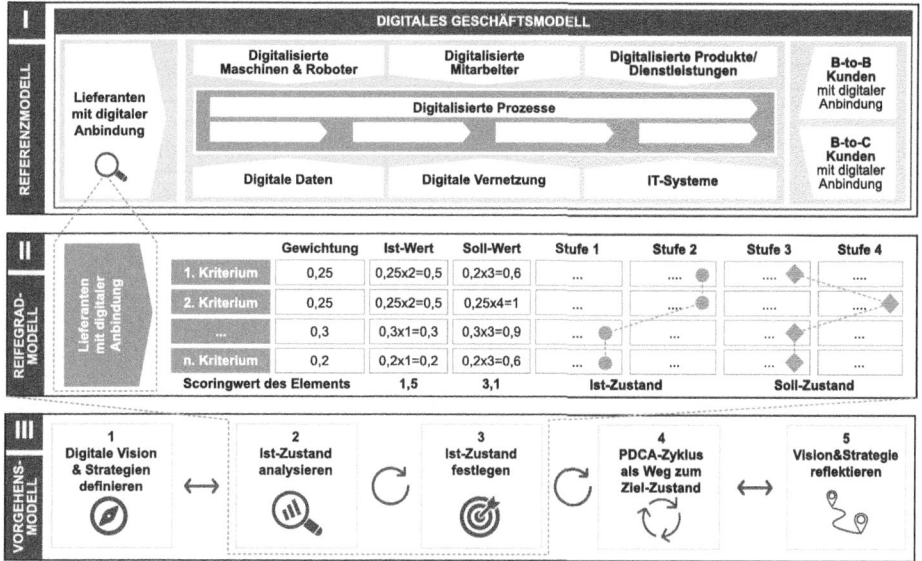

◘ Abb. 12.4 Referenz-, Reifegrad- und Vorgehensmodell für das digitale Unternehmen (Quelle: Appelfeller und Feldmann 2018, 14)

▶ **Beispiel Referenz- und Vorgehensmodell**

Schallmo et al. (2017) stellen mit der „Roadmap for the Digital Transformation of Business Models" („a structured approach with phases, activities and results … based on existing theories about business model innovation", ebd., 1/7) ein Vorgehensmodell vor. Dieses Modell umfasst fünf Phasen (Digital Reality, Digital Ambition, Digital Potential, Digital Fit, Digital Implementation) und benennt elf Aktivitäten (z. B. „Design of Digital Customer Experience"). ◀

Ein anderes Vorgehensmodell, das in Praxis und Wissenschaft bislang vielfach rezipiert und zitiert wurde, ist das „Digital Transformation Model" von Parviainen et al. (2017). Dieses Modell wurde auf der Basis von Fallstudien induktiv entwickelt und es wird von den Autorinnen und Autoren wie folgt beschrieben:

» „a starting point for a systematic approach to tackle digital transformation. The model is aimed to help companies systematically handle the changes associated with digitalization. The model consists of four main steps, starting with positioning the company in digitalization and defining goals for the company, and then analyzing the company's current state with respect to digitalization goals. Next, a roadmap for reaching the goals is defined and implemented in the company. These steps are iterative and can be repeated several times. Although company situations vary, these steps will help to systematically approach digitalization and to take the steps necessary to benefit from it." (ebd., 63)

Schließlich sei auch noch auf das „Digital Maturity Model" hingewiesen, das von Deloitte (2018) zusammen mit dem TM Forum entwickelt wurde (das TM Forum ist eine 1988 gegründete gemeinnützige und weltweit agierende Organisation mit aktuell rund 850 Mitgliedern, vorwiegend Unternehmen aus der IT- und Telekommunikationsindustrie). Dieses Modell, das in ◘ Abb. 12.5 dargestellt ist, um-

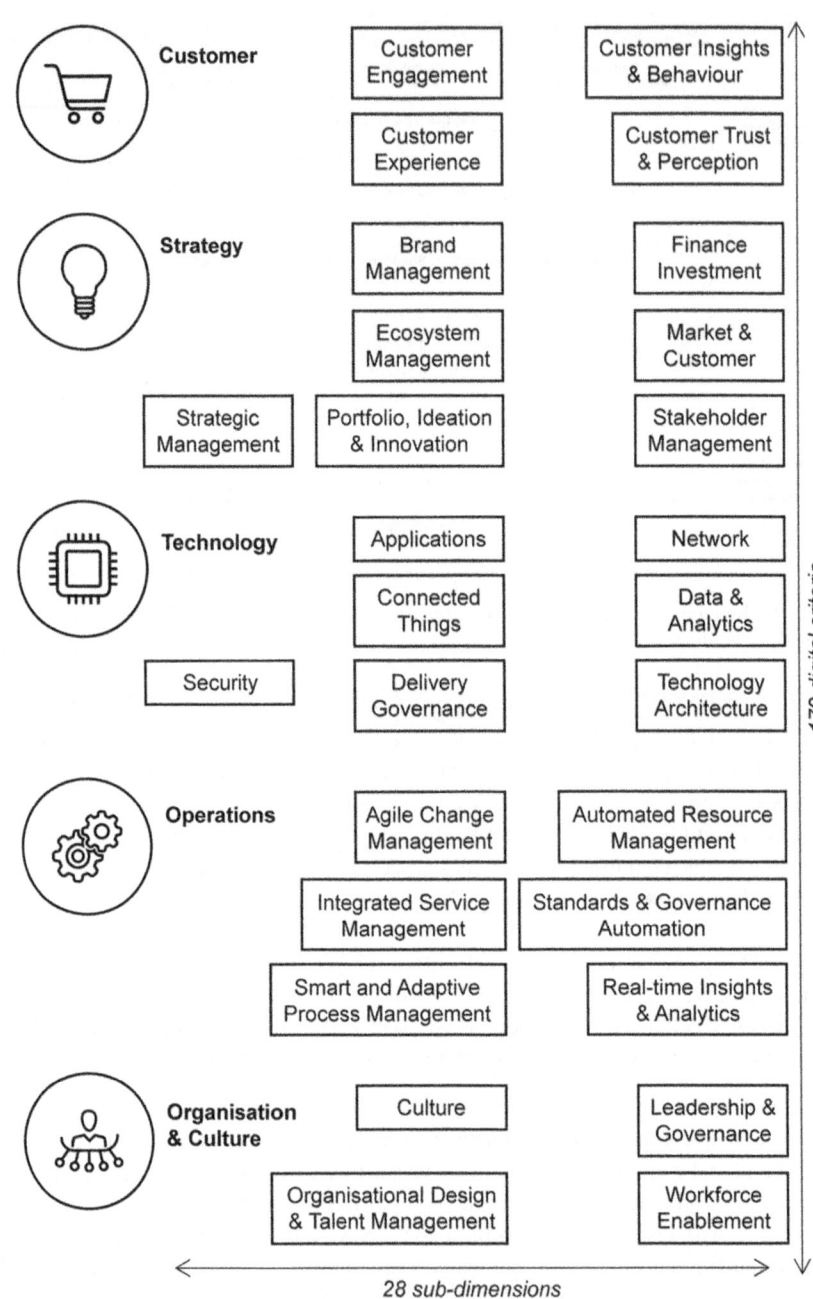

Customer
- Customer Engagement
- Customer Experience
- Customer Insights & Behaviour
- Customer Trust & Perception

Strategy
- Brand Management
- Ecosystem Management
- Finance Investment
- Market & Customer
- Strategic Management
- Portfolio, Ideation & Innovation
- Stakeholder Management

Technology
- Applications
- Connected Things
- Network
- Data & Analytics
- Security
- Delivery Governance
- Technology Architecture

Operations
- Agile Change Management
- Automated Resource Management
- Integrated Service Management
- Standards & Governance Automation
- Smart and Adaptive Process Management
- Real-time Insights & Analytics

Organisation & Culture
- Culture
- Leadership & Governance
- Organisational Design & Talent Management
- Workforce Enablement

179 digital criteria

28 sub-dimensions

▢ Abb. 12.5 Digital Maturity Model (DMM) (nach Deloitte 2018)

fasst fünf Dimensionen (Customer, Strategy, Technology, Operations, Organisation & Culture) mit 28 Sub-Dimensionen, die entlang von 179 Kriterien beurteilt werden, um den digitalen Reifegrad zu bestimmen. In der Veröffentlichung wird zudem ein Vorgehensmodell beschrieben, das drei Phasen (*I*magine, *D*eliver, *R*un) benennt, die jeweils drei Aktivitäten umfassen (I: Define Strategy, Ignite Innovation, Derive Insights; D: Create Experiences, Reinvent the Core, Lead the Change; R: Build Platforms, Secure Cyber, Sustain and Optimize).

Zahlreiche weitere Beispiele für Referenz-, Reifegrad- und Vorgehensmodelle der digitalen Transformation und Geschäftsmodellinnovation sind in der Fachliteratur verfügbar (z. B. Urbach und Ahlemann 2018; Jodlbauer 2020). Es besteht daher kein Mangel an Modellen, deren primärer Zweck es ist, die Praxis bei der digitalen Transformation zu unterstützen. Vielmehr besteht für das Management von Unternehmen das Dilemma, aus dieser Vielzahl das passende Modell auszuwählen und dieses dann erfolgreich anzuwenden. Die Auswahl und somit das Handeln nach einem bestimmten Modell ist eine strategische Entscheidung, die rational getroffen werden sollte. Wichtige methodische Grundlagen einer solchen Evaluation sind in Heinrich und Häntschel (2000) dargestellt.

12.5 Chief Digital Officer (CDO)

Zunehmend mehr Unternehmen befassen sich mit Digitalisierung und digitaler Transformation. In diesem Zusammenhang stellt sich die Frage, ob die Schaffung der Managementposition des Chief Digital Officer (CDO) das Potenzial erhöht, die digitale Transformation erfolgreich voranzutreiben. Der CDO soll den digitalen Wandel im Unternehmen planen und koordinieren. Der neuen CDO-Position steht der Wandel der Position des Chief Information Officer (CIO) gegenüber. Digitalisierung und digitale Transformation können mit Veränderungen in den Aufgabenbereichen und Verantwortlichkeiten des CIO einhergehen. Die Spanne dieser CIO-Rolle reicht von der C-Level-Managerin, die auf die Unternehmensstrategie und den digitalen Wandel konzentriert ist, bis hin zur Technikverantwortlichen, die ausschließlich den Betrieb von IT-Infrastruktur verantwortet und hierbei primär Kostenziele fokussiert (Weill und Woerner 2013).

Doch ist ein CDO tatsächlich notwendig oder könnte bzw. sollte nicht der CIO für die Steuerung des digitalen Wandels verantwortlich gemacht werden? Eine Analyse des Diskurses zur Beantwortung dieser Frage zeigt unterschiedliche Meinungen. Eine kritische Position zur Relevanz und Notwendigkeit des CDO haben beispielsweise Gerth und Peppard (2016) – sie schreiben: „Some commentators have even suggested that it is now time to replace the CIO role with that of CDO (Chief Digital Officer). This line of thinking ignores the inherent organizational dynamics that lead to the derailment of the executive in charge of IT; merely changing the job title won't fix the problem" (ebd., 61).

Andere Meinungen, die auf empirischer Evidenz fußen, belegen die Zweckmäßigkeit der Schaffung einer CDO-Position. So schreiben etwa Singh und Hess (2017) auf der Basis von sechs Fallstudien: „From these cases, we identify the main factors that drive the employment of CDOs, the three role types that CDOs primarily play and the skills and competencies they should have for each role type" (ebd., 1). Ähnliche

Befunde werden von Horlacher und Hess (2016) sowie Haffke et al. (2016) präsentiert.

Walchshofer und Riedl (2017) stellen auf der Basis einer Sichtung einschlägiger Fachliteratur, einer qualitativen Analyse von CDO-Stelleninseraten im deutschsprachigen Raum sowie Ergebnissen von Interviews mit CDOs in Deutschland und Österreich fest, dass „Unternehmen nicht vorschnell einen CDO installieren sollten" (ebd., 335). Dennoch zeigt ihre Analyse, dass es signifikante Unterschiede in den Aufgaben- und Anforderungsprofilen zwischen einem CIO und CDO gibt. Unter anderem zeigt sich, dass ein CDO vielmehr als ein CIO an der Entwicklung disruptiver Geschäftsmodelle zu arbeiten hat und zudem eine Repräsentantin nach außen sein sollte, was aktives Netzwerken impliziert. Zudem wird angegeben, dass ein CDO „aktiver Change-Manager" sein sollte, „der die Fähigkeiten und die Bereitschaft hat, die Wandlung der Unternehmenskultur voranzutreiben" (ebd., 334). Diese Befunde werden von einer Interviewstudie von Tumbas et al. (2017) gestützt, die zeigen, dass erfolgreiche CDOs insbesondere in den Bereichen digitale Innovation, Data Analytics und Kundenbindung aktiv sein sollten. Abschließend kann nach aktuellem Wissensstand ausgesagt werden, dass die CDO-Rolle mit hoher Wahrscheinlichkeit kein temporäres Phänomen im Sinne einer Mode sein wird. Vielmehr ist davon auszugehen, dass diese Rolle langfristig Bestand haben und somit die CIO-Rolle ergänzen wird.

12.6 Ausgewählte Themen der digitalen Transformation

12.6.1 Agilität: Zielzustand und Erfolgsfaktor der digitalen Transformation

12

Wie ◨ Abb. 12.1 entnommen werden kann, ist Agilität eine positive Wirkung der digitalen Transformation. Wenn ein Unternehmen digital transformiert wurde, dann ist seine Agilität höher als vor der Transformation. Agilität ist jedoch auch ein Erfolgsfaktor der digitalen Transformation (z. B. Verhoef et al. 2019). Agil zu sein bedeutet somit, bei der digitalen Transformation mit höherer Wahrscheinlichkeit erfolgreich zu sein.

Was bedeutet der Begriff „Agilität" im organisationalen Kontext? Der Begriff „Agilität" stammt vom lateinischen Wort „agilitas" ab, was wörtlich übersetzt „Beweglichkeit" bedeutet. Der von „agilitas" abgeleitete Begriff „agilis" bedeutet wiederum „gewandt". Agil sein bedeutet somit „beweglich sein" und „gewandt sein". Diese Definition steht im Einklang mit weiteren Erklärungen in Wörterbüchern. Im Duden werden beispielsweise Eigenschaften wie energiegeladen, geschickt, lebhaft, rege, temperamentvoll, vital und wendig als Synonyme von agil angegeben.

Agilität als Managementkonzept beruht u. a. auf dem Manifest der agilen Softwareentwicklung, das 2001 entwickelt wurde (vgl. ▶ http://agilemanifesto.org/). Auslöser des Treffens der 17 dieses Manifest verfassenden Personen in den USA war die damals bereits seit einiger Zeit bestehende Unzufriedenheit mit existierenden Paradigmen der Softwareentwicklung, die stark planbasiert waren. In Zeiten permanenter Veränderungen (z. B. der Anforderungsspezifikation in Softwareprojekten) ist es jedoch notwendig, rasch und flexibel auf Veränderungen reagieren zu können. Lange im Voraus zu planen und am Plan festzuhalten, kann daher zu Nachteilen führen. Im Zuge der Verbreitung agiler Ansätze der Softwareentwicklung (z. B. Scrum) hat man in den 2000er-Jahren erkannt, dass Agilität nicht nur im Softwareengineering positive Wirkungen haben kann (Dybå und Dingsøyr 2008; Serrador und Pinto 2015), sondern auch in allen anderen Unternehmensbereichen – die Agilität des gesamten Unternehmens rückte in den Mittelpunkt der Betrachtung. Insbesondere erfordert auch die digitale Transformation Agilität, um Veränderungsprozesse erfolgreich zu gestalten.

Sichtet man wissenschaftliche Quellen (z. B. Conboy 2009) als auch Praxisliteratur (z. B. Rigby et al. 2016) zu den Eigenschaften des Agilitätskonzepts, so kristallisieren sich in einer Gesamtschau die folgenden acht Charakteristika als besonders wesentlich heraus:

- *Kundenzentrierung* – die Kundin ist die Quelle von Anforderungen an Produkte und Dienstleistungen und, ihre Bedürfnisse und Wünsche zu erkennen, ist eine Hauptaufgabe organisationalen Handelns.
- *Iterative Produkt-/Dienstleistungsentwicklung* – Produkte und Dienstleistungen werden iterativ entwickelt; anstatt zu Beginn aufwendige Konzeptionen und Pläne zu entwickeln, um darauf aufbauend das Endprodukt zu gestalten, wird versucht, rasch ein erstes Inkrement bzw. einen Prototyp eines Produkts zu entwickeln. Dieses Inkrement wird von Kundinnen verwendet und erprobt, das Nutzungsfeedback der Kundinnen fließt in die Entwicklung des nächsten Inkrements ein. Solche Feedbackschleifen werden iterativ so lange durchlaufen, bis ein aus Sicht der Kundinnen zufriedenstellendes und den Anforderungen entsprechendes Endprodukt vorliegt.
- *Mitarbeiterzentriertes Führungsverständnis* – klassische Hierarchien sind oft nicht (mehr) zweckmäßig; Vorgesetzte entwickeln mit den Mitarbeiterinnen gemeinsam Ziele und übertragen Mitarbeiterinnen Verantwortung; Kontrolltätigkeiten der Führungskräfte rücken in den Hintergrund und es besteht eine Vertrauensbeziehung zwischen Vorgesetzten und Mitarbeiterinnen, wodurch sich weitgehende Handlungsspielräume für die Mitarbeiterinnen ergeben – das Arbeiten in selbstorganisierenden und eigenverantwortlichen Teams steht im Mittelpunkt.
- *Innovationsförderung* – digitale Technologien unterliegen permanenten Veränderungen und dadurch ausgelöst verändern sich auch menschliche Verhaltensweisen, organisationale Abläufe und Leistungsangebote. Es ist daher wettbewerbskritisch, ein innovationsfreundliches Klima im Unternehmen zu schaffen.
- *Netzwerkbildung* – Unternehmen sind offen für die Zusammenarbeit mit anderen Unternehmen, um Teil größerer Netzwerke zu werden, die dauerhaft oder projektbezogen zusammenarbeiten. Dies ermöglicht die Ergreifung neuer Marktchancen.
- *Fehlerkultur* – Unternehmen etablieren eine Fehlerkultur. Fehler werden zugelassen, mit dem Ziel, daraus rasch zu lernen, um die Organisation weiterzuentwickeln. Damit wird eine wesentliche Voraussetzung geschaffen, um sich schnell an veränderte Rahmenbedingungen anzupassen; dies steigert die Adaptionsfähigkeit des Unternehmens.

— *Neue Arbeitsformen* – Unternehmen erproben neue Arbeitsformen, um organisationalen und gesellschaftlichen Anforderungen gerecht zu werden. Homeoffice kann beispielsweise ein zweckmäßiges Instrument sein, um die Leistungsfähigkeit und -bereitschaft von Mitarbeiterinnen und Teams zu erhöhen.

— *Transparenz und Dialogbereitschaft* – die Unternehmenskultur wird dahingehend verändert, dass mit Informationen transparent umgegangen wird, Entscheidungen nachvollziehbar getroffen werden und Mitarbeiterinnen ungeachtet ihrer Hierarchieebene dialogbereit sind.

Trotz des Umstands, dass Agilität ein bedeutender Erfolgsfaktor der digitalen Transformation ist und es für ein Unternehmen grundsätzlich erstrebenswert ist, agil zu sein, sind mögliche negative Implikationen zu beachten. Beispielsweise nennt Riedl (2019) Risiken des agilen Ansatzes (z. B. hoher Anspruch an die Fähigkeiten, Kompetenzen und Disziplin von Teams, örtliche Verteilung des Projektteams); zudem gibt er eine Systematik zur Beurteilung der Vorteilhaftigkeit von klassischem versus agilem Projektmanagement an (ebd., 199).

12.6.2 Omni-Channel und Instore-Technologien im Handel

Seit vielen Jahren geraten zunehmend mehr Handelsunternehmen in diversen Produktbereichen (z. B. Elektronikprodukte, Kleidung) aufgrund des Online-Handels unter Druck. Aufgrund des Erfolgs von Unternehmen wie Amazon oder Zalando formulierten viele Unternehmen das Ziel, selbst auch einen Online-Vertriebskanal aufzubauen; hierbei wird entweder selbst ein Online-Shop betrieben oder die eigenen Produkte werden über eine Dritt-Plattform angeboten. Der Vertrieb wird somit vom Offline- in den Online-Bereich verlagert. Empirische Evidenz zeigt jedoch, dass eine ausgeprägte konsumentenseitige Präferenz für hybride Shopping-Modelle besteht. Konsumentinnen bevorzugen somit *Omni-Channel-Interaktion* beim Kontakt mit Unternehmen. Das bedeutet, dass im Idealfall die Kontaktpunkte aus Kundensicht über verschiedene Prozessschritte hinweg (z. B. vor, während und nach dem Kauf) völlig frei gestaltbar sind.

> ▶ **Beispiel Omni-Channel**
>
> Eine Kundin erfährt über Social-Media-Werbung auf ihrem Smartphone von einem neuen Designerkleid, kommt über das Anklicken der Werbung auf den unternehmenseigenen Online-Shop, wo sie sich informiert. Danach besucht sie ein nahe gelegenes Geschäft, um das Kleid anzuprobieren; sie kauft das Kleid. Nach einigen Tagen öffnet sich eine Naht des Kleides und die Kundin ruft umgehend im Store an. Das Unternehmen lässt das Kleid noch am selben Tag abholen, korrigiert die Naht und am nächsten Tag erhält die Kundin ihr Kleid wieder. ◀

Disruption im Handel bezeichnet somit nicht nur den Wandel von offline zu online (z. B. Einrichtung eines eigenen Online-Shops), sondern insbesondere auch das Schaffen von Omni-Channel-Möglichkeiten, insbesondere deshalb, weil dies aus Kundensicht größtmögliche Flexibilität eröffnet und somit nutzenerhöhend wirkt. Zu betonen ist hierbei, dass die Digitalisierung im Handel auch mit einem *Mehr an*

Phase	Anwendung	Technologie	Funktion	Potenzial	Beispiele
Vorkaufphase	Digitale Customer Touchpoints: Smart Shelves, Infoterminals	RFID, Bilderkennung, Beacons	Produktspezifische Zusatzinformationen	Informationsbereitstellung	Galeria Kaufhof, Tesco Home Plus, Censo Sud
	Smart Mirror, smarte Umkleidekabine	RFID, Bilderkennung, 3D-Scanner, Augmented Reality	Produktidentifikation bzw. -empfehlung, virtual try-on	Digitale Produktkonfiguration, -information, -empfehlungen, Zusatzverkäufe	Memomi Labs, Oak Labs, Zara
	Virtueller Einkaufsassistent	Chatbots, Smartphone	Virtuelle Einkaufsberatung	Effizienzsteigerung bei Beratungsleistung	Home Depot, Shoptagr
	Virtuelle Planung	Augmented Reality, Smartphone, Tablet	Virtuelles Platzieren von Möbelstücken in der realen Umgebung, virtuelle Gartenplanung	Kaufunterstützung, Servicedifferenzierung	Ikea, Obi
	Location Based Services	Smartphone, GPS	Store Finder, Versand von Push-Benachrichtigungen	Steigerung der Sichtbarkeit, Steigerung der Kundenfrequenz	Nespresso, Esprit, Starbucks
	Digital Signage	Digitale Displays	Dynamische Werbeschilder, Information zur Laufzeit anpassbar	Bedarfsweckung	Edeka, e-Spirit, NTS Retail
Kaufphase	Interaktives Schaufenster	RFID, Bilderkennung, Smartphone	Virtuelle Verlängerung der Öffnungszeiten, Verknüpfung mit Online-Shop	Erweiterung der Funktion des Schaufensters um die Möglichkeit zur Konversion	Adidas neo
	Indoor Navigation	Visible Light Navigation, LED, Smartphone, Beacons	Orientierung im Geschäftslokal	Optimierung der Wege des Kunden, Unterstützung bei Produktsuche im Geschäft	Carrefour Lille, Philips
	Smarte Einkaufswagen	Beacons, RFID, Bilderkennung	Zusatzinformationen zu Produkten über Display am Einkaufswagen, Auflistung Warenkorb	Informationsbereitstellung, Beschleunigung Check-out	Amazon Go, SK telecom
	Automatisierter Checkout, zero-touch checkout	RFID, Bilderkennung	Bezahlung, SB-Kasse	Reduktion Wartezeit, Reduktion Personalressourcen, Steigerung Effektivität des Personaleinsatzes	Amazon Go Seattle, Burberry London
Nachkaufphase	Virtueller Serviceassistent	Chatbot, mobile App	Nachbetreuung des Kunden, Wartung, interaktive Bedienungsanleitung	Verbesserter Kundenservice	DiSA, arvato
Alle Phasen	Digitale Kundenkarte/ Loyalty-Card	NFC, Smartphone	Stammkundenprogramme, Kaufhistorien	Verknüpfung von Online- und Offline-Kundenprofilen z. B. durch App-Integration	Rewe

NFC Near Field Communication, *GPS* Global Positioning System, *RFID* „radio-frequency identification"

Abb. 12.6 Anwendungsmöglichkeiten digitaler Technologien im stationären Einzelhandel (Quelle: Stieninger et al. 2019, 53)

digitalen Technologien im stationären Handel einhergeht. Stieninger et al. (2019) beschreiben verschiedene Anwendungsmöglichkeiten digitaler Technologien im stationären Einzelhandel und gliedern diese in Verkaufsphasen. Sie benennen hierbei Anwendung, Technologie, Funktion und Potenzial inklusive einiger Beispiele (Abb. 12.6).

In-Store-Technologien dienen der Unterstützung von Kundinnen, während sich diese im Geschäft aufhalten (siehe z. B. Heinemann 2021). Der Einsatz der Technologien soll die Customer Experience verbessern. In der Vorkaufsphase sind u. a. Smart Mirrors sowie smarte Umkleidekabinen im Einsatz, die auf Technologien wie RFID, Bilderkennung, 3D-Scanner und Augmented Reality aufbauen. Wesentliche Funktionen sind hierbei Produktidentifikation bzw. -empfehlung und das virtuelle

Anprobieren von Kleidungsstücken. In der Kaufphase werden u. a. smarte Einkaufswagen eingesetzt, die auf Technologien wie Beacons, RFID und Bilderkennung aufbauen. Wichtige Funktionen sind das Anzeigen von Zusatzinformationen zu Produkten über Displays am Einkaufswagen sowie die Auflistung des Warenkorbs. In der Nachkaufphase sind u. a. virtuelle Serviceassistenten im Einsatz, die auf Chatbot-Technologie und mobilen Apps aufbauen. Primäre Funktion sind hier die Nachbetreuung der Kundinnen, Wartung und das Anbieten einer interaktiven Bedienungsanleitung. Aus Unternehmenssicht liegt das Potenzial von In-Store-Technologien darin, dass wesentliche Organisationsziele günstig beeinflusst werden können (z. B. verbesserter Kundenservice, Effizienzsteigerung in der Kundeninteraktion).

12.6.3 Digitale Plattformen

Digitalisierung und digitale Transformation in Wirtschaft und Gesellschaft werden maßgeblich durch digitale Plattformen beeinflusst.

> **Definition**
>
> *Digitale Plattformen* sind online verfügbare Marktplätze, auf denen Angebot und Nachfrage aufeinandertreffen. Auf der Plattform werden Informationen ausgetauscht, Nutzungsrechte für physische bzw. immaterielle Güter gewährt und/oder Eigentumsrechte übertragen.

Nach Förderer et al. (2022, 138) ermöglichen digitale Plattformen „ökonomische Transaktionen und Innovationen. Zentrale Akteure sind der Plattformbetreiber, komplementäre Anbieter von Leistungen sowie Kunden, die die Angebote des Ökosystems nachfragen und nutzen". Der Betreiber einer Plattform sorgt hierbei für die digitale Infrastruktur und zusammen mit den komplementären Leistungsanbietern bildet er das Plattformökosystem, das die Leistungsangebote bündelt (Tiwana 2013). Trotz des Umstands, dass man in der öffentlichen Wahrnehmung den Eindruck gewinnen kann, dass viele Internetplattformen erfolgreich sind, ist eher das Gegenteil der Fall. Empirische Untersuchungen belegen, dass rund vier von fünf Plattformen scheitern und wieder eingestellt werden (Yoffie et al. 2019). Es stellt sich somit die Frage nach den kritischen Erfolgsfaktoren. Hier zeigt die Forschung, dass Plattformen insbesondere dann erfolgreich sind, wenn Netzwerkeffekte realisiert werden können, wobei zwischen zwei Effekttypen unterschieden wird:

- *Direkte Netzwerkeffekte* – liegen vor, wenn der Nutzen einer Technologie für die einzelne Userin mit der Anzahl der Gesamtnutzeranzahl der Technologie steigt. Beispiel: Social-Media-Anwendungen wie Facebook, deren Ziel die Unterstützung von Kommunikation ist. Der Nutzen der Plattformnutzung steigt für die einzelne Userin mit der Anzahl der Gesamtnutzerinnen der Plattform deshalb an, weil es mehr Kommunikationsmöglichkeiten gibt.
- *Indirekte Netzwerkeffekte* – es gibt zwei oder mehr Technologien, die in einem Zusammenhang stehen; ein indirekter Netzwerkeffekt liegt vor, wenn der Nutzen von zumindest einer Technologie-Nutzergruppe mit zunehmender Verbreitung anderer Technologien steigt. Beispiel: Der Nutzen bestimmter Hardwaregeräte steigt für

ihre Userinnen mit ansteigender Anzahl kompatibler Softwareprogramme an, und zwar deshalb, weil damit die Anwendungsmöglichkeiten der Hardware steigen.

Förderer et al. (2022) unterscheiden zudem zwischen Transaktions- und Innovationsplattformen, wobei erstere häufiger vorkommen. *Transaktionsplattformen* dienen der Anbahnung und Abwicklung von Transaktionen. Beispiele sind Amazon, eBay, booking.com, willhaben.at oder immobilienscout24.de. *Innovationsplattformen* fokussieren hingegen nicht nur auf die Anbahnung und Abwicklung von Transaktionen, sondern auch die Erweiterung und Verbesserung von Leistungskomponenten in einem Netzwerk. Solche Innovationsmöglichkeiten bedingen im Regelfall die Verwendung von Standards und offen gelegten Schnittstellen (APIs, application programming interfaces), da dadurch Anbieter komplementärer digitaler Leistungen in der Lage sind, den Nutzen der gesamten Plattform zu steigern, indem einzelne neue oder verbesserte Anwendungen entwickelt werden.

▶ **Beispiel**

Ein Beispiel ist das von Google kostenlos zur Verfügung gestellte Betriebssystem für mobile Geräte, *Android*. App-Hersteller können auf dieser Basis unterschiedlichste Anwendungen entwickeln, die Benutzerinnen weltweit über den *Google Play Store* angeboten werden. ◀

▶ **Beispiel**

Ein anderes Beispiel ist *openIDEO*, eine Innovationsplattform, die mit dem Spruch „We envision a world transformed by the limitless creative power of people everywhere" wirbt. Die Plattform unterstützt die kollaborative Entwicklung von Lösungen für Probleme aller Art. Die Plattform-Userinnen arbeiten dabei nach einem Design-Thinking-Prozess zusammen. Unter ▶ https://www.openideo.com/our-work ist eine Vielzahl von Projekten erläutert, die nach Themengebieten wie Nachhaltigkeit, globale Verteilungsgerechtigkeit und Gesundheit gegliedert sind. ◀

Literatur

Appelfeller, W., & Feldmann, C. (2018). *Die digitale Transformation des Unternehmens: Systematischer Leitfaden mit zehn Elementen zur Strukturierung und Reifegradmessung.* Berlin, Heidelberg: Springer.

Bharadwaj, A., El Sawy, O. A., Pavlou, P. A., & Venkatraman, N. (2013). Digital business strategy: toward a next generation of insights. *MIS Quarterly 37*(2), 471–482.

vom Brocke, J., Hevner, A., Léger, P.-M., Walla, P., & Riedl, R. (2020). Advancing a NeuroIS research agenda with four areas of society contributions. *European Journal of Information Systems 29*(1), 9–24.

Brynjolfsson, E., & Hitt, L. M. (2000). Beyond computation: information technology, organizational transformation and business performance. *Journal of Economic Perspectives 14*(4), 23–48.

Chanias, S. (2017). Mastering digital transformation: the path of a financial services provider towards a digital transformation strategy. *European Conference of Information Systems*, 16–31.

Chanias, S., & Hess, T. (2016). Understanding digital transformation strategy formation: insights from Europe's automotive industry. *Pacific Asia Conference on Information Systems*, 1–15.

Conboy, K. (2009). Agility from first principles: reconstructing the concept of agility in information systems development. *Information Systems Research 20*(3), 329–354.

Deloitte. (2018). *Digital maturity model: Achieving digital maturity to drive growth.* https://www2.deloitte.com/content/dam/Deloitte/global/Documents/Technology-Media-Telecommunications/deloitte-digital-maturity-model.pdf.

Dybå, T., & Dingsøyr, T. (2008). Empirical studies of agile software development: a systematic review. *Information and Software Technology 50*(9–10), 833–859.

Förderer, J., Heinzl, A., & Kude, T. (2022). *Plattformökosysteme*. In: Roth, S. & Corsten, H. (Hrsg.), *Handbuch Digitalisierung* (S. 138–159). München: Franz Vahlen.

Ganju, K. K., Pavlou, P. A., & Banker, R. D. (2016). Does information and communication technology lead to the well-being of nations? A country-level empirical investigation. *MIS Quarterly 40*(2), 417–430.

Gerth, A. B., & Peppard, J. (2016). The dynamics of CIO derailment: how CIOs come undone and how to avoid it. *Business Horizons 59*(1), 61–70.

Gordon, W. J., & Catalini, C. (2018). Blockchain technology for healthcare: facilitating the transition to patient-driven interoperability. *Computational and Structural Biotechnology Journal 16*, 224–230.

Haffke, I., Kalgovas, B., & Benlian, A. (2016). *The role of the CIO and the CDO in an organization's digital transformation*. 2016 International Conference on Information Systems.

Heinemann, G. (2021). *Intelligent Retail: Die Zukunft des stationären Einzelhandels*. Wiesbaden: Springer Gabler.

Heinrich, L. J., & Häntschel, I. (2000). *Evaluation und Evaluationsforschung in der Wirtschaftsinformatik*. München: Oldenbourg.

Heinrich, L. J., & Riedl, R. (2013). Understanding the dominance and advocacy of the design-oriented research approach in the business informatics community: a history-based examination. *Journal of Information Technology 28*(1), 34–49.

Heinrich, L. J., & Thonabauer, C. (2003). Strategische eBusiness-Planung – Entwicklung von eBusiness-Strategien. *HMD Praxis Der Wirtschaftsinformatik 232*, 37–44.

Heinrich, L. J., Riedl, R., & Stelzer, D. (2014). *Informationsmanagement – Grundlagen, Aufgaben, Methoden* (11. Aufl.). München: De Gruyter Oldenbourg Verlag.

Hess, T. (2019). *Digitalisierung*. https://wi-lex.de/index.php/lexikon/technologische-und-methodische-grundlagen/informatik-grundlagen/digitalisierung/.

Hess, T., Matt, C., & Benlian, A. (2016). Options for formulating a digital transformation strategy. *MIS Quarterly Executive 15*(2), 123–139.

Holotiuk, F., & Beimborn, D. (2017). Critical success factors of digital business strategy. *International Conference on Wirtschaftsinformatik*, 991–1005.

Horlacher, A., & Hess, T. (2016). What does a chief digital officer do? Managerial tasks and roles of a new c-level position in the context of digital transformation. *Hawaii International Conference on System Sciences*, 5126–5135.

Jodlbauer, H. (2020). *Geschäftsmodelle erarbeiten: Modell zur digitalen Transformation etablierter Unternehmen*. Wiesbaden: Springer.

Koch, S., Werani, T., Schauberger, A., Mühlburger, M., Freiseisen, B., & Martinek-Kuchinka, P. (2019). Geschäftsmodell-getriebene Planung von Digitalisierungsmaßnahmen in Business-to-Business-Märkten – Ein Vorgehensmodell. *HMD Praxis Der Wirtschaftsinformatik 56*(2), 468–484.

Legner, C., Eymann, T., Hess, T., Matt, C., Böhmann, T., Drews, P., Mädche, A., Urbach, N., & Ahlemann, F. (2017). Digitalization: opportunity and challenge for the business and information systems engineering community. *Business & Information Systems Engineering 59*(4), 301–308.

Leischnig, A., Wölfl, S., Ivens, B., & Hein, D. (2017). From digital business strategy to market performance: insights into key concepts and processes. *International Conference of Information Systems*, 1–16.

Matt, C., Hess, T., & Benlian, A. (2015). Digital transformation strategies. *Business & Information Systems Engineering 57*(5), 339–343.

Melville, Kraemer, & Gurbaxani. (2004). Review: Information technology and organizational performance: an integrative model of it business value. *MIS Quarterly 28*(2), 283–322.

Mertens, P., & Barbian, D. (2015). *Digitalisierung und Industrie 4.0 – Moden, modische Überhöhung oder Trend?* Arbeitsbericht 1/2015. Erlangen-Nürnberg: Friedrich-Alexander-Universität.

Mithas, S., Tafti, A., & Mitchell, W. (2013). How a firm's competitive environment and digital strategic posture influence digital business strategy. *MIS Quarterly 37*(2), 511–536.

Montag, C., & Reuter, M. (2015). *Internet Addiction*. Cham: Springer.

Osterwalder, A., & Pigneur, Y. (2010). *Business model generation: A handbook for visionaries, game changers, and challengers*. Hoboken, NJ: Wiley.

12

Pagani, M. (2013). Digital business strategy and value creation: framing the dynamic cycle of control points. *MIS Quarterly 37*(2), 617–632.

Parviainen, P., Tihinen, M., Kääriäinen, J., & Teppola, S. (2017). Tackling the digitalization challenge: how to benefit from digitalization in practice. *International Journal of Information Systems and Project Management 5*(1), 63–77.

Pomberger, G., Heinrich, L. J., & Thonabauer, C. (2001). Entwickeln von EB/EC-Strategien. *HMD Praxis Der Wirtschaftsinformatik 221*, 87–92.

Riedl, R. (2013). On the biology of technostress: Literature review and research agenda. *ACM SIGMIS Database: The DATABASE for Advances in Information Systems 44*(1), 18–55.

Riedl, R. (2019). *Management von Informatik-Projekten: Digitale Transformation erfolgreich gestalten* (2. Aufl.). München: De Gruyter Oldenbourg.

Riedl, R. (2020). Agiles Arbeiten in offenen Büroumgebungen und Mitarbeiterstress. *Wirtschaftsinformatik & Management 12*, 434–439.

Riedl, R., Benlian, A., Hess, T., Stelzer, D., & Sikora, H. (2017). On the relationship between information management and digitalization. *Business & Information Systems Engineering 59*(6), 475–482.

Rigby, D. K., Sutherland, J., & Takeuchi, H. (2016). Embracing agile: how to master the process that's transforming management. *Harvard Business Review 94*(5), 40–50.

Rowe, F. (2020). Contact tracing apps and values dilemmas: a privacy paradox in a neo-liberal world. *International Journal of Information Management 55*, 102178.

Saberi, S., Kouhizadeh, M., Sarkis, J., & Shen, L. (2019). Blockchain technology and its relationships to sustainable supply chain management. *International Journal of Production Research 57*(7), 2117–2135.

Schallmo, D., Williams, C. A., & Boardman, L. (2017). Digital transformation of business models – best practice, enablers, and roadmap. *International Journal of Innovation Management 21*(8), 1–17.

Sebastian, I. M., Ross, J. W., Beath, C., Mocker, M., Moloney, K. G., & Fonstad, N. O. (2017). How big old companies navigate digital transformation. *MIS Quarterly Executive 16*(3), 197–213.

Serrador, P., & Pinto, J. K. (2015). Does agile work? A quantitative analysis of agile project success. *International Journal of Project Management 33*(5), 1040–1051.

Sia, S. K., Soh, C., & Weill, P. (2016). How DBS Bank pursued a digital business strategy. *MIS Quarterly Executive 15*(2), 105–121.

Singh, A., & Hess, T. (2017). How chief digital officers promote the digital transformation of their companies. *MIS Quarterly Executive 16*(1), 1–17.

Steininger, K., Riedl, R., Roithmayr, F., & Mertens, P. (2009). Fads and trends in business and information systems engineering and information systems research – a comparative literature analysis. *Business & Information Systems Engineering 1*(6), 411–428.

Stieninger, M., Auinger, A., & Riedl, R. (2019). Digitale Transformation im stationären Einzelhandel. *Wirtschaftsinformatik & Management 11*(1), 46–56.

Tiwana, A. (2013). *Platform ecosystems: Aligning architecture, governance, and strategy*. Waltham, MA: Elsevier.

Tumbas, S., Berente, N., & vom Brocke, J. (2017). Three types of chief digital officers and the reasons organizations adopt the role. *MIS Quarterly Executive 16*(2), 121–134.

Urbach, N., & Ahlemann, F. (2018). *IT Management in the Digital Age*. Cham: Springer.

Vance, A., Jenkins, J. L., Anderson, B. B., Bjornn, D. K., & Kirwan, C. B. (2018). Tuning out security warnings: a longitudinal examination of habituation through fmri, eye tracking, and field experiments. *MIS Quarterly 42*(2), 355–380.

Verhoef, P. C., Broekhuizen, T., Bart, Y., Bhattacharya, A., Qi Dong, J., Fabian, N., & Haenlein, M. (2019). Digital transformation: a multidisciplinary reflection and research agenda. *Journal of Business Research 122*, 889–901.

Vial, G. (2019). Understanding digital transformation: a review and a research agenda. *The Journal of Strategic Information Systems 28*(2), 118–144.

Walchshofer, M., & Riedl, R. (2017). Der Chief Digital Officer (CDO): Eine empirische Untersuchung. *HMD Praxis Der Wirtschaftsinformatik 54*(3), 324–337.

Weill, P., & Woerner, S. L. (2013). The future of the CIO in a digital economy. *MIS Quarterly Executive 12*(2), 65–75.

Yoffie, D. B., Gawer, A., & Cusumano, M. A. (2019). *A study of more than 250s platforms reveals why most fail*. https://hbr.org/2019/05/a-study-of-more-than-250-platforms-reveals-why-most-fail.

Serviceteil

Stichwortverzeichnis

GPSR Compliance

The European Union's (EU) General Product Safety Regulation (GPSR) is a set of rules that requires consumer products to be safe and our obligations to ensure this.

If you have any concerns about our products, you can contact us on ProductSafety@springernature.com

In case Publisher is established outside the EU, the EU authorized representative is:

Springer Nature Customer Service Center GmbH
Europaplatz 3
69115 Heidelberg, Germany

The manufacturer's authorised representative in the EU is Springer
Nature Customer Service Centre GmbH, Europaplatz 3, 69115 Heidelberg,
Germany. If you have any concerns regarding our products, please
contact ProductSafety@springernature.com

Printed and bound by CPI Group (UK) Ltd, Croydon, CR0 4YY
24/04/2026
02096358-0020